Walther Matthes · Corvey und die Externsteine

Walther Matthes

Corvey und die Externsteine

Schicksal eines vorchristlichen Heiligtums in karolingischer Zeit

Urachhaus

Der Schutzumschlag zeigt einen byzantinischen Seidenstoff des 6. Jahrhunderts aus dem Aachener Domschatz. Radbert veranschaulichte die Führung des karolingischen Reiches im Bild einer solchen Quadriga, die von Christus gelenkt wird (vgl. Text S. 39 und 129).

CIP-Kurztitelaufnahme der Deutschen Bibliothek

Matthes, Walther:

Corvey und die Externsteine:
Schicksal e. vorchristl. Heiligtums in karoling. Zeit
Walther Matthes. – Stuttgart: Urachhaus, 1982
ISBN 3-87838-369-x

ISBN 3 87838 369 x

Satz und Druck der Offizin Chr. Scheufele, Stuttgart.

Zur Erinnerung
an Friedrich Schäfer (1901–1971)

Inhalt

Vorwort

Die Widmung dieses Buches soll die Erinnerung an einen besonderen Kenner der Externsteine, an meinen verstorbenen Freund Friedrich Schäfer, wachhalten. Die folgenden Ausführungen wurden im Verlauf der letzten 12 Jahre nach und nach niedergeschrieben und sind aus einer Beschäftigung mit den Problemen der Externsteine hervorgegangen, die sich über mehr als vier Jahrzehnte hingezogen hat. Dabei wurde sie zwei Jahrzehnte lang, und zwar von 1951 bis 1971, durch einen ständigen Gedankenaustausch mit Friedrich Schäfer in mannigfacher Weise angeregt und bereichert. Kurz vor seinem Hingang konnte er auch noch von dem Grundgedanken der hier vorliegenden Untersuchung und von den zuerst ausgearbeiteten Teilen des Manuskriptes Kenntnis nehmen und tat es mit lebhaftem Interesse und Zustimmung. Ihm selber war es leider nicht vergönnt, dahin zu kommen, daß er seine erstaunlich reichen Kenntnisse von den Externsteinen und ihrer Umgebung im Zusammenhang schriftlich niederlegte. Doch hat er in anderer Weise den ernsthaft Fragenden immer wieder Wertvolles aus dem großen Schatz seines Wissens mitgeteilt. So können viele Menschen, die längere Gespräche mit ihm hatten oder seine Vorträge hörten oder von ihm im Gelände geführt wurden, dankbar dafür sein, daß ihnen entscheidende Grundlagen für ein Verständnis des alten Felsenheiligtums nahegebracht wurden. Zu diesen Menschen gehöre ich in ganz besonderer Weise.

Die durch so viele Jahre sich hinziehende Arbeit an der Niederschrift dieses Buches wurde wiederholt durch längere Krankheit unterbrochen. Außerdem traten einzelne Fragen in den Vordergrund, die gesondert und vorweg zu behandeln waren. So kam es im Jahre 1975 zu einer Darstellung der Forschungsgeschichte (»Zur Entstehung des Kreuzabnahme-reliefs an den Externsteinen«), in der ich zeigen konnte, daß es sich bei der Frage nach dem Alter des Reliefs um ein noch ungelöstes Problem handelt und daß die übliche Datierung auf Vorurteilen und anderen unzureichenden Grundlagen beruht. Unter diesen Umständen ließ sich erst jetzt die endgültige Fertigstellung des vorliegenden Buches ermöglichen.

Bei der abschließenden Arbeit erfuhr ich wertvolle Unterstützung durch die verständnisvolle Mitwirkung von Herrn Rolf Speckner. Ich habe ihm dafür zu danken, daß er mir viel mühsame Kleinarbeit bei der Anfertigung von Anmerkungen und Schriftenverzeichnis, bei der Zusammenstellung der Abbildungen und bei den Korrekturen abnahm und verschiedene Beiträge zur Abrundung des Ganzen lieferte. Mein Dank gilt ferner dem Verlag Urachhaus, der meiner Arbeit stets ein reges Interesse entgegenbrachte und lebhaft darum bemüht war, sie in einer schönen Form zur Veröffentlichung zu bringen.

Hamburg, den 21. Juni 1982 Walther Matthes

Einleitung

Die Aufgabe

In einem Buch des 16. Jahrhunderts[1] wird eine merkwürdige Geschichte mitgeteilt. Es heißt dort, daß bei der Anlage des Klosters Corvey, die in der Zeit Ludwigs des Frommen erfolgte, im Erdboden eine alte Steinsäule gefunden worden und daß es die von Karl dem Großen eroberte Irminsul gewesen sei, die man nach der Zerstörung an diese Stelle gebracht und dort vergraben habe. Weiterhin wird geschildert, wie man die freigelegte Heidensäule von diesem Fundort unter dramatischen Umständen nach Hildesheim schaffte, um sie dort im Dom als Kerzenträger aufzustellen.[2]

Man wird nicht jede Einzelheit der fabulierenden Geschichte als eine Wiedergabe wirklicher Ereignisse ansehen dürfen. Offenbar liegt hier eine Erzählung von legendärem Charakter vor. So wird man sich darum bemühen müssen, unter der bunten Decke eines reich ausgestalteten Beiwerks den eigentlichen Kern der Darstellung freizulegen.

Der Bericht von der zweimal erfolgten Überführung der alten Kultsäule ist als ein Bild hinzunehmen, das gewisse Zusammenhänge einer kulturgeschichtlichen Entwicklung veranschaulichen soll. Drei Orte werden miteinander verbunden, die schon im frühen Mittelalter von Bedeutung waren, und zwar die Stätte des altsächsischen Irminsul-Heiligtums, die Abtei Corvey und die Stadt Hildesheim. Der ersten wurde im 8. Jahrhundert von Karl dem Großen ein Ende bereitet, während die beiden andern im 9. Jahrhundert unter Ludwig dem Frommen entweder neu angelegt oder in besonderer Weise ausgebaut wurden, die eine als ein Mönchskloster und die andere als der Sitz eines Bischofs. Die beiden ersten Stätten waren wichtige Heiligtümer, die damals recht verschiedene Schicksale erfuhren. Das heidnische Irminsul-Heiligtum verlor seine Bedeutung, als das Christentum eingeführt wurde, während das Kloster Corvey sich erst zu einem Ausstrahlungszentrum christlicher Kultur und Frömmigkeit entwickelte. Zwischen dem Untergang des heidnischen Kultortes (772) und der Weihe der Klosterstätte (822) lag ein Abstand von 50 Jahren. In diese Zwischenzeit fielen die 33 Jahre der Sachsenkämpfe, die der fränkische König unter erheblichen Anstrengungen und schließlich auch mit Erfolg zur Unterwerfung des zunächst noch unabhängigen Stammesverbandes und zur Christianisierung seiner Angehörigen durchgefochten hat. Die Frage ist nun, ob es zwischen dem Untergang des einen und dem Werden des anderen wirklich eine Verbindung gegeben hat und, wenn dies der Fall sein sollte, von welcher Art sie gewesen sein könnte.

Wenn das Ergebnis der folgenden Untersuchung ins Auge gefaßt wird, bekommt diese Frage ein besonderes Gewicht. Es stellt sich nämlich heraus, daß der Beginn der Corveyer Klosterentwicklung mit der Stätte der Externsteine verbunden war. Das große sächsische Missionskloster, das im 9. Jahrhundert in Corvey entstanden ist, sollte ursprünglich nicht an dieser Stelle, sondern im Gelände des alten Felsenheiligtums begründet werden. Auf die Klärung dieses Zusammenhangs, der bisher unbemerkt geblieben ist, sind die folgenden Untersuchungen ausgerichtet.

Darauf näher einzugehen, ist eine verlockende und lohnende Aufgabe. Kann doch dabei die hervorragende Bedeutung vergegenwärtigt werden, die den zwei Stätten im Ablauf entscheidender Vorgänge des frühen Mittelalters zukommt. Ebenso wird sich die Möglichkeit bieten, wesentliche Züge des karolingischen Geisteslebens und das Wollen und Wirken führender Männer des 9. Jahrhunderts in einer neuen Sicht kennenzulernen.

Vielleicht wird bei der Art, wie die Untersuchung durchzuführen ist, der eine oder andere Leser, der ein besonderes Interesse für die Externsteine mitbringt, zunächst etwas enttäuscht sein, wenn er bei Durchsicht der Inhaltsangabe zu bemerken glaubt, daß gegenüber der ausführlichen Besprechung des Weserklosters viel zu wenig von der berühmten Felsenstätte des Teutoburger Waldes die Rede sein werde. Auch beim Lesen des Textes wird er den Namen der Externsteine erst in den letzten Abschnitten finden. So wird er leicht annehmen können, die Stätte der im Titel ausdrücklich genannten Felsengruppe werde in dem größten Teil der Untersuchung überhaupt keine Beachtung finden.

Doch sollte man sich vom äußeren Anschein nicht täuschen lassen. Denn wenn das Ganze aufmerksam durchgelesen wird, kann im Rückblick festgestellt werden, daß sich die Erörterung der Corveyer Anfänge schon mit Personen und Vorgängen beschäftigt hat, die viel mit der Stätte der Externsteine zu tun hatten. Dies geschah nur so, daß der übliche Name der Örtlichkeit dabei noch nicht genannt wurde.

Dem entspricht, daß jene Ereignisse des frühen Mittelalters, mit denen im Gelände der Externsteine bei seiner Lage und Eigenart zwangsläufig zu rechnen ist,[3] sich bisher immer dem Zugriff der Erkenntnis entzogen haben. Dies rührt daher, daß für ihre Erforschung keine Schriftquellen zur Verfügung stehen, die den gängigen Ortsnamen erwähnt hätten. Diese Quellenlage hat zur Folge, daß sich das gesamte frühmittelalterliche Geschehen der Stätte für den Blick des heutigen Betrachters unter einem undurchsichtigen Schleier verbirgt. Um diesen zu lüften, soll ein Weg gewählt werden, den man bei der Erörterung der Externsteine-Problematik bisher noch nicht konsequent beschritten hat. Er eröffnet sich, wenn die Frage nach der frühmittelalterlichen Bedeutung des Ortes aus der Isolierung herausgenommen und mit der Besprechung anderer Probleme des gleichen Zeitalters verknüpft wird. So wird ein Zusammenhang mit den epochemachenden Ereignissen des ersten Sachsenfeldzugs Karls des Großen zu erwägen sein.[4] Vor allem ist die Stellung der Externsteine im Rahmen jener Vorgänge zu untersuchen, die zur Entstehung des Klosters Corvey geführt haben.

Als vor etwa einem Jahrzehnt damit begonnen wurde, eine Niederschrift auszuarbeiten, um solche Zusammenhänge darzulegen, stellte sich immer mehr die Unmöglichkeit heraus, die erforderlichen Ausführungen in einem so knappen Rahmen zu halten, daß sie sämtlich in einem handlichen Buch hätten Platz finden können. Die vielfältigen Überlegungen, die anzustellen, und die inhaltsreichen Quellentexte, die zur Begründung vorzulegen sind, nahmen einen so großen Umfang an, daß nichts anderes übrig blieb, als die Veröffentlichung des Ganzen auf mehrere Schriften zu verteilen. Diese stehen selbständig nebeneinander, sind aber durch die Thematik und den Gang der Beweisführung miteinander verbunden. Dieser größeren Einheit gehört auch das vorliegende Buch an. Es wurde so abgefaßt, daß es für sich allein als ein geschlossenes Ganzes gelten kann. Doch darf dabei nicht übersehen werden, daß es mit anderen Schriften in einer engen Verbindung steht.

Bei der Frage nach dem Verhältnis der Corveyer Klostergründung zu den Externsteinen werden auch andere wichtige Erscheinungen der Corveyer Entwicklung zu berücksichtigen sein. Vor allem sind zahlreiche Mitteilungen der schriftlichen Überlieferung heranzuziehen. Sie sind an sich seit längerem bekannt und haben zumeist auch schon eine Würdigung erfahren. Doch wurden sie bisher noch nicht auf jenen Zusammenhang hin untersucht, der jetzt zur Sprache kommen soll. Um aber die Aussagefähigkeit dieser Corveyer Überlieferung für das hier anstehende Problem ersichtlich werden zu lassen, bietet es sich an, den Quellenbestand im ganzen Umfang und im vollen Wortlaut vorzulegen und eine eingehende Betrachtung der einzelnen Schriften daran anzuschließen.[5]

Nun sollen aber diese Quellenschriften der Corveyer Gründungsgeschichte nicht sofort vorgeführt werden. Vorher werden noch Entstehung und Bedeutung des Klosters Corvey in großen Zügen zu schildern sein. All diesen Darlegungen mag aber als erstes eine Betrachtung vorangeschickt werden, die sich mit dem Untergang des Irminsul-Heiligtums beschäftigt.

Das Irminsul-Heiligtum

Die Irminsul-Stätte wurde im Jahre 772 bei einem überraschenden Vorstoß des fränkischen Heeres verwüstet. Das ungewöhnliche Ereignis war der Auftakt in der Auseinandersetzung von Franken und Sachsen zur Zeit Karls des Großen. Diesem Beginn einer kriegerischen Begegnung folgte eine lange Reihe von weiteren Kampfhandlungen und Gewaltmaßnahmen, die das schwer heimgesuchte Sachsenland über drei Jahrzehnte hinweg nicht zur Ruhe kommen ließen.

König Karl hatte erst kurz vorher, und zwar nach dem Ende des Jahres 771, als sein Bruder Karlmann gestorben war, die Herrschaft über das ganze Frankenreich in die Hand bekommen. Bald darauf faßte er den Feldzug gegen die heidnischen Sachsen als erstes Großunternehmen seiner Regierung ins Auge, um das selbständige Land seinem christlichen Herrschaftsbereich einzuverleiben. Er hat dann auch schnell gehandelt.

Bei dem blitzartigen Überfall auf die benachbarte Völkerschaft war das große Heiligtum das strategische Ziel, auf das es dem König bei diesem ersten Feldzug hauptsächlich ankam. Der den heidnischen Göttern geweihte Bezirk wurde überrumpelt und in einem dreitägigen Einsatz mit Feuer und Schwert von der fränkischen Streitmacht verwüstet.

Die Biographie des Fuldaer Abtes Sturmi gibt davon Kenntnis, wie das epochemachende Ereignis in Gang kam.[6] Zunächst hatte der König auf einer Reichsversammlung in Worms die weltlichen und geistlichen Großen des Landes für seinen Plan gewonnen. Dann brach das Heer unter Anrufung des Namens Christi wie zu einem Kreuzzug nach Norden auf. Eine stattliche Schar von hochstehenden Geistlichen begleitete den Zug der Krieger. Die Würdenträger der Kirche sollten als Augenzeugen an dem Untergang des heidnischen Heiligtums beteiligt sein. Ihre Anwesenheit mußte dem Zerstörungswerk ein besonderes Gewicht verleihen. Offenbar ging es darum, durch den Erfolg der fränkischen Waffen und das demonstrative Erscheinen der Kirchenmänner den im alten Glauben verharrenden Sachsen die Ohnmacht der heidnischen Götter und die Stärke des neuen Heilands anschaulich vor Augen zu führen. Der Schlag auf das große Heiligtum sollte den religiösen Mittelpunkt der angegriffenen Völkerschaft, also das geistige und politische Herzstück des Sachsenlandes, gleich zu Beginn ausschalten, um den Widerstandswillen von vornherein zu lähmen.

Das Ereignis war von so einschneidender Bedeutung, daß fränkische Annalen aller Art darüber berichten. Doch waren ihre Verfasser bei der Wiedergabe der einzelnen Vorgänge recht sparsam. An keiner Stelle wird der Ablauf ausführlich geschildert. Meist werden nur wenige Einzelheiten erwähnt und dann auch nur ganz kurz. Bald ist von der einen, bald von einer anderen die Rede. So müssen die verschiedenen Teilaussagen aus mehreren Quellenschriften zusammengetragen werden, damit sich wenigstens in groben Umrissen ein Bild ergibt. Dabei ist zu bemerken, daß in allen Textstellen immer wieder das Wort »Irminsul« erscheint. Darunter ist ein hochaufragender, säulenartiger Kultgegenstand zu verstehen, den man in der vorchristlichen Zeit als das sichtbare Abbild einer mythischen Weltstütze, als ein heiliges Wahrzeichen kosmischer Ordnung angesehen und verehrt hatte.

Diese Säule war aber nicht das einzige Opfer, das der Zerstörung anheimfiel. Zwar verwenden die vorliegenden Berichte durchweg den

Namen »Irminsul«, um den damals überfallenen Bezirk zu bezeichnen, doch darf das nicht dazu verleiten, allein in dieser Kultsäule das ganze Heiligtum zu erblicken. Sie stellte innerhalb eines ausgedehnten Bereiches nur einen kleinen Teil, wenn auch einen sehr wichtigen, dar. Für einen größeren Umfang der betreffenden Örtlichkeit spricht allein schon die Angabe, daß die Verheerung des Ganzen drei Tage dauerte. Wenn es sich nur um den Sturz einer Säule und die Beseitigung ihrer Trümmer gehandelt hätte, so wäre die genannte Zeit nicht erforderlich gewesen. Die vielen fränkischen Krieger, die an dem Unternehmen beteiligt waren, hätten eine solche Arbeit schon in wenigen Stunden verrichten können.

In den Annalen werden auch noch weitere Bestandteile eines größeren Kultbezirkes erwähnt, zum Beispiel ein heiliger Hain, der bei dem Überfall ebenfalls eine Verwüstung erfuhr. Ferner wird berichtet, daß der König dort Gegenstände aus Gold und Silber entführt habe. Dadurch kam er in den Besitz von Kostbarkeiten, die nicht nur einen hohen materiellen Wert besaßen. Denn nach altgermanischer Auffassung war mit dem »Hort«, der sich in der Hand eines Königs oder an einer geweihten Stätte befand, das »Heil« und die Kraft der zugehörigen Menschengruppe in geheimnisvoller Weise verbunden. Zweifellos hatte man diesen Schatz, der in doppelter Hinsicht wertvoll war, vor der Katastrophe in einem geschlossenen Raum aufbewahrt und auch für die Sicherheit des betreffenden Gebäudes Sorge getragen. Schon aus diesen wenigen Andeutungen wird ersichtlich, daß es sich bei dem zerstörten Irminsul-Heiligtum um ein Gelände von einer gewissen Ausdehnung handelte. Als ein solches wird es auch deutlich in einem der Annalenberichte charakterisiert, und zwar durch den besonderen Zusatz »*ea loca*«, was bekanntlich als »*diese Gegend*« zu übersetzen ist.[7]

Die schriftlichen Quellen, die den vorstehenden Aussagen zugrundeliegen, sollen in einer besonderen Veröffentlichung zusammengefaßt und besprochen werden. So erübrigt es sich, an dieser Stelle auf sie einzugehen. Außerdem wird dort unter Einbeziehung der topographischen Verhältnisse dargelegt, wo der besagte Kultbereich zu suchen ist und wie groß der Umfang war. Den Berichten der Annalen ist zu entnehmen, daß er mit dem Ursprungsgebiet der Lippe verbunden war. Die vielen Quellbäche, aus denen der Fluß hervorgeht, verteilen sich auf ein umfangreiches Gebiet, das im Innern jenes großen Winkels liegt, der von den Höhen des Eggegebirges und des Teutoburger Waldes gebildet wird.

Dadurch, daß der Verlauf der frühmittelalterlichen Straßen verfolgt wird, die sowohl das Entstehungsgebiet der Lippe wie die unmittelbar anschließenden Landstriche durchzogen, läßt sich zeigen, daß dort eine in sich geschlossene räumliche Einheit vorliegt. Sie besteht aus dem Gebirgsabschnitt, der von Detmold bis Bad Driburg reicht, und aus den angrenzenden Flachlandgebieten, wo die alten Kreuzungen der Senne und die wichtigen Knotenpunkte Horn und Paderborn zu finden sind. Es handelt sich also um einen Raum, der größer ist als das Quellgebiet der Lippe. Er umfaßt es vollständig und greift an allen Seiten darüber hinaus.

In der Mitte erhebt sich als der höchste Berg der Velmerstot. Im westlichen Teil des besagten Raumes war in der vorchristlichen Zeit das Paderborner Quellenheiligtum und im nordöstlichen der Leistruper Wald mit seinen vielen Steindenkmälern von religiöser Bedeutung. Im Norden gewährte die Grotenburg und im Süden die Iburg als befestigte Anlage einen gewissen Schutz. Im Innern des angegebenen Bereiches ist als eine auffallende und ungewöhnliche Erscheinung die Gruppe der Externsteine zu nennen. Ferner sind in dem unbewohnten Bergland verhältnismäßig viele Orts- und Geländenamen nachzuweisen, die auf eine ehemalige religiöse Funktion der einzelnen Stätten hinweisen und insgesamt dafür Zeugnis ablegen, daß der ganze umschriebene Raum vor der Einführung des Christentums einen Bereich von sakralem Charakter dargestellt hat. Dieses umfangreiche Kultgelände ist mit jenem Gebiet gleichzusetzen, das in den fränkischen Annalen als *»der Kultbezirk, der Irminsul genannt wurde«*, erscheint.[8]

Diese bedeutende Sakrallandschaft war also im Jahre 772 das Hauptziel Karls des Großen. Ebenso stand sie auch weiterhin, und zwar in dem Jahrzehnt von 775 bis 785, im Mittelpunkt entscheidender Ereignisse. Doch wenn über diese späteren Vorgänge berichtet wurde, hat man nicht mehr das alte Wort »Irminsul« gewählt, um dieses Gebiet zu bezeichnen, sondern es vorgezogen, die umschreibende Angabe, *»die Gegend, wo die Lippe entspringt«*, zu verwenden. Offensichtlich ist darunter derselbe Bezirk zu verstehen, der vorher »Irminsul« genannt worden war. Nunmehr wurde aber Wert darauf gelegt, möglichst keinen Ausdruck mehr zu gebrauchen, der an die vorchristliche Überlieferung und an das zerstörte Kultgelände hätte erinnern können.

Es ist mit erheblichen Schwierigkeiten verbunden und zum guten Teil auch unmöglich, an Hand der geschichtlichen Überlieferung zu einer befriedigenden Vorstellung von dem ursprünglichen Charakter des alten Irminsul-Kultbezirkes zu kommen. Das liegt daran, daß man es mit einer Erscheinung zu tun hat, die einem schriftlosen Zeitalter angehört. So gibt es keine geschriebenen Quellen, die über die Entstehung, das innere Leben oder die religiöse Bedeutung der Stätte eine Auskunft geben könnten. Die wenigen Nachrichten, die erhalten sind, stammen aus der Zeit des Untergangs und von auswärtigen Berichterstattern, die in der Mitteilung sehr zurückhaltend und in der Blickrichtung recht einseitig waren. Auch in der Sagenüberlieferung sind einige Motive enthalten, die sich mit dem vorchristlichen Kultgebiet in Verbindung bringen und vage Erinnerungen an einstmals vorhandene Vorstellungen verspüren lassen. Aber auch das sind nur winzige Reste. Bei allem, was von dem alten religiösen Zentrum überkommen ist, handelt es sich demnach immer nur um wenige und leise Nachklänge, die von der Größe des geistigen Lebens, das dort in einer fernen Vergangenheit gepflegt wurde, nur verschwommen und dunkel etwas ahnen lassen.

Den spärlichen Nachrichten, die das vorchristliche Heiligtum nur unzulänglich charakterisieren können, tritt auf der anderen Seite eine Fülle von Zeugnissen entgegen, die über das Werden des Klosters Corvey umfassend berichten. Sie geben nicht nur über den Ort und die Zeit der hervorragenden Gründung genaue Auskunft. Auch die Namen der verantwortlichen Personen sind bekannt. Über ihren Lebensgang und ihre Gesinnung wird Wichtiges mitgeteilt, ebenso über die Idee, von der sie sich bei ihrem Handeln leiten ließen. So kann die Corveyer Entwicklung von Anfang an im Licht einer umfangreichen schriftlichen Überlieferung verfolgt werden.

Schließlich ist zu vermerken, daß auch der Umfang der karolingischen Klosteranlage und das Aussehen der ersten Bauten trotz der vielen Veränderungen, die nachträglich erfolgt sind, an Ort und Stelle zum Teil noch recht gut ermittelt werden können. Zwar wurde von der Architektur des 9. Jahrhunderts im Lauf der Zeit das meiste wieder beseitigt und durch andere Gebäude ersetzt. Doch ist heute noch als einzigartiges Beispiel der Karolingerzeit das berühmte Westwerk der Klosterkirche erhalten (Abb. 5). Der sachgemäßen Restauration und mehreren wissenschaftlichen Untersuchungen ist zu verdanken, daß man sich auch von der ursprünglichen Gestalt des durch Umbauten veränderten Westwerks ein gutes Bild machen kann. Ebenso gibt es Unterlagen, die es ermöglichen, das frühere Aussehen des gänzlich verschwundenen karolingischen Kirchenschiffes wieder zu ermitteln.

Demnach stehen sowohl in der schriftlichen Überlieferung wie im Bereich der Baudenkmäler so viele Unterlagen zur Verfügung, daß daraus ein umfassender Überblick über die Vorgänge der Klostergründung gewonnen werden kann. So mögen die weiteren Ausführungen mit einer Betrachtung der Corveyer Entwicklung beginnen.

Adalhard und Wala

Es wird nicht nur einem Verständnis der Corveyer Klostergründung dienen, sondern auch auf die neue religiöse Entwicklung des besiegten Sachsenlandes ein Licht fallen lassen, wenn zunächst auf solche Vorgänge eingegangen wird, die nur das besondere Schicksal einzelner Menschen zu betreffen scheinen. Das gilt vor allem für eine kleine Gruppe von führenden Persönlichkeiten, die durch Geburt, Bildung und Leistung aus der großen Menge herausragten. Bei ihnen wird in erster Linie zu erwarten sein, daß die individuellen Erlebnisse und Entschlüsse einen maßgeblichen Einfluß auf den Verlauf der allgemeinen Entwicklung ausüben konnten.

Als derartige richtungweisende Gestalten sind im frühen Mittelalter die beiden Begründer des Klosters Corvey, die Brüder Adalhard und Wala, in beachtlicher Weise hervorgetreten. Sie nahmen nicht nur als Angehörige des Karolingergeschlechts in der neuen Provinz eine führende Stellung ein. Hauptsächlich ihren großen Fähigkeiten und ihrem persönlichen Einsatz ist es zu verdanken, daß dort ein neuer Mittelpunkt des Geisteslebens entstand, der in dem Geschehen der folgenden Zeit noch lange eine maßgebliche Rolle spielte. So liegt es nahe, die Besprechung der Corveyer Anfänge mit einer Würdigung des Lebens und Wirkens der zwei bedeutenden Gründer-Persönlichkeiten zu beginnen.

Adalhards Klostereintritt

Die beiden Brüder waren Vettern Karls des Großen und Söhne des Herzogs Bernhard, der einer illegitimen Verbindung Karl Martells entstammte und demgemäß ein Halbbruder des Königs Pippin, des Vaters Karls des Großen, war.[9] Adalhard kam im Jahre 752 zur Welt, also ein Jahrzehnt später als sein königlicher Vetter Karl. Die Ausbildung erfuhr er, ebenso wie dieser, an der Hofschule, und er wurde dort auch von denselben Lehrern unterrichtet. In der Jugendzeit war er mit Karl befreundet. Die enge Verbindung hatte auch noch Bestand, als der König am Ende des Jahres 771 die Herrschaft über das ganze Frankenreich in die Hand bekam. Damals war Adalhard 19 Jahre alt. Sein Aufenthaltsort war der königliche Hof, und er gehörte zum Gefolge des 29jährigen Regenten.

Aber bald kam es zu einem Bruch in dem freundschaftlichen Verhältnis, und zwar kurz nach dem Beginn des Jahres 772, als sich der Herrscher von seiner ersten Gattin trennte. Anläßlich der politischen Entwicklung, die sich in Italien angebahnt hatte, löste Karl damals die eheliche Verbindung wieder auf, die er kurz vorher mit einer Tochter des Langobardenkönigs Desiderius auf Anregung seiner Mutter Bertrada geschlossen hatte, und schickte die Verstoßene zu ihrem Vater nach Pavia zurück. Der rechtlich denkende Adalhard mußte in diesem eigenmächtigen Schritt des Freundes und in dem gleichzeitigen Eingehen einer neuen Ehe unzulässige Handlungen sehen, mit denen er sich nicht abfinden konnte. Nach seiner Auffassung lag hier ein Rechtsbruch vor, eine schwere Verletzung heiliger Eide und bindender Verpflichtungen. Freilich war es dem jungen Hofmann nicht möglich, die Maßnahmen des mächtigen Verwandten zu verhindern. Um aber seinen Widerspruch zum Ausdruck zu bringen und einem Zusammensein mit der neuen und von ihm nicht anerkannten Königin aus dem Wege zu gehen, entzog sich Adalhard einem weiteren Aufenthalt am Königshof und allen Dienstleistungen nunmehr dadurch, daß er Mönch wurde.

Er trat in das westfränkische Benediktiner-Kloster Corbie ein, das in der Nähe der nordfranzösischen Stadt Amiens an der Somme lag und damals besonders von Männern aus adligen Geschlechtern aufgesucht wurde. Damit begann die geistliche Laufbahn des vielseitig begabten Karolingers. Offenbar entsprach sie einer ausgeprägten religiösen Veranlagung, die auf die Pflege einer verinnerlichten Frömmigkeit kontemplativer Art gerichtet war. Der bedeutsame Schritt des jungen Mannes dürfte ebenfalls noch in dem ereignisreichen Jahr 772 erfolgt sein.

Adalhard als Abt

Diese ganz persönliche Lebensentscheidung und die dadurch eingeleitete geistige Entwicklung des Corbier Mönches wurden schließlich auch für das Schicksal des Sachsenlandes von wesentlicher Bedeutung, freilich erst in einer viel späteren Zeit, hauptsächlich in den drei ersten Jahrzehnten des 9. Jahrhunderts. Inzwischen war Adalhard der Abt des angesehenen Klosters geworden. Als solcher hatte er auch schon vor der Jahrhundertwende eine geraume Zeit lang auf Corbies religiöse, künstlerische und wissenschaftliche Entwicklung einen starken Einfluß ausgeübt. Von welchem Rang das geistige Leben dieser Stätte am Übergang vom 8. zum 9. Jahrhundert war, kann ermessen werden, wenn der Blick auf zwei hervorragende Männer gerichtet wird, die in diesem Kloster unter dem Abt Adalhard groß geworden sind.

So wurde gegen Ende des 8. Jahrhunderts der noch jugendliche Paschasius Radbertus in die Corbier Mönchsgemeinschaft aufgenommen. Unter Adalhards kluger und liebevoller Führung konnte Radbert dort zu jener bedeutenden Persönlichkeit heranreifen, die durch ihre vielseitige Tätigkeit als Mönch, Erzieher und Gelehrter berühmt geworden ist. Sein Einfluß auf das Geistesleben erstreckte sich nicht nur auf das 9. Jahrhundert. Auch in den folgenden Jahrhunderten haben seine Schriften nachhaltig gewirkt. Im Gebiet von Soissons um 786 zur Welt gekommen, hat Radbert schon sehr früh die Mutter verloren. Als ein kleines Findelkind wurde er von den Benediktinerinnen der Marienkirche in Soissons aufgenommen und zunächst auch von ihnen betreut. Dann übergaben die Nonnen ihn schon im Knabenalter dem Kloster Corbie, wo er als ein »puer oblatus« frühzeitig zum Ordensbruder geweiht wurde. Seine Ausbildung erfuhr er in der Schule des Klosters, wobei er sich in unermüdlichem Streben ein umfassendes Wissen aneignete. Die in Corbie befindliche große Bibliothek bot ihm die notwendigen Unterlagen für ein breit angelegtes Studium, das ihn mit der literarischen Hinterlassenschaft des klassischen Altertums bekannt machte. Im Bereich der Theologie befaßte er sich nicht nur mit der Heiligen Schrift, sondern auch mit den Werken der großen Kirchenväter, und zwar so gründlich, daß er mit ihrem Inhalt ausgezeichnet vertraut war, ganz gleich, ob ihre Verfasser in den westlichen oder östlichen Ländern der Christenheit zu Hause waren.

Das lassen seine eigenen Schriften erkennen, die zum Teil von erheblichem Umfang sind. Neben den Betrachtungen über das Matthäus-Evangelium ist vor allem das grundlegende Werk »Über den Leib und das Blut des Herrn« zu erwähnen. Dort faßt er alle Stellungnahmen zum Sakrament des Abendmahls zusammen, die in der Theologie der vorangegangenen Zeit zum Ausdruck gekommen waren. So konnte dieses Werk weiterhin auch für die katholische Abendmahlslehre die Grundlage abgeben. Ferner schrieb er eine Arbeit über die Gottesmutter, die als die erste mariologische Abhandlung der Karolingerzeit gelten kann. Auf zwei umfangreiche biographische Schriften, die den Corbier Äbten Adalhard und Wala gewidmet sind, wird in den folgenden Kapiteln noch ausführlich einzugehen sein, da sie wertvolle Angaben über die Gründung von Corvey enthalten. Alle seine Werke, unter denen sich auch kunstvolle Dichtungen befinden, sind in formvollendeter, lateinischer Sprache verfaßt worden. Er beherrschte sie in ihrer klassischen Ausprägung und hatte sich an der Redeweise des Cicero geschult. Auch mit der griechischen Sprache scheint er vertraut gewesen zu sein. Ebenso wird er von der hebräischen Kenntnisse gehabt haben.

Als eine weitere Gestalt von überragender Bedeutung, die in Adalhards Kloster herangewachsen ist, kann Ansgar, der berühmte Missionar des Nordens, genannt werden, der später als der erste Bischof von Hamburg und als Bischof von Bremen wirkte. Auch er wurde schon in früher Jugend in Corbie aufgenommen. Im Jahre 801 in einem Ort der umgebenden Landschaft geboren, verlor er die Mutter, als er fünf Jahre alt war. Daraufhin wurde er, ebenso wie Radbert, dem Kloster zur Erziehung übergeben. Als Zwölfjähriger wurde der »puer oblatus« zum Mönch geweiht und als ständiges Mitglied in die Ordensgemeinschaft aufgenommen. Auch ihm wurde in der Klosterschule eine gediegene Ausbildung zuteil. Mehrere visionäre Erlebnisse haben auf den begabten Knaben schon frühzeitig eingewirkt. Die Folge war, daß er seine Studien und geistlichen Übungen mit besonderem Ernst betrieb. So war er bereits als Zwanzigjähriger so weit in seiner Entwicklung gediehen, daß ihm ein Lehrauftrag erteilt werden konnte. Seit 821 hatte er an der Corbier Außenschule jene Zöglinge zu unterrichten, die für einen weltlichen Beruf bestimmt waren. Seine Bewährung war derartig, daß Adalhard ihm schon zwei Jahre später, also als Ansgar 22 Jahre alt war, in dem neugegründeten Sachsenkloster Corvey die Leitung der Klosterschule anvertrauen konnte.

Radbert und Ansgar waren demnach sowohl als Lernende wie als Lehrende mit der Erziehungsstätte des Klosters unmittelbar verbunden. Aufgrund der vorhandenen Traditionen und dank der umsichtigen Fürsorge der Äbte war die Corbier Schule in einem vorzüglichen Zustand. Sie entsprach den erhöhten Anforderungen, die gerade in jener Zeit in den Erlassen des Königs zum Besten einer Neugestaltung des Bildungswesens gestellt wurden. Dabei hatte Karl vor allem den Klosterschulen eine führende Rolle zugedacht. Auch die Corbier Lehrstätte hat eine solche Stellung eingenommen. Zu ihrem Aufgabenkreis gehörten die Pflege christlicher Frömmigkeit, die Vermittlung antiken Geistesgutes und die Ausbildung eines hochstehenden geistlichen Nachwuchses.

Adalhards politische Tätigkeit

Doch war Abt Adalhard trotz dieser Aufgaben, die im engeren Klosterbereich zu erfüllen waren, einem politischen Wirken in der Öffentlichkeit nicht auf die Dauer entzogen. Das bedeutende Corbie mit den vielen Mönchen von adliger Herkunft unterhielt an sich schon allerlei Verbindungen zu den Vorgängen der Außenwelt. Ferner ist daran zu denken, daß dort der abgesetzte Langobarden-König Desiderius eine Unterkunft gefunden hatte. Denn als König Karl ihn im Jahre 774 besiegt und gefangengenommen hatte, schickte er ihn mit seiner Familie nach Gallien in die Verbannung, und das Kloster Corbie wurde ausersehen, ihm und den

Seinen als Aufenthaltsort zu dienen. Ebenso wurden gerade in Corbie viele von den jungen sächsischen Adligen untergebracht, die man bei Vertragsabschlüssen den Franken als Geiseln übergeben hatte oder die als Kriegsgefangene in deren Gewalt gekommen waren.[10] So war das Leben an diesem Ort in mannigfacher Weise mit entscheidenden Vorgängen der Politik verflochten.

Außerdem ist es auch bald wieder zu einer Annäherung zwischen Karl und Adalhard gekommen. So konnte es geschehen, daß dieser schon 775 zum Corbier Abt ernannt und seitdem vom König bei verschiedenen Gelegenheiten mit verantwortungsvollen Sonderaufgaben betraut wurde. Damit begann für Adalhard eine vielseitige Tätigkeit, die nach Radberts Worten[11] die rechte Mitte zwischen einer aktiven und kontemplativen Lebensweise eingehalten hat.

Es muß auffallen, daß in dem politischen Wirken Adalhards immer wieder enge Beziehungen zu dem italischen Herrschaftsgebiet des Frankenkönigs, das heißt zum Langobardenreich, sichtbar werden. Als im Jahre 781 Pippin, der unmündige Sohn Karls des Großen, zum König dieses italischen Reiches gekrönt wurde, bestimmte Karl den Abt Adalhard zum geistlichen und politischen Ratgeber des jugendlichen Herrschers. Das bedeutete, daß der Corbier Abt, der damals selbst 29 Jahre alt war, neben der Erziehung des jungen Regenten auch noch als Statthalter die Verantwortung für die Sicherheit und Wohlfahrt des wichtigen Landes übernahm, das erst sieben Jahre vorher den eigenen König und die Selbständigkeit verloren hatte. Dabei fand Adalhards Tätigkeit in Verwaltung und Rechtsprechung weitgehende Anerkennung. Vor allem rühmte man die Klugheit und den Weitblick, die sich in seinem Verhalten zeigten, sowie seinen unbestechlichen Gerechtigkeitssinn und die besonnene Sachlichkeit der Entscheidungen. Als Pippin selbständig wurde, blieb die Verbundenheit mit dem ehemaligen Erzieher weiterhin bestehen. Das ist daran zu erkennen, daß Pippin seinen sechs Kindern nur solche Namen gab, die den Namen in Adalhards Familie, soweit es nur geht, entsprechen.[12] Als dann aber König Pippin im Jahre 810 frühzeitig starb, war es wiederum Adalhard, der für einige Jahre nach Pavia ging, um die in der Verwaltung des italischen Königreiches entstandene Lücke durch seinen Einsatz auszufüllen.

Trotz der Inanspruchnahme durch solche fernliegenden Aufgaben hat sich Adalhard den besonderen Pflichten seines Corbier Amtes eingehend gewidmet, wovon bereits des näheren die Rede war. Es ist noch hinzuzufügen, daß er sich auch um die Erhaltung und Stärkung der klösterlichen Zucht besonders bemühte und den Corbier Mönchen eine Neufassung der Klostersatzung gegeben hat. Als ein Freund der Wissenschaften stand er mit führenden Männern dieses Bereiches in Gedankenaustausch, etwa mit Alkuin und Paulus Diakonus. Auch an der Erörterung theologischer Fragen, von denen die Geister jener Zeit bewegt wurden, nahm er lebhaften Anteil. So ging auf einer Aachener Synode im Herbst des Jahres 809 die Diskussion um das Wesen der Heiligen Dreifaltigkeit und um das Verhältnis, in dem die göttlichen Personen innerhalb derselben zueinander stehen. Vor allem wurde darüber verhandelt, wie die Stellung des Heiligen Geistes zum Sohne sei. Man entschied sich in dieser Versammlung für die Lehre, daß der Geist nicht allein vom Vater, sondern sowohl vom Vater wie vom Sohne ausgegangen sei. Demgemäß wurde auch an den Papst die Bitte gerichtet, die Aufnahme des Wortes »filioque« (»und von dem Sohne«) im Text des Glaubensbekenntnisses zu billigen. Bei diesen Verhandlungen war Adalhard einer der führenden Köpfe. Daraufhin schickte der Kaiser ihn und den Bischof Bernhard von Worms anschließend nach Rom mit dem Auftrag, die Zustimmung des Papstes zu dem Beschluß der Synode zu erwirken.

Abgesehen von derartigen Sonderaufgaben wurde der Umfang von Adalhards Tätigkeitsbereich auch noch dadurch erweitert, daß er einer der ständigen Ratgeber des Herrschers geworden war. Als solcher wurde er über die wichtigen Probleme der großen Politik und der Reichsverwaltung laufend unterrichtet und konnte auf ihre Behandlung auch selber einwirken. So hat er z. B. für das Leben am kaiserlichen Hof eine Hofordnung ausgearbeitet. In der letzten Zeit von Karls Regierung dürfte Adalhards Einfluß auf den Kaiser besonders groß gewesen sein, wie in den folgenden Kapiteln noch näher gezeigt werden soll.[13] Unter solchen Umständen ergab es sich ohne weiteres, daß auch das Problem der Sachsenmission in den Gesichtskreis des weitblickenden Geistlichen treten mußte und daß die Beschäftigung mit dieser wichtigen Angelegenheit eine besondere Aufgabe für ihn wurde.

Der Plan
einer sächsischen Klostergründung

Die Sachsen waren seit dem Ausgang des 8. Jahrhunderts in den Verband des fränkischen Reiches (Zeichn. 1) und in die kirchliche Ordnung fest eingefügt worden, nachdem man sie zur Annahme des Christentums gebracht hatte. Dabei hatte man sich auf fränkischer Seite nicht gescheut, gegen die Anhänger des alten Glaubens auch mit harten Gewaltmitteln vorzugehen, so daß es sich bei der Bekehrung weithin nur um einen äußerlichen Vorgang handelte. Doch wurde mit solchen Zwangsmaßnahmen, die in krassem Widerspruch zum Inhalt der neuen Lehre stehen, in Hinblick auf die eigentliche Aufgabe noch nicht alles erreicht. Diese bestand ja darin, die Neubekehrten dahin zu bringen, daß sie den Wahrheitsgehalt der christlichen Lehre in voller Überzeugung anerkennen und die Heilsbotschaft des Evangeliums mit innerer Aufgeschlossenheit entgegennehmen konnten.

Um das zu erreichen, wurde der Weg eingeschlagen, neue Klöster anzulegen. Auch sonst pflegte man in einem Lande, das missioniert werden sollte, derartige Pflanzstätten christlicher Kultur einzurichten, in denen ein Frömmigkeitsleben der neuen Art beispielgebend zur Entfaltung kam und außerdem auch die Wissenschaften und Künste eine Heimstatt fanden. Es mußten bodenständige Zentren einer christlichen Bildung geschaffen werden, die mit der umgebenden Landschaft innig verwachsen und aus ihr auch den weiteren Zuzug erhalten konnten. Den dort wohnenden Menschen war die Möglichkeit zu geben, in der eigenen Heimat und bei den eigenen Landsleuten eine Ausbildung auf christlicher Grundlage zu erfahren und die Früchte einer solchen Erziehung in gleicher Weise weiterzugeben.

Derartige Pläne wurden nun zum Besten des Sachsenlandes am kaiserlichen Hof erörtert, und selbstverständlich war auch Adalhard daran beteiligt. Die Beratungen hatten zunächst das Ergebnis, daß seinem Kloster die Aufgabe zufiel, die Verwirklichung dieses Vorhabens, das heißt die Gründung eines großen sächsischen Missionsklosters, in die Hand zu nehmen. Daraufhin kam es auch in Corbie zu Erörterungen, in denen es um den Standort der neuen Anlage ging.[14] Es wurde auch schon eine bestimmte Stätte, die man für geeignet hielt, in Vorschlag gebracht und für das geplante Unternehmen sichergestellt. Die Zeit dieser Vorverhandlungen lag im ersten Jahrzehnt des 9. Jahrhunderts.

Doch erfuhren diese Bemühungen im Jahre 810 zunächst eine Unterbrechung, die mehrere Jahre dauerte und durch den bereits erwähnten Tod des Königs Pippin und den Italien-Auftrag bedingt war, der an den Corbier Abt erging. Die Pflichten, die nunmehr auf den kaiserlichen Statthalter Adalhard in dem verwaisten langobardischen Königreich zukamen, nahmen ihn mehr als drei Jahre lang so weit in Anspruch, daß die Arbeit an der Verwirklichung der sächsischen Klosterpläne in dieser Zeit ruhen mußte. Bis zum Anfang des Jahres 814 wurde Adalhard in Italien festgehalten. Erst im Anschluß an Karls Tod kehrte er in sein Kloster zurück. In der gleichen Zeit fand auch seine öffentliche Tätigkeit ein jähes Ende. Für die Dauer von sieben Jahren war es ihm nicht möglich, selber an der Verwirklichung der sächsischen Klosterpläne mitzuarbeiten.

Denn Karls Nachfolger Ludwig der Fromme war nach der Übernahme der Regierungsgeschäfte nicht geneigt, sich auf die nächsten Mitarbeiter seines Vaters zu verlassen. Er hatte aus Aquitanien, dem Land seiner bisherigen Herrschaft, seine eigenen Berater mitgebracht und ließ am Kaiserhof eine weitgehende Neubesetzung der Ämter erfolgen. Auch Adalhard genoß nicht sein Vertrauen. Im Gegenteil, der angesehene Abt des bedeutenden Klosters wurde auf Betreiben der neuen Ratgeber abgesetzt und gezwungen, sich anschließend in dem weit entfernten Kloster Noirmoutier aufzuhalten, das an der Atlantikküste in der Loire-Mündung auf der einsamen Insel Heri lag. Als schließlich nach Ablauf von sieben Jahren, also im Jahre 821, der 69jährige Adalhard begnadigt wurde und auch als Abt nach Corbie zurückkehren durfte, wo ihm die Mönche in ihrer großen Freude einen ehrenvollen Empfang bereiteten, konnte er in den letzten fünf Jahren seines Lebens nicht mehr viel im Felde der Politik unternehmen. Seine Kräfte wurden hauptsächlich von Aufgaben geistlicher Art beansprucht.[15]

Dazu gehörte auch, daß er sich dem schon früher eingeleiteten Vorhaben einer sächsischen Klostergründung mit aller Kraft wieder zuwandte. Daß er sich dafür von neuem einsetzte, führte alsbald zur Gründung des Klosters Corvey an der Weser, das sich anschließend sehr schnell zu einem bedeutenden geistigen Mittelpunkt des Sachsenlandes entwikkelte. Diese führende Pflegestätte christlicher Frömmigkeit ist also unter seiner verantwortlichen Leitung im Jahre 822 von Corbie aus ins Leben gerufen worden. In den ersten Jahren ihres Daseins wurde die neue Mönchsgemeinde ebenso wie das Mutterkloster Corbie von Adalhard als Abt geleitet. So blieb es bis zu seinem Tode, der am Anfang des Jahres 826 eintrat.

Wala und sein Eintritt in das Kloster Corbie

Bei seinem Einsatz für das Zustandekommen der Corveyer Klosteranlage wurde Adalhard, der schon im 70. Lebensjahr stand, von seinem um zwei Jahrzehnte jüngeren Halbbruder Wala nachhaltig unterstützt. Auch für dessen Leben war das wiederholt genannte Jahr 772 von Bedeutung. Damals ging nämlich sein Vater Bernhard eine neue Ehe ein. Offenbar hatte er vorher die erste Gattin, die Mutter des Adalhard, verloren.

Das Besondere an der neuen Eheschließung war, daß Bernhard die Angehörige eines sächsischen Geschlechtes heiratete. Es dürfte gegen Ende des bereits erwähnten ersten Sachsenfeldzuges geschehen sein. Wahrscheinlich wurde diese Verbindung eines Karolingers mit einer sächsischen Adligen, die in jener Zeit noch ungewöhnlich war, durch die Absicht bestimmt, den Vertrag zu befestigen, den Karl im Jahre 772 nach der Zerstörung des Irminsul-Heiligtums mit den Sachsen schloß.[16] Aus dieser Ehe sind vier Kinder hervorgegangen. Es ist bemerkenswert, daß drei von ihnen, und zwar Wala, seine Schwester Gundrada und sein Bruder Bernhar, ebenso wie der ältere Halbbruder Adalhard im Laufe ihres Lebens den Entschluß faßten, ins Kloster zu gehen und ihre Kräfte in den Dienst geistlicher Aufgaben zu stellen.

Von den Kindern dieser zweiten Ehe war Wala das älteste. Er wurde im Jahre 773 geboren[17] und hat einen eigenartigen Lebenslauf gehabt, von dessen Einzelheiten verhältnismäßig viel bekannt geworden ist. Unser Wissen geht hauptsächlich auf die Mitteilungen Radberts zurück, der dem Wala freundschaftlich verbunden war. Sein bewegtes Leben schildert er mit warmer Anteilnahme, und zwar in einer Schrift, die den Titel »Grabrede auf Arsenius« (»Epitaphium Arsenii«) trägt.[18]

Radberts Werk stellt schon durch die äußere Form eine auffallende literarische Schöpfung dar. Ebenso wie die Biographie des heiligen Benedikt, die aus der Feder Gregors des Großen stammt, wurde es so angelegt, daß es nur aus Dialogen besteht. In Rede und Gegenrede wird Walas Wesen, das oft nicht leicht zu verstehen ist, dargestellt, und in der gleichen Weise wird über seine Taten und Erlebnisse berichtet. Es handelt sich offenkundig um eine Verteidigungsschrift, die ein wohlmeinender Freund nach Walas Tod vorgelegt hat. Der Verfasser bemüht sich mit allem Nachdruck, für den Verstorbenen einzutreten, nachdem sich dieser durch seine unerschrockene Stellungnahme zu den politischen Ereignissen überall mächtige Leute zu Gegnern gemacht hat. Diese Parteinahme Radberts hatte zur Folge, daß der Quellenwert seiner Aussagen von der späteren Geschichtsforschung recht unterschiedlich und zum Teil auch abfällig beurteilt wurde. Um so mehr ist zu begrüßen, daß diese Schrift vor kurzem in einer neueren Untersuchung eine Auswertung erfahren hat, wobei ihre Zuverlässigkeit recht vorteilhaft in Erscheinung tritt.

Das ist in einer Wala-Biographie geschehen, die von Lorenz Weinrich verfaßt und im Jahre 1963 veröffentlicht wurde. Der Titel des Buches »Wala – Graf, Mönch und Rebell« weist schon auf die Gegensätze hin, die im Ablauf dieses reich bewegten Lebens zu beobachten sind. Wala war dem geistlichen und dem weltlichen Bereich in gleichem Maße verbunden. Seine Wirksamkeit hat zwischen ihnen mehrmals gewechselt, und seine hervorragenden Fähigkeiten waren für beide geeignet. Sein Handeln hat hier und dort starke Wirkungen ausgelöst.

Erst im Alter von 41 Jahren, und zwar im Jahre 814 und nach dem Tode Karls des Großen, ist Wala ein Mönch geworden. Vorher hatte er bei dem alternden Kaiser eine hohe Vertrauensstellung eingenommen und dabei eine ungewöhnlich große weltliche Macht in der Hand gehabt. Bei der Mönchwerdung wählte er ebenfalls Corbie als Aufenthaltsort. Er ging also in jenes Kloster, in dem sein Bruder Adalhard Abt gewesen war. Freilich mußte dieser zur gleichen Zeit, wie gesagt, auf Anordnung des neuen Kaisers den Ort verlassen. Für Wala, der bei Ludwig ebenfalls in Ungnade stand, hatte das Aufkommen des neuen politischen Kurses die Folge, daß seine bisherige öffentliche Tätigkeit, die er als Inhaber einer hohen staatlichen Stellung mit überragendem Einfluß am Kaiserhof ausgeübt hatte, nunmehr durch das zurückgezogene Leben eines einfachen Mönches abgelöst wurde, und daß er sich in den ersten sieben Jahren seines Klosteraufenthaltes vor allem den inneren Aufgaben des Ordenslebens widmete. Nach Ablauf dieser Zeit ergab es sich dann aber, daß er wieder außerhalb des Klosters und auch auf dem vertrauten Feld der Politik tätig werden konnte, nunmehr als Angehöriger des geistlichen Standes. Ebenso hatte auch für seinen Bruder Adalhard der Zwangsaufenthalt an dem Verbannungsort sieben Jahre gedauert, das heißt bis 821.

Erster Gründungsversuch und Ortswechsel

Als Adalhard im Jahre 821 nach Corbie zurückkehrte, konnte er, wie gesagt, die Arbeit an jenem Vorhaben wieder aufnehmen, mit dem er sich schon vor dem Italien-Auftrag von 810 beschäftigt hatte, nämlich an der Gründung des großen Missionsklosters, das im Sachsenlande entstehen sollte.

Dort hatte sich nach den Vorbereitungen, die er bereits vor dem Jahre 810 in die Wege geleitet und um deren Weiterführung sich dann Wala von Corbie aus in der Abwesenheit des älteren Bruders mit Erfolg bemüht hatte, in der Zwischenzeit das Folgende ereignet.[19] Im Jahre 816 war auf Veranlassung des neuen Corbier Abtes, der ebenfalls Adalhard hieß, im Sachsenland eine klosterartige Anlage begründet worden, in der sich ein mönchisches Leben entwickeln sollte und in gewissem Umfang auch bald entwickelt hatte. In einem Gelände, das dem Sprengel des Paderborner Bischofs angehörte und in einer Schrift des 9. Jahrhunderts als »Hethis«, das heißt als »Heide« bezeichnet wird, war eine Niederlassung von Corbier Mönchen zustande gekommen, die mit einer Klosterschule für junge Sachsen verbunden war. Das Ganze war eine Filiale des westfränkischen Mutterklosters Corbie und blieb seinem Abte auch weiterhin unterstellt. Nun waren aber an dem neuen Ort gewisse Schwierigkeiten aufgetreten, die eine befriedigende Weiterentwicklung behinderten und aus der jungen Anlage nicht das werden ließen, was die Begründer von ihr erhofft hatten.

So betrieb der aus der Verbannung heimgekehrte Adalhard im Jahre 821 mit aller Energie die Verlegung des im Entstehen begriffenen Klosters an einen anderen Ort, der für seine Entfaltung bessere Bedingungen bieten konnte. Ein solcher Platz wurde an der Weser in der Nähe von Höxter gefunden. Dort brachten die beiden Brüder in gemeinsamer Arbeit die endgültige Klostergründung zur Ausführung. Sie ermöglichten und veranlaßten den Erwerb des Geländes, bereiteten alles soweit vor, daß die Weihe am 25. August des Jahres 822 erfolgen konnte, und sorgten für einen großzügigen Ausbau der neuen Niederlassung, die den Namen des Mutterklosters bekam, indem sie »Corbeia nova« genannt wurde. Neben der Leitung des älteren Corbie behielt Abt Adalhard auch die des jungen Gemeinwesens in der Hand. Erst als er im Jahre 826 gestorben war, gab man dem sächsischen Corvey mit der Ernennung des Abtes Warin eine eigene Leitung, die dem Mutterkloster gegenüber selbständig wurde. Zur gleichen Zeit wählten die Mönche des westfränkischen Corbie ihren Mitbruder Wala zum Abte des Stammklosters, so daß dieser dort im Jahre 826 die Nachfolge seines Bruders Adalhard antrat.

Walas Lebensgang

Als Wala im Jahre 826 zum Abt von Corbie berufen wurde, war er 53 Jahre alt. Er hatte damals schon mehrere Jahrzehnte eines reich bewegten Lebens hinter sich, das voll von Wechselfällen und Gegensätzen war. Vor ihm lag noch ein weiteres Jahrzehnt, das einen ähnlichen Verlauf nehmen sollte. In der Lebensmitte hatte er auf der Höhe der weltlichen Laufbahn gestanden. Eine ungewöhnlich große Machtfülle hatte er besessen und viel Achtung und Anerkennung erfahren. Kaiser Karl hatte auf seine Stimme gehört und seinen klugen Rat geschätzt. Als Beauftragter des Kaisers hat Graf Wala in der Heimat der sächsischen Mutter für die Sicherung und Ordnung der eroberten Provinz gesorgt und in dieser Tätigkeit sowohl den Beifall des Herrschers wie die Zuneigung der Bevölkerung gefunden. Ebenso hat er im Lande des fränkischen Vaters die höchsten Funktionen ausgeübt, die es am Kaiserhof gab. Wie ein

Pfalzgraf hat er als Vertreter des Kaisers das Heer angeführt und in Gerichtsverhandlungen in seinem Namen Recht gesprochen.

Dann kam aber nach Karls Tod eine Zeit, in der er der politischen Tätigkeit völlig entsagen mußte und von Verdächtigungen und Mißtrauen verfolgt wurde. Es waren die sieben Jahre, die er als ein schlichter Ordensbruder in der Abgeschiedenheit des Klosters verlebte, um sich den üblichen Aufgaben eines Mönches in der Erfüllung des geistlichen Dienstes und in der Ausführung brüderlicher Liebesdienste zu widmen. Sein Biograph Radbert läßt in der »Grabrede auf Arsenius« den Corbier Mönch Severus in aller Ausführlichkeit schildern, wie der ehemalige Machthaber im Kloster die wenig beliebten niederen Dienste bei der Betreuung und Pflege der Armen und Kranken mit unermüdlicher Geduld versah und wie streng er die regelmäßige Verrichtung der geistlichen Übungen einhielt. So ging er abseits vom weltlichen Getriebe und in ernster Hingabe an die geistlichen Aufgaben sieben Jahre lang einen Weg der inneren Entwicklung, der seine religiösen Anlagen zur vollen Entfaltung kommen ließ.

Andererseits ist er im Lauf seines Lebens in dem großen abendländischen Reich weit herumgekommen. Er hat fast alle seine Länder kennengelernt, doch führten ihn jeweils recht verschiedene Anlässe in die einzelnen Provinzen. Als im Jahre 810 eine dänische Flotte in Friesland eingefallen war, hielt er sich dort in der Begleitung des Kaisers bei dem Heere zur Durchführung von Gegenmaßnahmen auf.[20] Im folgenden Jahr verhandelte er im kaiserlichen Auftrag mit den Dänen über den Abschluß eines Friedensvertrages, und zwar an der Nordgrenze des Reiches, die damals an der Eider lag. Im Jahre 812 begleitete der Graf den jungen Thronfolger Bernhard nach Italien und organisierte als militärischer Befehlshaber im Süden der Halbinsel die Abwehr gegen drohende Einfälle der Sarazenen. Die Teilnahme an Reichstagen ließ ihn verschiedene Orte aufsuchen, z. B. Attigny, Ingelheim, Worms, Compiègne und Diedenhofen. Das Land der Sachsen war ihm von mehreren Unternehmungen gut bekannt. Später kamen noch andere Anlässe für einen Ortswechsel hinzu. Zum Teil ergaben sie sich aus der Verbannung des Jahres 831 und dem Bestreben der damaligen Machthaber, den unbequemen Abt dorthin zu bringen, wo er nicht gefährlich werden konnte. So wurde ihm 831 ein Aufenthaltsort am Genfer See angewiesen. Von dort führte man ihn im Herbst weiter nach dem Westen, und zwar auf die Insel Heri am Atlantik, wo sich vorher Adalhard hatte aufhalten müssen. Dann kam er in ein Kloster des ostfränkischen Gebietes, vermutlich nach Fulda oder Lorsch, und schließlich durfte er wieder in die Picardie in das Kloster Corbie zurückkehren, aber nicht mehr als Abt, sondern nur noch als ein einfacher Mönch.

Die letzten Lebensjahre verbrachte Wala in Oberitalien, wohin ihn Kaiser Lothar gerufen hatte. Dort fand er im Kloster Bobbio, der berühmten Gründung des irischen Glaubensboten Kolumban, eine neue Heimstatt, und die Mönche dieses Klosters wählten ihn als Abt. An diesem Ort ist Wala dann auch im Jahre 836 gestorben. An der Seite des großen Iren wurde ihm die letzte Ruhestätte bereitet.

Der Reichseinheitsgedanke

Man wird für die überraschenden Wendungen dieses unruhigen Lebens ein gewisses Verständnis haben können, wenn man sie mit dem allgemeinen politischen Geschehen ihrer Zeit in Verbindung bringt. Die Stellung, die Wala in demselben einnahm, wurde durch seine Auffassung von den religiösen Grundlagen des Karolingerreiches bestimmt. Das fränkische Universalreich, das recht verschiedene Völkerschaften in sich vereinte, wurde von Karl dem Großen in steilem Aufstieg auf die Höhe seiner Entwicklung geführt. Es befand sich gerade in voller Blüte, als der junge Wala in den Dienst des Königs trat. Die Eigenart dieses staatlichen Gebildes ist darin zu sehen, daß es sich um ein großes abendländisches Reich handelte, das von seinen Trägern als eine Verwirklichung der Idee des christlichen Gottesstaates verstanden wurde. Diese Idee wurde bereits von Augustin entwickelt und von Alkuin neu formuliert. Ihr fühlte sich Wala als ein Schüler Alkuins sein ganzes Leben hindurch verpflichtet. Es war schon in jener Zeit der Fall, als er im weltlichen Felde als ein Beauftragter und Heerführer Karls des Großen für die Sicherheit und den Ausbau des Reiches zu sorgen hatte. Schon damals sah er als die oberste Instanz des christlichen Reiches den auferstandenen Heiland an, der von

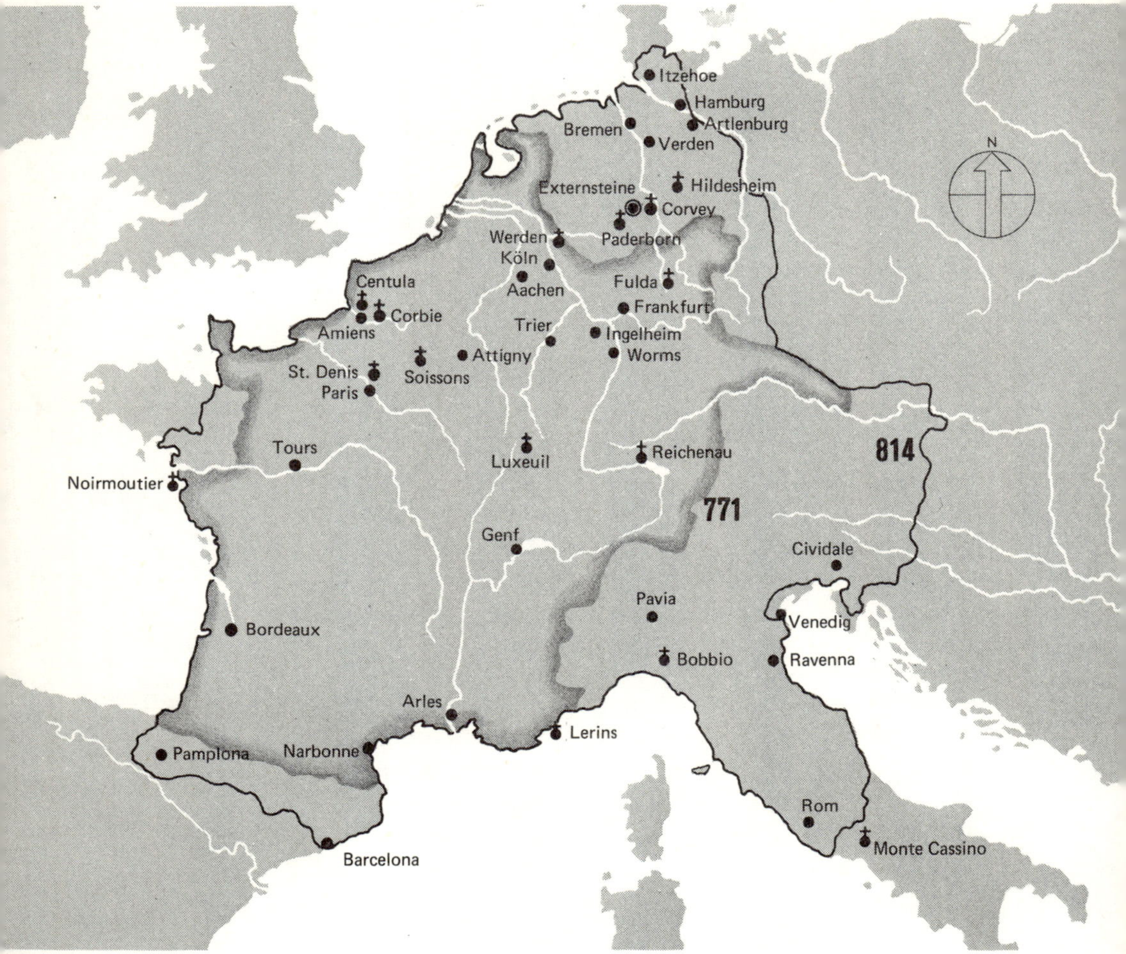

Zeichn. 1: Das Gebiet des fränkischen Reiches unter Karl dem Großen in den Jahren 771 und 814.

ihm als eine real wirkende Macht empfunden wurde, die in das irdische Geschehen führend eingreift.

Daß eine solche Auffassung tatsächlich in jener Zeit das Handeln der maßgeblichen Persönlichkeiten entscheidend bestimmte, ist von Radbert überliefert worden. In einem schönen Bild bringt er es zum Ausdruck. Im 32. Kapitel der Adalhard-Biographie spricht er von dem großen Einfluß, den die drei Brüder Adalhard, Wala und Bernhar bei der Führung der Reichsgeschäfte auf Kaiser Karl in seinen letzten Lebensjahren ausübten.[21] Um die Harmonie im Zusammenwirken der vier Karolinger, die schon durch Verwandtschaft eng verbunden waren, sichtbar werden zu lassen, wählte Radbert das Bild eines Viergespanns. Vier Pferde ziehen gemeinsam einen Wagen. Sie sind unter ein und demselben Joch angeschirrt und einmütig streben sie dem gleichen Ziele zu. Unter den vier Pferden versteht Radbert die drei Brüder und den Herrscher, die alle auf der gleichen Ebene stehen und wirken. Dabei hören sie gemeinsam auf die Stimme des Wagenlenkers, der ihnen die Weisungen zukommen läßt. Dieser Führer des Gefährtes ist kein anderer als Jesus Christus.

Es soll nicht unerwähnt bleiben, daß ein entsprechendes Bild von einem Viergespann zur gleichen Zeit auch noch an einer anderen, und zwar an einer recht bedeutsamen Stelle erscheint. Im Domschatz zu Aachen wird das Stück eines byzantinischen Seidenstoffes aufbewahrt, auf dem das Bild eines Wagens zu sehen ist, der ebenfalls von vier Pferden gezogen und von einem Führer gelenkt wird, der ein kreuzartiges Gebilde auf der Brust trägt (Abb. 4). Es war leicht möglich, in ihm den Heiland zu sehen.[22] Der Stoff mit dieser Darstellung soll ursprünglich in dem ersten Sarkophag auf dem toten Kaiser gelegen haben. Erst als seine Gebeine im 12. Jahrhundert in den von Barbarossa gestifteten Karlsschrein umgebettet wurden, habe man, so heißt es, den Seidenstoff aus dem ursprünglichen Zusammenhang entfernt.

Man wird fragen dürfen, ob in jenem Augenblick, als er über den aufgebahrten Herrscher gebreitet wurde, die gleiche Vorstellung wie bei Radbert bestimmend war. Ebenso wird zu erwägen sein, wer diese Beigabe veranlaßt hat. Ob noch ein Wunsch des alten Kaisers vorlag? Oder war es der letzte Abschiedsgruß der drei nahestehenden Mitarbeiter? Wie dem auch sei, bemerkenswert bleibt auf jeden Fall, daß einerseits dieser Seidenstoff, der die Darstellung eines Viergespanns trägt, mit Karls Beisetzung zusammenhängt, und daß auf der anderen Seite Radbert das

Viergespann gerade in demjenigen Kapitel[23] erwähnt, das über Karls Tod und das weitere Schicksal der drei ihm eng verbundenen Berater berichtet.

Wala hat seine Auffassung von den ideellen Grundlagen des Reiches dann später auch selbst schriftlich niedergelegt, und zwar im Jahre 828, als bei dem gefährlichen Anwachsen der partikularen Bestrebungen und bei dem Fehlen einer starken Hand das staatliche Gefüge zu wanken begann. In dieser Situation faßte der um die Reichseinheit besorgte Corbier Abt seine Gedanken zur Neuordnung der Verhältnisse in einer Denkschrift zusammen, die dem Kaiser und der Reichsversammlung als Beratungsgrundlage unterbreitet wurde.[24] Dieser »Reichsreformplan« liegt heute nicht mehr in der Originalfassung vor, doch hat Radbert das Wesentliche des Inhalts mitgeteilt.[25] Das Ganze braucht hier nicht wiedergegeben zu werden. Es genügt ein Überblick über einige grundsätzliche Erwägungen, die Wala anstellte, um den Aufbau des Karolingerreiches zu kennzeichnen.

Er faßt das weltliche und kirchliche Leben in einem großen christlichen Reiche zusammen, das in seiner Sicht eine unlösliche Einheit darstellt. Das Gesamtreich gliedert er in den *»ordo disciplinae«* und den *»ordo rei publicae«*. Die Aufteilung bedeutet, daß in dem religiös-kirchlichen Bereich die Gebote Gottes und die der Kirche gelten, während im Weltlichen das profane Recht maßgeblich sein soll. Zusammen bilden die beiden Stände die Einrichtung der großen Ekklesia, der alles umfassenden christlichen Einheit. Innerhalb derselben hat der Herrscher nur das Recht, seinen eigenen weltlichen Amtsbereich zu verwalten. Doch darf er sich nichts von demjenigen anmaßen, was außerhalb der ihm unterstehenden Rechtssphäre gelegen ist. Dagegen ist es Aufgabe der Bischöfe und Priester, in dem besonderen religiösen Bezirk (*specialius quae Dei sunt*) bestimmend zu wirken. Der Kaiser wird zwar als die *»Stütze des Gesamtreichs«* (*stabilimentum totius regni*) bezeichnet, doch wird ebenso deutlich gesagt, daß er nicht befugt sei, sich in innerkirchliche Angelegenheiten einzumischen.

Die Eigenart der beiden Stände und ihre Stellung in der größeren Einheit hat keiner von Walas Vorgängern so deutlich umschrieben, wie es in dieser Denkschrift geschehen ist. Von Alkuin lagen auch schon ähnliche Äußerungen vor. In seiner »Zwei-Schwerter-Lehre« vertritt er die Auffassung von zwei unabhängigen Mächten dieser Welt, wie es vorher auch schon Gelasius getan hatte. Dazu bemerkt Lorenz Weinrich in seiner Wala-Biographie:[26] »*Für Alkuin war es Kaiser Karl der Große, der diese beiden Mächte, ›die Schwerter‹, in der Hand hat. Diese Stellung nimmt Wala Ludwig dem Frommen, ohne einer anderen irdischen Instanz diesen Posten zu übertragen, anscheinend auch nicht dem Papsttum, das in Walas System überhaupt nicht direkt erwähnt wird; vielmehr leitet Christus die Kirche.*«

Es ist beachtlich, daß in der offiziellen Denkschrift des Wala, die den Verhandlungen einer Reichsversammlung als Arbeitsunterlage dienen sollte, die gleiche Auffassung von Christus als dem obersten Herrn des Reiches geltend gemacht wird wie in Radberts eindrucksvollem Bild vom Viergespann. Wenn aber die gleiche Vorstellung in diesem Reformplan auftaucht, den der erfahrene Politiker zur Klärung von aktuellen Tagesfragen ausarbeitete, so ist es dort gewiß nicht darum gegangen, ein schönes poetisches Bild zu entwerfen. Für Wala war der an der Spitze des Reiches stehende Christus eine lebendige Realität. Ihm fühlte er sich verpflichtet und ihm diente er, indem er sein Leben lang all seine Kräfte und großen Fähigkeiten für die Erhaltung dieses Reiches einsetzte.

Die gleiche Auffassung liegt einer Überlieferung zugrunde, die das Ende seines irdischen Daseins betrifft. Es heißt, daß Wala den nahenden Tod im Sommer des Jahres 836 vorher geschaut habe. Zweimal soll er geträumt haben, daß er nun bald eine Gesandtschaft zu dem ewigen König rüsten müsse, um Rechenschaft über seine Arbeit abzulegen.[27] Dieser »ewige König« ist wiederum jener Christus, von dem er als dem obersten Lenker der großen Ekklesia, des universalen christlichen Reiches, gesprochen hat.

Bei seinem ständigen Einsatz für die Wahrung der Einheit dieses von dem Auferstandenen geführten Reiches kam Wala in den verworrenen Verhältnissen jener Zeit immer wieder mit Bestrebungen in Konflikt, die von einflußreichen Personen in der Umgebung des schwachen Kaisers Ludwig ausgingen. Ihnen trat Wala unermüdlich entgegen. Freilich war es ihm nicht vergönnt, den Gang der Entwicklung, das heißt den Zerfall des Reiches, aufzuhalten.

Walas letzte Lebensjahre

Um das Lebensbild der ungewöhnlichen Persönlichkeit einigermaßen abzurunden und um eine feste Grundlage für die Beurteilung jener Berichte zu erhalten, die nach Walas Tod dieses oder jenes über seinen Anteil an der Corveyer Gründung ausgesagt haben, muß auch noch auf die letzten Jahre seines Lebens eingegangen werden. Dabei wird die Wiedergabe des an Wechselfällen reichen Geschehens erheblich vereinfacht werden dürfen.

Bei seinem Einsatz für die Erhaltung der Reichseinheit war Wala mit namhaften Männern des geistlichen und weltlichen Standes verbunden, die von gleicher Gesinnung waren oder auch aus anderen Gründen dem herrschenden Kurse entgegentraten. Diese Gruppe hervorragender, meist adliger Personen, zu denen etwa der Bischof Jesse von Amiens, der Abt Hilduin von St. Denis, Hugo von Tours, Matfried von Orléans, Warin von Macon und Lambert von Nantes und später auch noch die Bischöfe Agobard von Lyon und Ebbo von Reims gehörten, wird heutzutage gewöhnlich als die »Reichseinheitspartei« bezeichnet. In dieser ist Wala ein führender Kopf gewesen. Der erste Zusammenschluß erfolgte im Jahre 829, als Ludwig der Fromme seinen Sohn Lothar, der vorher schon zum Kaiser gekrönt worden war, dadurch als Mitregenten wieder auszuschalten suchte, daß er ihn nach Italien verwies, und als er zugleich seinem jüngsten Sohn Karl, dem Kinde der Judith, das Herzogtum Aquitanien verlieh und dem zum Kämmerer erhobenen Bernhard von Septimanien eine ungewöhnlich große Macht überantwortete, von der dieser rücksichtslos Gebrauch zu machen begann. Dies alles ging auf den Einfluß von Bernhard und Judith zurück und wurde eigenmächtig vom Kaiser verfügt, ohne daß er die Großen des Reiches vorher dazu gehört hatte.

Um die drohende Herrschaft des gefährlich erscheinenden Kämmerers abzuwenden, kam es im Jahre 830 zu einem Aufstand der von Wala geführten Adelsgruppe, wobei man mit den drei älteren Söhnen des Kaisers im Bunde war. Die Empörung erreichte auch das zunächst erstrebte Ziel. Bernhard von Septimanien verlor seine Stellung, Kaiserin Judith wurde als Nonne ins Kloster geschickt, und der Kaiser versprach, den Adel ebenso wie früher bei der Reichsverwaltung zur Beratung heranzuziehen.

Auch Lothar wurde wieder als Mitkaiser eingesetzt. Dann verlief aber die weitere Entwicklung nicht mehr im Sinne Walas, der auf eine Wiederherstellung der Reichseinheit bedacht war. Das weitere Verhalten der drei Kaisersöhne war zu eigensüchtig. Eine Gruppe der Rebellen ging allzu scharf vor und ließ es sogar zu einer Gefangennahme des Kaisers kommen. So konnten Walas Absichten, die auf eine Beruhigung der Reichsangelegenheiten zielten, nicht verwirklicht werden. Im Gegenteil, die Verhältnisse wurden so verworren, daß die Aufständischen in weiten Kreisen den Rückhalt verloren und Kaiser Ludwig wieder zur Macht kommen konnte. Eine Bestrafung der Empörer war die Folge. Für Wala fiel sie verhältnismäßig milde aus. Es war die oben erwähnte Verbannung des Jahres 831, aus der er ein Jahr später nach Corbie zurückkehren konnte.

Damit waren aber die Wirren im Reiche noch nicht am Ende. Die Auseinandersetzungen zwischen dem Kaiser und seinen Söhnen, die auf die Sicherung ihrer Anteile bedacht waren, gingen weiter. Die drei Brüder schlossen ein Bündnis und zogen im Frühjahr 833 mit Heeresmacht gegen den Vater. Lothar war es sogar gelungen, Papst Gregor IV. für die persönliche Anwesenheit bei dem Unternehmen zu gewinnen. Ebenso forderte er Wala auf, zur Unterstützung seiner Sache zu ihm zu kommen. Trotz ernster Bedenken folgte dieser dem Ruf, da er immer noch hoffte, im Lager der Söhne für den Frieden und die Erhaltung der Reichseinheit wirken zu können. Ebenso war auch der Papst um eine Versöhnung der streitenden Parteien bemüht. Doch beide wurden schwer enttäuscht.

Die Anhänger der kaiserlichen Söhne waren indessen im Heere Ludwigs des Frommen heimlich tätig gewesen und hatten es verstanden, dieses in das eigene Lager herüberzuziehen. So stand der Kaiser plötzlich machtlos vor den Rebellen und mußte sich in die Gewalt der feindlichen Söhne begeben. Diese nutzten ihre Machtstellung bedenkenlos aus. Sie verurteilten den Vater in einem feierlichen Verfahren und setzten ihn ab, während der älteste Sohn Lothar das Erbe antrat und sich eigenmächtig zum Alleinherrscher machte. All das war nicht im Sinne seines Beraters Wala. Er hatte es aber nicht verhindern können. Damals soll er bekümmert gesagt haben: »*Es war unsere Pflicht hierher zu kommen, in guter Absicht für alle zu arbeiten, zum Frieden zu raten und die drohenden Wirren abzuwenden. Jetzt aber hört uns niemand und keiner achtet auf das, was wir sagen.*«

Bald hat Lothar aber doch wieder auf Walas vermittelnde Ratschläge hören müssen und aus ihnen Nutzen ziehen können. Das Bündnis mit den beiden Brüdern zerfiel nach kurzer Dauer, den gefangen gehaltenen Ludwig mußte er wieder freigeben, und von den Heeren der Brüder und des Vaters wurde er hart bedrängt. In dieser schwierigen Lage kam durch Walas Vermittlung schließlich in der Weise eine Lösung zustande, daß Lothar die Forderungen des Kaisers annahm. Er verzichtete auf ein künftiges Eingreifen in die Reichsangelegenheiten und durfte dafür das langobardische Königreich behalten. Seine Rückkehr nach Italien bedeutete freilich zugleich das Eingeständnis einer endgültigen Niederlage der Reichseinheitspartei. Obwohl in dieser Gruppe die fähigsten Köpfe des Frankenreiches standen, war das Mißlingen der auf die Einheit gerichteten Bestrebungen zum guten Teil durch das Versagen einzelner Mitglieder herbeigeführt worden. Wala ist in seinem ständigen Bemühen, die große Einheit zu erhalten, nicht nur an den Sonderinteressen und dem Widerstand seiner Gegner gescheitert, sondern ebenso an dem unklugen Vorgehen und dem eigenmächtigen Verhalten seiner Freunde.

Trotz dieser Enttäuschungen und der Bereitschaft des Kaisers, ihm die frühere Stellung wiederzugeben, ging Wala für den Rest seines Lebens zu Lothar nach Oberitalien. Hier wurde er, wie gesagt, der Abt des ehrwürdigen Klosters Bobbio, und von hier aus versuchte er kurz vor seinem Tode noch einmal in das politische Geschehen einzugreifen. Es ging um die endgültige Versöhnung in der Herrscherfamilie. Kaiser Ludwig ließ im Jahre 835 den Wunsch nach einer Einigung mit allen seinen Söhnen erkennen. Er schickte zweimal seine Abgesandten zu Lothar nach Pavia, und die Verhandlungen entwickelten sich, wohl unter Walas Einfluß, nicht ungünstig. Daraufhin erschien Wala im Mai 836 in Lothars Auftrag auf dem Reichstag in Diedenhofen, und auch hier nahmen die Besprechungen einen guten Verlauf. Es kam bereits zu einer vollständigen Aussöhnung zwischen dem Kaiser und Wala. Eine gleichartige Entwicklung schien sich auch für das Verhältnis von Vater und Sohn anzubahnen.

Doch konnte Wala das Werk der Versöhnung nicht mehr vollenden, da er bald darauf starb. Als er im Sommer 836 nach Italien zurückgekehrt war, brach dort eine Seuche aus, von der auch Kaiser Lothar und sein Gefolge befallen wurden. Der Herrscher selbst wurde wieder gesund, aber viele seiner Anhänger erlagen der schweren Krankheit, unter andern die Bischöfe Jesse von Amiens und Elias von Troyes sowie die Grafen Hugo und Matfried. Auch Abt Wala schloß am 31. August 836 für immer die Augen.

Das Urteil der Nachwelt

Das gleichzeitige Dahingehen so vieler bedeutender Männer sahen schon die Zeitgenossen als ein besonderes Ereignis an. Man war sich dessen bewußt, daß mit ihnen nicht nur eine bestimmte politische Gruppe, sondern auch eine geistige Elite aus dem irdischen Kräftespiel ausschied. Selbst auf der Gegenseite hat man es so aufgefaßt und auch anerkannt. Der Biograph Ludwigs des Frommen, ein Hofmann, der alles andere als ein Freund der opponierenden Partei war, ließ den Verstorbenen einen ehrenden Nachruf zuteil werden, indem er niederschrieb:[28] »*Sie waren es, durch deren Weggang, wie man sagte, das Frankenland seines Adels beraubt wurde und seine Stärke wie beim Zerschneiden der Sehnen verlor und durch deren Tod seine Weisheit vernichtet wurde.*«

In dieser erlesenen Schar hatte also Wala eine führende Stelle eingenommen. Zweifellos war er eine geistig hochstehende und willensstarke Führernatur mit großen politischen Fähigkeiten, doch war es ihm im zweiten Lebensabschnitt nicht vergönnt, das, was er erstrebte, zu erreichen. Es liegt eine Tragik über dem Leben dieses Kämpfers, der seine besten Kräfte für die Einheit des christlichen Reiches in der Zeit der Auflösung hingab. Auch er selbst hat das eigene Wollen und Wirken als tragisch empfunden. Sein Biograph Radbert verglich den unbequemen Mahner Wala gern mit dem von Gott gesandten, unpopulären Propheten Jeremias. Ebenso bezog Wala selber mehr als einmal den schmerzlichen Ausruf des Jeremias auf das eigene Leben:[29] »*Weh mir, meine Mutter, warum hast du mich geboren als Mann des Streites, als Mann der Zwietracht im ganzen Lande!*«

Doch entbehrt die einzigartige Erscheinung nicht der historischen Größe. Sie gehört in den Kreis der hervorragenden Gestalten, die durch ihr Wollen und Handeln das geistige Geschehen des schicksalsträchtigen 9. Jahrhunderts geprägt haben. Demgemäß konnte auch Lorenz Weinrich seine Wala-Biographie mit folgenden Sätzen abschließen:[29] »*Man hat später den Karolinger Wala, der für die Einheit von Reich und Kirche gekämpft hatte, vergessen. Weder die Deutschen noch die Franzosen oder Italiener haben aus ihm einen nationalen Heiligen gemacht. Wir aber dürfen in ihm eine der entscheidenden Persönlichkeiten der Karolingerzeit sehen.*«

Die ideellen Grundlagen der Corveyer Bauten

Walas Verhältnis zu den Sachsen und der Sinn der Corveyer Klostergründung

Diesem bedeutenden Mann aus dem Geschlecht der Karolinger war schon durch seine Abstammung die Rolle eines Vermittlers zwischen Franken und Sachsen zugefallen. Dadurch, daß seine Mutter in dem unterworfenen Land beheimatet war, hatte Wala eine unmittelbare Beziehung zu den Sachsen, so daß er das notwendige Verständnis für ihr Wesen aufbringen konnte. Das war ihm schon zugute gekommen, als er sich zu Karls Zeiten als der einflußreiche Beauftragte des Herrschers um die Wohlfahrt der neuen Provinz zu kümmern hatte. Daß er dabei seine sächsische Abkunft niemals verleugnete, hat ihm dort viele Sympathien eingebracht. Ebenso war er auch später in der Zeit Ludwigs des Frommen, als er bereits den Übergang in den geistlichen Stand vollzogen hatte, gewissermaßen dafür vorherbestimmt, an einem Unternehmen mitzuwirken, das den Abschluß und die Krönung des noch nicht vollendeten Bekehrungswerkes bringen sollte.

Bei diesem ging es vor allem darum, den Sachsen zu ermöglichen, aus innerem Antrieb ein lebendiges Verhältnis zur neuen Religion zu finden. Dieses Ziel hatte man im Kloster Corbie von Anfang an im Auge, und gerade für die Durchführung einer solchen Aufgabe waren die zwei geistlichen Karolinger aufgrund ihres bisherigen Werdegangs und bei aller Verschiedenheit des Wesens in gleichem Maße hervorragend geeignet. Dem siebzigjährigen Adalhard mußte der um 20 Jahre jüngere Bruder mit seiner Kenntnis von Land und Leuten, mit seinen persönlichen Beziehungen und der nie erlahmenden Schaffenskraft ein unersetzlicher Helfer sein. Der Verlauf der weiteren Entwicklung läßt erkennen, von welchem Gewicht die Ergebnisse waren, die der harmonischen Zusammenarbeit des Brüderpaares zu verdanken sind, und wie dadurch der Einwurzelung und Entfaltung des Christentums im Sachsenland und auch der weit darüber hinausgreifenden nordischen Mission lebhafte Antriebe und starker Rückhalt verliehen wurden.

Im Gegensatz zu dem gewaltsamen Vorgehen, für das sich Karl der Große bei der Sachsenbekehrung noch kurz vorher entschieden hatte, ging man bei der Anlage des Klosters Corvey von einer anderen Einstellung aus. Für die zwei geistlichen Karolinger kam allein eine spirituelle Grundlage in Betracht, und auf den Einsatz äußerer Machtmittel haben sie bewußt verzichtet. Vielmehr waren sie bestrebt, das Missionswerk mit der Gewaltlosigkeit des Evangeliums zu vollenden. Ihr Biograph Radbert versucht, das Besondere ihres Vorgehens dadurch zu veranschaulichen, daß er die Gründungen von Rom und Corvey miteinander vergleicht. So läßt er im 18. Kapitel der »Grabrede auf Arsenius« den Mönch Severus folgendermaßen sprechen: »*Wie ich höre, ist Rom von zwei Brüdern in der einen Weise und die Neugründung unseres Namens in einer anderen erbaut worden. Jene Stadt ist ja im irdischen Bereich durch weltliche Mittel zustande gekommen, diese Gründung erfolgte jedoch in geistiger Art, damit sie sich in den Himmeln ausbreiten möge. Jene wurde geschaffen, damit sie die Völker unter ihre Herrschaft zwinge, diese, damit sie ihre Angehörigen aus der Welt herausziehe, jene, damit sie durch Vermehrung des Besitzstandes zu großem Reichtum gelange, diese aber, damit sie mit beglückender Armut wohl versehen sei und in den Himmeln ihre Grundmauern habe. Denn die Anlage jener Stadt hat mit Blutvergießen ihren Anfang genommen und sie ist durch Blutopfer und kriegerische Ereignisse groß geworden, diese Stätte ist aber entstanden, damit sie die Armut des derzeitigen Lebens lieben und in geistiger Hinsicht in den Himmeln Reichtum gewinnen möge.*«

Es ist gut möglich, daß Radbert bei der Gegenüberstellung von Rom und Corvey nicht bloß die Absicht hatte, einen historischen Vergleich zu ziehen. Wahrscheinlich sollte dadurch zum Ausdruck gebracht werden, daß Adalhard und Wala bei der Inangriffnahme ihres Werkes von dem kurz vorher geübten Verfahren bewußt abgerückt sind und im Gegensatz zu der vorangegangenen fränkischen Gewaltpolitik, die ebenfalls mit Blutvergießen und Herrschaftsstreben verbunden war, allein ein friedliches Vorgehen bei der Sachsenbekehrung für richtig hielten. Von Alkuin, dem die beiden in der Gesinnung nahe standen, sind Briefe erhalten – auch an Karl selbst –, in denen er sich mißbilligend über den Einsatz von harten Zwangsmitteln bei der Sachsenmission ausgesprochen hat.[30] So liegt der Gedanke nahe, daß auch Wala, der als junger Mensch ein Schüler Alkuins gewesen war, in dieser Hinsicht nicht immer mit Karls gewaltsamem Verfahren einverstanden war, zumal er in jener engen persönlichen Beziehung zu den Sachsen stand, von der bereits gesprochen wurde. Freilich können keine Angaben der zeitgenössischen Überlieferung beigebracht werden, die für die Zeit der Klostergründung eine solche Gesinnung des Wala bezeugt hätten. Doch ist seine grundsätzliche Einstellung an dem Verhalten abzulesen, das er bald darauf bei der neu einsetzenden nordischen Mission hat erkennen lassen. Darüber wird folgendes berichtet.[31]

Als im Jahre 826 auf dem Reichstag zu Ingelheim die Bitte des kurz vorher getauften Dänenkönigs Harald um Bereitstellung von Missionaren für sein Herrschaftsgebiet vorlag, und als daraufhin Kaiser Ludwig an die Versammlung die Frage richtete, wen man diesem König als christlichen Glaubensboten mitgeben könne, schlug der Abt Wala den 25jährigen Corveyer Mönch Ansgar dafür vor, und zwar unter der Bedingung, daß dieser zuvor sich aus freiem Entschluß für das schwierige Unternehmen bereit erklärt habe. Er hat ihn deshalb genannt, weil er Ansgars Gesinnung kannte und wußte, daß sich der junge Mönch bei solchen entscheidenden Schritten stets von der inneren Berufung leiten ließ und daß er durch seine geistigen Qualitäten dazu befähigt war, das Bekehrungswerk auch mit gewaltlosen Mitteln in Angriff zu nehmen.

Es ist zu beachten, daß Wala bei dieser Gelegenheit die Bedingung stellte, dem Vorgeschlagenen das letzte Wort zu überlassen.[32] Ebenso hat er auch sonst nach dem Grundsatz gehandelt, daß diejenigen Mönche, die mit einer Missionstätigkeit betraut werden sollten, die Möglichkeit zu einer selbständigen Entscheidung über Annahme oder Ablehnung des Auftrages haben müßten, und daß die Verpflichtung zu unbedingtem Gehorsam gegen den geistlichen Vorgesetzten, die jeder Klosterbruder auf sich genommen hat, in diesem Fall nicht bindend sein dürfte. Aus dieser Forderung spricht eine besondere Gesinnung des Abtes Wala. Nach seiner Auffassung sollte der Vollzug des Bekehrungswerkes ausschließlich von solchen Antrieben bestimmt werden, die aus dem religiösen Erleben und Streben der einzelnen Persönlichkeit hervorgehen. Die Heidenmission sollte in innerer Freiheit nach jenen Gesetzen in Angriff genommen werden, die im Bereiche des Geistes Gültigkeit haben, ohne daß sie von andersartigen Einflüssen und weltlichem Machtstreben durchkreuzt werden. In einer solchen Haltung wurde auch die Gründung des Klosters Corvey durchgeführt und alles, was in Verbindung mit derselben geschah. An dieser Stelle ist gut zu erkennen, wie stark Walas Handeln von religiösen Gesichtspunkten bestimmt wurde.

Das Programm des gewaltlosen Vorgehens kommt auch in Darstellungen Corveyer Handschriften sichtbar zum Ausdruck. In der Prager Kapitelbibliothek befindet sich ein Evangeliar, das im 3. Drittel des 9. Jahrhunderts in Nordfrankreich entstanden sein soll.[33] Noch in demselben Jahrhundert wird es nach Corvey gelangt sein, denn seine Bildseiten und Kanontafeln haben seitdem der dortigen Buchmalerei als Vorbilder gedient. Das Evangeliar enthält eine Darstellung der Berufung des Jüngers Matthäus durch Jesus Christus (Abb. 2). Die beiden Gestalten stehen vor einem Hintergrund, der sich in horizontale Streifen gliedert. Auf dem Erdboden wachsen die Pflanzen und blühen die Blumen. Mit einer auffordernden Gebärde wendet sich Christus an den einstigen Zolleinnehmer, und der neue Jünger folgt ihm mit ausgebreiteten Händen. Vor seinen Füßen liegt aber am Boden und inmitten der sprießenden und blühenden Vegetation das Schwert, das er vorher als Zeichen der weltlichen Amtsgewalt geführt hatte. Das irdische Geschehen findet in der geistigen Welt einen Widerhall. Von den himmlischen Höhen senkt sich ein Bogen, in dem zwei Engel herabschweben, in das Bildfeld herunter. Wie eine beigefügte Inschrift besagt, sind die beiden die Vertreter des Engelchores, der an dem Handeln des Heilands in ehrfürchtiger Anbetung Anteil nimmt.

Nach dieser Vorlage wurde auch in Corvey die Berufungsszene erneut im Bilde dargestellt. Es hat sich als ein Einzelblatt erhalten (Abb. 3), das in Helsinki in Finnlands Nationalmuseum aufbewahrt wird.[34] In der Auswahl und Anordnung der Personen, in der ganzen Komposition ist die Übereinstimmung mit dem Vorbild unverkennbar. Auch das Schwert liegt wieder vor den Füßen des Matthäus und zwischen den blühenden Pflanzen. Jedoch der Stil der Wiedergabe ist ein anderer. Man erkennt eine Malweise, die im letzten Viertel des 10. Jahrhunderts üblich war. Das Bild ist also um ein Jahrhundert jünger als die Vorlage. Daß man gerade diese Szene, die den Verzicht auf weltliche Machtmittel und die geistige Nachfolge Christi zur Anschauung bringt, in der Corveyer Buchmalerei so liebevoll wiederholte, spricht deutlich dafür, wie wichtig dieses Thema den Corveyer Mönchen des frühen Mittelalters war. All das wird aber gut verständlich, wenn daran gedacht wird, wie Radbert Rom und Corvey miteinander verglichen hat. Doch nicht nur in dieser Darstellung der Buchkunst, auch in der Ausgestaltung der Klosteranlage und in der Ausführung der Bauten wurde die spirituelle Aufgabe der neuen Schöpfung zum Ausdruck gebracht.

Das Problem des einheitlichen Bauplans

Schon wenn auf jene wenigen Corveyer Bauteile hingeblickt wird, die sich vom 9. Jahrhundert bis heute erhalten haben, ist das Ungewöhnliche des Unternehmens, das dort von Adalhard und Wala in die Wege geleitet wurde, und die Großzügigkeit ihres Wollens und Handelns recht gut zu erkennen. Noch deutlicher kann das aber in Erscheinung treten, wenn auch das Ergebnis der jahrzehntelangen Bemühungen um eine Rekonstruktion der verschwundenen Bauteile ins Auge gefaßt wird. Freilich kann hier nicht auf alle Wiederherstellungsversuche eingegangen werden.[35] Ebenso sollen auch nicht die Unterschiede in den Ansichten der Sachbearbeiter zur Besprechung kommen. Hier wird es nur darum gehen können, die wichtigsten Einsichten zu vergegenwärtigen, die sich nach und nach herausgeschält haben. Dabei empfiehlt es sich, von zwei Corvey-Veröffentlichungen der letzten Zeit auszugehen, nämlich dem zusammenfassenden Werk »Corvey« von Wilhelm Rave aus dem Jahre 1958 und einem Buch von Adelhard Gerke, das unter dem Titel »Corvey. Das Heiligtum Westfalens« im Jahre 1973 erschienen ist.

In der Darstellung der zweiten Veröffentlichung, die sich an einen breiten Leserkreis wendet, werden auch neue Erkenntnisse über die Rekonstruktion des ursprünglichen Zustands mitgeteilt, die sich daraus ergaben, daß den dafür notwendigen Berechnungen sowohl die karolingischen Maßeinheiten wie auch jene geometrischen Figuren zugrunde gelegt wurden, mit denen man seinerzeit bei der Anfertigung der Entwürfe gearbeitet hat. Außerdem wird in diesem Buch die Bedeutung gewürdigt, die einer reich ausgebildeten Zahlensymbolik für das Verständnis des Ganzen zukommt. Dieses Verfahren führte zu Resultaten, die für die weiteren Überlegungen wichtig sind. Es ergibt sich nämlich, daß man sich bei der Fertigstellung der einzelnen Bauabschnitte, die sich über mehr als sechs Jahrzehnte des 9. Jahrhunderts hinzog, stets nach ein und demselben Entwurf richtete. Dieser war von Anfang an vollständig vorhanden und wurde auch später, wenn ein neuer Abschnitt in Angriff genommen wurde, immer wieder als Unterlage in Anspruch genommen. Ganz besonders gilt dies für das räumliche und geistige Zentrum der Klosteranlage, für das große und bedeutende Kirchengebäude. Der Charakter des repräsentativen Gotteshauses wurde dadurch bestimmt, daß es aus zwei getrennten Kirchen bestand, die andererseits auch wieder eng zusammengehörten und zu einer höheren Einheit verbunden waren. Jede von ihnen wurde besonders geweiht, die eine im Jahre 844 und die andere im Jahre 885. Den größeren Teil bildete die langgestreckte Abteikirche, eine dreischiffige Basilika mit langgestrecktem Chor, mit den Altären des heiligen Stephanus und des heiligen Vitus, und mit drei Krypten, die sich an der Außenwand des Chores nach Osten hin anschlossen. Neben diesen horizontal ausgerichteten Baukörper wurde an der Eingangsseite das hochaufragende Westwerk gestellt, das den geräumigen Johannis-Chor mit dem Johannis-Altar und dem Thronsitz des Kaisers enthielt. Die gesamte Anlage wurde aber nicht in einem Zuge, sondern in Etappen fertiggestellt.

Unter den Corbier Mönchen war Radbert derjenige, der an den Vorbereitungen für die Klostergründung besonders stark beteiligt war. So war er in der Lage, der Nachwelt Wichtiges über die Anfänge des Geschehens mitzuteilen. Nach dem Tode des Abtes Wala, also nach dem Jahre 836, hat er in der »Grabrede auf Arsenius« in schönen Worten rückblickend davon gesprochen,[36] daß ihm seinerzeit das große Glück zuteil geworden sei, immer dabei sein zu dürfen, als sich Adalhard und Wala mit der Planung des bedeutenden Werkes befaßten. Er konnte miterleben, wie sie *»mit der Hand«* an den Bauplänen gearbeitet haben. Dabei wird ausdrücklich gesagt,[37] daß die beiden Brüder die Pläne für die Anlage des Klosters entworfen haben. Offenbar ist dort von jenen Zeichnungen die Rede, die zur Verfügung waren, als Adalhard und Wala im Sommer des Jahres 822 die neuerworbene Stätte an der Weser *»mit dem Rohr«* vermaßen und dabei anordneten und durch eingeschlagene Pflöcke kennzeichnen ließen, wo die einzelnen Gebäude stehen sollten. Darüber unterrichtet die »Translatio Sancti Viti« (»Vitusbericht«).[38] Dort heißt es außerdem, daß man zuerst den Platz der Kirche und dann erst den der anderen Gebäude bestimmte. Ferner ist bekannt, daß auch der Standort des Hauptaltars von Anfang an festlag. Denn es heißt, daß dort bei der Weihe des Geländes die Fahne des heiligen Kreuzes aufgepflanzt wurde. Zunächst hatte man für die Unterbringung der Kreuze und Reliquien ein Zelt errichtet. Weiterhin wird es wohl bald dahin gekommen sein, daß für die Durchführung der Gottesdienste ein festes Provisorium geschaffen wurde. Bis zur Fertigstellung und Weihe der vollständigen Basilika, zu der außer den drei Schiffen auch noch der Chor und die drei angefügten Krypten gehörten, dauerte es 22 Jahre. Wie gesagt, im Jahre 844 war es soweit. Doch ging man anschließend nicht sofort an den Bau des Westwerks. Erst im Jahre 885 erfolgte die Weihe dieses Teiles, so daß bis zur Vollendung des ganzen Gotteshauses 63 Jahre vergangen sind.

Bei diesem stufenförmigen Ablauf der Fertigstellung konnte es dahin kommen, daß in neuerer Zeit zunächst eine Unsicherheit darüber bestand, wie der Anlaß zur Errichtung des Westwerks zu beurteilen sei. Es wurde gefragt, ob man es etwa mit einem nachträglichen Anbau an eine erste Kirchenanlage, die ursprünglich einfacher gewesen wäre, zu tun habe, ob also in der zweiten Hälfte des 9. Jahrhunderts das Westwerk als ein neues Element hinzugekommen sei, das in dem ersten Entwurf noch nicht enthalten war. Andererseits wurde aber auch schon erwogen, ob das Gegenteil zutreffen könnte, das heißt, ob es sich bei der Errichtung des Westwerks um die späte Ausführung des letzten Bauabschnittes eines groß angelegten Entwurfs handelte, der schon in der Gründungszeit vollständig vorhanden war und für alle später auszuführenden Arbeiten als Unterlage zur Verfügung stehen konnte.

Längere Zeit war man eher geneigt, an die erste Möglichkeit zu denken. Doch wurden nach und nach immer mehr Gegebenheiten bekannt, die dafür sprechen, daß die andere Lösung als die einzig mögliche gelten muß. Wenn nämlich die Gesamtanlage des Klosters und die Stellung der Kirche innerhalb derselben ins Auge gefaßt werden, wenn man die zugrundeliegende Idee berücksichtigt und auf die innere Geschlossenheit der aus mehreren Teilen bestehenden Kirche und auf die Sprache der an den Bauten ablesbaren Zahlensymbolik achtet, so wird nichts anderes übrigbleiben, als auch die Ausgestaltung des Westwerks auf den von Adalhard und Wala stammenden Entwurf zurückzuführen. Ein Blick auf die Vorstellung vom himmlischen Jerusalem, die Erörterung einiger Fragen der Zahlensymbolik und eine Betrachtung der Kirchenanlage werden notwendig sein, um diese Aussage im einzelnen zu begründen.

Das himmlische Jerusalem als Vorbild für die Corveyer Klosteranlage

Den ausführlichen Angaben des Corbier Mönches Radbert ist zu verdanken, daß auch heute noch über jene Vorstellungen gesprochen werden kann, von denen Adalhard und Wala ausgingen, als sie die Entwürfe für die neuzuschaffende Klosteranlage und deren Kirche ausarbeiteten. Offenbar spielte dabei die Vision des himmlischen Jerusalem eine entscheidende Rolle, also jene berühmte Schau eines künftigen Zustandes der Erd- und Menschheitsentwicklung, von der die »Offenbarung des Johannes« Kunde gibt. Daß man sich im 9. Jahrhundert auch sonst mit dieser bedeutenden apokalyptischen Schrift eingehend beschäftigte, bezeugen mehrere Ausgaben derselben, die der genannten Zeit entstammen und mit vielen Bildern versehen sind. Radbert bringt die Corveyer Gründung nicht nur mit dieser großartigen Vision des Neuen Testaments in Verbindung, sondern auch noch mit einer ähnlichen Schau des Propheten Ezechiel (Hesekiel), die den neuen Jerusalemer Tempel betrifft. Ferner erwähnt er ausdrücklich, daß auch bei Adalhard und Wala visionäre Erlebnisse eine Wirkung ausgeübt haben.

Im 15. Kapitel der »Grabrede auf Arsenius« läßt er seinen Mitbruder Adeodatus sagen, daß die Gründung des Mönchsklosters Corvey sowie des Frauenklosters Herford durch visionäre Erlebnisse bestimmt wurde, die mit der bekannten Schau des Apokalyptikers Johannes zu vergleichen sind. Anschließend wird noch besonders betont, daß dies damals allgemein bekannt war. Die Aussage des Adeodatus hat folgenden Wortlaut: »*Wie ich in der Art des Apostels Thomas sehe, haben diese Männer* [Adalhard und Wala] *die Grundmauern der beiden Orte und ihre Gebäudeordnung, die niemals altern möge, festgelegt. Sie haben die Arbeitsstätten erbaut und die Giebel aufgerichtet, die niemals einstürzen mögen. Im übrigen glaube ich, daß sie nur deshalb diese Bauvorhaben in einem so fernliegenden Lande in Angriff nehmen konnten, weil erst kürzlich in diesem Volke das neue Licht Christi mit Hilfe des Heiligen Geistes zum hellen Aufleuchten gekommen ist. Es ist von den beiden geschaut worden, daß sie die himmlischen Gebäude im Bereich dieses Volkes auf Erden fest begründen sollten. Insofern konnten sie in ihrem Geistesaufschwung mit Johannes auch von sich selber sagen: ›Wir schauten beglückt, wie das neue Jerusalem an unseren Orten vom Himmel herabsteigt, mit seinem Halsschmuck angetan und bestimmt für beide Geschlechter.‹ Denn so wird es allgemein von diesen Orten rühmend verkündet. So kann niemand darüber im Zweifel sein, daß im Bereich jenes Volkes diese Festungen Gottes mit ihrer doppelten Frucht dem Herrn geweiht worden sind.«*

In demselben Kapitel hatte Paschasius, also Radbert selbst, im Wechselgespräch schon vorher gesagt: »*Wenn sie* [Adalhard und Wala] *die Entwürfe für das Werk mit der Hand ausarbeiteten, wenn sie die beiden Orte* [Corvey und Herford] *mit dem Rohr vermaßen und dabei bestimmten, an welchen Stellen die einzelnen Teile aufgeführt werden sollten, so war ersichtlich, daß sie die Maße des Bauwerks in einer Anordnung festlegten, die nach den Worten des Ezechiel (Kap. 40, 2) zum Südwind hingewandt war. So haben sie die Grundmauern und den Giebel im Himmel errichtet. Während sie ihren Gang gleichmäßig aufwärts lenkten, erhoben sie dorthin das Gesicht und die Augen, und so wird man ihnen zubilligen, daß sie dem Gott in den Himmeln all das widmeten, was nach ihrer Anweisung auf Erden zustande kam, und daß sie dorthin verlegten des Fundamentes Anfänge, die sich gerade noch über die Giebel der andern erheben.*« Ferner wird im 18. Kapitel der »Grabrede« gesagt: »*... dieses Kloster* [Corvey], *das von jenen* [Adalhard und Wala] *dem Herrn geweiht worden ist, wird nach dem Wort des Ezechiel angelegt, der den Bau gewissermaßen zum Südwind hin ausrichtet. Und so weist es die gleichen Maße über den gleichen Grundmauern und die gleiche Breite und Länge auf. Es enthält ebenso viele Tore, die gleichen Fenster und keine andere Größe für das Wachstum der Besitzungen.*«

Hier kam es Radbert vor allem darauf an, die Bedeutung der spirituellen Grundlagen des Klosters Corvey herauszustellen. Er spricht von visionären Schauungen, die Adalhard und Wala erlebt haben, und außerdem davon, daß die biblische Schilderung des himmlischen Jerusalem das Vorbild für den Entwurf der Klosteranlage gewesen sei.

In methodischer Hinsicht verdient es ein besonderes Interesse, daß der Inhalt der letzten Aussage, die in den eindeutigen Angaben des Augenzeugen Radbert enthalten ist, auch in der unlängst erschienenen Veröffentlichung von Adelhard Gerke eine zentrale Rolle spielt. Dazu muß aber vermerkt werden, daß Gerkes Beweisführung nicht etwa von den entscheidenden Aussagen des Radbert ausgegangen ist. Seine Ausführungen gipfeln geradezu in der These, daß der Anlage und architektonischen Ausgestaltung des Klosters Corvey die Absicht zugrunde gelegen habe, ein Abbild des himmlischen Jerusalem zu schaffen, und zweifellos bedeutet die klare Formulierung dieses Satzes einen wesentlichen Fortschritt in der Erforschung der Corveyer Anfänge. Doch als Gerke diesen Gedanken in der heutigen Diskussion als erster ausführlich entwickelte und die hervorragende Bedeutung des genannten Vorbildes würdigte, waren ihm, wie gesagt, die entscheidenden Aussagen des Radbert, die soeben besprochen wurden, noch nicht bekannt. Demgemäß mußte seine Begründung von anderen Unterlagen ausgehen. Unter anderem wurde die Inschriftplatte herangezogen, die sich an der Außenwand des Westwerks befindet. Ebenso konnte er sich auf mannigfache Gegebenheiten der Zahlensymbolik berufen. So ist er zu jenem Ergebnis gekommen, das nunmehr in Radberts Mitteilung eine volle Bestätigung findet. Um das Ganze richtig würdigen zu können, wird es zunächst notwendig sein, die »Offenbarung des Johannes« heranzuziehen und auf deren Beschreibung des himmlischen Jerusalem einen Blick zu werfen.

Es heißt im 21. Kapitel unter anderem:[39] »*Und ich sah einen neuen Himmel und eine neue Erde. Der alte Himmel und die alte Erde waren vergangen, und auch das Meer war nicht mehr. Und weiter sah ich die heilige Stadt, das Neue Jerusalem. Aus dem Himmel senkte sie sich herab, aus dem Bereiche der Gottheit selbst. In ihrer Wohlgestalt glich sie einer Braut, zur Vermählung geschmückt ... Da kam einer von den sieben Engeln ... und sprach zu mir: Komm! Ich will dir die Braut, das Weib des Lammes zeigen. Und er entrückte mich im Geistgebiet auf einen großen und hohen Berg und zeigte mir die heilige Stadt, Jerusalem, die sich aus dem Himmel hernieder senkt, aus dem Bereiche der Gottheit selbst ...*

»*Die Stadt hatte eine große und hohe Mauer und 12 Tore. Und auf den Toren standen 12 Engel und Namen waren darauf geschrieben: die Namen der 12 Stämme der Söhne Israels. Nach Osten gingen 3 Tore, nach Norden 3 Tore, nach Süden 3 Tore und nach Westen 3 Tore. Und die Mauer der Stadt ruhte auf 12 Fundamenten und darauf standen die 12 Namen der 12 Apostel des Lammes. Der mit mir sprach, hatte ein goldenes Meßrohr, um die Stadt und ihre Tore und ihre Mauer auszumessen. Als ein Vierkant liegt die Stadt da. Ihre Länge und ihre Breite sind einander gleich. Und er maß die Stadt mit dem Rohre und fand, daß ihre Länge 12.000 Stadien betrug. Ihre Länge und ihre Breite und ihre Höhe sind einander gleich. Und er nahm das Maß der Mauer: 144 Ellen. Das ist das Maß des Menschen und zugleich das des Engels...*

»Einen Tempel sah ich in der Stadt nicht. Der Herr, der göttliche Weltgebieter, ist selber ihr Tempel, zusammen mit dem Lamm. Die Stadt bedarf auch nicht der Sonne oder des Mondes, um erleuchtet zu werden. Das Licht der Gottesoffenbarung erleuchtet sie, und ihre Leuchte ist das Lamm. Und in ihrem Licht werden die Völker wandeln, und die Könige der Erde tragen ihren Glanz in sie hinein. Die Tore der Stadt werden an keinem Tage verschlossen, denn es gibt dort keine Nacht. Alle Geistesschätze und Seelenwerte der Völker wird man in diese Stadt tragen. Aber nichts Ungeweihtes dringt in sie ein, nichts, was das Menschenbild durch Greuel entstellt und das wahre Sein durch Trug verfälscht. Nur der findet Einlaß, dessen Name im Buche des Lebens steht, das dem Lamm gehört.«

Es ist also von einer Stadt die Rede, und im Bilde dieser Stadt wird ein Zeitalter veranschaulicht, das später einmal kommen soll und eine vergeistigte Form des Daseins herbeiführen wird. Diese heilige Stadt der Zukunft wird auch noch an anderen Stellen des Neuen Testamentes erwähnt. Paulus hat wiederholt von ihr gesprochen, und sogar Jesus Christus hat auf sie hingewiesen. In der lateinischen Übersetzung der Heiligen Schrift, der Vulgata, steht an den betreffenden Stellen des Textes das Wort »*civitas*«.

Mit dem gleichen Wort beginnt auch die Inschrift der rechteckigen Steinplatte,[40] die man im 9. Jahrhundert nach der Fertigstellung des Westwerks an der Außenseite des Thronerkers eingemauert hat. Der Text lautet: »*Civitatem istam tu circumda Dne et angeli tui custodiant muros eius.*« Das heißt in der Übersetzung: »*Diese Stadt umgib du, Herr, und deine Engel mögen ihre Mauern bewachen!*« Alois Fuchs hat darauf hingewiesen,[41] daß dieser Wortlaut einem kirchlichen Stundengebet entnommen wurde, das an den Dienstagen des November gelesen wird. Und zwar wird er von dem Lektor gesprochen, während der Chor darauf antwortet: »*Avertatur furor tuus, Domine, a populo tuo et civitate tua sancta.*« Das heißt: »*Dein Zorn, Herr, wende sich ab von deinem Volke und von deiner heiligen Stadt!*« Die Zusammenstellung der beiden Texte läßt erkennen, was unter dem ersten Wort der Inschriftplatte zu verstehen ist. Die Tafel selber befindet sich in der Mitte des Corveyer Klostergeländes, und ihre Aussage bezieht sich fraglos auf den gesamten Bereich, der innerhalb der auch noch besonders erwähnten Umfassungsmauer gelegen ist. Es steht also außer Zweifel, daß mit den Worten »*civitatem istam*« das Kloster Corvey

Abb. 1: Die Externsteine im Teutoburger Wald, von Nordosten gesehen.

Abb. 2: »Berufung des Matthäus« aus einem Evangeliar der Prager Kapitelbibliothek. Das Evangeliar entstand im letzten Drittel des 9. Jahrhunderts in Nordfrankreich und gelangte von dort bald darauf nach Corvey, wo es bei der Anfertigung weiterer Handschriften als Vorlage diente.

Abb. 3: Einzelblatt mit der »Berufung des Matthäus«, entstanden im späten 10. Jahrhundert wahrscheinlich in Corvey, jetzt aufbewahrt in Helsinki. Der Einfluß des älteren westfränkischen, nach Corvey gelangten Evangeliars (Abb. 2) ist unübersehbar.

Abb. 4: Darstellung eines Viergespanns auf einem byzantinischen Seidenstoff des 6. Jahrhunderts aus dem Aachener Domschatz. Im 9. Jahrhundert veranschaulichte Radbert die Führung des karolingischen Reiches in dem Bild einer solchen Quadriga, die von Christus gelenkt wird (vgl. Text S. 39 und 129).

bezeichnet werden sollte. Es ist nicht von einer gewöhnlichen Stadt im bürgerlichen Sinne, sondern von einer anderen die Rede. Es wird von einer heiligen Stadt gesprochen, vom himmlischen Jerusalem. Nach dem Vorbild der visionär geschauten Stadt der Zukunft sollte das neuentstehende Kloster ein Hort des Friedens, eine Pflegestätte echter Frömmigkeit und reiner Spiritualität sein und als das Ausstrahlungszentrum eines neuen geistigen Lebens wirksam werden.

Zahlensymbolik des himmlischen Jerusalem in Corvey

Es muß auffallen, daß der Apokalyptiker bei der Beschreibung der zukünftigen Stadt bestimmte Zahlen nennt, denen offensichtlich eine symbolische Bedeutung zukommt. Dabei steht die Zahl 12 unverkennbar im Vordergrund. Die Stadtmauer enthält 12 Tore, darauf befinden sich 12 Engel, und die Namen der 12 Stämme Israels sind dort eingeschrieben. Die Mauer ruht auf 12 Fundamenten, auf denen die Namen der 12 Apostel des Lammes zu lesen sind. Die Stadt erscheint in der Gestalt eines Würfels oder Kubus, also eines geometrischen Körpers, dessen Länge, Breite und Höhe gleich sind. Jede von ihnen mißt 12.000, also 12 × 1000 Stadien. Das Maß der Mauer beträgt 144, also 12 × 12 Ellen.

An einem Kubus ist die Zahl 4 zweifellos die wichtigste. Das regelmäßige Gebilde wird von 6 Flächen begrenzt, die von gleicher Form und Größe sind. Es handelt sich um Quadrate, so daß jede dieser 6 Flächen 4 Ecken und 4 gleichlange Seiten aufweist. Der ganze Körper enthält 8, also 2 × 4 Ecken und 12, also 3 × 4 Kanten. Ebenso wird auch bei der Erwähnung der 12 Tore auf die Zahlen 3 und 4 hingewiesen, indem von ihrer Aufteilung in 4 Gruppen von je 3 Toren die Rede ist. Somit treten auch noch die Zahlen 3 und 4 in Erscheinung, was nicht weiter zu verwundern braucht, da ihre Multiplikation die Zahl 12 ergibt, die, wie gesagt, unter den genannten Zahlen die vorherrschende ist.

Wenn nun die Anlage des neuen Klosters nach diesem Vorbild entworfen werden sollte, so konnte es nicht die Aufgabe sein, und es hätte auch nicht den Gepflogenheiten jener Zeit entsprochen, sich genau nach allen einzelnen Zahlenangaben der apokalyptischen Schilderung zu richten. Es war selbstverständlich unmöglich, der ganzen Anlage die Form eines Würfels zu geben. Es hätte auch keinen Sinn gehabt, die Mauer mit 12 Toren auszustatten und sie dann im Einklang mit der Schilderung der Apokalypse offen stehen zu lassen. Ebensowenig konnte es in Frage kommen, die angegebenen Maße genau zu übernehmen. Wenn es sich bei der Errichtung der neuen Bauten um eine Nachahmung des himmlischen Jerusalems handeln sollte, so mußten die Übereinstimmungen von anderer Art sein. Es konnte sich nur um begrenzte Ähnlichkeiten, um gelegentliche Anklänge handeln.

Zunächst ist an den Grundriß zu denken, der bei der himmlischen Stadt quadratisch ist. Der Plan der Corveyer Klosteranlage zeigt aber ein Trapez.[42] Dieses ist so beschaffen, daß die Südseite und die Nordseite parallel verlaufen, wobei die nördliche die längere ist. Ferner fällt auf, daß die Süd- und Westseite einander gleich sind, indem jede 900 Fuß mißt, und daß sowohl diese beiden Seiten wie auch die Nord- und Westseite jedesmal einen rechten Winkel bilden. Das heißt, daß der Grundriß von Corvey zwar viereckig ist, aber in seiner Form mit dem der himmlischen Stadt nicht genau übereinstimmt. Und trotzdem kann von auffallenden Anklängen gesprochen werden.

Es ist nämlich festzustellen, daß die Länge der größten Seitenlinie, also die der Nordseite, dem in der Apokalypse genannten Längenmaß deutlich entspricht. Bei der Seitenlänge der himmlischen Stadt ist von 12.000 Stadien die Rede, während für die Nordseite von Corvey 1200 Fuß, und das sind 12.000 Zoll, errechnet worden sind.[43] Weshalb nun in Corvey kein quadratischer Grundriß gewählt wurde, kann nicht mit Sicherheit gesagt werden. Vielleicht wäre die Anlage zu groß geworden, wenn man sich für ein Quadrat mit einer Seitenlänge von 1200 Fuß entschieden hätte. Es könnte aber auch sein, daß ein solches Gebilde nicht mit der Beschaffenheit des Geländes zu vereinbaren gewesen wäre. Jedenfalls hat man das genannte Trapez gebildet, dann aber Wert darauf gelegt, daß wenigstens an der größten Seite eine Zahl erscheint, die dem in der Apokalypse angegebenen Wert so weit entspricht, wie es nur ging. Außerdem ist es aber doch noch zur Bildung eines Quadrates gekommen, und zwar ist dieses in dem besagten Trapez enthalten.

Wenn nämlich von dessen Südostecke die Senkrechte auf die Nordseite gefällt wird, so zerlegt diese Linie die trapezförmige Fläche in zwei Teile. Die nördliche Grenzlinie, die, wie gesagt, eine Länge von 1200 Fuß aufweist, wird in zwei Abschnitte geteilt, von denen der eine 900 und der andere 300 Fuß lang ist. Entsprechend zerfällt das Trapez in zwei ungleiche Flächen. Die eine hat die Form eines rechtwinkligen Dreiecks, dessen Katheten 300 und 900 Fuß messen, und die andere die eines Quadrates mit einer Seitenlänge von 900 Fuß. So treten an den neu gebildeten Teilflächen die Zahlen 300 und vor allem 900 in den Vordergrund, das heißt die Zahlen 3 und 9. Sie gesellen sich zu der Zahl 12, die bei der apokalyptischen Stadt als die beherrschende erscheint. In Corvey stellt die Kombination der Zahlen 12 und 9 zweifellos ein wichtiges Element in der Konstruktion der Bauten dar. Im Verlauf der weiteren Ausführungen wird wiederholt noch davon die Rede sein müssen.

Nach dem Vorbild des himmlischen Jerusalem wurde in Corvey immer wieder mit der Zwölfzahl oder mit Maßen, in denen diese Zahl als ein wesentlicher Bestandteil enthalten ist, gearbeitet. Die umschließende Mauer enthielt 9 Türme. Es waren 4 Tortürme und 5 einfache Befestigungstürme. Wenn die drei Türme des Westwerks hinzugezählt werden, so ergibt sich für die ganze Anlage die Zahl von 12 Türmen. Man achte auch in diesem Fall auf das Nebeneinander von 9 und 12! Bemerkenswert ist ferner, daß für die Höhe des mittleren Westwerk-Turmes 120 = 12 × 10 Fuß und für die Höhen der zugehörigen Seitentürme 90 = 9 × 10 Fuß anzunehmen sind.[44] Wiederum liegt die Kombination von 9 und 12 vor.

Den 12 Toren der Apokalypse stehen in Corvey 4 Tore gegenüber. Doch hat Gerke auf die merkwürdige Erscheinung eines sogenannten Blindtores hingewiesen, das sich in einem erhaltenen Rest des karolingischen Mauerwerks befindet.[45] Daran knüpfte er die Vermutung, daß es in den abgetragenen Teilen der alten Schutzmauer vielleicht noch mehr derartige Scheintore gegeben haben könnte. Wenn es etwa noch 7 weitere gewesen wären, so wäre auch hier im Ganzen die Zahl von 12 Toren erreicht worden. Bei dem Nordtor konnte noch die Breite des zugehörigen Brückenlagers festgestellt werden. Sie mißt 12 Fuß. Die gleiche Breite wird auch für die Tordurchfahrt angenommen.

Im Untergeschoß des Westwerks befinden sich außer den 4 freistehenden Säulen 12 tragende Pfeiler (Abb. 6). Entsprechend sind in dem darüber befindlichen Johannis-Chor 12 Pfeiler zu zählen.[46] Er enthält ferner 24 = 2 × 12 Arkadenöffnungen. Besonders beachtlich ist noch der Rauminhalt des Johannis-Chors. Er beträgt 22.500 Kubikfuß. Hier liegt die Summe von 8.100 und 14.400 vor, das heißt von $9^2 \times 100$ und $12^2 \times 100$. So ist auch hier wieder, und zwar in ganz besonderer Weise, die Kombination der Zahlen 9 und 12 zu erkennen. Auf der Inschriftplatte stehen 12 Wörter.

Die innere Länge der Basilika betrug 144 = 12 × 12 Fuß, die innere Gesamtbreite 48 = 4 × 12 Fuß, die Bogenöffnung zwischen Westwerk und Kirchenschiff 24 = 2 × 12 Fuß und die Bogenhöhe des Halbkreisbogens 12 Fuß. Das Kirchenschiff wurde vermutlich an jeder Seite von 12 Pfeilern getragen. Also auch dort ist, ebenso wie im Westwerk, mit 24 Pfeilern zu rechnen. Im ganzen muß also auffallen, wie oft die Zahl 12 an dem Kirchengebäude zu beobachten ist. Man wird nicht fehlgehen, wenn zur Erklärung der häufigen Verwendung dieser Zahl angenommen wird, daß auch in diesem Fall an das himmlische Jerusalem als das maßgebliche Vorbild gedacht wurde.

Der himmlische Thronsaal und die Anbetung des Lammes

Das himmlische Jerusalem ist dem Apokalyptiker des Neuen Testaments in der Form eines Kubus erschienen. Daraufhin braucht aber, wie schon gesagt wurde, noch nicht erwartet zu werden, daß ein Klosterbau, der nach dem Vorbild der himmlischen Stadt errichtet werden sollte, ebenfalls eine kubische Gestalt bekommen müßte. Um so mehr verdient es die Aufmerksamkeit, daß eine solche würfelförmige Bildung tatsächlich in Corvey zu beobachten ist, und zwar an einem wichtigen Innenraum des Westwerks (Abb. 7).

In der Mitte dieses Gebäudes läßt nämlich der große Hauptraum des Johannis-Chores, der sich durch zwei Stockwerke erstreckt, die Form eines Würfels erkennen. Seine Länge beträgt 28 Fuß, die Breite 28 Fuß und die Höhe 28,7 Fuß. So ist nur bei dem letzten Maß eine kleine

Abweichung vorhanden, die aber nicht weiter ins Gewicht zu fallen braucht. Der Fußboden dieses kubischen Raumes wird von den 4 Säulen des Eingangsgeschosses getragen (Abb. 6), während seine 4 Seitenwände auf den 12 kantigen Pfeilern ruhen, die in dem Untergeschoß die 4 freistehenden Säulen umgeben und im Grundriß die Figur eines Quadrates entstehen lassen. Weiterhin ist zu bemerken, daß der große würfelförmige Raum, der die Gestalt der himmlischen Stadt wiederspiegelt, auch noch besondere Einzelheiten aufzuweisen hat, die wiederum auf Angaben der Apokalypse bezogen werden können. Das mag durch eine gekürzte Wiedergabe jener Ausführungen erläutert werden, die Adelhard Gerke vorgelegt hat.[47]

»Wie die gesamte Bauanlage eine Darstellung der Vision von der himmlischen Stadt Jerusalem ist, so ist der Johannischor eine Darstellung der Vision vom himmlischen Throne Gottes und vom himmlischen Thronsaal, der im 4. Kapitel der Offenbarung beschrieben steht: ›Darauf schaute ich: siehe, eine offene Tür sah ich im Himmel. Und die erste Stimme, die ich mit Posaunenschall hatte zu mir reden hören, sprach: komm hier herauf. Ich will dir zeigen, was hernach geschehen soll. Sofort geriet ich in Verzückung, und siehe: ein Thron stand im Himmel und auf dem Thron saß jemand. Der sah aus wie ein Jaspis- und Sardisstein ... Rings um den Thron waren noch vierundzwanzig Throne, darauf sah ich vierundzwanzig Älteste sitzen, die hatten weiße Kleider an und goldene Kronen auf ihren Häuptern.‹ Der Thron Gottes ist der Altar des Johannischores ... Die 24 Thronsitze der Ältesten sind durch die 24 Öffnungen dargestellt. Da sie aber bei dieser irdischen Darstellung des himmlischen Thronsaales nicht wirklich gebraucht wurden, sind sie nur angedeutet. Einer dieser Thronsitze ist aber zum Gebrauch ausgebaut: der des Kaisers. Da man glaubte, daß die Majestät und Autorität des Kaisers von Gott ist, konnte man ihm diesen Platz zuweisen. War es doch für den Menschen der damaligen Zeit sicher, daß der Kaiser im himmlischen Thronsaal einen der Plätze der Ältesten einnehmen würde.«

Unter den von Gerke genannten 24 Öffnungen sind jene 24 Bögen zu verstehen, die sich gleichmäßig auf die vier Seitenwände des Johannis-Chores verteilen, und zwar auf beide Geschosse (Abb. 7). Unter ihnen fällt an der Westseite als eine besonders große Öffnung diejenige auf, die in der oberen Reihe die mittlere ist. Sie bildet zugleich die Ostseite der Kaiserlaube, also jenes kleinen, aber bedeutsamen Raumes, in dem der Thron des Herrschers gestanden hat. Alois Fuchs hat dort bereits ein Podest vermutet, das demselben als Unterlage gedient haben soll.[48]

Anschließend konnte Adelhard Gerke unter Auswertung der Spuren, die an den Seitenwänden des kleinen Raumes zu beobachten sind, sowohl das Podest mit seinen Stufen als auch den Thronsitz selber glaubhaft rekonstruieren.[49] Das ist also jener besondere, von dem er in dem soeben angeführten Text gesprochen hat.

Zur Vervollständigung des Bildes wird auch noch der Inhalt des 5. Kapitels der Apokalypse zu vergegenwärtigen sein. Es heißt dort, daß der in der Mitte Thronende ein versiegeltes Buch in der Hand halte und daß kein Wesen dasselbe öffnen könne und darin zu lesen vermöge. Allein das Lamm sei dazu in der Lage. Sodann fährt der Apokalyptiker in Kap. 5, 6–10 fort:[50] »*Und ich schaute: Da stand inmitten des Thrones und der vier Tiere und in der Mitte der Ältesten ein Lamm, als wäre es bereits geopfert ... Das Lamm trat herzu und nahm das Buch aus der rechten Hand des Thronenden. Und als es das Buch nahm, fielen die vier Lebewesen und die vierundzwanzig Ältesten vor dem Lamm nieder ... Und sie singen ein neues Lied: Du bist würdig, das Buch zu empfangen und seine Siegel aufzulösen, denn du bist geopfert worden und hast für Gott durch dein Blut erkauft Menschen aus allen Stämmen und Sprachen und Völkern und Rassen. Du hast sie für unseren Gott zu Königen und Priestern gemacht. Sie werden Könige über das Erdreich sein.*« In das Lobpreisen der vier Tiere und der 24 Ältesten fallen die Scharen der Engel »*mit gewaltiger Stimme*« ein, sowie »*alle erschaffenen Wesen im Himmel und auf der Erde und unter der Erde und auf dem Meere, und alle Wesen, die darin wirksam sind ... Und die vier Tiere sprachen Amen, und die Ältesten fielen anbetend nieder.*«

Die großartige Beschreibung der Anbetung des Lammes durch die 24 Ältesten bildet also einen wesentlichen Bestandteil der Schilderung des visionär geschauten himmlischen Thronsaales. Sie hat die Empfindungen und Gedanken der frühmittelalterlichen Menschen immer wieder beschäftigt und daraufhin auch in bedeutenden Schöpfungen der bildenden Kunst einen Niederschlag gefunden. So ist die Huldigung der 24 Ältesten gewissermaßen im Zentrum der Aachener Pfalzkapelle zu sehen, das heißt in ihrem Kuppelmosaik, und erscheint dort als das Hauptmotiv des Bildprogrammes der bedeutenden und einzigartigen Kirche. In seinem Buch »Taufsymbolik im mittelalterlichen Herrscherbild« führt Konrad Hoffmann darüber auf S. 54 folgendes aus: »*Nach H. Schnitzlers Darlegung nahm wohl das Agnus Dei die Mitte des Mosaiks ein und handelte es sich somit um die Huldigung der Ältesten mit dem ›Canticum*

Novum‹ nach Apk. 5, 10. Durch die Wahl des Lammes ist, gemäß der karolingischen Exegese, die Passionsbedeutung betont: das Lamm der apokalyptischen Huldigung umschreibt Christi Tod und Auferstehung. Die Verehrung des siegreichen Lammes durch die Ältesten stimmt mit der oktogonalen Bauform in bezug auf Christi Auferstehung überein. Sowohl die Bauform als auch das Bildprogramm der Pfalzkapelle beziehen sich zugleich aber auch auf den Herrscher. Beim Gottesdienst ist dieser in der Anbetung des Lammes – als Urbild des eucharistischen Opfers – den vierundzwanzig Seniores zugeordnet; ihr Kronenattribut erscheint in der Herrscherkapelle als Urbild des irdischen Königsdiadems ... In der Zuordnung zu den Seniores an der Kuppel erfuhr Karl der Große, wenn er auf der Westempore Platz nahm, deren Charakterisierung als ›Regnum et Sacerdotes‹, als königlicher Priester, und für die zeitgenössische Auffassung auch deren Begründung durch die Taufe. Die Epiphanie des erhöhten Herrschers war so mit dem Taufgedanken verknüpft ... Der Anschluß des zeitgenössischen Herrschers an die huldigenden Ältesten der Apokalypse war dadurch leichter vorstellbar, daß die Seniores der überwiegenden theologischen Tradition als verklärte historische Gestalten galten. Tertium comparationis zwischen ihnen und dem Herrscher ist der Begriff des ›Regale Sacerdotium‹, der in der Herrschaftsidee Karls des Großen eine deutliche Rolle spielt.«

Im Anschluß an diese Ausführungen geht Hoffmann auch noch auf die Problematik der karolingischen Westwerke ein, wobei auch von dem Corveyer die Rede ist. Dabei wird die Entstehung der Westwerke mit dem von ihm entwickelten Vorstellungskreis in Zusammenhang gebracht. Wie gezeigt werden konnte, hat er ebenfalls davon gesprochen, daß man im frühen Mittelalter den thronenden Herrscher den 24 Ältesten der Apokalypse zugeordnet habe. Insofern begegnen sich seine Gedankengänge mit jener Deutung des Corveyer Westwerks, die Adelhard Gerke vorschlägt.

Konrad Hoffmann nennt noch ein weiteres Beispiel, das recht gut veranschaulichen kann, wie man im 9. Jahrhundert die apokalyptische Schau der 24 Ältesten mit der Vorstellung des thronenden Herrschers verband.[51] In dem Codex Aureus von St. Emmeran, der um 870 entstanden ist, stehen zwei Bilder unmittelbar nebeneinander. Auf der einen Seite befindet sich das Thronbild Karls des Kahlen (Abb. 10), auf der anderen die Szene der apokalyptischen Buchöffnung (Apk. 5, 1–10), das heißt die Anbetung des Lammes durch die 24 Ältesten (Abb. 11). Über den inneren Bezug der beiden Bilder sagt der Verfasser auf S. 51 unter anderem folgendes:

»*Umschrieb der frühmittelalterlichen Exegese die Buchöffnung des Lammes die Passion, so deuteten für diese Auffassung das ›Canticum Novum‹ der Seniores ebenso wie deren Gewänder auf die Taufe ... Diese Taufhinweise sind auch für das Herrscherbild wichtig. Der Satz der Seniores an das Lamm: ›Fecisti nos Deo nostro regnum et sacerdotes‹ wird so unmittelbar auf den lebenden Herrscher Karl den Kahlen angewandt. Ja, die Formulierung des ›Canticum Novum‹: ›Et regnabimus super terram‹ findet im Thronbild des irdischen Königs erst ihre Veranschaulichung. Betont wird die Herrschaft Karls des Kahlen über die Erde im Motiv der huldigenden Provinzen Gotia und Francia zu seiten. Insofern die Huldigung der Provinzen die Huldigung der Ältesten vor dem Lamm gegenüber reflektiert und Karl dem Agnus als Bildzentrum korrespondiert, tritt so neben die Beziehung Karls des Kahlen auf die Seniores seine Angleichung an Christus selber. Die Analogisierung Karls mit den Seniores überträgt die taufsymbolische Begründung ihres metaphorisch gemeinten ›Regnum et Sacerdotes‹ auf den realen König; die Angleichung Karls an Christus illustriert die besondere Christusgemeinschaft sowohl des Getauften als des Herrschers im Tertium des ›Regale Sacerdotium‹.*«

Also auch in diesem Fall ist an dem inhaltlichen Zusammenhang der zwei nebeneinander gestellten Bilder abzulesen, daß es der Denkweise der Menschen des 9. Jahrhunderts entsprach, den thronenden Herrscher des Frankenreiches in den Kreis der 24 Ältesten zu versetzen, die dem geopferten Lamm, das heißt dem auferstandenen Christus, im himmlischen Saale die Huldigung darbringen. So darf auch die Auswertung dieser Darstellung als eine Stütze für die angeführte Auffassung gelten, die in dem Johannis-Chor, der ja den Kaiserthron enthält, ein irdisches Abbild des himmlischen Thronsaales der Apokalypse sehen möchte.

Im gleichen Sinne spricht der Vergleich mit einer weiteren Darstellung der karolingischen Buchmalerei. Zunächst ist noch einmal daran zu erinnern, daß der kubische Raum des Johannis-Chores, der soeben als eine Nachbildung des himmlischen Saales mit der Anbetung des Lammes angesprochen wurde, von den vier Rundsäulen des unteren Geschosses getragen wird (Abb. 6, 7). Nun hat Gerke vorgeschlagen, in diesen vier Trägern, die sowohl durch ihre Form wie durch die zentrale Stellung die Aufmerksamkeit auf sich ziehen, gewissermaßen die Abbilder der vier Evangelisten zu sehen. Um das zu erhärten, zieht er einen Vergleich mit einer bekannten Darstellung des 9. Jahrhunderts. Dieselbe befindet sich auf der ersten Seite des Evangeliars von St. Médard in Soissons, gehört

Abb. 5: Das Westwerk der Kirche von Corvey, karolingisch (873–885) mit späteren Veränderungen.

Abb. 6: Die vier Säulen in der Eingangshalle im Untergeschoß des Westwerks, die man als Symbole der vier Evangelisten erkennen kann (vgl. Abb. 9).

Abb. 7: Das Innere des Johannischores über der Eingangshalle des Westwerks. Der Raum ist kubisch und erinnert mit seinen 24 Bogenöffnungen an die 24 Ältesten des Himmlischen Thronsaales (vgl. Text S. 60f.).

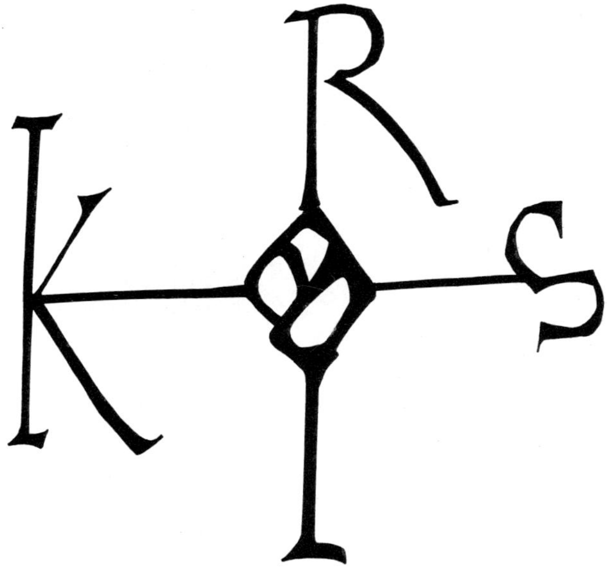

Abb. 8: Monogramm Karls des Großen mit der Raute in der Mitte (vgl. Text S. 88).

Abb. 9: Das »Himmlische Jerusalem« mit der Anbetung des Lammes durch die 24 Ältesten. Miniatur im Stile der Hofkunst Karls des Großen aus dem Evangeliar von Saint-Médard in Soissons, jetzt in Paris. Die Anbetung des Lammes im Himmlischen Thronsaal wird auch hier von vier hervorgehobenen Säulen getragen, die mit den Evangelistensymbolen versehen sind (vgl. Abb. 6 und 7).

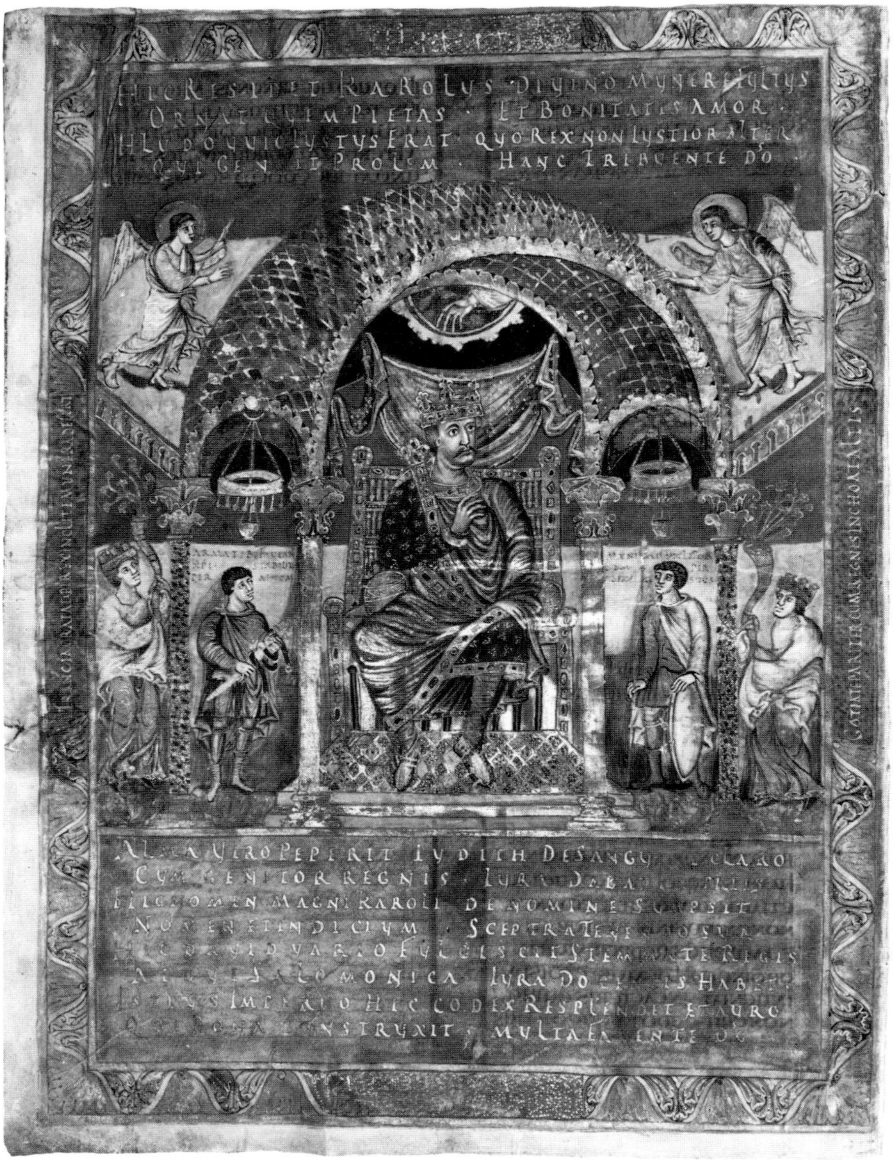

Abb. 10: Thronbild Karls des Kahlen aus dem Codex Aureus in München, entstanden 870. Die Handschrift zeigt auf der gegenüberliegenden Seite die Anbetung des Lammes durch die 24 Ältesten (Abb. 11). Das Thronbild bringt die Teilnahme des Herrschers an der Anbetung zum Ausdruck.

Abb. 11: Die Anbetung des Lammes durch die 24 Ältesten aus dem Codex Aureus (vgl. Abb. 10 und Text S. 63).

Abb. 12: Das Portal der Kirche von Corvey, karolingisch mit späteren Ergänzungen (vgl. Zeichnungen 11 und 12 auf S. 94 und 95).

also einer Schöpfung der karolingischen Hofkunst an, die aus dem Anfang des 9. Jahrhunderts stammt.[52] Im Vordergrund des Bildes (Abb. 9) sieht man vor der Fassade einer mehrstöckigen Architektur vier schlanke Säulen, die sich durch ihre Größe und Stellung als etwas Besonderes erweisen. Was sie bedeuten sollen, wird durch vier Gebilde angezeigt, die oberhalb der vier Säulenkapitelle jeweils in einem Kreis stehen. Es handelt sich um die vier bekannten Evangelisten-Symbole, den Engel, den Löwen, den Stier und den Adler. Es kann also kein Zweifel daran sein, daß in diesem Fall die vier hervorgehobenen Säulen mit den vier Evangelisten gleichgesetzt werden müssen, die ja als die tragenden Säulen des Neuen Bundes angesprochen werden können. Auf ihnen ruht nun in der vorliegenden Darstellung die Szene des oberen Rechteck-Feldes, in dem die Anbetung des Lammes durch die 24 Ältesten gezeigt wird. Die Übereinstimmung dieser Bildkomposition mit dem architektonischen Aufbau des Corveyer Westwerks ist unverkennbar. Auf der einen Seite wird von den vier hervorgehobenen Säulen der Johannis-Chor getragen, dessen kubische Gestalt an die Form der himmlischen Stadt und dessen 24 Bogenöffnungen an die 24 Ältesten und die Anbetung des Lammes denken ließen. Auf der anderen Seite, das heißt in dem Bilde des Evangeliars, erscheint oberhalb der vier hervorgehobenen Säulen jenes rechteckige Feld, in dem die visionär geschaute Verehrung des Lammes durch die 24 Ältesten abgebildet wird. Es darf demnach als ein gesichertes Ergebnis gelten, daß der Ausgestaltung des Johannis-Chores und der Anfertigung dieses Bildes die gleiche Vorstellung zugrunde lag. Dazu kommt noch folgendes. Man wird ohne Bedenken annehmen dürfen, daß Adalhard und Wala, die Schöpfer der Corveyer Bauentwürfe, die Möglichkeit hatten, das besagte Bild unmittelbar kennenzulernen. Bei der Stellung, die sie am Aachener Hof in dem letzten Jahrzehnt vor Karls Tod einnahmen, wird ihnen ein so bedeutendes Evangeliar aus den Schreibstuben der Aachener Hofkunst ganz bestimmt nicht unbekannt geblieben sein.

Aus all diesen Vergleichen und Überlegungen ergibt sich also immer wieder, daß sich die Anlage des Johannis-Chores tatsächlich nach der apokalyptischen Schau des himmlischen Thronsaales gerichtet hat. Zu einigen Einzelheiten dieser Wiedergabe bemerkt Gerke auf S. 86 noch folgendes: »*In diesem Raum wird symbolisch verwirklicht, was eigentlich von der ganzen Stadt ausgesagt wurde: ›Auch braucht die Stadt weder Sonne noch Mond, um in ihr zu scheinen, denn die Herrlichkeit Gottes beleuchtet sie, und ihr Licht ist das Lamm‹ (Offenbarung, 21. Kap., 23. Vers). Deshalb hat dieser Raum auch keine Fensteröffnung, sondern erhält nur indirektes Licht, das ihm durch die 24 Öffnungen der so angedeuteten Thronsitze zufließt, die ihrerseits wieder durch 24 Fenster in den Außenmauern Licht erhalten. Aber das eigentliche Licht, das diesen Raum erhellt, geht vom Throne Gottes und des Lammes, vom Altare aus. Bei diesem zentralen Raum der gesamten Anlage verwirklicht sich, was als Forderung für die ganze Stadt gilt: ›Ihre Höhe, Länge und Breite sind einander gleich.‹ Die Maße sind 28 × 28 × 28,7 k. F. Auch die Anweisung, daß die Stadt ›nach Osten drei Tore, nach Norden drei Tore, nach Süden drei Tore und nach Westen drei Tore‹ besitzen soll, kann man für diesen Raum als erfüllt ansehen, denn die 12 unteren Bogenöffnungen, von denen je drei in eine der 4 Himmelsrichtungen weisen, bilden Durchgänge und sind damit auch als Tore anzusprechen, die ständig geöffnet sind (›ihre Tore werden nicht geschlossen sein bei Tage ...‹ Offb. 21, 26).«*

Eine besondere Aufmerksamkeit verdienen in Gerkes Besprechung des Johannis-Chores noch die abschließenden Sätze, die den bereits genannten Rauminhalt betreffen. Wie schon gesagt wurde, erweisen sich die Zahlen, die sich bei der Berechnung ergeben, als solche, die den Grundriß-Maßen der Gesamtanlage auffallend ähnlich sind und zweifellos etwas Bestimmtes zum Ausdruck bringen sollen. So heißt es bei Gerke auf S. 86: »*Der Rauminhalt des Johannischores mit 28 k. F. Länge, 28 k. F. Breite und 28,7 k. F. Höhe beträgt 22500 k. F.³. Durch diesen Rauminhalt wird die Heiligkeit des Raumes bezeugt. Er besteht nämlich aus der Addition der Verhundertfachung des Quadrates der Symbolzahlen 9 und 12.*

$$
\begin{array}{rl}
9 \times 9 \times 100 = & 8\,100 \text{ k. F.}^3 \\
12 \times 12 \times 100 = & \underline{14\,400 \text{ k. F.}^3} \\
= & 22\,500 \text{ k. F.}^3
\end{array}
$$

Dabei soll gleichsam das Quadrat der 9 × 100 den Raum für Gott und das Lamm ergeben; während das Quadrat der 12 an die 144000 Auserwählten (s. Offb. Kap. 7) erinnert und gleichsam deren Raum ergibt. So sind auch für diesen zentral gelegenen Raum die Zahlen (9 und 12) maßgebend gewesen, die auch die maßgebenden Zahlen der äußeren Abmessungen der heiligen Stadt Corvey sind.«

Die Zahl 9, die in Corvey neben der Zahl 12 besonders deutlich in Erscheinung tritt, stimmt mit der letztgenannten darin überein, daß sie ebenfalls die Zahl 3 in sich enthält. Drei mal vier ergibt zwölf, während neun das Resultat der Multiplikation von drei und drei darstellt. Damit ist die Zahl 3 in das Blickfeld unserer Betrachtung getreten, und es erhebt sich die Frage, in welchem Umfang von einer trinitarischen Ordnung in der Corveyer Architektur gesprochen werden kann.

Der trinitarische Grundzug im Aufbau des Westwerks

Schon ein flüchtiger Blick auf die Vorderfront (Abb. 5) läßt erkennen, wie bedeutend die Rolle ist, die der Dreizahl im Aufbau des Westwerks zukommt. Auch in dem heutigen Zustand, der von dem ursprünglichen erheblich abweicht, sind in der Fassade noch ohne weiteres drei Teile zu unterscheiden. Denn eine rechteckige, vertikal gestellte Mittelfläche wird an jeder Seite von der Wand eines schlanken Turmes flankiert. Ferner wiederholt sich die Dreiteilung innerhalb des mittleren Hauptfeldes noch einmal, und zwar in der Weise, daß in seiner Mitte ein schmaler Erker vorspringt und die dadurch entstandene vertikale Dreigliederung auch noch durch drei Reihen von übereinander gestellten Öffnungen für Fenster und Eingang besonders unterstrichen wird. Andererseits bringt die Anordnung dieser Öffnungen auch in der horizontalen Richtung eine Dreiheit zum Ausdruck. Denn vom Atrium aus, das einstmals im Westen vorgelagert war, hat man im Erdgeschoß drei große Bogenöffnungen nebeneinander sehen können. Darüber befindet sich eine waagerechte Reihe von drei Fenstern und darüber noch eine weitere. Schließlich enthält die Westwand eines jeden Seitenturms neun Fensterschlitze, also jedesmal 3×3.

Die starke Betonung der Horizontalen, die heute im Oberteil des Westwerks durch den breit gelagerten Verbindungstrakt zwischen den zwei Türmen herbeigeführt wird, war ursprünglich nicht vorhanden. Der hochgelegene Zwischenbau ist erst im 12. Jahrhundert bei einer Umgestaltung entstanden. Das gleiche gilt für die Zweiteilung des oberen Westwerk-Abschlusses, die heute so auffällig in Erscheinung tritt. Vor dem 12. Jahrhundert hat es dort nicht zwei, sondern drei Türme gegeben, wie aus Darstellungen auf Corveyer Münzen des 11. Jahrhunderts zu ersehen ist.[53] Die Seitentürme waren ursprünglich erheblich niedriger als heutzutage und wurden von dem großen Mittelturm beträchtlich überragt. Ferner hatte man im Innern des Bauwerks drei Räume übereinandergestellt. Im Erdgeschoß befindet sich der Eingangsraum und darüber der große Johannis-Chor, der zwei Geschosse in Anspruch nimmt. Ganz oben gab es als dritten Raum den sogenannten Gerichtssaal,[54] über den sich der verschwundene Mittelturm erhob, der als ein dreiteiliger Stufenturm zu ergänzen ist. Immer wieder sind die Auswirkungen eines trinitarischen Prinzips zu beobachten.

Dieser Eindruck wird noch verstärkt, wenn Gerkes Ausführungen über jenes Verfahren berücksichtigt werden, das man seinerzeit beim Entwerfen der Baupläne anzuwenden pflegte.[55] Im besonderen hat er darauf hingewiesen, daß man im 9. Jahrhundert bei der Konstruktion mit bestimmten Grundformen arbeitete, vor allem mit der Figur des Dreiecks. Dabei beruft er sich zunächst auf Aussagen anderer Verfasser, die von der allgemein üblichen und weitverbreiteten Verwendung dieser Form sprachen, und schickt den eigenen Ausführungen ein Zitat aus dem Werk »Die Religion in Geschichte und Gegenwart« voraus. Es heißt dort in Band I:[56] »*Höchst wichtig ist das Dreieck für die altchristliche und mittelalterliche Architektur, in der es den Baumeistern nach dem Vorgang der Antike Norm- und Hilfsfigur war zur Bestimmung der Proportionen in Grundriß und Aufbau von Kirchen u. a.*« Im Anschluß an diesen und ähnliche Hinweise fährt Gerke dann fort: »*Im Verlauf dieser Arbeit wird zu erkennen sein, daß auch schon in der Baukunst der karolingischen Zeit ganz besonders das gleichseitige Dreieck eine wichtige Rolle spielte, daneben aber auch, allerdings in weit geringerer Verwendung, das gleichschenklig-rechtwinklige Dreieck. Diese Verwendung der Dreiecke hat aber ganz sicher neben der architektonischen Bedeutung eine große symbolische Aussagekraft, da es die symbolische Darstellung des Dreifaltigen Gottes ist.*«

Um zu erläutern, wie das Dreieck damals als Hilfsfigur bei der Berechnung eingesetzt wurde, mag auf die von Gerke vorgeschlagene Rekonstruktion des Westwerks verwiesen werden (Zeichn. 2). Er hat in die Fassade drei gleichschenklig-rechtwinklige Dreiecke eingezeichnet, um darzulegen, wie wichtige Einzelheiten des Bauwerks mit Hilfe dieser Figuren festgelegt wurden.

Zeichn. 2: Die Westwerkfassade von Corvey in der Rekonstruktion von A. Gerke. Eingezeichnet sind vier Dreiecke, wie sie wohl von den alten Architekten verwandt worden sind, um wichtige Einzelheiten des Bauwerks zu bestimmen. Den heutigen Zustand der Fassade zeigt Abb. 5.

Die Grundlinie des unteren Dreiecks gleicht der Breite des Gebäudes, mißt also 58 karol. Fuß. Von seiner oberen Spitze wird nun, so führt Gerke aus, an der Außenwand des Thronerkers die Stelle eines waagerechten Absatzes und im Innern des Erkers die Fußboden-Höhe der Kaiserlaube bestimmt. Das zweite Dreieck ist von gleicher Form und Größe. Auf der Spitze des unteren stehend, wird es als maßgeblich für die Höhe des Thronerkers und für den Verlauf seiner Dachkanten bezeichnet. Die Begründung des Verfassers dürfte überzeugend sein. Denn daß die Basis dieses Dreiecks mit dem erwähnten Absatz der Erkerwand und mit dem Fußboden der Kaiserlaube zusammenfällt, und daß andererseits seine obere Spitze genau auf die höchste Stelle des Thronerkers trifft, und daß sich außerdem noch der Winkel der Dreiecksschenkel mit dem der zwei Kanten des Erkergiebels deckt, kann nicht als zusammenhanglos oder zufällig abgetan werden. Bei einer so vielfältigen Übereinstimmung bleibt nur der Schluß übrig, daß man seinerzeit, als die Höhe des Thronerkers zu ermitteln war, tatsächlich zwei Dreiecke in der beschriebenen Weise übereinandergestellt hat. Ein weiteres Dreieck hat Gerke mit einem beträchtlichen Abstand über dem zweiten eingezeichnet, und zwar, als er es unternahm, die Höhe des nicht mehr vorhandenen mittleren Turmes zu berechnen.

Bei der Rekonstruktion des verschwundenen Oberteils des Westwerks sind folgende Voraussetzungen zu beachten. Zunächst hatte man dort drei Türme errichtet, von denen, wie gesagt, der mittlere der höchste war. Im 12. Jahrhundert wurde das Bauwerk dadurch verändert, daß die Dreiturm-Anlage in eine zweitürmige umgewandelt wurde. Dabei hat man den herausragenden Teil des Mittelturms vollständig abgetragen, während die Seitentürme, deren karolingisches Mauerwerk eine Höhe von 81 karol. Fuß aufweist, erhöht und durch den besagten horizontalen Zwischenbau miteinander verbunden wurden.

Um nun die karolingerzeitliche Höhe der Seitentürme einschließlich ihrer Dächer zu ermitteln,[57] ging Gerke davon aus, daß der obere Abschluß der ursprünglichen Turmmauer auch heute noch gut zu erkennen ist. Er befindet sich, wie erwähnt, 81 karol. Fuß über der Erdoberfläche. Dort muß in der Karolingerzeit der Rand des spitzen Zeltdaches aufgelegen haben, bei dessen Wiederherstellung mit einem seitlichen Neigungswinkel von 45° zu rechnen ist. Das entspricht sowohl der damaligen Gewohnheit wie auch dem Verlauf der schrägen Dachkanten des Thronerkers. Man hat es also bei der Rekonstruktion eines Seitenturm-Daches wiederum mit einem rechtwinklig-gleichschenkligen Dreieck zu tun. Da nun in demselben die Höhe der halben Länge der Grundlinie entspricht und diese im vorliegenden Fall bekannt ist, kann die Höhe des alten und verschwundenen Daches leicht errechnet werden. Die Länge der Grundlinie ergibt sich aus der Addition der Turmwand-Breite (= 15 karol. Fuß) mit den zwei seitlichen Dachüberständen von je 1 karol. Fuß (15 + 1 + 1 = 17 karol. Fuß). Demnach hat die Dachhöhe 1/2 × 17 = 8,5 karol. Fuß betragen. Wenn zusätzlich noch eine kleine Turmspitze von 0,5 karol. Fuß angenommen wird, so kommt bei den Seitentürmen eine ursprüngliche Gesamthöhe von 90 karoling. Fuß zustande (81 + 8,5 + 0,5 = 90 karol. Fuß).

Ebenso hat Gerke bei der Rekonstruktion des Mittelturms mit einem gleichschenklig-rechtwinkligen Dreieck gearbeitet,[58] und zwar mit dem erwähnten dritten Dreieck, das man in seiner Zeichnung im oberen Teil der Fassade sehen kann. Die Grundlinie dieses Dreiecks liegt ebenfalls auf der Oberkante des karolingischen Mauerwerks der Seitentürme, also 81 karol. Fuß über dem Erdboden. Ihre Länge beträgt 60 karol. Fuß. Sie kommt dadurch zustande, daß zur Breite der Westwerkmauer (58 karol. Fuß) zwei seitliche Dachüberstände von je 1 karol. Fuß hinzugezählt werden (58 + 1 + 1 = 60). Die Höhe dieses gleichschenklig-rechtwinkligen Dreiecks muß also 30 karol. Fuß messen. Demnach hat die Gesamthöhe des Mittelturms bis zur Dachspitze 111 karol. Fuß (81 + 30) betragen. Auf der Turmspitze hatte noch, wie Münzen des 11. Jahrhunderts erkennen lassen, ein griechisches Kreuz gestanden. Wenn dafür eine Höhe von 9 karol. Fuß angenommen wird, so ergibt sich für die Turmhöhe im ganzen einschließlich des Kreuzes ein Maß von 120 karol. Fuß.

Am Ende seiner ausführlichen Turmhöhen-Berechnung, von der soeben nur eine kurze Zusammenfassung gebracht werden konnte, schließt Gerke noch folgende Bemerkung an:[59] »*Bei der Bestimmung der Turmhöhen bin ich von meiner bisherigen Beweisführung abgewichen: statt die Gültigkeit der Zahlensymbolik durch vorhandene Bauteile nachzuweisen, habe ich nun die Zahlensymbolik als Beweismittel für nicht mehr vorhandene Bauteile benutzt. Das mag dem kritischen Leser etwas verfrüht erscheinen, aber die Beweisfähigkeit der Zahlensymbolik wird noch an verschiedenen Stellen der Arbeit deutlich gemacht.*«

Tatsächlich kann er in dem weiteren Gang seiner Ausführungen auch noch viele Beispiele nennen, die das Gesagte bekräftigen. Aber auch schon in dem hier vorliegenden engeren Bereich, wo es allein um das Westwerk geht, muß es als eine auffällige Erscheinung zur Kenntnis genommen werden, daß sich die vielen Teilergebnisse zu einer geschlossenen Einheit zusammenfügen. Bei der zustande gekommenen Rekonstruktion sind nämlich immer wieder Zahlen zu beobachten, die sich dadurch als zusammengehörig erweisen, daß sie alle die Zahl 3 in sich enthalten. Der Grundriß der Seitentürme mißt 15 × 15 karol. Fuß, also (3 × 5) × (3 × 5), die ursprüngliche Wandhöhe 81 karol. Fuß, also (3 × 3) × (3 × 3), und die ganze Höhe eines Seitenturms 90 karol. Fuß, also (3 × 3) × 10. Die Gesamthöhe des Mittelturms war auf 120 karol. Fuß, also auf (3 × 4) × 10, zu berechnen. Die zwei letztgenannten Maße, nämlich 90 (= 9 × 10) und 120 (= 12 × 10), stellen andererseits überraschende Parallelen zu den Grundrißmaßen der Gesamtanlage dar, die aus 900 (= 9 × 100) und 1200 (= 12 × 100) karol. Fuß bestehen (Zeichn. 3). Die Summe der drei ermittelten Turmhöhen (90 + 120 + 90) ergibt 300 = 3 × 100 karol. Fuß. Die Zahl der Fensterschlitze in einer Seitentum-Wand beträgt 9 = 3 × 3. Ebenso konnte für das Turmkreuz eine Höhe von 9 karol. Fuß, also 3 × 3, angenommen werden. Da es sich um ein gleicharmiges Kreuz handelte, war es auch 9 karol. Fuß breit, so daß in den Maßen, die oben auf den Turm aufgerichtet zu sehen waren (9 × 9), eine weitere Übereinstimmung mit jenen vorlag, die am Boden in der horizontalen Ebene abzulesen waren. Denn im Grundriß der ganzen Klosteranlage war ein Quadrat mit einer Fläche von (9 × 100) × (9 × 100) karol. Fuß enthalten.

Ebenso wie der Fassade ist auch dem Grundriß zu entnehmen, daß bei der Ausarbeitung der Westwerk-Pläne die Figur des Dreiecks eine wichtige Rolle spielte. In diesem Fall wurde mit dem gleichseitigen Dreieck gearbeitet.

Als Grundlage für ein Verständnis ist Folgendes vorauszuschicken: Der Standort des Westwerks ist mit dem geometrischen Mittelpunkt der Klosteranlage eng verbunden. Dieser bedeutende Punkt liegt nämlich an der Außenseite der östlichen Westwerk-Wand, und zwar genau in deren Mitte (Zeichn. 3 und 4). Das heißt, daß sich dieser zentrale Punkt auf der Grenze von Westwerk und Kirchenschiff befindet, oder mit anderen Worten, daß die Grenzlinie zwischen den beiden Gebäudeteilen mit der

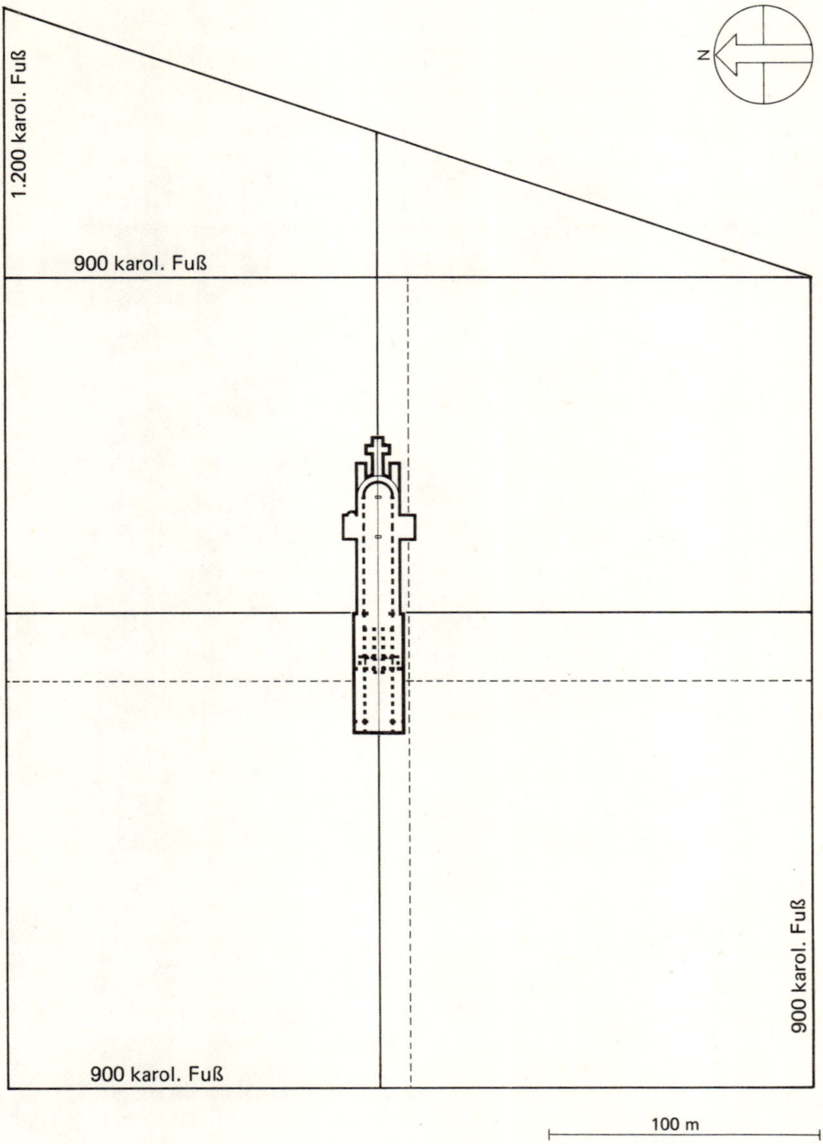

Zeichn. 3: Die Lage der Kirche in der Mitte des von Mauer und Wassergraben begrenzten Corveyer Klostergeländes. Die beiden Mittelhalbierenden des trapezförmigen Geländes decken sich mit der Ostwest-Achse der Kirche und der Grenze zwischen Westwerk und Basilika. Die Maße sind in karolingischem Fuß (1 k. F. = 0,33 m) nach Gerke angegeben.

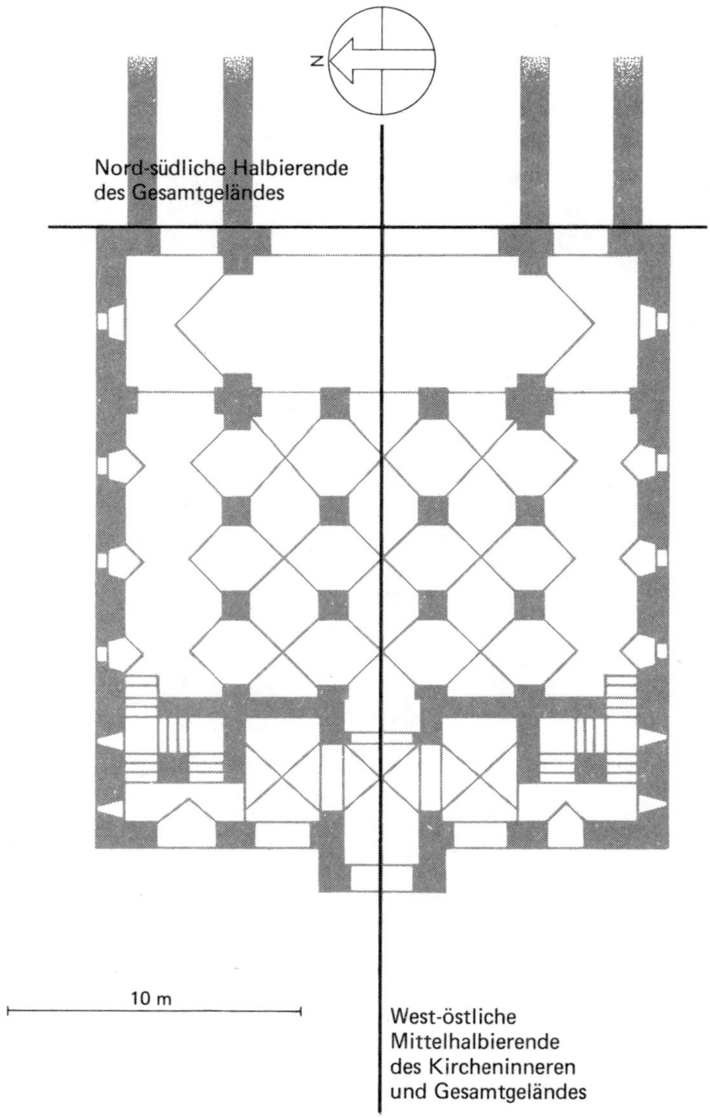

Zeichn. 4: Der Grundriß des Westwerks in seiner Stellung zu den Mittelhalbierenden des Gesamtgeländes (vgl. Zeichn. 3).

nordsüdlich gerichteten Mittelhalbierenden des Klostergeländes identisch ist. Diese wichtige Linie wird nun in dem besagten Punkt von der zweiten und ostwestlich verlaufenden Mittelhalbierenden des Gesamtgeländes geschnitten, die auch noch dadurch bedeutungsvoll ist, daß sie mit der Mittelachse von Westwerk und Basilika zusammenfällt. In dem Schnittpunkt der zwei Mittelhalbierenden hatte man also eine feste Ausgangsstelle zur Verfügung, als darangegangen wurde, die Pläne für den Kirchenbau zu entwerfen. Offensichtlich ist man von dem zentralen Punkt auch wirklich ausgegangen, nicht nur beim Anfertigen der Zeichnungen, sondern auch beim Vermessen des Geländes.

Als dieser Punkt und das zugehörige Achsenkreuz festlagen, war die erste Aufgabe, den Umfang des Westwerks, das heißt seine Länge und Breite, zu bestimmen. Nach Gerkes Mitteilung[60] beträgt die Breite der Westfassade 58 karol. Fuß, also (7 × 7) + (3 × 3), und die ostwestlich verlaufende Westwerk-Länge einschließlich des Thronerkers 67,3 karol. Fuß, also (8 × 8) + 3,3. Für ein Verständnis des Auftretens der Zahlen 58 und 67,3 ist nun wichtig zu wissen, daß sie ermittelt werden können, wenn mit einer Reihe von zusammengehörigen Dreiecken gearbeitet wird (Zeichn. 5).

Zunächst ist ein gleichseitiges Dreieck ABC anzunehmen, dessen Seiten je 90 karol. Fuß lang sind. Es wird also eine Größe gewählt, die in sich die Zahl 3 enthält, nämlich (3 × 3) × 10, die ferner der Höhe der Seitentürme gleicht und außerdem mit den Maßen des Grundriß-Quadrates (900 karol. Fuß Seitenlänge) verwandt ist. Wenn nun die Höhe CD dieses ersten Dreiecks gemessen wird, so ergibt sich eine Linie von 77,94 karol. Fuß, abgerundet 78 karol. Fuß, also (2 × 2 × 2) × (3 × 3) + (2 × 3).

Mit dieser neugewonnenen Größe, also mit einer Seitenlänge von 77,94 karol. Fuß, wird sodann ein zweites gleichseitiges Dreieck CDE gebildet, um nunmehr dessen Höhenmaß EF abzulesen. Dabei ergibt sich eine Strecke von 67,5 karol. Fuß, also ein Wert, der mit der von Gerke angegebenen Länge des Westwerks (= 67,3 karol. Fuß) nahezu übereinstimmt. Es liegt nur die kleine Abweichung von 0,2 karol. Fuß vor.

Sodann ist ein drittes Dreieck EFG von gleicher Form zu zeichnen, dessen Seitenlänge aus der soeben ermittelten Höhe besteht, also 67,5 karol. Fuß beträgt. Wiederum wird nach dem Maß seiner Höhe GH gefragt, und nunmehr werden 58,46 karol. Fuß festgestellt, also eine Größe, die sich mit der Breite des Westwerks fast genau deckt. Das von

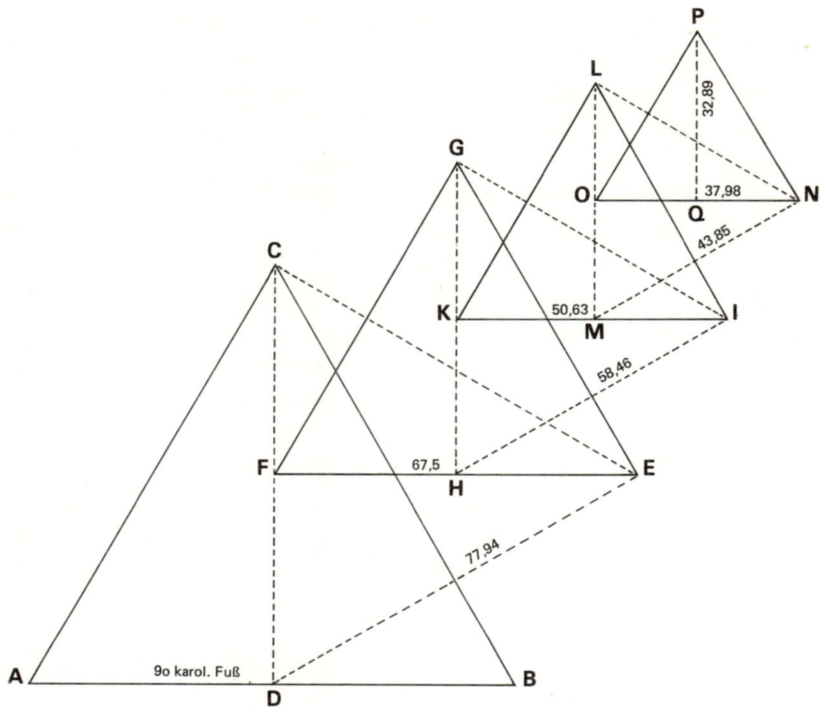

Zeichn. 5: Darstellung des Verfahrens, das vermutlich beim Bau des Corveyer Westwerks angewandt wurde, um die Grundrißmaße zu bestimmen. Es wurden sieben gleichseitige Dreiecke so aneinander gereiht, daß die Höhe eines Dreiecks jeweils das Grundmaß für das nächste abgab. So ergibt zum Beispiel die Höhe EF des zweiten Dreiecks die Länge des Westwerks und die Höhe GH des dritten Dreiecks die Breite desselben.

Gerke dafür angegebene Maß von 58 karol. Fuß weicht nur um 0,46 karol. Fuß davon ab, das sind 0,9 %.

Wenn dieses Verfahren weiter fortgesetzt würde, könnten noch viele Dreiecke gebildet werden, die immer kleiner werden müßten. Zunächst soll davon nur noch das nächstfolgende erwähnt werden, also das vierte Dreieck, GHI, dessen Seiten je 58,46 karol. Fuß lang sind und für dessen Höhe IK sich 50,63 karol. Fuß, abgerundet 51 karol. Fuß, also $(3 \times 4) \times 4 + 3$, ergeben.

In der soeben durchgeführten Berechnung wurde also mit einer durchlaufenden Kette von gleichseitigen Dreiecken gearbeitet. Die Differenzen

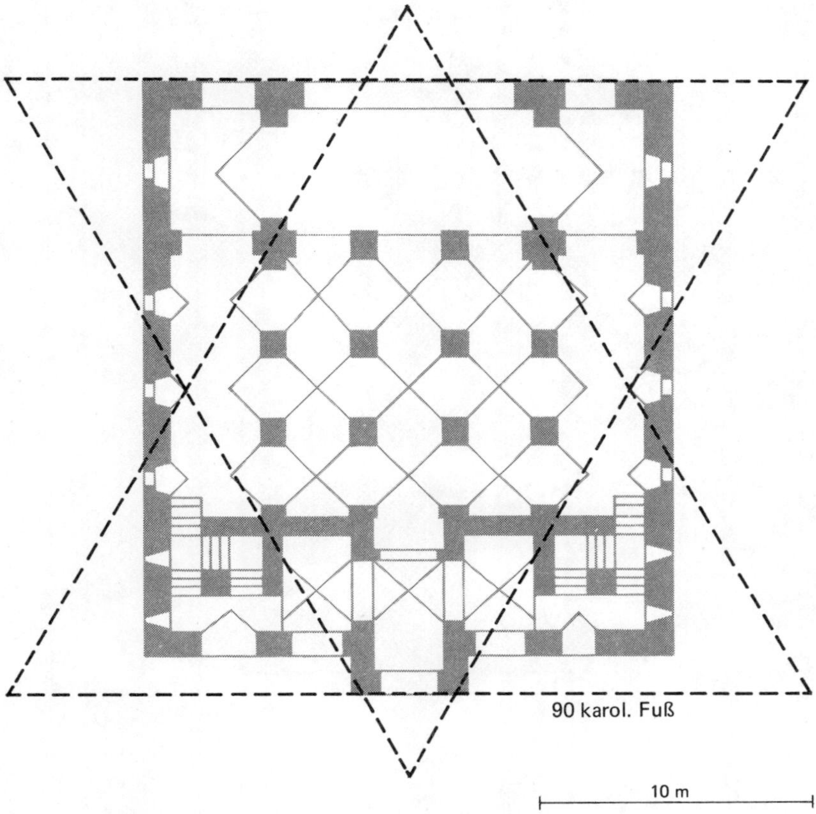

Zeichn. 6: Grundriß des Corveyer Westwerks. Das eingezeichnete Dreieck von 90 karol. Fuß Seitenlänge ist das Ausgangsdreieck der in Zeichnung 5 abgebildeten Dreieckskette.

zwischen denjenigen Zahlen, die mit Hilfe dieser Dreiecksreihe gewonnen wurden (67,5 und 58,4), und andererseits jenen Maßen, die an Westwerklänge und -breite abzulesen sind (67,3 und 58), sind so geringfügig, daß sie die Auswertung der vorliegenden Beobachtung nicht beeinträchtigen können. Die dargelegte Übereinstimmung der Zahlen kann nicht als eine zufällige Erscheinung aufgefaßt werden. Es darf vielmehr daraus gefolgert werden, daß die Maße für die Länge und Breite des Westwerks damals tatsächlich in der beschriebenen Weise, das heißt unter Verwendung der aneinandergereihten Dreiecke, ermittelt wurden. Auch hier tritt die Bedeutung dieser Grundfigur wieder in Erscheinung.

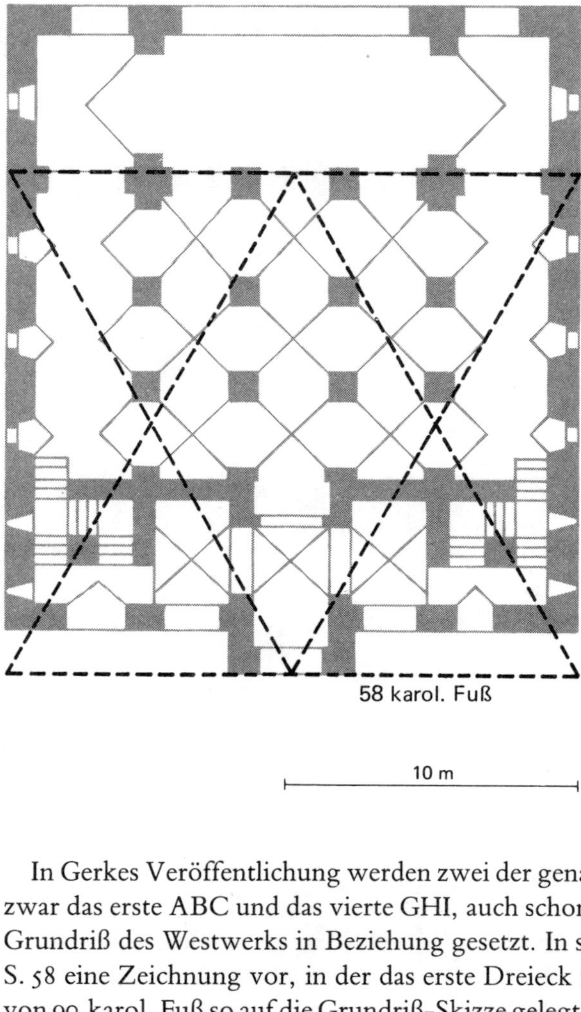

Zeichn. 7: Derselbe Grundriß mit dem vierten Dreieck der Dreieckskette.

In Gerkes Veröffentlichung werden zwei der genannten Dreiecke, und zwar das erste ABC und das vierte GHI, auch schon unmittelbar zu dem Grundriß des Westwerks in Beziehung gesetzt. In seinem Buch liegt auf S. 58 eine Zeichnung vor, in der das erste Dreieck mit einer Seitenlänge von 90 karol. Fuß so auf die Grundriß-Skizze gelegt worden ist, daß seine Basis mit der Vorderseite des Thronerkers zusammenfällt (Zeichn. 6). Dabei zeigt sich, daß sowohl der Thronerker als auch die drei Westwerk-Türme von den Linien dieses Dreiecks gerade umschlossen werden. Außerdem wurde in diese Zeichnung das vierte Dreieck mit einer Seitenlänge von 58 karol. Fuß in der gleichen Stellung eingetragen (Zeichn. 7). Seine Grundlinie liegt also ebenfalls auf der Vorderkante des Thronerkers. Dabei ist zu sehen, daß die gegenüberliegende und nach Osten weisende Dreiecksspitze genau auf die Mitte der Ostseite des Quadrums fällt. Es wird also wiederum ersichtlich, wie bei der Anfertigung der Bauzeichnung das gleichseitige Dreieck als Hilfsfigur dienen konnte.

Daß die Beispiele für eine Bedeutung von Dreizahl und Dreieck so oft am Westwerk nachweisbar sind, spricht dafür, daß eine Absicht zugrunde lag. So darf angenommen werden, daß damals die Dreiecksfigur als etwas Besonderes galt und daß durch ihre Verwendung als grundlegende Ausgangsform etwas Bestimmtes ausgedrückt werden sollte. Es ist als eine glückliche Fügung anzusehen, daß dieses Ergebnis, zu dem die Auswertung der Maße an den vorhandenen Bauteilen und im Rekonstruktionsbild geführt hat, eine Bestätigung findet, sobald die Aussagen der zeitgenössischen Überlieferung zur Erläuterung herangezogen werden.

Das Dreieck als Symbol bei Radbert

Das 65. Kapitel der Adalhard-Biographie enthält einen Bericht über die Gründung von Corvey, der verhältnismäßig kurz ist und dessen Inhalt erst später besprochen werden soll. Vorläufig sei nur vermerkt, daß Radbert an diesen Bericht einen langen Exkurs angefügt hat, der sich ausführlich mit der Figur des Dreiecks beschäftigt. Den Anstoß hatte die Beobachtung einer natürlichen Bildung des Corveyer Geländes gegeben. Welche Bedeutung der dadurch ausgelösten Betrachtung, die sich allgemein mit dem Sinn des Dreiecks beschäftigt, im Rahmen des Ganzen zukommt, läßt der Umfang dieses Exkurses erkennen, nimmt er doch zwei weitere Kapitel der Biographie vollständig in Anspruch. Das 66. Kapitel beginnt folgendermaßen.

»*Man erreicht diesen Ort* [Corvey], *wenn man sich von der Quelle der Pater zum Sonnenaufgang wendet. Er liegt am Ufer der Weser in der Talaue und hat die Form des Buchstabens △. Sein Gelände grenzt im Osten an das genannte Flußbett und an einen länglichen Hügel an, der sich neben dem westlichen Weserufer hinzieht. Ferner geht an seiner Südseite vom Flusse eine zweite Anhöhe aus, die bogenförmig nach Westen strebt. An der Nordseite erstreckt sich, vom gleichen Ausgangsgebiet herkommend, eine weitere Erhebung in einem Bogen so weit, bis die beiden Anhöhen einander begegnen, wobei sie zwischen sich einen Weg freilassen. So wird von ihnen ein Tal eingefaßt, das nach meiner Erinnerung in dieser Weise die Figur eines Dreiecks (△) zeigt.«*

Wenn in dieser Beschreibung von drei Anhöhen und einem Tale die Rede ist, so wird man nicht an besonders auffallende Erhebungen oder gar an richtige Berge denken dürfen, obwohl Radbert die Wörter *mons* (= Berg) und *vallis* (= Tal) verwendet. Vorher hatte er bereits mitgeteilt, daß die Stätte der neuen Gründung *»am Ufer der Weser in der Talaue«* liege. Man hat es also mit einem Gelände zu tun, in dem keine größeren Bodenerhebungen zu erwarten sind. Bei einem Besuch von Corvey wird sich ein jeder auch davon überzeugen können, daß sich der Ort in einer flachen Ebene befindet und daß es in seiner nächsten Umgebung weder Berge noch Hügel gibt. Es kann sich also bei den erwähnten Anhöhen nur um flache Bodenwellen gehandelt haben, die so niedrig waren, daß sie bei der Anlage des Klosters und der Kultivierung des Geländes spurlos verschwinden mußten. Für ein Verständnis dessen, was Radbert im Anschluß an diese Beschreibung zum Ausdruck bringen wollte, spielt es auch weiter keine Rolle, ob die natürlich vorhandene Dreiecksform, deren Beobachtung zu dem besagten Exkurs geführt hatte, besonders deutlich oder auch nur undeutlich in Erscheinung getreten ist. Entscheidend muß sein, daß Adalhard und sein Biograph Radbert der Überzeugung waren, in der Oberflächenbildung der Gründungsstätte die Figur eines Dreiecks wahrgenommen zu haben. Als besonders wichtig muß ferner Radberts Aussage gelten, daß man damals der besagten Form einen bestimmten Sinn beigelegt und aus ihrem Vorkommen für die dort wohnenden Mönche eine Verpflichtung abgeleitet hat. Er fügt nämlich im 66. Kapitel zur Erläuterung noch weiter hinzu: »*Und nicht umsonst! Denn der Lehrer der Weisheit* [Adalhard], *der durch einen göttlichen Wink belehrt wurde, hat einen Ort ausgewählt, der die Schüler Christi einerseits ernähren kann und sie andererseits durch seinen eigenen Charakter kennzeichnet und durch seine Gestalt in ihrem Wesen bestimmt.*« Wie das zu verstehen ist, wird in dem anschließenden 67. Kapitel ausführlich dargelegt. Die Übersetzung hat folgenden Wortlaut:

»*Denn unter allen Figuren der Geometrie ist keine zu finden, die vollkommener oder besser ausgebildet wäre als das Dreieck. Dessen Zahl stellt nämlich im Bereich der Arithmetik den alleinigen Anfang jeglicher Breitenausdehnung und*

Flächenbildung dar, und im Bereich der Geometrie ist es noch deutlicher wahrzunehmen. Wer auch immer diese Figur sorgfältig betrachten mag, man kann weder innerhalb dieser Künste etwas Wunderbareres ermitteln noch in unserer Gelehrsamkeit etwas Größeres oder Besseres rühmen als die Dreifaltigkeit, die wahre Gottheit. Denn was ohne diese Zahl gebildet wurde, kann auf keinen Fall als etwas Vollkommenes gelten, da sie offenbar ohne Anfang, ohne Ende und ohne deren Mitte zwischen Anfang und Ende ist. Diese Figur ist aber, wie gesagt, deshalb die ursprüngliche in der Fläche, weil sich alle übrigen Flächenfiguren in Dreiecke zerlegen lassen, während das Dreieck selber demgegenüber von anderen Elementen unabhängig ist. Nur von sich und von keiner anderen Flächenform hat es seinen Ausgang genommen und kehrt im Kreislauf in sich selbst zurück.

»Wenn es so in die Höhe aufgerichtet würde, wie gezeigt worden ist, wird darauf hingedeutet, daß die dort Wohnenden das Feuer der Liebe aufflammen lassen sollen. Daß aber der Ausgang von der Flächenform des Dreiecks selbst genommen wird, offenbart, daß das weitreichende Gebot Gottes nur in sehr weitherziger Liebesgesinnung erfüllt werden kann. Daß aber das Dreieck alle Flächenformen durch sich auflöst, wird durch das Flüssige zum Ausdruck gebracht, weil in dessen Fläche alle sonstigen Fähigkeiten aufgehoben werden. Die Liebe selbst wird nur dadurch vollkommen, daß die Dreifaltigkeit in der Einheit verehrt wird, so daß als die wahre Vollkommenheit die unteilbare Einheit in dieser Dreiheit angesehen wird.

»Daß ich dies soweit gesagt habe, mag genügen, um zu zeigen, wie klug und weise dieser Mann gewesen ist und von welch großer Liebesglut er entbrannt war, der seinen Schülern eine solche und so bedeutende Stätte zum Wohnen verschafft hatte. Es handelt sich um ein wasserreiches Gelände, wie wenn es ein kleineres Ägypten wäre und ein zweites Paradies des Herrn für jene, die von der Quelle der Pater zum Aufgang der Sonne hingehen. Wahrhaftig, von der Quelle der Pater habe ich gesagt, weil die in Christus Wiedergeborenen von dort nicht nur zum Sonnenaufgang, sondern auch über die Sonne hinaus in einem fort ins Jenseits hinüberschreiten sollen.«

Diese umfangreiche Betrachtung läßt erkennen, daß Radbert mit dem Inhalt jener antiken Überlieferung gut vertraut war, in der die Beschäftigung mit dem symbolischen Gehalt des Dreiecks einen schriftlichen Niederschlag gefunden hat. An sich handelt es sich bei der Dreiecksform, wie den Altertumsfunden zu entnehmen ist, um ein sehr altes Symbol, das schon in der vorgeschichtlichen Zeit der Menschheitsentwicklung weithin bekannt war. Zeitgenössische Aussagen über den Sinn, den man diesem Zeichen jeweils beilegte, stehen in Europa seit der Mitte des 1. vorchristlichen Jahrtausends zur Verfügung. Sie entstammen dem griechischen Kulturbereich. Ihren Inhalt hat Georg Stuhlfauth zusammenfassend wiedergegeben:[61] »... *das Dreieck hat den Ruhm, schon von der frühgriechischen klassischen Philosophie als mathematisch-magisches Grundelement in das System ihrer kosmologischen Spekulation eingebaut worden zu sein. Diese philosophische Wertung des Dreiecks beginnt mit dem Nachdenken des Pythagoras (gest. 497/96 v. Chr.) über die Zahl. Er verglich die Dinge mit Zahlen, indem er die Zahlen durch Punkte darstellte und auf diese Weise Zahlenfiguren entstehen ließ. So gewann er aus der Zehnzahl, die er in vier pyramidal angeordneten Punktreihen* .·:·:. *setzte, das gleichseitige Dreieck, dessen drei Seiten aus je vier Punkten bestehen, von denen die drei Eckpunkte gemeinsam sind. Die Vierzahl (Tetraktys), die Zehnzahl (Dekade) und das Dreieck bilden somit eine in sich geschlossene Einheit. ›Siehst du‹, fuhr darum der Meister, der einen Schüler 1, 2, 3, 4 zählen ließ, diesen hier an, wie Lukian berichtet, ›was du für 4 hältst, ist 10, ein vollständiges Dreieck, und unser Eidschwur‹. Die Vierzahl (Tetraktys) wurde als die Dynamis der Zehnzahl angesehen. Ihre Bedeutung besteht aber nicht nur darin, daß sie Körperzahl, also das Prinzip aller körperlichen Gestaltung ist (1 = Punkt, 2 = Linie, 3 = Fläche, 4 = Körper). Die ›Tetraktys der Dekade‹ galt als die große Offenbarung des Pythagoras an die Menschheit und war den Pythagoreern so wichtig, ja so heilig, daß sie bei ihr zu schwören pflegten als der Quelle und Wurzel der ewigen Natur. Das Dreieck gehört ihnen zu den formbildenden Prinzipien des Weltalls.*«

Demgegenüber ist Radbert auf diesen Zusammenhang mit der Vierzahl nicht weiter eingegangen. Er hat sich darauf beschränkt, nur von der Bedeutung des Dreiecks zu sprechen. Doch kann an den Maßen des Corveyer Westwerks abgelesen werden, daß bei seinem Entwurf der Zusammenhang von Dreieck und Vierzahl ebenfalls von großer Bedeutung war. Darauf wird im folgenden Kapitel zurückzukommen sein.

Zuvor muß aber noch kurz ins Auge gefaßt werden, was Stuhlfauth im Anschluß an Pythagoras über Platon ausführt. Dieser hat sich im »Timaios« bei der Erörterung der Prozesse des Weltenwerdens mit den vier Körperformen Tetraeder, Oktaeder, Ikosaeder und Kubus beschäftigt, in denen die Grundgestalten der vier Elemente Feuer, Luft, Wasser und Erde gesehen werden. Dabei besteht, wie Stuhlfauth darlegt, Platos Theorie darin, »*daß er diese Körper nicht aus körperlichen Atomen, sondern aus Flächen, und zwar in letzter Beziehung aus Dreiecken einer bestimmten Art zusammensetzt und ebenso bei dem Übergang der Elemente ineinander in Dreiecke wieder auflöst. Alle Flächen ... bestehen aus Dreiecken, und alle Dreiecke entspringen aus zweierlei rechtwinkligen Dreiecken, dem gleichschenkligen und dem ungleichseitigen.*«

Nun kann es hier nicht die Aufgabe sein, noch weiter darauf einzugehen, wie Plato seine Auffassung erläutert und welche grundlegende Bedeutung er diesen Dreiecken für den Ablauf der Lebensprozesse beigemessen hat. Nur um eine kleine Andeutung zu geben, mag Stuhlfauth noch einmal zitiert werden:[61] »*Der Zusammenschluß der Dreiecke bestimmt* [in Platos Vorstellung] *nun auch Bewegung und Ruhe, Lebenskraft und Zeitdauer der Geschöpfe. Leben und Tod, Jugend und Alter des Menschen ist, wie Platon im Timaios weiterhin ausführt, letztlich gegeben im Dreieck.*«

Im übrigen sollte es bei dem Vergleich, der soeben angestellt wurde, vor allem darauf ankommen, auf die Übereinstimmung einiger Vorstellungen der pythagoreischen und platonischen Lehre mit den Aussagen des Radbert aufmerksam zu machen. Zweifellos hat der geistliche Schriftsteller des 9. nachchristlichen Jahrhunderts, der in dem langen Dreiecks-Exkurs seine eigene und christliche Deutung des alten Zeichens vorträgt, aus einem Wissen schöpfen können, das zu bestimmten Lehren der großen griechischen Philosophen des 6. bis 4. vorchristlichen Jahrhunderts in Beziehung stand. Von welcher Art diese Zusammenhänge waren, bedarf freilich noch der Untersuchung und kann hier nicht weiter verfolgt werden.[62]

Abschließend ist zu Radberts Dreiecks-Betrachtung noch Folgendes zu sagen. Sie läßt deutlich erkennen, daß die Form des Dreiecks in den Überlegungen der Gründer von Corvey eine hervorragende Rolle spielte und daß man in ihr eine ursprüngliche Ausgangsform sah. Ferner wird von Radbert unmißverständlich gesagt, was die Corbier Geistlichen mit Hilfe dieses alten Zeichens zum Ausdruck bringen wollten. Denn es heißt, nur was vom Dreieck ausgehend gebildet wurde, könne als vollkommen gelten, weil es auf der »*Dreifaltigkeit, der wahren Gottheit*« beruhe und von ihr Kunde gebe. Daß die Flächenform des Dreiecks als die Ursprungsform zugrunde gelegt wird, soll nach Radberts Darlegung darauf hinweisen, daß alles menschliche Handeln von »*weitherziger Liebesgesinnung*« bestimmt werden müsse. Die Liebe selber könne nur vollkommen sein, wenn die Dreifaltigkeit in der Einheit und die unteilbare Einheit in der Dreiheit verehrt werde. Das bedeutet, daß die auffällige Bevorzugung von Dreieck und Dreizahl bei der Errichtung der Bauten auf die grundlegende Idee und die zentrale Aufgabe der neuen Klosteranlage hinweisen sollte.

Das Dreieck als Hilfsfigur in den Bauentwürfen

Radberts Zeugnis für das große Gewicht, das sowohl er selbst als auch Adalhard der Wahrnehmung der Dreiecksform an der Corveyer Gründungsstätte und der Aussagefähigkeit dieser Symbolfigur beilegte, ist bei der Unmittelbarkeit der Angabe von besonderem Wert. So mag diese Mitteilung Anlaß geben, auf die vorangegangenen Ausführungen über das Dreieck zurückzukommen und im einzelnen noch weiter zu besprechen, wie die bedeutende Form bei der Anfertigung der Bauzeichnungen auch sonst als eine Hilfsfigur gedient haben könnte. Dabei soll an den Schluß des vorletzten Kapitels angeknüpft werden.

Dort war im Zusammenhang mit dem Westwerk-Grundriß von dem gleichseitigen Dreieck GHI die Rede (Zeichn. 5). Seine Seiten sind 58 Fuß lang. Die Grundlinie ruht auf der Vorderkante des Thronerkers, während die gegenüberliegende Spitze nach Osten gerichtet ist. Nun ist es aber ebenso möglich, auch noch ein zweites Dreieck von gleicher Form und Größe in die Grundriß-Skizze einzutragen, und zwar in der umgekehrten Stellung, so daß die Spitze nach Westen zeigt (Zeichn. 7) und auf der Mitte der Vorderkante des Thronerkers liegt. Dann befindet sich die Grundlinie an der Ostseite des Quadrums, das heißt an der Grenze jenes Baukörpers, der den inneren Kern des Westwerks ausmacht und im Grundriß die Form eines Quadrates von 33,03 Fuß Seitenlänge erkennen läßt. Es handelt sich beim Quadrum um den unteren Teil des mittleren Turmes, dessen Oberteil heute nicht mehr vorhanden ist. Sein Inneres wird im Erdgeschoß an drei Seiten von je einer auf Pfeilern ruhenden Bogenreihe eingefaßt. Nur an der westlichen Seite bildet eine geschlossene Wand, die auch den Eingang enthält, die Grenze. In der Mitte dieses Raumes stehen vier Säulen. Sie sind mit Kapitellschmuck versehen und so angeordnet, daß sie im Grundriß die Form eines Quadrates bilden.

Diese vier Säulen tragen zusammen mit den soeben genannten vier Einfassungen des Erdgeschosses den darüber befindlichen hohen Hauptraum des Johannis-Chores, der zwei Stockwerke in Anspruch nimmt und über dem sich ursprünglich der Gerichtssaal samt dem verschwundenen Mittelturm erhoben hatte.

Es ist bemerkenswert, daß auch bei diesem wichtigen Baukörper das entscheidende Grundrißmaß unter Zuhilfenahme der erwähnten Dreieckskette zu ermitteln ist, und zwar in folgender Weise. Jede Seite des Quadrums hat, wie gesagt, eine Länge von 33,03 Fuß. Nun handelt es sich bei jenem Dreieck GHI, von dessen Lage in der Grundriß-Skizze soeben die Rede war, um dasjenige, das innerhalb der beschriebenen Dreieckskette an der vierten Stelle steht. Seine Seitenlänge, nämlich die Breite des Westwerks, mißt 58,46, die Höhe IK 50,63 Fuß. Wenn jetzt in der gleichen Weise, wie es vorher getan wurde, mit der Bildung von weiteren Dreiecken fortgefahren wird, so zeigt das fünfte Dreieck IKL eine Seitenlänge von 50,63 und eine Höhe LM von 43,85 Fuß, das sechste Dreieck LMN eine Seitenlänge von 43,85 und eine Höhe NO von 37,98 Fuß und das siebente Dreieck NOP eine Seitenlänge von 37,98 und eine Höhe PQ von 32,89, abgerundet 33 Fuß. Damit wäre eine Größe erreicht, die der Seitenlänge des Quadrums fast gleich ist. Die Differenz beträgt nur 0,14 Fuß (= 4,6 cm).

Bei dieser Gelegenheit ist also wiederum zu beobachten, daß die Maße einer Viereckform mit Hilfe von Dreiecken bestimmt wurden. Von einem gleichartigen Vorgang konnte bereits bei dem Zustandekommen der äußeren Westwerk-Maße gesprochen werden. Dort hatte es sich um ein Rechteck von 67,3 Fuß Länge und 58 Fuß Breite gehandelt.

Die zwei gleichseitigen Dreiecke von 58 Fuß Seitenlänge, die in den Westwerk-Grundriß in der dargelegten Weise eingezeichnet wurden, stehen nun so zueinander, daß sie sich zum guten Teil überdecken. Dabei ergibt sich, daß jene Fläche, die den beiden Dreiecken gemeinsam ist, wieder die Form eines Vierecks aufweist, und zwar die einer Raute oder eines Rhombus, dessen größere Diagonale aus der Höhe des genannten Dreiecks besteht. Hier ist das Viereck also durch die teilweise Überlagerung zweier Dreiecke zustande gekommen.

Dabei ist nun zu bemerken, daß die wichtigsten Bauteile, die sich im Erdgeschoß des Westwerks befinden, im Innern dieser Rautenform anzutreffen sind. Es handelt sich um das stattliche Eingangs-Portal und um die vier freistehenden Säulen. Auch in den Grundriß des über dem Erdgeschoß stehenden Johannis-Chores können die beiden Dreiecke in der gleichen Weise eingetragen werden, und es zeigt sich dann wiederum, daß die Hauptbestandteile des Raumes von den Linien des sich ergebenden Rhombus vollständig eingefaßt werden. Diesmal sind es der Johannis-Altar im ersten und der Kaiserthron im zweiten Stockwerk des Chores. Es wird freilich notwendig sein, dabei Gerkes Ausführungen zu berücksichtigen,[63] aus denen hervorgeht, daß der Johannis-Altar heute nicht mehr an seinem ursprünglichen Platz steht, sondern daß er sich früher westlich vom heutigen Standort im Innern des Raumes befunden haben muß.

Wenn nunmehr die Fassade noch einmal ins Auge gefaßt wird, so ist zu erkennen, daß man dort in noch größerem Umfang mit der Dreiecksform gearbeitet hat, als es im vorletzten Kapitel dargelegt wurde. Zunächst ist nachzuholen, daß Gerke in die erwähnte Zeichnung außer den rechtwinkligen Dreiecken auch noch ein gleichseitiges eingetragen hat (Zeichn. 2). Die Seitenlänge mißt 58 Fuß, deckt sich also mit der Breite des Bauwerks. Das Dreieck steht auf der Grundlinie der Fassade. Die gegenüberliegende Spitze weist nach oben und fällt in die oberste bogenförmige Öffnung des Thronerkers, die sich von den darunter befindlichen Fensteröffnungen dadurch unterscheidet, daß sie früher erheblich breiter war.

Auf die Bedeutung dieser Öffnung ist der genannte Verfasser bereits ausführlich eingegangen.[64] Es handelt sich um eine offene Nische im Giebel des Thronerkers, die heute eine Christus-Statue der Barockzeit enthält und von solcher Größe ist, daß in ihrem Innern anstatt der Figur ohne weiteres auch ein stehender Mensch Platz finden kann. Der Fußboden liegt in der gleichen Höhe wie der des dahinter befindlichen Gerichtssaales. Die beiden Räume waren früher auch durch eine Tür, die heute freilich zugemauert ist, unmittelbar verbunden. Ursprünglich konnte also eine Person aus dem Gerichtssaal heraustreten und sich in die hochliegende offene Nische stellen, um von den vor der Kirche befindlichen Menschen gesehen zu werden. Als eine solche Person kam wohl hauptsächlich der Kaiser in Frage, wenn er sich bei einem Klosterbesuch im Gerichtssaal aufgehalten hatte und sich anschließend den im Atrium Versammelten zeigen wollte. Gerke hat bereits dargelegt, daß dann die Spitze des angenommenen Dreiecks gerade diejenige Stelle trifft, an der sich der Kopf des stehenden Kaisers bei einer solchen Gelegenheit befand.

Zeichn. 8: Das vierte Dreieck der Dreieckskette (Zeichn. 5) in die rekonstruierte Westwerkfassade doppelt eingezeichnet. Bemerkenswert ist, daß durch die Überlagerung der beiden Dreiecke gerade dort eine Raute (vgl. Abb. 8) entsteht, wo auch schon die Dreieckspitzen allein eine Beziehung zum Kaiser erkennen lassen.

Nun kann aber das gleiche Dreieck auch noch umgekehrt in die Fassade eingezeichnet werden (Zeichn. 8). Dann ist die Spitze nach unten gewandt, während sich die Grundlinie oben befindet. Sie mag auf die Dachspitzen der Seitentürme versetzt werden, so daß sie 90 Fuß über der Erdoberfläche verläuft. In diesem Fall schiebt sich das hängende Dreieck mit seinem unteren Abschluß über den oberen Teil des zuerst genannten stehenden Dreiecks. Das hat zur Folge, daß wiederum die Figur einer Raute gebildet wird. Sie ist verhältnismäßig klein, aber dadurch von besonderem Interesse, daß sie beachtliche Beziehungen zur Gestalt des Kaisers erkennen läßt. Ihre obere Spitze, die zugleich die des stehenden Dreiecks ist, berührt nämlich, wie gesagt, den Kopf des in der Halbbogen-Nische befindlichen Herrschers, während die untere Viereckspitze, die mit der des hängenden Dreiecks identisch ist, gleichfalls seinen Kopf trifft, und zwar dann, wenn der Kaiser im Innern des Erkers auf seinem Thron Platz genommen hat.

Das sich nach oben verbreiternde Dreieck stand also über dem Haupte des Kaisers, wenn er mit dem Blick nach Osten im Innern der Kirche dem Gottesdienst beiwohnte. Wenn also diese Figur eingezeichnet oder auch nur vorgestellt wird, ist zu ersehen, daß die aus höheren Bereichen stammenden Kräfte in den sitzenden Kaiser einströmen konnten, so daß er von oben seine Inspirationen empfing. Andererseits stand er in der hochliegenden Westwerk-Nische, aus der er in aufrechter Stellung sowohl nach außen wie nach Westen schaute, als der Beherrscher des irdischen Reiches in der oberen Spitze jenes Dreiecks, dessen Basis in voller Breite fest auf der Erde ruht.

Daß bei dem Einzeichnen der zwei gleichseitigen Dreiecke und bei der Betrachtung der daraus hervorgehenden Rautenform diese enge Beziehung zum Kaiser zutage tritt, verdient deshalb eine besondere Beachtung, weil auch andere Darstellungen der Karolingerzeit erkennen lassen, daß der Herrscher eine enge Beziehung zu dieser Viereckform unterhielt. Es sei an das bekannte Monogramm Karls des Großen erinnert.[65] Die Mitte dieser Buchstaben-Komposition wird von einem Viereck gebildet, das auf der Spitze steht (Abb. 8). In diesem Viereck sind die drei Vokale des Namens »Karolus« enthalten. Von seinen vier Ecken gehen vier Linien kreuzförmig aus, die mit den vier Konsonanten des Herrscher-Namens verbunden sind. Hier fällt also das Viereck durch seine zentrale Stellung auf. Ferner ist die gleiche Form auch auf dem Reichsapfel zu sehen,[66] den Karl der Kahle in der Hand hält, und zwar in einem Thronbild jener Prachtbibel, die sich in der Bibliothek von San Paolo fuori le Mura zu Rom befindet und in die Zeit um 870 datiert wird. Auch sonst könnten noch allerlei Beispiele aus dem Bereich der frühmittelalterlichen Buchkunst angeführt werden, aus denen ersichtlich wird, daß damals die Rautenform als eine bedeutungsvolle angesehen wurde.

Im vorletzten Kapitel wurde schon dargelegt, daß Gerke in die Front des Westwerks zwei übereinandergestellte rechtwinklige Dreiecke eingezeichnet hat und was dem zu entnehmen ist. Um nun aber auch bei dieser Gelegenheit zu einer Dreizahl zu kommen, liegt es nahe, unmittelbar auf das zweite auch noch ein drittes derartiges Dreieck zu setzen (Zeichn. 9). Dann steht die oberste Dreieckspitze 87 Fuß über dem Erdboden. Sie nähert sich also der Höhe der Seitentürme, erreicht sie aber nicht ganz. Andererseits wird durch die aneinander gereihten Dreiecke und ihre Zwischenräume der größte Teil der geschlossenen Westwerk-Fassade bedeckt. Außerhalb dieser Fläche befinden sich noch die Oberteile der drei Türme, so daß sich über jene Dreiecksgruppe noch eine weitere Dreiheit erhebt, die hauptsächlich aus den Dächern der drei Türme besteht. Dabei ragt der Mittelturm am höchsten auf. Außerdem wird er von einem stattlichen Kreuz gekrönt.

Mit dieser Zeichnung kann eine andere Skizze verglichen werden, die eine merkwürdige Ähnlichkeit erkennen läßt. Diese zweite Zeichnung kommt dadurch zustande, daß in den Grundriß der ganzen Kirche ebenfalls drei Dreiecke eingetragen werden (Zeichn. 10), und zwar ist dabei ein gleichseitiges Dreieck von einer bereits genannten Größe zu verwenden. Es ist jenes Dreieck, das eine Seitenlänge von 90 Fuß aufweist, das also in der beschriebenen Dreieckskette den Anfang bildete und von Gerke derartig in den Westwerk-Grundriß eingezeichnet wurde,[67] daß die Basis auf der Vorderkante des Thronerkers liegt, während die gegenüberliegende Spitze nach Osten weist. Dieses Dreieck hat eine solche Größe, daß sich alle drei Spitzen außerhalb des Westwerks befinden, wobei die östliche in das Mittelschiff der Basilika hineinragt.

Wenn nun auf diese östliche Spitze, ebenso wie bei der Fassade, ein zweites Dreieck gestellt wird, so ist dessen Grundlinie wiederum erheblich länger als die Breite des Gebäudes, die beiden Enden liegen also außerhalb desselben. Doch fällt die östliche Spitze dieses zweiten Dreiecks auf jene bemerkenswerte Stelle des Innenraums, wo die Vorderkante

Zeichn. 9: Die rekonstruierte Westwerkfassade mit drei eingezeichneten rechtwinkligen, gleichschenkligen Dreiecken (vgl. Zeichn. 2).

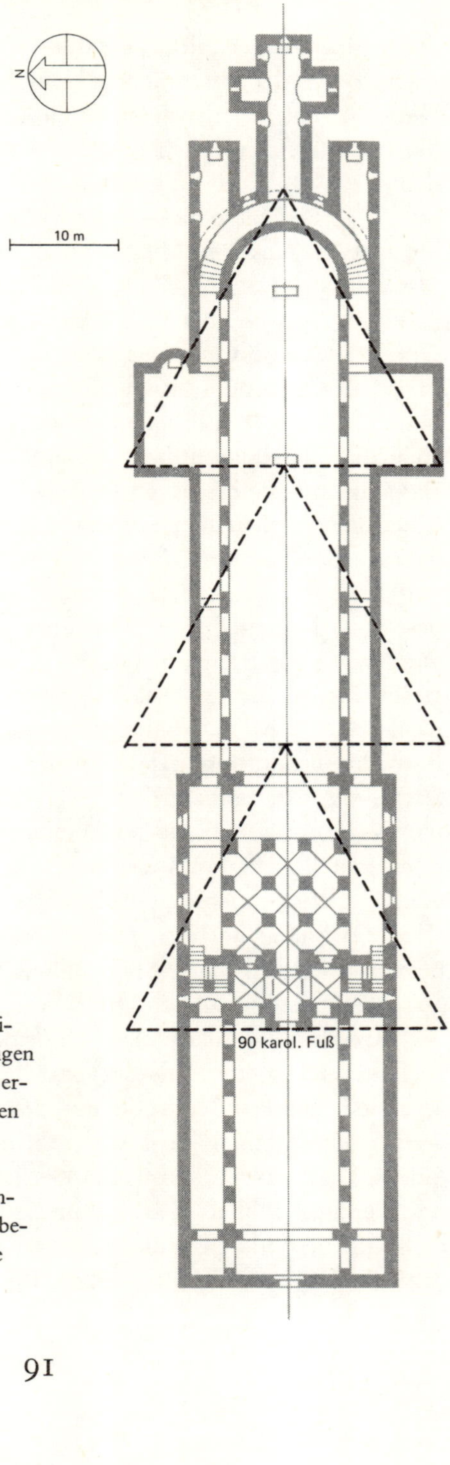

Zeichn. 10: Grundriß der Corveyer Abteikirche mit drei eingezeichneten gleichseitigen Dreiecken. Es handelt sich wieder um das erste Dreieck der in Zeichnung 5 dargestellten Dreieckskette. Ein Vergleich mit Zeichnung 9 läßt die Verwandtschaft der Konstruktion von Grundriß und Fassade erkennen: Beide werden durch je drei Dreiecke bestimmt, über die jeweils noch eine weitere Dreiheit hinausragt.

des ursprünglichen Altars, die mit der Westgrenze des Querraums identisch ist, von der ostwestlichen Hauptachse der Kirche geschnitten wird. Demgemäß verläuft auch die Grundlinie des dritten Dreiecks, das auf der Spitze des zweiten errichtet wird, an der Vorderkante des Altars und an den Westwänden der querschiffartigen Seitenräume entlang. Andererseits liegt die Spitze dieses dritten Dreiecks auf jenem wichtigen Punkt der Ostwestachse, wo diese über die äußere Kante der bogenförmigen Ostwand des Hauptgebäudes hinweggeht. Sie deckt sich also mit dem östlichen Abschluß der Kirche und hat damit eine wesentliche Stelle des Grundrisses bestimmt. Im ganzen kann also gesagt werden, daß man die Länge des Gebäudes, soweit es aus der Basilika und dem Westwerk besteht, in der Weise berechnet hat, daß die drei genannten Dreiecke aneinandergereiht wurden, wobei die Vorderfront des Westwerks als Basis diente. Die drei Krypten liegen außerhalb dieser Dreiecksgruppe.

Bei dieser Gelegenheit verdient auch noch die größte Breite des Gebäudes, also die Querraum-Breite, die Aufmerksamkeit. Es hat nämlich den Anschein, als ob auch sie durch die Seitenlänge des vorliegenden Dreiecks bestimmt worden sei. Freilich kann dies nicht mit voller Sicherheit gesagt werden, da das Breitenmaß nicht genau bekannt ist. Die alte Corveyer Basilika ist ja, anders als das Westwerk, nicht erhalten geblieben. Demnach handelt es sich bei der Grundrißskizze, die der vorstehenden Betrachtung zugrunde gelegt wurde, auch nur um eine Rekonstruktionszeichnung,[68] die anhand einer Skizze des 17. Jahrhunderts angefertigt wurde. Dort hat man die beiden querschiffartigen Verbreiterungen nun so dargestellt, daß ihre Westwände von ungleicher Länge sind. Es ist aber die Möglichkeit nicht auszuschließen, daß nur eine Ungenauigkeit der alten Zeichnung vorliegt. Jedenfalls würde sich bei gleicher Länge der beiden Wände an dieser Stelle eine Kirchenbreite ergeben, die mit der Seitenlänge des genannten Dreiecks übereinstimmen würde.

Zusammenfassend ist zur Grundriß-Skizze folgendes zu sagen. Die drei eingezeichneten Dreiecke und ihre Zwischenräume bedecken die Grundflächen des Westwerks und der Basilika fast vollständig. Nur an der Ostseite ragen einige unwesentliche Gebäudeteile ein wenig darüber hinaus. Ganz außerhalb dieser Dreiecksflächen liegen aber die drei Krypten. Demnach schließt sich auch im Grundriß, ebenso wie in der Fassade, noch eine besondere Dreiheit an eine Gruppe von drei Dreiecken an. Bei der Fassade besteht diese zusätzliche Dreiheit aus drei Turmspitzen, beim

Grundriß aus drei Krypten. Ebenso wie dort der mittlere Turm die Seitentürme erheblich überragt, weist hier die mittlere Krypta eine größere Länge als die Seitenkrypten auf. Dort wurde der hohe Mittelturm mit einem aufgesetzten Kreuz versehen, hier hat man der herausragenden Mittelkrypta selber die Form eines Kreuzes gegeben. Es ist also deutlich zu sehen, daß der Gestaltung des Grundrisses und dem Aufbau der Fassade die gleiche Struktur eigentümlich ist. Hier und dort sind zwar die eingezeichneten Dreiecke von verschiedener Form und Größe. Es handelt sich auch nicht um die gleichen Maße. Doch ist die innere Verwandtschaft unverkennbar. Jedesmal ist die Auswirkung ein und desselben Gestaltungsprinzips zu verspüren, ganz gleich ob eine horizontale oder vertikale Fläche gestaltet werden sollte.

Die Erkenntnis, daß Kirchengrundriß und Westwerkfront einander so stark ähneln, hat noch eine weitere Einsicht im Gefolge, die von entscheidender Bedeutung ist. Die dargelegte Übereinstimmung konnte nur dadurch zustande kommen, daß die Anlage des Westwerks von Anfang an in der Planung vorgesehen war. Um diese Aussage zu erläutern, muß noch einmal an jenes Verfahren erinnert werden, das beim Entwerfen des Kirchengrundrisses angewandt wurde. Dabei muß die bevorzugte Rolle auffallen, die dem Westwerk zukam.

Als es seinerzeit bei der Planung darum ging, den Standort der Kirche festzulegen, war in dem Achsenkreuz, das von den zwei Mittelhalbierenden des Klostergeländes gebildet wird, und in dem zentral gelegenen Schnittpunkt dieser Linien eine feste Ausgangsstellung gegeben. Von dort ging man aus, als zunächst der Grundriß des Westwerks eingezeichnet wurde, dessen Länge und Breite mit Hilfe der beschriebenen Dreieckskette ermittelt worden waren. Erst als der Grundriß des Westwerks vorlag, wurde der Umfang der Basilika, das heißt deren Länge und größte Breite, mittels der drei aneinandergereihten Dreiecke bestimmt. Daß man in dieser Reihenfolge tatsächlich vorgegangen ist, wird daraus ersichtlich, daß die Basis des Ausgangs-Dreiecks nichts mit der Basilika zu tun hat, sondern auf der Vorderkante der Thronerkers ruht. Es ist für die Erkenntnis von grundlegender Bedeutung, daß die Gruppe der drei Dreiecke auf einer im Westwerk enthaltenen Gegebenheit aufgebaut wurde.

Als ein weiteres und eindrucksvolles Beispiel für das wiederholt erwähnte Verfahren, den Umfang einer Viereckform mit Hilfe von Dreiecken zu bestimmen, mag schließlich noch das Portal des Westwerks betrachtet werden. Die Eingangstür des Erdgeschosses wird an der Außenseite von einem schlichten Werkstein-Rahmen eingefaßt, der dem Ganzen ein besonderes Gepräge verleiht. Die Grundform besteht, wenn von einer leichten Verbreiterung des Sockels und von den seitlichen Vorsprüngen des oberen Gesimses abgesehen wird, aus einem liegenden Rechteck. Von dem Ebenmaß und dem harmonischen Zusammenklang der Flächen und Linien geht eine starke Wirkung aus (Abb. 12).

Die Breite des Portals mißt 4,13 m.[69] Wenn nun auf seiner Grundlinie ein gleichseitiges Dreieck ABC errichtet wird, so ergibt sich, daß dessen

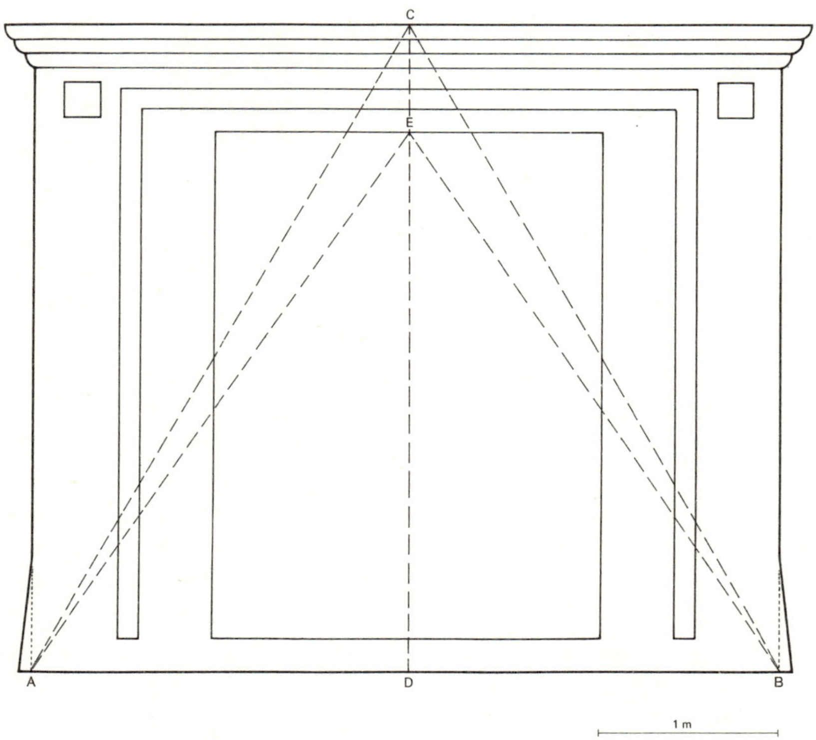

Zeichn. 11: Das Eingangsportal der Corveyer Kirche (vgl. Abb. 12) mit zwei eingezeichneten Konstruktionsdreiecken. Durch das gleichseitige Dreieck ABC wird die Höhe des Portals und weiterhin die Höhe der Türöffnung bestimmt. Denn die Höhe CD des Dreiecks ABC gibt das Maß ab für die gleichen Schenkel des Dreiecks ABE.

Spitze auf die Oberkante des Portals fällt (Zeichn. 11). Wenn außerdem auf derselben Grundlinie ein gleichschenkliges Dreieck ABE gezeichnet wird, dessen Schenkellänge AE mit der soeben ermittelten Höhe CD identisch ist, so trifft dessen obere Spitze E die horizontale Oberkante der Türöffnung. Ferner kann auf der rechten Außenkante des Portals BF, die von gleicher Länge wie die Höhe CD ist, ein nach links gewandtes gleichseitiges Dreieck BFG konstruiert werden (Zeichn. 12). Dann liegt dessen Spitze G auf der linken Vertikalkante der Türöffnung. Ebenso fällt eine Dreiecksspitze I auf die rechte Vertikalkante dieser Türöffnung, wenn auf der linken Portalkante ein nach rechts gerichtetes gleichseitiges Dreieck

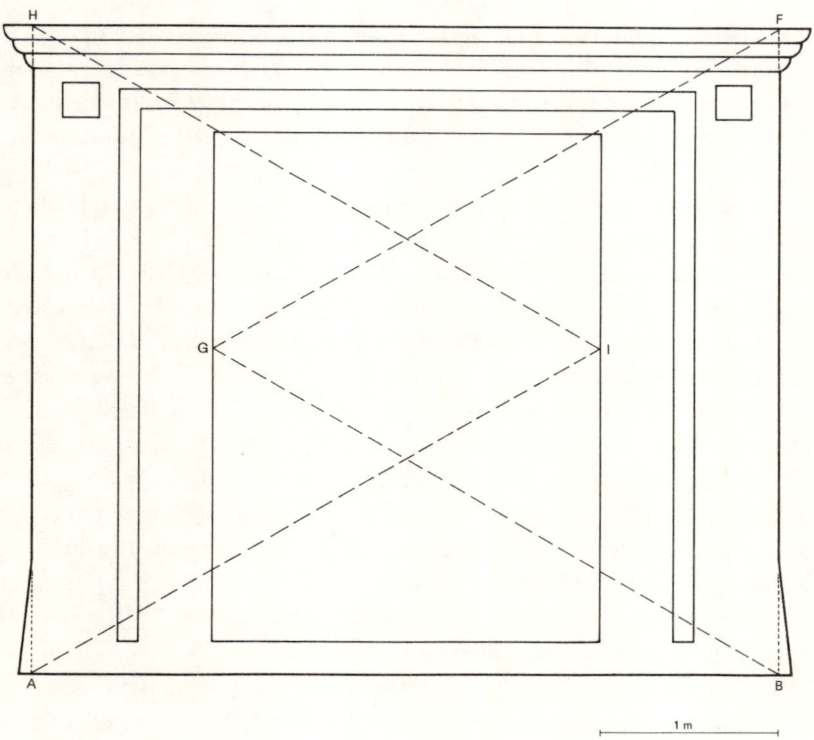

Zeichn. 12: Auch die Breite der Türöffnung wird durch zwei gleichseitige Dreiecke bestimmt, deren Seitenlänge wieder durch die Höhe des Portals festgelegt wird. Näheres zu dieser Konstruktion in Anmerkung 69.

AHI eingetragen wird. Hier wird also in der gleichen Weise vorgegangen wie bei der Bildung der beschriebenen Dreieckskette. Das heißt, es wird auf der Höhe eines gleichseitigen Dreiecks ein neues gleichseitiges Dreieck errichtet. An dieser Stelle tritt das Konstruktionsverfahren gewissermaßen handgreiflich in Erscheinung. Um den Umfang der viereckigen Türöffnung und den Verlauf der Innenkanten der Werkstein-Einfassung festzulegen, waren demnach drei Dreiecke notwendig, während ein einziges Dreieck ausreichte, um in Verbindung mit einer Grundlinie von 4,13 m die Höhe und die Außenkanten des Portals zu bestimmen. Im ganzen mußte man also mit vier Dreiecken arbeiten, um die viereckigen Umrisse von Portal und Türöffnung zu schaffen.

All diese Beispiele weisen darauf hin, daß der Zusammenhang der Dreiecksform mit Vierzahl und Viereck beim Entwurf der Corveyer Gebäude von erheblicher Bedeutung war. Es ist der gleiche Zusammenhang, der auch in der Lehre des Pythagoras eine wichtige Rolle spielt. Wie diese Übereinstimmung zu erklären ist, kann hier eine offene Frage bleiben.

In der vorstehenden Betrachtung ging es vor allem darum zu ermitteln, wie man beim Entwurf der Corveyer Bauten mit der Dreiecksform als Hilfsfigur gearbeitet hat. Dabei ließ sich zeigen, daß die Dreiecke sowohl waagerecht aneinander gelegt wie auch vertikal übereinandergestellt werden konnten. Das erste war in den Grundriß-Skizzen, das zweite in der Zeichnung der Westwerkfassade der Fall. Nach allem, was gesagt werden konnte, darf nun angenommen werden, daß die beschriebenen Dreiecke in den von Adalhard und Wala stammenden Skizzen tatsächlich auch eingezeichnet und sichtbar waren. Ferner hat Radbert mitgeteilt, daß er persönlich zugegen war, als die beiden die Bauten eigenhändig entwarfen. Das heißt, daß Radbert jene Skizzen, von denen hier die Rede ist, einschließlich der Dreiecke selbst gesehen hat. Das wird man im Bewußtsein haben müssen, um einen bestimmten Satz im 67. Kapitel der Adalhard-Biographie verstehen zu können.

In den Ausführungen, die diesem Satz vorangehen, hatte Radbert zunächst ganz allgemein von der Dreiecksform gesprochen und auseinandergesetzt, daß sie eine Grundfigur darstelle, von der alle anderen Flächenfiguren herzuleiten seien. Dann sagt er vom Dreieck weiter: »*Wenn es so in die Höhe aufgerichtet würde, wie gezeigt wurde, wird darauf hingedeutet, daß die dort Wohnenden das Feuer der Liebe aufflammen lassen sollen.*« Am

Anfang dieses Satzes wird also von der Möglichkeit gesprochen, die Dreiecksform aufzurichten, das heißt, sie in eine vertikale Stellung zu bringen, und zwar »*so, wie gezeigt wurde*« (»*ita, ut ostensum est*«). Die Frage ist nun, was dieser Nebensatz besagen soll.

Zunächst könnte vermutet werden, daß damit auf eine vorangegangene Bemerkung, die ein aufgerichtetes Dreieck erwähnt hätte, Bezug genommen werden sollte. Doch ist in Radberts Schrift eine solche Äußerung nicht vorhanden. Mit diesem Nebensatz wird also auf etwas anderes hingewiesen. Dem lateinischen Wort »*ostendere*« (ostensum est) kann auch entnommen werden, was gemeint ist. Im vorstehenden Text wurde »*ostendere*« mit dem deutschen Wort »*zeigen*« übersetzt. Das Wörterbuch nennt aber auch noch andere Übersetzungsmöglichkeiten, unter anderm »*entgegenhalten*«, »*vor Augen halten*« oder »*sehen lassen*«. Das sind alles Ausdrücke, die man für sichtbare Darstellungen, also auch für Zeichnungen, verwenden kann. Offenbar wollte Radbert mit dieser erläuternden Bemerkung auf eine der Bauskizzen hinweisen, die nicht nur ihm selbst, sondern auch seinen Mitbrüdern in Corbie und Corvey gut bekannt waren. Im besonderen muß er die Darstellung der Westwerkfassade vor Augen gehabt haben, da gerade sie die übereinandergestellten Dreiecke enthielt, die »*in die Höhe aufgerichtet*« waren (»*sursum erecta*«). So wird man den betreffenden Satz folgendermaßen frei übersetzen können: »*Wenn das Dreieck so in die Höhe aufgerichtet würde, wie es in der Westwerk-Skizze sichtbar gemacht wurde, so wird darauf hingedeutet, daß die dort Wohnenden das Feuer der Liebe aufflammen lassen sollen.*«

Es ist zu bedenken, daß im Jahre 826, als dieser Satz geschrieben wurde, die Corveyer Kirche mit ihrem Westwerk noch nicht zur Ausführung gekommen war. Damals lagen aber schon die Bauzeichnungen vor, die, wie gesagt, dem Radbert gut bekannt waren. Ebenso war er auch damit vertraut, welche Rolle bei ihrer Anfertigung das Dreieck als Hilfsfigur gespielt hatte und welchen Sinn man demselben damals beilegte. Mit dem angeführten Satz wollte er also Folgendes sagen. Wenn die Form des Dreiecks einmal aufgerichtet würde, also wenn das Westwerk in der vorgesehenen Gestalt dastehen sollte, wird das hochaufragende Gebäude, das aus der Figur des Dreiecks entwickelt wurde, die grundlegende Idee der Klosteranlage sichtbar zur Anschauung bringen. Es wird eine steingewordene Mahnung und Verpflichtung sein für alle, die dort wohnen. Es handelt sich um die gleiche Idee, von der schon wiederholt die Rede war.

Der ursprüngliche Gesamtplan

Als die vorangegangenen Ausführungen über die Corveyer Bauten niedergeschrieben wurden, lagen noch nicht die Ergebnisse jener Ausgrabungen vor, die U. Lobbedey in den Jahren 1974 bis 1976 im Bereich der Abteikirche durchführen konnte. Inzwischen sind sie veröffentlicht worden;[70] und so ist zu prüfen, wie sich der neu erschlossene Befund zu der von uns geschilderten Entwicklung verhält.

Durch die Ausgrabungen wurde erwiesen, daß in der Entstehung des karolingischen Langhauses zwei Phasen zu unterscheiden sind. Unter dem Fußboden wurden die Reste eines älteren karolingischen Baues aufgedeckt, dessen Grundriß erheblich kleiner ist als der der voll ausgeführten Basilika, deren Umfang aus einer Zeichnung des Jahres 1663 und aus ergrabenen Fundamentresten bekannt ist. Die von Lobbedey veröffentlichten Grundrisse der beiden Bauten werden auf Zeichnung 13 wiedergegeben.

Wahrscheinlich wurde der Bau I bald nach der Klostergründung von 822 in Angriff genommen. Für seine Fertigstellung möchte ich – anders als Lobbedey annimmt – vermuten, daß sie bereits nach Ablauf von einigen Jahren erfolgt ist, also etwa zur Zeit von Adalhards Tod (826).[71] Offenbar war dieses erste Gebäude von vornherein als ein Provisorium gedacht, das bald durch eine größere Anlage ersetzt werden sollte. Denn sein Mauerwerk war recht schwach. Lobbedey bezeichnet die Innenwände des Chorumgangs, die ja später bei der Anlage von Bau II wieder beseitigt werden mußten, sogar als »*auffallend schwach*«[72] und sagt dann bei der Besprechung dieser älteren Kirche: »*Im übrigen sind die Mauerstärken dieses Baues überhaupt minimal bemessen.*«

Dementsprechend wäre die für das Jahr 844 bezeugte Weihe der Corveyer Kirche auf den Bau II zu beziehen. Wann mit diesem größeren Gebäude begonnen wurde, ist unbekannt. Doch ist damit zu rechnen, daß die Überführung der Reliquien des Heiligen Vitus (836) ein besonderer Anstoß zur Verwirklichung der von vornherein geplanten größeren Anlage sein mußte, da die neuen Reliquien in der ersten Kirche keinen angemessenen Platz gefunden hätten. Als Abschluß des Ganzen wurde dann das Westwerk in der Zeit von 873 bis 885 errichtet. So ist die endgül-

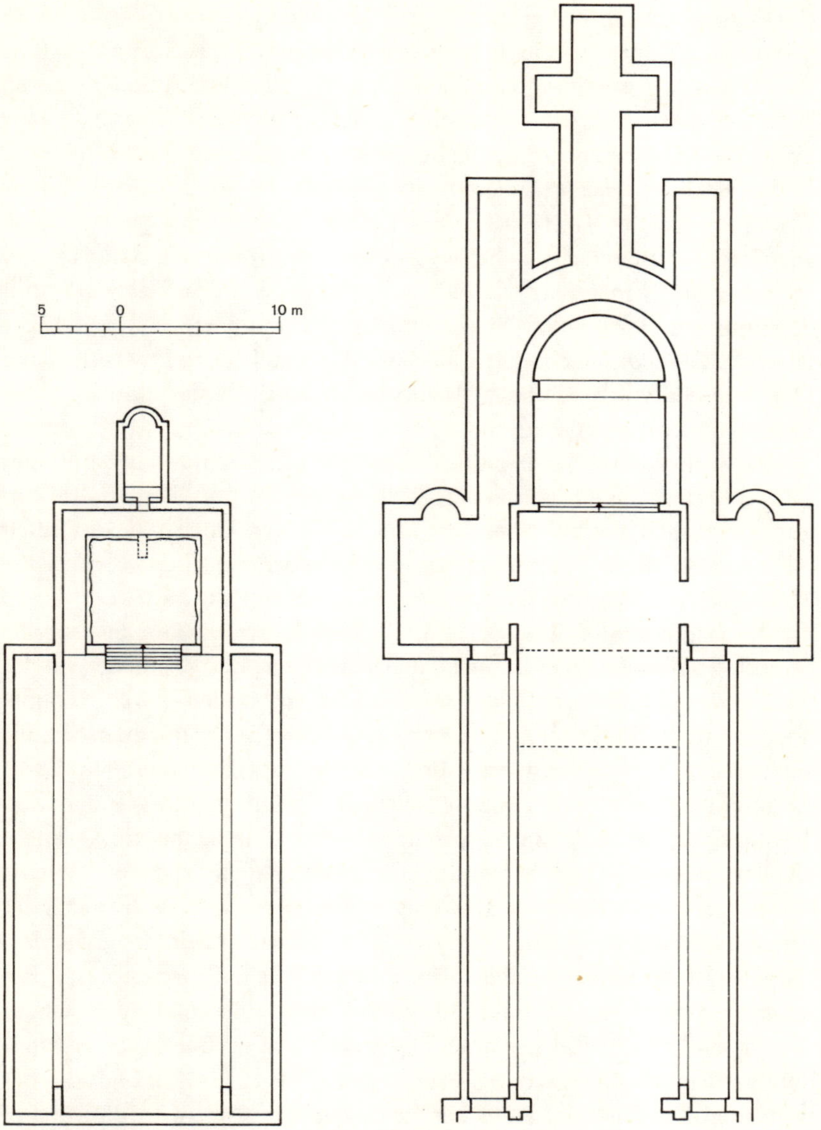

Zeichn. 13a: Grundriß der kleinen ältesten Kirche von Corvey, nach den Ausgrabungen von U. Lobbedey rekonstruiert.

Zeichn. 13b: Grundriß der an gleicher Stelle voll ausgeführten karolingischen Abteikirche von Corvey ohne Westwerk, nach U. Lobbedey.

tige Kirche, die aus der großen Basilika und dem Westwerk bestand, im Verlauf von 63 Jahren und in mehreren Etappen zur Ausführung gekommen. Doch war sie schon von Anfang an im vollen Umfang in dem von Adalhard und Wala entworfenen Bauplan vorgesehen. Das läßt eine kurze Zusammenfassung der bisherigen Teilergebnisse erkennen.

Wie Radbert bezeugt,[73] hatten die Gründer die Absicht, das Kloster Corvey mit seiner Kirche nach dem Vorbild des himmlischen Jerusalem anzulegen. Andererseits steht, wie die Untersuchung der Baumaße gezeigt hat, das ganze Kirchengebäude einschließlich des Westwerks mit den Angaben der Apokalypse in Einklang. Somit entspricht gerade die Gesamtanlage, die erst im Jahre 885 zum Abschluß gebracht wurde, jener Idee, von der Adalhard und Wala ausgingen, als sie in den Jahren 821 und 822 ihre Baupläne entwarfen.

Eine weitere Überlegung führt ebenfalls in die ersten Jahrzehnte des 9. Jahrhunderts. Die voll ausgeführte karolingische Kirche bestand gewissermaßen aus zwei Kirchen, die zusammen eine größere Einheit bildeten. Neben der horizontal gerichteten Basilika, in deren Chor die Mönchsgemeinde unter Führung des Abtes ihren Platz hatte, erhob sich das hochaufragende Westwerk, in dem sich der Thron des Kaisers befand. So standen zwei Bereiche nebeneinander, der geistliche und der weltliche, die andererseits eng miteinander verbunden waren. Konnte doch der in die Reihe der 24 Ältesten versetzte Kaiser von seinem Sitz aus auch an dem Gottesdienst der Mönche in der Basilika teilnehmen. Diese Architektur veranschaulicht ausgezeichnet die Auffassung von der Gliederung und Einheit des karolingischen Reiches, wie sie uns bei Karl dem Großen, bei seinen Beratern und später bei den Angehörigen der Reichseinheitspartei entgegentritt. Nach der Reichsteilung von 843 hat aber der Einheitsgedanke seine Bedeutung verloren, so daß er seitdem einen derartigen architektonischen Entwurf nicht mehr beeinflussen konnte. Ein solcher Entwurf muß vielmehr in einer früheren Zeit entstanden sein, in der die Einheit des Reiches noch ungebrochen war. Bei dieser Feststellung verdient noch besondere Beachtung, daß Wala zur Zeit Ludwigs des Frommen der führende Kopf der Reichseinheitspartei war, und daß er seine Auffassung von der Einheit und Gliederung des Reiches in dem Reichsreformplan von 828 auch schriftlich niedergelegt hat. Somit entspricht auch in dieser Hinsicht erst das ganze Corveyer Kirchengebäude den gutbezeugten Vorstellungen von Adalhard und Wala. Daß diese beiden selber Baupläne für eine Corveyer Kirche entworfen haben, wissen wir von Radbert, der die Planung unmittelbar miterlebt hat. Er unterrichtet uns außerdem über eine wichtige Einzelheit.[74] Denn während er die große Bedeutung der Dreiecksform für die Corveyer Gründung würdigt, heißt es, daß durch das Dreieck, »*wenn es so in die Höhe aufgerichtet würde, wie gezeigt wurde, darauf hingedeutet wird, daß die dort Wohnenden das Feuer der Liebe aufflammen lassen sollen*«. Es wurde am Schluß des vorangegangenen Kapitels schon dargelegt, daß diese Bemerkung von der Aufrichtung des Dreiecks nur auf die von uns beschriebenen Konstruktions-Dreiecke bezogen werden kann, und zwar in erster Linie auf die Dreiecke der Westwerkfassade. So liegt hier noch ein besonderer Hinweis darauf vor, daß schon in den Plänen von 822 die Entwürfe für das Westwerk enthalten waren.

Ferner ist daran zu erinnern, daß in einem früheren Kapitel der Aufbau des Westwerks mit der Darstellung einer Bilderhandschrift verglichen werden konnte.[75] Im Innern des Westwerks wird ja der Johannis-Chor, also das Abbild des himmlischen Thronsaales, von vier besonderen Säulen getragen, während demgegenüber auf dem Bilde der Handschrift vier große Säulen in hervorgehobener Stellung zu sehen sind, über denen die Anbetung des Lammes durch die 24 Ältesten dargestellt ist. Es wurde schon gesagt, daß in beiden Fällen die gleiche Vorstellung zum Ausdruck kommt. Im vorliegenden Zusammenhang ist nun von besonderem Interesse, daß die Darstellung der Handschrift dem Anfang des 9. Jahrhunderts entstammt und den Gründern von Corvey sicherlich nicht unbekannt war.

Nun geschah es in der Karolingerzeit nicht oft, daß eine Kirche mit einem Westwerk versehen wurde. Doch gab es ein derartiges Gebäude in der Nähe von Corbie, wo ja die Pläne für das Corveyer Westwerk ausgearbeitet wurden. Es war die Kirche St.-Riquier in Angilberts Kloster Centula, die im Jahre 798 im Beisein Karls und führender Männer des Reiches geweiht wurde und den Corbier Mönchen auf jeden Fall bekannt sein mußte. Dieses Beispiel hatten also die Gründer von Corvey vor Augen, als sie sich mit der Planung eines Westwerks beschäftigten.

Schließlich ist noch auf die Stelle zu achten, die das Corveyer Kirchengebäude im Klostergelände einnahm. In jedem Kloster ist ja die Kirche das geistige Zentrum des Gemeinschaftslebens. So ist gerade in Corvey zu erwarten, daß seine Kirche auch in der geometrischen Mitte der Gesamtanlage errichtet wurde. Tatsächlich stand das karolingische Gotteshaus in der Mitte, wobei zu beachten ist, daß diese Aussage nicht etwa für den älteren Bau I gilt, auch nicht für den größeren Bau II allein, sondern nur für das gesamte Bauwerk, das aus Basilika, Westwerk und Atrium bestand (Zeichn. 3). So ergibt sich wiederum, daß diese vollständige Anlage schon im ersten Bauplan enthalten war.

Aus alledem wird ersichtlich, wie großzügig und weitblickend die beiden Karolinger vorgegangen sind, als sie die Richtlinien für den Ausbau der neuen Gründung festlegten.

Das esoterische Element in Adalhards Frömmigkeit

Daß die Gründer von Corvey beim Entwurf der Klosteranlage von visionären Erlebnissen ausgingen, wird von Radbert, wie dargelegt wurde, ausdrücklich bezeugt. Doch hat er diese Visionen nur ganz kurz erwähnt und über die Einzelheiten nichts weiter mitgeteilt. Trotzdem darf seine Angabe nicht unbeachtet bleiben oder gar als eine unverbindliche Redensart abgetan werden, zumal er sich auch an anderen Stellen ähnlich geäußert hat. Es wird noch Gelegenheit sein, darauf zurückzukommen.

Welche Bedeutung dem Phänomen der Vision im frühen Mittelalter und auch noch später zukam, wurde in einem größeren Zusammenhang von Ernst Benz auseinandergesetzt in seinem grundlegenden Werk »Die Vision. Erfahrungsformen und Bilderwelt«. Es steht hier nicht der Raum zur Verfügung, der notwendig wäre, um auf die Fülle der dort angeführten Beispiele und Erkenntnisse einzugehen. Doch soll, um wenigstens einen kleinen Anhalt für ein Verständnis von Radberts Aussage zu geben, der Bick auf eine einzelne Vision des 9. Jahrhunderts gerichtet werden, deren Verlauf durch die Schilderung eines Zeitgenossen gut bekannt geworden ist. Diese visionäre Schau stand sowohl zeitlich wie räumlich den Vorbereitungen der sächsischen Klostergründung ganz nahe. Sie wurde nämlich im Jahre 814 einem Insassen des Klosters Corbie zuteil, und zwar einem jungen Menschen, der Adalhards und Radberts Schüler war. Es handelt sich um den 13jährigen Ansgar, der durch sein späteres Wirken als Bischof von Hamburg und Bremen und als »Apostel des Nordens« allgemein bekannt geworden ist.

Nach Ansgars Tod hat sein Freund und Nachfolger Rimbert, der ebenfalls der Corveyer Mönchsgemeinde entstammte, den Lebensgang des bedeutenden Geistlichen in einer umfangreichen Biographie beschrieben und dabei Folgendes mitgeteilt:[76] In Ansgars Leben sei es eine auffallende Erscheinung gewesen, daß er von Kindheit an immer wieder übersinnliche Erlebnisse erfahren habe, die ihm an wichtigen Stellen der Entwicklung die Richtung gewiesen hätten. Ohne eine Kenntnis dieser Schauungen sei der Verlauf des ungewöhnlichen Lebensganges nicht zu verstehen. Um das zu erläutern, hat Rimbert zwölf Visionen des Ansgar angeführt und gezeigt, wie sein Verhalten dadurch immer wieder bestimmt worden ist. In einigen Fällen hat Rimbert die visionären Erlebnisse auch ausführlich wiedergegeben. Am eindrucksvollsten ist die Beschreibung der großen Pfingstvision des Jahres 814.[77]

In einer schweren seelischen Erschütterung, die durch den Tod Karls des Großen ausgelöst worden war, hatte der junge Mönch geglaubt, sterben zu müssen. Der Vorgang des Hinübergehens wird exakt beschrieben. So heißt es, daß *»seine Seele den Leib verließ und sich sogleich in einem anderen, ganz schönen, von aller Sterblichkeit und Hinfälligkeit freien Körper zeigte«* und daß sie sich verklärt *»in einer unermeßlichen, die ganze Welt erfüllenden Klarheit«* gesehen habe. Die weiteren Erlebnisse schildert Rimbert mit den gleichen Worten, die Ansgar selber gebraucht hatte, als er ihm persönlich das intime Geschehen mitteilte. Ein Auszug aus diesem Bericht lautet folgendermaßen.[78]

»Ich sah von weitem verschiedene Ordnungen Heiliger, einige standen dem Osten näher, andere ferner; alle aber schauten gen Osten. Ihn preisend, der im Osten erschien, senkten die einen das Haupt, erhoben andere das Antlitz, breiteten die Hände und beteten an. Als wir selbst zum Osten kamen, da zeigten sich in einem weiten Halbkreis die 24 Ältesten auf ihren Sesseln sitzend, wie in der Offenbarung geschrieben steht. Auch sie schauten voller Ehrfurcht gen Osten und brachten Gott unsagbare Preisungen dar. Die Lobgesänge dieser Chöre bereiteten mir lieblichste Erquickung, doch konnte ich mich nach der Rückkehr in meinen Leib ihrer nicht mehr entsinnen. Ganz im Osten selbst aber war ein wunderbarer Glanz, ein unnahbares Licht von gewaltiger, unermeßlicher Klarheit ... Dieser

Glanz war so gewaltig, daß ich weder seinen Anfang noch sein Ende zu schauen vermochte. Wohl konnte ich überall Nähe und Ferne sehen, doch in der Unermeßlichkeit dieses Lichts ließ sich nicht erkennen, was es barg; ich sah nur Oberfläche, glaubte aber IHN darin, von dem Petrus sagt: ›Nach seinem Anblick verlangt die Engel‹. Unermeßliche Klarheit ging von Ihm aus und erleuchtete die Heiligen weit und breit. Auch war Er selbst gleichsam in allen und alle in Ihm. Er umfing alles, Er durchsättigte und lenkte alle. Er deckte sie oben, Er umfaßte sie unten ... Ich sprach vom Sitzen der Ältesten: Sie saßen gleichsam in Ihm. Es gab ja dort nichts Körperliches. Alles war körperlos, wenn auch von körperlichem Aussehen, eben unsagbar.«

Wenn es sich bei dieser Wiedergabe auch nur um einen ausgewählten Abschnitt und nicht um die vollständige Vision handelt, so kann sie doch schon ein Zeugnis dafür sein, daß bevorzugte und dafür veranlagte Menschen des 9. Jahrhunderts über besondere Kräfte des Schauens verfügten und fähig waren, in einem Zustand der Entrückung übersinnliche Realitäten und Vorgänge wahrzunehmen. Der Schilderung ist zu entnehmen, wie damals religiöse Wahrheiten in visionär geschauten Bildern offenbart und etwa auch solche Erscheinungen, von denen der Apokalyptiker Johannes gesprochen hat, unmittelbar erlebt werden konnten. Nach den vorangegangenen Ausführungen verdient es ein besonderes Interesse, daß auch in der Schau des 13jährigen Ansgar die 24 Ältesten des neutestamentlichen Apokalyptikers erscheinen. Damit ist Radberts Mitteilung zu vergleichen, den Gründern von Corvey sei die zu schaffende Klosteranlage in einer Geistesschau gezeigt worden, die der des Johannes entsprochen habe. Daß man solche Visionen erleben konnte, war den Menschen des frühen Mittelalters etwas Selbstverständliches. Dem erwähnten Buch von Ernst Benz und seinen zahlreichen Belegen ist zu entnehmen, daß diese Haltung damals nicht etwa auf den Kreis der Corbier und Corveyer Geistlichen beschränkt, sondern viel weiter verbreitet war.

Mit Radberts Hinweis auf die visionären Erlebnisse, von denen die Klostergründung ausgegangen sein soll, steht in Einklang, was über die Frömmigkeit des Corbier Abtes in der Adalhard-Biographie überliefert wird. Wiederholt ist dort von dem esoterischen Charakter derselben die Rede. Wenn zum Beispiel gesagt wird, daß Adalhard stets die rechte Mitte zwischen einer aktiven und kontemplativen Lebensweise eingehalten habe,[11] oder wenn es heißt, er sei auf Erden nicht nur ein Bürger dieser Welt, sondern zugleich ein Angehöriger des Paradieses gewesen,[79] so kann das nur bedeuten, daß der im irdischen Felde Wirkende in einer ständigen Verbindung mit der geistigen Welt war. Wie er diesen übersinnlichen Zusammenhang in mystischer Versenkung pflegte und aufrecht erhielt, wird von Radbert auch noch näher beschrieben. So sagt er im 27. Kapitel: »*Wenn er sich zum Gottesdienst eingefunden hatte, legte er vor dem Eingang, wie er mit Wohlgefallen zu sagen pflegte, alsbald alle Gedanken und Angelegenheiten des weltlichen Daseins nieder. Er versenkte sich ganz in sein Inneres, so daß er völlig bei Gott und bei sich selbst war. Wenn man ihn dabei beobachtet hätte, würde man wahrnehmen, wie er plötzlich in die Abgeschiedenheit seines Geistes eintrat und mit ehrfürchtiger Miene, ich weiß nicht was, überdachte.*« Aber auch im Verlauf der gewöhnlichen Verrichtungen des Tages, unter anderem etwa, wenn er sich auf Reisen befand, erlebte er solche Zustände der Entrückung und stillen Versenkung. Demgemäß heißt es im 28. Kapitel: »*Allen seinen Gefährten und Weggenossen war sein Wunsch bekannt, daß man nicht immer bei ihm sein solle. Deshalb schritten sie fern von ihm einher, sobald er sich Gott allein hingab. Denn es war für ihn schon die Zeit gekommen, daß er weder auf dem Berge noch in Jerusalem und auch sonst nicht an einer bestimmten Stelle den Vater anbetete. Er betete ihn vielmehr im Geist und in der Wahrheit an. Aber zum Tempel eben dieses Geistes und zur Wohnstätte der Wahrheit hatte er seine Seele bereitet. Deshalb, so scheint mir, war er überall ganz in sich versenkt und ganz mit Gott vereint. Nur mit ihm beschäftigt, schritt er einher.*«

Daß er in der Lage war, sich jederzeit und an allen Orten in solche Zustände der Gottesverbundenheit zu versetzen, war das Ergebnis einer langdauernden Ausbildung der Fähigkeiten seiner Seele. Er hatte den Weg der inneren Vervollkommnung nach den Anweisungen des Kirchenvaters Augustinus beschritten. Welche Stufe er in diesem Entwicklungsgang erreicht hat, wird von Radbert im 70. Kapitel mitgeteilt. Das vorangegangene Kapitel enthält einen Bericht über die grundlegende Unterweisung der jungen Corveyer Mönchsgemeinde, die im Jahre 823 stattfand. Anschließend wird von dem 71jährigen Adalhard folgendermaßen gesprochen. »*So befand er sich in einer Stimmung freudiger Dankbarkeit und näherte sich dem Felde der ›Ingressio‹. Diese ›Ingressio‹ stellt nach dem Buch des seligen Augustinus, das von der Größe der Seele handelt, eine der sieben Errungenschaften der Vervollkommnung dar, und zwar die sechste. Die fünfte Stufe (gradus) ist ja die ›Tranquillitas‹, die ›Ruhe‹, die sechste die ›Ingressio‹, der ›Eintritt‹, und die siebente die ›Contemplatio‹, die ›Schau‹. Damit kann man sich richtig vertraut machen, wenn die betreffende Seele in sich geht und bei sich selbst verweilt. Bei Gott findet sie Eingang (ingreditur), wenn man zu ihm mit heißen Wünschen täglich folgendermaßen spricht: ›Es hat gedürstet meine Seele nach dem starken und lebendigen Gott. Wann werde ich zu ihm kommen und vor dem Angesicht Gottes stehen?‹ (Psalm 42,3). Bei Gott findet der Mensch Eingang, wenn er mit ihm schon durch das helle Licht verbunden ist, das unablässig betrachtet werden muß und auf das auch die Engel hinzuschauen wünschen. Daß unser Greis dorthin gelangt ist, bereitet ihm nunmehr Freude, und er sagt Dank dafür, es erreicht zu haben. Daß ihm diese Einsicht zuteil wurde, weiß er mit dem Gefühl einer großen und lebhaften Freude hochzuschätzen.«*

Der erste Gründungsversuch und Wala

Die Frage nach dem Standort der ersten Klosteranlage

Die Bedeutung der Corveyer Gründung wird man nur dann voll ermessen können, wenn auch die Vorstufe des Unternehmens einschließlich der Planung in den Kreis der Betrachtung gezogen wird. Wie schon vermerkt wurde, sind der Weihe des an der Weser gelegenen Klostergeländes nicht nur umfangreiche Überlegungen vorausgegangen, sondern auch schon ein früherer Versuch der Corbier Mönche, an einer anderen Stelle des Sachsenlandes das vorgesehene Missionszentrum Wirklichkeit werden zu lassen. Doch wurde die erste Gründungsstätte bald wieder verlassen.

Auch von diesem unvollendeten Vorspiel sind wichtige Einzelheiten in die Überlieferung eingegangen. So kann zunächst folgendes mit Sicherheit gesagt werden. Nachdem das Unternehmen bereits einige Jahre vorher ins Auge gefaßt und von langer Hand vorbereitet worden war, wurde im Jahre 815 endgültig beschlossen, mit der Ausführung zu beginnen. Daraufhin ließ sich eine Gruppe von Corbier Mönchen im Frühjahr 816 in einem als Hethis bezeichneten Gelände nieder, das innerhalb der Grenzen des Paderborner Bistums lag. Man erbaute dort die ersten notwendigen Unterkünfte. Auch eine Klosterschule wurde eingerichtet, und es entfaltete sich in der jungen Niederlassung das religiöse Leben einer neu entstehenden Klostergemeinde. Doch machten sich alsbald, so heißt es weiter, erhebliche Unzulänglichkeiten bemerkbar, die einer gedeihlichen Weiterentwicklung im Wege standen. Nach den Angaben der Überlieferung sollen es wirtschaftliche Schwierigkeiten gewesen sein, die für ein Verlassen der neuen Anlage gesprochen hätten. So wurde im Jahre 821 der Entschluß gefaßt, von dort wieder abzurücken und in das Wesertal überzusiedeln. Im Herbst des folgenden Jahres fand der Umzug der Klosterinsassen statt. Man verließ das unvorteilhafte Gelände am 25. September 822 und traf an der neuerworbenen und kurz vorher geweihten Stätte am 26. September ein.

So hat die zeitgenössische Überlieferung wichtige Einzelheiten dieses ersten und bald wieder abgebrochenen Gründungsversuchs festgehalten. Andererseits bleibt aber etwas Wesentliches im Ungewissen. Es wird nicht deutlich gesagt, wo sich das betreffende Gelände befand. In den maßgeblichen Schriften des 9. Jahrhunderts gibt es keine klaren Aussagen über die Lage des Ortes. Es liegen nur Andeutungen vor, die das Dunkel nicht ohne weiteres aufhellen können, in dem sich der Schauplatz dieses ersten Geschehens verbirgt.

Freilich wird heute in dieser Beziehung auch eine andere Meinung vertreten. In vielen Schriften der neueren Zeit ist die Auffassung zu finden, daß der Standort der ersten Niederlassung doch nicht so unbekannt sei. Es heißt, die Anlage habe in der Waldlandschaft des Solling gestanden. Nicht selten wird diese Ansicht mit solcher Bestimmtheit vorgetragen, daß der Anschein erweckt wird, es handele sich um ein gesichertes Forschungsergebnis. Doch sind zuweilen auch leichte Bedenken bei der Wiedergabe dieser These zu spüren.[80] Ebenso fehlen auch nicht Stimmen, die dieser Lokalisierung mehr oder weniger stark widersprechen.[81] Daß die Urteile so verschieden ausgefallen sind, liegt an der Unzulänglichkeit der Begründung. Denn diese Solling-These stützt sich nicht auf zeitgenössische Nachrichten, sondern auf Aussagen einer späteren Zeit.

Sie ist erst seit der Wende vom 16. zum 17. Jahrhundert in schriftlichen Werken aufgetaucht. Im Jahre 1590 erschien die »Corbeische Chronik« des Pfarrers Letzner, die im Jahre 1604 eine zweite und vermehrte Auflage erfuhr. In diesem Buch wurde es zum ersten Mal unternommen, den Sollinger Wald als das Gelände des mißlungenen Gründungsversuchs anzusprechen, wobei freilich nicht von der frühmittelalterlichen Überlieferung ausgegangen wurde. Trotzdem hat man diese Lokalisierung in später erscheinende Schriften ohne Bedenken übernommen, obwohl eigentlich Vorsicht geboten gewesen wäre.

Denn als im 19. und 20. Jahrhundert die heute üblichen Methoden einer kritischen Geschichtsforschung im einzelnen ausgebildet und allgemein angewandt wurden, stellte sich immer deutlicher heraus, daß man auf einem schwankenden Boden steht, wenn man sich auf Letzner als einzigen Gewährsmann verläßt. Die von ihm geschilderten Ereignisse der

Karolingerzeit lagen 775 Jahre vor seiner Zeit, während er selbst mit den umfangreichen Quellen des 9. Jahrhunderts nicht weiter vertraut war. Auch sonst konnten viele seiner Ausführungen einer sorgfältigen Überprüfung nicht standhalten. Dementsprechend zeigen schon die kritischen Studien, die Wigand im 19. Jahrhundert der vorangegangenen Corveyer Geschichtsschreibung widmete,[82] und weiterhin die Arbeiten von Bartels und Backhaus[83] die Unzuverlässigkeit der »Corbeischen Chronik«. Das Ergebnis all dieser Untersuchungen faßte Hans Kiewning im Jahre 1930 folgendermaßen zusammen:[84] »*In beiden Auflagen ist Letzners Hauptgewährsmann ein Mönch namens Conrad Fontanus, von dem eine Corveysche Chronik herrühren sollte. Nach den neueren Forschungen ist festgestellt worden, daß es einen Mönch Conrad Fontanus als Corveyer Chronisten und seine Corveyer Chronik niemals gegeben hat. Es ist bisher unwidersprochen nachgewiesen worden, daß Letzner sich diesen Mönch und seine Chronik erfunden hat. Damit tritt Letzner an die Spitze der vier berüchtigten Corveyer Geschichtsfälscher: Letzner, Paullini, Falke und Harenberg. Wenn man sich überhaupt noch mit Letzners Chroniken beschäftigen will, muß man zunächst als seine eigene Erfindung alles ausschalten, was er unmittelbar mit dem sagenhaften Mönch Conrad Fontanus in Zusammenhang bringt. Es bleibt dann recht wenig übrig.*« Unter solchen Umständen wird man allen Aussagen des Pfarrers Letzner mit großer Zurückhaltung gegenüberstehen müssen. Das gilt auch für seine Solling-Hypothese.

Die Bedenken müssen aber noch zunehmen, wenn an Folgendes gedacht wird. Wie weiterhin noch näher gezeigt werden soll, läßt die karolingerzeitliche Überlieferung gut erkennen, daß der Errichtung des neuen Sachsenklosters ein großzügiger Plan der fränkischen Missionspoitik zugrunde lag, mit dem sich die führenden Männer des großen Reiches eingehend beschäftigt haben. Dabei ist man zweifellos von den damals maßgeblichen Gesichtspunkten und Erwägungen ausgegangen. Von welcher Art diese waren, ist an der Lage der sonstigen geistlichen Gründungen abzulesen, ganz gleich, ob es sich um Klöster, Stifte oder Bischofssitze handelte. Im 8. und 9. Jahrhundert wurden dafür stets solche Orte ausgewählt, die im Siedlungsraum oder im Verkehrsnetz eine wichtige Stelle einnahmen. So ist etwa an die Lage der Bischofsorte Paderborn, Minden, Elze, Hildesheim und Verden an der Aller oder an die des Bonifatius-Stiftes in Hameln und des Klosters Helmstedt zu denken. Stets handelte es sich um Schlüsselstellungen, deren Bedeutung sich daraus ergab, daß sie sich an einer Hauptader des Verkehrs oder an einem wichtigen Straßenknotenpunkt oder an einem besonderen Flußübergang befanden. Als feste Bastionen, die an beherrschenden Orten der neu gewonnenen Provinz stehen sollten, hatten sie der Sicherung und weiteren Ausbreitung des neuen Glaubens zu dienen. Auch die endgültige Corveyer Gründungsstätte zeichnet sich durch eine solche Lage aus.

Im frühen Mittelalter ließ man sich also bei der Errichtung von Klöstern noch nicht von der Absicht leiten, das unwirtliche Ödland eines abgelegenen Gebietes urbar zu machen und in eine Kulturlandschaft umzuwandeln. Das wurde erst später von den Zisterziensern als eine neue Aufgabe in Angriff genommen. In der Zeit der Sachsenmission ging es bei solchen Gründungen vor allem darum, wichtige Punkte des damaligen Verkehrsnetzes zu besetzen.

Bei dieser Einstellung kam es damals von vornherein nicht in Betracht, die unwegsame Solling-Landschaft in Erwägung zu ziehen, wenn über den Standort des neu zu schaffenden christlichen Kulturzentrums verhandelt und entschieden werden sollte. Das unergiebige Bergland lag nicht nur außerhalb der angebauten Siedlungsflächen, sondern auch abseits von den großen Verkehrswegen. Es war gewissermaßen in einem toten Winkel des Geschehens verborgen und hatte eine so nebensächliche Bedeutung, daß es in der frühmittelalterlichen Überlieferung auch nicht weiter erscheint.

Aus all dem geht als ein gesichertes Ergebnis hervor, daß Letzners Solling-Hypothese auf keinen Fall als eine einwandfreie Wiedergabe der karolingerzeitlichen Vorgänge hingenommen werden kann. Das Gleiche gilt für die entsprechenden Aussagen, die an vielen Stellen des neueren Schrifttums zu finden sind. Es muß vielmehr bei der vorangegangenen Aussage bleiben, nämlich daß die Frage nach dem Standort der ersten Klostergründung immer noch offen ist.

Das bedeutet für den weiteren Gang der Untersuchung Folgendes. Im Gegensatz zu bisherigen Gepflogenheiten wird man gut daran tun, zunächst von der unbewiesenen Solling-Hypothese Abstand zu nehmen und sie einstweilen ganz unbeachtet zu lassen. Man wird nur dann eine feste Ausgangsstellung zur Verfügung haben, wenn von Anfang an konsequent darauf gesehen wird, daß ausschließlich die zeitgenössische Überlieferung zu Worte kommt. Das heißt, daß nunmehr die Mitteilungen der karolingerzeitlichen Schriften für sich allein und unabhängig von allen Angaben und Hypothesen, die einer späteren Zeit entstammen, besprochen werden müssen.

Die schriftlichen Quellen der Karolingerzeit

Als die maßgeblichen zeitgenössischen Quellen, die über die Vorgänge an der ersten Klosterstätte die beste Auskunft zu geben vermögen, kommen zunächst drei Schriften des 9. Jahrhunderts in Frage. Es sind »Die Überführung des heiligen Vitus« (»Translatio Sancti Viti«) und zwei größere Biographien, die sich mit dem Leben der Corbier Äbte Adalhard und Wala beschäftigen und unter den Titeln »Aus dem Leben des Corbier Abtes Adalhard« (»Ex vita Adalhardi abbatis Corbeiensis«) und »Grabrede auf Arsenius« (»Epitaphium Arsenii«) bekannt geworden sind. Auf die Aussagen dieser drei Werke geht alles zurück, was man bisher mit einiger Sicherheit über das Schicksal der ersten Klosteranlage in Erfahrung brachte. Auch die weiteren Ausführungen werden von dem Inhalt dieser grundlegenden Schriften ausgehen müssen.

Die »Überführung des heiligen Vitus«, die im folgenden abgekürzt als »Vitusbericht« bezeichnet wird, erzählt in dem üblichen Stil der Heiligenlegenden jener Zeit, wie im Jahre 836 die Gebeine des heiligen Vitus, der damals der neue Schutzpatron der Corveyer Klosterkirche wurde, von St. Denis bei Paris in das junge Sachsenkloster gebracht wurden. Für die Erörterung der vorliegenden Frage hat diese Schrift dadurch eine besondere Bedeutung, daß vor die Schilderung der mit der Reliquien-Überführung verbundenen Ereignisse ein längerer Bericht gesetzt wurde, der die Anfänge von Corvey behandelt und unter Erwähnung von allerhand Einzelheiten auch auf die erste Gründungsphase eingeht. Dabei wird aber nicht angegeben, wer diese Schrift verfaßt hat.

Eine Bearbeitung der Handschrift hat Franz Stentrup im Jahre 1906 vorgelegt.[85] Dabei setzt er auseinander, daß die umfangreiche Einleitung des Werkes, die sich mit der Entstehung des Klosters beschäftigt, unabhängig von dem Hauptteil der Schrift entstanden ist und daß die zwei ungleichen Teile sogar von zwei verschiedenen Verfassern stammen müssen. Erst nachträglich sollen die zwei Berichte miteinander verbunden worden sein. Es heißt, daß der zweite Teil mit seinen tagebuchartigen Aufzeichnungen als der ältere zu gelten habe und so entstanden sei, daß ein Mönch des Klosters Corvey seine Erlebnisse bei der Reliquien-Überführung sofort oder später, wohl aber noch im Jahre 836, schriftlich festlegte (S. 57). Bei dem anderen und für uns bedeutsamen Abschnitt kam Stentrup (S. 62) zu folgendem Ergebnis: »*Der Verfasser des ersten, geschichtlichen Teiles der Tanslatio S. Viti ist ein Mönch des Klosters Corvey, der als geborener Franke gedacht und geschrieben hat. Vielleicht zum Teil selbst noch Augenzeuge, zum größeren Teile gestützt auf mündliche und schriftliche Berichte hat er die Ereignisse einige Zeit nach 836 aufgezeichnet, doch nicht allzulange nachher. Daß er ein gebildeter Mann aus guter Familie und in angesehener Stellung gewesen ist, läßt sich deutlich aus seiner Darstellung erkennen.*« Dieser Mönch soll dann »*die von ihm verfaßte Gründungsgeschichte des Klosters Corvey in nicht gerade geschickter Weise mit einem älteren, bereits abgeschlossenen Übertragungsbericht vereinigt*« haben (S. 63). Die gleiche Auffassung vertritt auch Hans Kiewning in seinem Hethis-Artikel des Jahres 1930.[86]

Es ist also mit der Möglichkeit zu rechnen, daß der unbekannte Berichterstatter die von ihm beschriebenen Ereignisse zum Teil noch selber miterlebt hat. Wenn das aber nicht zutreffen sollte, so wird er auf jeden Fall in Corvey ausreichend Gelegenheit gehabt haben, das Notwendige von den Klosterbrüdern zu erfahren, die an dem Geschehen unmittelbar beteiligt waren.

Die Biographien der beiden Äbte haben den bereits erwähnten Paschasius Radbertus zum Verfasser, der in Corbie längere Zeit als Lehrer an der Klosterschule wirkte und nach Walas Tod auch als Abt das große Kloster leitete. Er war jünger als Adalhard und Wala und nicht nur in anhänglicher Freundschaft den beiden geistlichen Vorgesetzten verbunden, sondern auch mit ihrem Wollen und Wirken bis in die letzten Einzelheiten hinein gut vertraut. Das gilt auch für die Pläne und Ereignisse, die zur Entstehung des großen Weserklosters führten. Unter anderem hat er die beiden Brüder im Jahre 821 auf ihrer Reise ins Sachsenland begleitet, als es nach dem Mißlingen der ersten Gründung darum ging, für das werdende Kloster eine neue Stätte zu finden. Die Stellung, die er selbst dabei einnahm, hat er in der »Grabrede auf Arsenius« gut gekennzeichnet, indem er dort im 15. Kapitel sich als denjenigen bezeichnet, der mit Adalhard und Wala »*zusammengelebt hat, als sie diese Werke in Angriff nahmen*«, und dann noch fortfährt: »*Gewissermaßen mit umgewandtem Nacken blicke ich ständig auf die Abwesenden wie auf Anwesende hin, wie sie auf der Landstraße dahinzogen, wie sie an Ort und Stelle waren, wie sie die einzelnen Anweisungen gaben, wie sie in der Versammlung auftraten und sich miteinander unterhielten, wie ich mit den Augen ihr Wohlwollen aufnahm, mit den Ohren die von ihnen geführten Gespräche hörte und die Worte vernahm, die sie sagten.*«

Der Autor der zwei Biographien war also ein Augenzeuge, der längere Zeit an dem dargestellten Geschehen teilgenommen und ihm noch näher gestanden hat als der Verfasser des Vitusberichtes. Radbert kann demnach als der zuverlässigste Gewährsmann gelten.

Die Biographie des Adalhard[87] wurde bald nach dessen Tod im Jahre 826 geschrieben, also in einer Zeit, als Wala noch am Leben war, während der Rückblick auf Walas Leben, die »Grabrede auf Arsenius«, nach dem Jahre 836 entstanden ist.[88] Es wird angenommen, daß der erste Teil dieser Schrift, der die Angaben über die erste Gründung enthält, bald nach Walas Tod, also wohl 837 oder 838 abgeschlossen wurde. Es ist also ungefähr in der gleichen Zeit geschehen, in der auch der Vitusbericht aufgezeichnet wurde, während bei der Adalhard-Biographie der zeitliche Abstand zwischen dem Ablauf der Ereignisse und ihrer Aufzeichnung noch kürzer war.

Diese drei Schriften berichten also an mehreren Stellen über die erste Niederlassung und die dortigen Vorgänge, wobei sowohl der Umfang wie der Inhalt der Ausführungen recht verschieden ausgefallen ist. Trotzdem widersprechen sich die betreffenden Angaben, von einigen Ausnahmen abgesehen, im allgemeinen nicht. Sie ergänzen sich vielmehr in erfreulicher Weise und sind weithin miteinander in Einklang zu bringen.

Freilich wird, wie gesagt, in diesen Schriften nur an wenigen Stellen und dann auch nur recht unbestimmt angedeutet, wo die gesuchte Stätte zu finden ist. Doch liegt eine so große Fülle von Aussagen über die zugehörigen Ereignisse vor, daß von einer zusammenfassenden Auswertung ein guter Überblick über die Gesamtentwicklung des dortigen Geschehens erwartet werden kann. Wenn diese Gelegenheit wahrgenommen wird, so darf wenigstens damit gerechnet werden, daß es bei einer Kenntnis des Ganzen leichter sein wird, die spärlichen und undeutlichen Ortsangaben an der richtigen Stelle einzuordnen und besser zu beurteilen.

Bei der Auswertung dieser Quellen wird es zunächst geboten sein, die genannten Schriften gesondert zur Kenntnis zu nehmen. Doch je weiter die Besprechung voranschreitet, wird sich desto mehr die Notwendigkeit ergeben, die getrennten Quellenvorlagen in vergleichender Betrachtung miteinander zu verbinden.

Der Inhalt des Vitusberichtes

Im Vitusbericht liegt in den Kapiteln 4 bis 11 eine durchlaufende Erzählung vor, die von der Vorbereitung des Unternehmens, von seiner Inangriffnahme, von den entstandenen Schwierigkeiten und dem Abzug der Mönche Kunde gibt. Diese Aussagen sind von so grundlegender Bedeutung, daß der Text der Übersetzung fast vollständig wiedergegeben werden muß.[89] Nur einige Mitteilungen, die im vorliegenden Zusammenhang weniger wichtig sind, dürfen ausgelassen und durch kurze Inhaltsangaben ersetzt werden. So ergibt sich die folgende Darstellung der betreffenden Vorgänge.

Einleitend ist im vierten Kapitel zunächst davon die Rede, daß Karl der Große die Sachsen bekämpft und unterworfen hat. Anschließend heißt es weiter: »*Als aber der Herr ihm vor seinen zahlreichen Feinden Ruhe gewährt hatte, rief der Kaiser alle höheren Geistlichen und Fürsten, die unter seiner Herrschaft standen, zusammen und befragte sie angelegentlich, auf welche Weise er den wahren Glauben und die wahre Religion in seinem ganzen Reiche sichern sollte. Ebenso suchte er auch Priester aus, von denen er Gutes erwartete, um sie ins Sachsenland zu schicken, damit sie die Sachsen selber im kirchlichen Glauben unterwiesen und Bischofssitze und Kirchen errichteten.*

Aber als sie in jenem Lande die ganze kirchliche Ordnung eingeführt hatten, wußte er nur folgenden Weg zu finden, um dort ein klösterliches Leben zustande zu bringen. Er verteilte die Leute jenes Stammes, die er in der Zeit als Geiseln oder Gefangene mitgenommen hatte, auf die Klöster der Franken und ließ sie auch in dem heiligen Gesetz und in der Mönchsregel erziehen. Weil schließlich in jener

Zeit die Mönche des Klosters Corbie ihre Regel in lobenswerter Weise befolgten, bestimmte er, daß dort viele solcher Männer sein sollten.

In dem genannten Kloster war nun damals ein ehrwürdiger und verdienstvoller Mann namens Adalhard der Abt. Er war edel durch seine Abstammung, aber noch edler durch seinen Glauben. Er setzte sich leidenschaftlich für die Ordensregeln ein, war voller Liebe, weisheitsvoll in der Rede, eifrig bemüht um die Beachtung des göttlichen Gesetzes und voller Überlegung. Da er zu den Ersten des Hofes und den Ratgebern des Königs gehörte, konnte ihm, zumal er sein Verwandter war, die Absicht des genannten Königs am wenigsten verborgen bleiben. Aber da er jenem an persönlichem Einsatz nicht nachstand, begann er nach seiner Rückkehr zum Kloster sich bei denen, die dort von sächsischer Abstammung waren, zu erkundigen, ob in jenem Lande eine Stätte zu finden sei, wo in angemessener Weise ein Mönchskloster errichtet werden könnte. Einer von ihnen, der Theodrad hieß, sagte: ›Ich weiß, daß sich auf dem Besitztum meines Vaters ein Ort befindet, wo an beiden Seiten je eine lebendige Quelle entspringt. Dieser scheint mir für das geplante Unternehmen sehr geeignet zu sein.‹ Erfreut über seine Antwort, schickte der ehrwürdige Abt ihn sofort in jene Gegend, damit er die vorgebrachte Angelegenheit sorgfältig erforsche und erkunde, ob sein Vater und die übrigen Verwandten ihre Zustimmung geben wollten. Theodrad machte sich auf den Weg. Als er die Gesinnung des Vaters und der Mutter, des Bruders der Mutter und des Vetters von Vaterseite kennen gelernt hatte und ins Kloster zurückgekehrt war, teilte er mit, daß die Verwandten das Zustandekommen des Unternehmens mehr wünschten, als daß sie sich ihm widersetzen wollten.«

Doch konnte Adalhard das Vorhaben der Klostergründung nicht sofort verwirklichen, sondern die Angelegenheit blieb zunächst noch sechs Jahre lang in der Schwebe. Denn als im Jahre 810 Karls Sohn Pippin, der als König von Italien das Langobardenland regiert hatte, gestorben war, mußte der Corbier Abt die Verwaltung des genannten Landes übernehmen, bis der junge Nachfolger Bernhard herangewachsen war. Im Jahre 814 war es so weit. Adalhard übergab ihm nunmehr im kaiserlichen Auftrag die Regierungsgeschäfte und reiste anschließend nach Rom, wo er mit Papst Leo Verhandlungen zu führen hatte. Dort erreichte ihn die Nachricht von Karls Tode, worauf er sich umgehend nach Corbie zurückbegab.

Inzwischen hatte Ludwig der Fromme die Herrschaft über das ganze Frankenreich angetreten. »*Da kamen zu diesem Männer, die Unheil stifteten und den ehrwürdigen Adalhard verklagten. Sie stießen ihn aus der ehrenvollen*

Stellung, ohne daß eine Schuld vorlag, und verbannten ihn ohne jeden Grund.« Die Corbier Mönche mußten auf kaiserliche Weisung einen neuen Abt aus ihrer Mitte wählen, und das Ergebnis fiel auf einen Ordensbruder, der ebenfalls Adalhard hieß und dem bisherigen Abte nahegestanden hatte.

»Als dieser Adalhard die Leitung des Klosters übernommen hatte, betrieb er es in rechter Weise, alles, was sich der frühere Adalhard nach Gottes Willen vorgenommen hatte, mit ganzem Nachdruck zu vollenden. Denn der Wille der beiden war immer in gleicher Weise auf das Gute gerichtet gewesen, und er hatte dieselben Ratgeber wie sein Vorgänger. Er zog auch Wala näher an sich heran, einen ehrwürdigen Mann, der ein Bruder des ersten Adalhard war. Wala hatte zur Zeit Kaiser Karls eine große Macht besessen und bei allen Angehörigen des Hofes eine hohe Achtung gefunden und in der ganzen sächsischen Provinz an bevorzugter Stelle gestanden. Als er jedoch voraussah, daß einige Leute ihm durch eine Anklage Schwierigkeiten bereiten wollten, hat er den Hafen des Klosters aufgesucht und beschlossen, dort mit großem Eifer Gott zu dienen. Diesen hatte der genannte Abt als seinen engsten Vertrauten.

Dabei erinnerte sich der Abt selbst, welche Absicht der frühere Adalhard hinsichtlich der Errichtung eines Klosters im Sachsenland gehabt hat. Er beriet mit den älteren Brüdern und mit denen, die aus jenem Lande stammten, schließlich mit der ganzen Gemeinde, auf welche Weise man das Werk zur Vollendung bringen sollte. Allen erschien es richtig zu sein, diese Angelegenheit dem Kaiser vorzutragen, damit mit seinem Willen gebaut werde.«

Im Jahre 815 hatte Kaiser Ludwig eine Reichsversammlung nach Paderborn einberufen. *»Da kam der genannte Abt zu ihm und hielt ihm einen Vortrag. Dabei schlug er vor, der Kaiser möge ihm den Auftrag erteilen, zur Beförderung der christlichen Religion in eben dieser Provinz ein Mönchskloster zu errichten. Der fromme Fürst nahm sich der Sache gnädig an und gab die Weisung, man möge sich an den Bischof Hathumar wenden, zu dessen Diözese der Ort gehörte, an dem das Kloster errichtet werden sollte, damit im Einvernehmen mit ihm gebaut würde. So ist es gekommen, daß sich seit diesen Tagen das Frömmigkeitsleben der Mönche im Sachsenlande entfaltete und weiterhin beständig Fortschritte machte. Am gleichen Tage erließ der Kaiser dem betreffenden Abte jegliche Dienstleistung, die dem Herrscher zustand, damit er das heilige Werk möglichst unbehindert ausführen könnte.*

Er begann aber an dem Orte zu bauen, der Hethis genannt wird. Als sie sich dort sechs Jahre und auch noch darüber hinaus abgemüht hatten, haben sie nichts anderes zu erreichen vermocht, als daß die reine Lehre in einer Einöde verkündet wurde. Denn der Ort war so unergiebig, daß sie dort weder zu Nahrung noch zu Kleidung kommen konnten, soweit diese nicht auf Veranlassung des genannten Abtes aus seinem Kloster herangeschafft wurden. Trotzdem wuchs die Zahl der Mönche von Tag zu Tag durch Zuzug aus dem höchsten sächsischen Adel. Desgleichen wurden Knaben von guter Begabung auf das Beste erzogen. Freilich war man arm an zeitlichen Gütern, doch war man stark in der Pflege einer gottergebenen Frömmigkeit.

In der gleichen Zeit war Adalbert, ein frommer Mann, an dem genannten Kloster der Vorsteher. Angesichts der schwierigen Zwangslage wurde er in lebhafte Sorge versetzt, eben dadurch, daß er für das Arbeiten der Brüder keine Mittel zur Verfügung hatte, und so fing er an, sich über einen Ortswechsel Gedanken zu machen. Doch wußte er nicht, wo und wie es zu bewerkstelligen sei. Da aber die Insassen große Not litten, kam es dahin, daß sie sich in drei Gruppen mit je einem besonderen Prior teilten. Bei alledem schlägt die Not in eine Willensbildung um, und alle begannen in gleicher Weise, sich mit einem Ortswechsel zu beschäftigen.«

Im Jahre 821 kam für die Notleidenden endlich die ersehnte Hilfe, und zwar vom ersten Adalhard. Er war im August aus der Verbannung zurückgerufen und in sein Amt als Corbier Abt wieder eingesetzt worden. »*Als er erfahren hatte, daß die besagten Mönche schon in so großer Not waren, schickte er in aller Eile Geldspenden und befahl, wenn es irgendwo zu ermöglichen wäre, Lastwagen mit voller Ladung, sowohl Getreide als auch Rinder aufzukaufen und den von Hunger Geplagten eilends zu Hilfe zu kommen. Darauf suchte er den Kaiser auf und trug ihm die Bitte vor, er möge ihm die Erlaubnis geben, daß er sich unter den Orten, die dem Herrscher gehörten, umsehen dürfe, ob vielleicht irgendwo in dem besagten Gebiet ein Ort ausfindig zu machen sei, wo in rechter Weise ein Kloster erbaut werden könnte. Der fromme Fürst gab die Genehmigung. Nach dem Empfang reiste dann der ehrwürdige Abt zusammen mit seinem Bruder Wala ins Sachsenland. Dort angelangt, erfuhren sie von den Klosterbrüdern, daß sich im Auguensischen Gau am Flusse Wesara ein Ort befand, der zu einem Landgute gehörte, das Uxerri hieß. Davon hätten einige schon früher gehört und dem Kaiser Mitteilung gemacht. Sie machten sich also dorthin auf und mit ihnen einige der Brüder und sie fanden einen Ort, der ausgezeichnet war und sich für ein Mönchskloster gut eignete. Darauf beschlossen sie mit den Bischöfen, den Grafen und den höheren Adligen dieses Stammes, den Platz sofort urbar zu machen und das Kloster dorthin zu verlegen.*

Daraufhin begaben sie sich am 8. August des Jahres 822... an den erwähnten Ort. Nachdem sie sich dort in jeder Richtung umgesehen hatten und allenthalben umhergegangen waren, warfen sie sich zum Gebet nieder und sangen die Psalmen, die zu dieser Verrichtung gehörten.

Nach Abschluß der Litanei, nach Beendigung von Gesang und Gebet, legten sie die Meßschnur aus, schlugen Pflöcke ein und begannen abzumessen, zunächst natürlich die Kirche, dann die Wohngebäude für die Klosterbrüder. Als sie das getan hatten, bestimmten sie, welche Leute dort mit dem Bau einiger Unterkünfte beginnen sollten. Zunächst baten sie jedoch den Bischof dorthin zu gehen, die Stätte zu weihen, die Fahne des heiligen Kreuzes an der Stelle des Altares aufzurichten und dem Ort den Namen Corbeya zu geben. Dies wurde bekanntlich am 25. August ausgeführt; und am gleichen Tage begannen die Anwesenden mit der Errichtung der Gebäude. Es waren jedoch der Zahl nach nur wenige bis zum 26. September. Denn am 25. dieses Monats hat man sich von dem Ort aus, wo man auch immer gewohnt hatte, mit dem gesamten Hausrat auf den Weg gemacht, ältere Männer und Knaben, und am anderen Tage sind sie an dem Ort ihrer Bestimmung angekommen. Sie feierten dort das heilige Meßopfer, und mit vielen Danksagungen lobten und priesen sie den Herrn.

In dem darauffolgenden Jahre kam der ehrwürdige Abt aber wieder und mehrere der Brüder mit ihm. Er rief die ganze Klostergemeinde zusammen und unterwies sie in allem, was zum Gottesdienst und zur reinen Lehre gehörte. In welcher Weise dies geschah, kann jeder, der es wissen möchte, vollständiger in dem Buche finden, das über sein Leben herausgegeben wird.«

Der Vitusbericht bringt also eine recht eingehende Darstellung jener Vorgänge, die zur Entstehung des Weserklosters geführt haben. Wie daraus zu ersehen ist, hat sich der gesamte Ablauf über eine längere Zeit hingezogen, und es sind auch unvorhergesehene Ereignisse eingetreten, die bei der Verwirklichung des ursprünglichen Planes Verzögerungen und Umstellungen nach sich zogen. Dadurch wird eine Aufteilung in mehrere Zeitphasen ermöglicht, die eine Wiedergabe in einem kurzen Überblick verdient.

Die zeitliche Gliederung der Gründungsvorgänge nach den Angaben des Vitusberichtes

Im ganzen sind in dem dargestellten Ablauf der Ereignisse vier Abschnitte zu erkennen. Zunächst gab es eine Zeit der Vorbereitung, die ausschließlich der Planung gewidmet war. Sie begann nach dem Aufhören der Sachsenkämpfe und dauerte bis zum Jahr 810. Darauf folgte als zweite Periode eine längere Unterbrechung, die über mehrere Jahre hinweg einen Stillstand der Entwicklung zur Folge hatte. Der anschließende dritte Zeitabschnitt, der von 815 bis 822 anzusetzen ist, war der der Hethis-Anlage und umfaßt die endgültigen Vorbereitungen, die Gründung der Niederlassung und die Dauer ihres Bestehens, während der vierte im Jahre 822 mit der Aufgabe der Hethis-Anlage und der Umsiedlung nach Corvey beginnt und zur Begründung und zum Aufbau des dortigen Klosters führte.

Als die Persönlichkeiten, die in der ersten Periode richtungweisend im Vordergrund standen, werden in dieser Erzählung Karl der Große und sein Vetter Adalhard genannt. Es heißt, daß der erste den Wunsch nach einem solchen Unternehmen hatte und die geistlichen und weltlichen Würdenträger des Reiches zur Beratung der Missionsangelegenheit zusammenrief, während der Corbier Abt mit den sächsischen Mönchen seines Klosters Besprechungen aufnahm. Dabei wird der Sachsenmönch Theodrad besonders erwähnt. Er war in der unmittelbaren Nähe des Gründungsortes, der, wie es heißt, von ihm in Vorschlag gebracht wurde, beheimatet und reiste in Adalhards Auftrag dorthin, um von seinem Vater und den anderen zuständigen Verwandten die Überlassung des Geländes zu erwirken, was ihm dann auch gelang. Die Stätten, an denen die Verhandlungen der ersten Periode geführt wurden, waren also der kaiserliche Hof in Aachen, das westfränkische Kloster an der Somme und der vorgesehene Gründungsort im Sachsenland.

In der zweiten Periode befindet sich Adalhard, der für die weitere Durchführung verantwortlich geworden war, fast die ganze Zeit über in Italien, zum Schluß auch noch an der Atlantikküste in dem ihm zugewiesenen Kloster auf der Insel Heri.

Im dritten Abschnitt tritt sein Nachfolger Adalhard II als derjenige auf, bei dem nunmehr die Zuständigkeit und die Verpflichtung für die Ausführung des unvollendeten Vorhabens liegt, und an seiner Seite steht Wala als sein nächster Berater. Der neue Abt erlangt 815 auf dem Paderborner Reichstag von Kaiser Ludwig die Genehmigung zum Bauen, ebenso auch die Zustimmung des Paderborner Bischofs Hathumar. Daraufhin läßt er an der Hethis-Stätte die Klosteranlage errichten. Es entwikkelt sich dort ein gutes religiöses Leben, auch eine Klosterschule wird eingerichtet, die mit erfreulichem Erfolg arbeitet, doch leidet die junge Niederlassung unter großen Versorgungsschwierigkeiten, die so ernst werden, daß der weitere Bestand gefährdet erscheint. Die Suche der Hethis-Mönche nach einem anderen Platz bleibt zunächst ergebnislos, bis das Eingreifen des ersten Adalhard einen Umschwung herbeiführt. Wieder als Abt eingesetzt, betreibt er mit großer Energie die Umsiedlung der Hethis-Gemeinde. Er läßt sich die Unterstützung des Kaisers geben, sucht die Stätte der Hethis-Gründung selbst auf, wobei er von Wala begleitet wird, und kommt von dort aus zu dem neuen Gelände an der Weser, das er für das Kloster gewinnen kann.

Für diese dritte Periode werden also auf der einen Seite Ludwig der Fromme und Bischof Hathumar und auf der anderen Abt Adalhard II und der ihn beratende Wala als die entscheidenden oder handelnden Personen erwähnt, während gegen Ende wiederum der ältere Adalhard in das Geschehen eingreift, und zwar zusammen mit seinem Bruder Wala. Er muß dann auch noch mit den zuständigen Bischöfen, den Grafen und sächsischen Adligen verhandeln. Zur Weihe des Geländes kommt der Bischof von Paderborn. In räumlicher Hinsicht führt die Darstellung dieses dritten Zeitabschnittes zunächst wieder in das Kloster Corbie, darauf für kurze Zeit nach Paderborn, um sich dann am längsten mit den Verhältnissen an der Hethis-Stätte zu befassen. Schließlich wird auch noch der neue Standort an der Weser in den Kreis der Betrachtung gezogen.

In der vierten Periode handelt es sich um die Entwicklung in Corvey. Als die führende Persönlichkeit erscheint Adalhard, doch ist der Text so gehalten, daß wiederum mit der Begleitung durch Wala zu rechnen ist, wenn er auch nicht ausdrücklich genannt wird.

Es ist beachtlich, wie weit der Rahmen gespannt ist, in den der Verfasser des Vitusberichtes die wechselvollen Ereignisse der sächsischen Klostergründung gestellt hat, und wie umfangreich der Kreis der hochstehenden Persönlichkeiten des geistlichen und weltlichen Bereiches war, die als Mitwirkende, als Mitbestimmende oder Mitsprechende bei dem Zustandekommen des Ganzen erwähnt werden. Das gibt einen Hinweis darauf, wie hoch die führenden Männer des Karolingerreiches die Bedeutung des Unternehmens im Rahmen der fränkischen Missions- und Kulturpolitik von vornherein einschätzten.

Als eine besonders wichtige Persönlichkeit, die in diesem Geschehen eine hervorragende, ja die maßgebliche Rolle gespielt haben soll, stellt der Vitusbericht den älteren Adalhard hin. Es wurde schon gesagt, daß dieser zu dem engeren Kreis der führenden Männer gehörte, die als Ratgeber des Kaisers auf die große Reichs- und Kirchenpolitik einen starken Einfluß ausübten. In der Darstellung der vorliegenden Erzählung erscheint nun Adalhard bei der Planung und Durchführung der sächsischen Klostergründung geradezu als die Hauptgestalt. Um so wertvoller ist es, daß auch die anderen zeitgenössischen Quellen, d. h. die zwei von Radbert verfaßten Abt-Biographien, allerlei Angaben über seine Tätigkeit enthalten. So empfiehlt es sich, nunmehr diese beiden Schriften ins Auge zu fassen, und zwar zunächst diejenige, die dem Lebensgang des Adalhard gewidmet ist.

Die Adalhard-Biographie

Freilich wird in der Adalhard-Biographie viel weniger als im Vitusbericht über die Hethis-Vorgänge mitgeteilt. Die kurze Darstellung geht auch nicht auf alle vier Phasen der Entwicklung ein, von denen soeben gesprochen wurde. Sie berührt nur einige von den dort geschilderten Ereignissen und deutet dabei den Sachverhalt gerade flüchtig an. Die betreffenden Ausführungen stehen im 65. Kapitel. Dessen Übersetzung lautet folgendermaßen.

»*65. In seinem unermüdlichen Feuereifer kam er* [d. h. Adalhard] *bis ins Sachsenland, wo schon mit der Errichtung einer ganz kleinen Mönchsniederlassung auf Kosten dieses Klosters begonnen worden war, und zwar von einem Geistlichen mit dem gleichen Namen, der also auch Adalhard hieß. Es war dadurch gekommen, daß dieser verewigte Mann, der ein Schüler und vertrauter Anhänger des ersten Adalhard gewesen war, dessen Stelle als Abt übernommen hatte, als dieser während der Verbannung auf der Insel Heri festgehalten wurde als ein Bürger der Welt und des Paradieses.*

Als nun der fromme Abt, unser verehrungswürdiger Greis, das begonnene Werk sah, wandte er sich an den König und erbat von diesem, daß ihm ein Bauplatz gegeben werde, weil es ein Gebot der Frömmigkeit sei. Denn jener Ort, wo die Anlage gewesen war, wurde nicht für brauchbar oder geeignet gehalten.

Als dies der Kaiser hörte, wollte er dem Adalhard in seiner freudigen Zustimmung reichliche Schenkungen machen, wenn dieser ihn nicht selber davon abgehalten hätte. Denn Adalhard ließ es nicht zu, daß ihm jemand so viel gäbe, wie der Betreffende gerade wollte, sondern nur so viel oder so mäßig, wie er selbst es für gut hielt, da er immer nach den Worten des Apostels handelte, daß es seliger sei zu geben als zu nehmen. Als er aber vom König die Vollmacht bekommen hatte, die Anlage dort zu errichten, wo er wollte, hat er einen Ort ausgewählt, der sehr angenehm und für die Mönche als Wohnort hervorragend geeignet ist. Auch später gewährte dort der König aus Liebe zum allmächtigen Gott sehr viele Vergünstigungen.«

Diese Schilderung übergeht also die langwierigen Vorbereitungen, die nach Ausweis des Vitusberichtes schon vor dem Jahre 810 unter Adalhards Leitung in Corbie stattgefunden haben. Ebenso bleibt die mehrjährige Unterbrechung unerwähnt, die durch dessen Italien-Aufenthalt bedingt war. Es wird nur über einige Vorgänge des dritten und vierten Zeitabschnitts berichtet, also über solche Ereignisse, die in die Zeit der Verbannung Adalhards, d. h. zwischen 814 und 821, und in die Jahre nach seiner Rückkehr fallen.

Die Errichtung der Hethis-Anlage findet nur eine kurze Erwähnung, und als der verantwortliche Bauherr wird Adalhards gleichnamiger Amtsnachfolger genannt. Wenn also die vorliegende Schrift die einzige Quelle für diese Ereignisse wäre, so müßte es ungewiß bleiben, ob der ältere Adalhard an den Vorbereitungen für den ersten Gründungsversuch überhaupt beteiligt war oder nicht. Es steht aber, wie dargelegt, auch noch der Vitusbericht zur Verfügung, und dieser gibt, wie gezeigt wurde, einen guten Aufschluß darüber, in welcher Weise der ältere Adalhard bereits im ersten Vorstadium an der Planung mitgewirkt hat.

Sodann fällt es auf, daß der geringe Umfang der ersten Gründung so stark betont wird. Die vorhandene Anlage wird ausdrücklich als eine

»parvula cellula« bezeichnet. Ferner wird mitgeteilt, daß der von der Insel Heri heimgekehrte Adalhard der jungen Niederlassung einen Besuch abstattete, und daß er der Auffassung war, daß ihr Standort ungünstig sei. Deshalb habe er sich, so heißt es, an den Kaiser gewandt und an diesen die Bitte gerichtet, bei der Beschaffung eines anderen Geländes behilflich zu sein. Die gewünschte Unterstützung wurde ihm auch zuteil, und so wurde die Übersiedlung auf den endgültigen Platz möglich.

In dem Ganzen kommt also vor allem zum Ausdruck, daß Adalhard derjenige war, der die Aufgabe der ersten Niederlassung entschieden erstrebte und mit allen Kräften auf die Verlegung an einen anderen Ort hinarbeitete. Diese Aussage steht mit der des Vitusberichtes in gutem Einklang, die ebenfalls davon spricht, daß Adalhards Eingreifen den entscheidenden Ausschlag dafür gab, daß die Hethis-Stätte von den Mönchen wieder verlassen und die zweite Klosteranlage im Wesertal gebaut wurde.

Nun hat aber Adalhard das große Werk der Corveyer Gründung nicht allein in Angriff genommen, sondern er wurde dabei von seinem jüngeren Bruder Wala unterstützt. Freilich ist aus den beiden bisher besprochenen Schriften nicht zu ersehen, in welchem Umfang dieser zweite dabei mitgewirkt hat. In der Adalhard-Biographie wird sein Name im Zusammenhang mit der Klostergründung überhaupt nicht erwähnt. Im Vitusbericht wird er zwar genannt, doch nur in zwei kurzen Mitteilungen, in denen nicht allzuviel über Wala ausgesagt wird. Das eine Mal wird er als Ratgeber und *»enger Vertrauter«* des zweiten Adalhard bezeichnet, und zwar dort, wo dessen Bemühen um die erste Klostergründung geschildert wird. Und das zweite Mal erscheint er als der Begleiter seines Bruders Adalhard, als dieser im Jahre 821 die Reise ins Sachsenland unternahm. Beide Angaben dürften darauf hinweisen, daß Wala bei den genannten Vorgängen eine gewisse Rolle gespielt hat, und zwar sowohl bei dem Zustandekommen der ersten Niederlassung als auch bei der endgültigen Verlegung des Klosters nach Corvey. Doch ist den kurzen Aussagen noch nicht zu entnehmen, von welcher Art seine Beteiligung war und was sie im Rahmen des Ganzen bedeutete.

Die Wala-Biographie

Es steht aber, wie gesagt, noch eine zweite biographische Schrift des Radbert zur Verfügung, und diese beschäftigt sich besonders gründlich mit der vorliegenden Frage. Es ist die Darstellung von Walas Leben, die »Grabrede auf Arsenius«, die etwa ein Jahrzehnt später als die Adalhard-Biographie in Angriff genommen wurde und im folgenden abgekürzt als »Grabrede« zitiert werden soll.[18] Dort hat Radbert in den Kapiteln 12 bis 16 ausführlich auf die Frage geantwortet, in welchem Umfang und in welcher Art Wala an dem genannten Unternehmen beteiligt war.

Vorerst ist in formaler Hinsicht als eine Besonderheit dieser Schrift hervorzuheben, daß sie die erwähnten Personen nicht unter eigenem Namen auftreten läßt. So wird Wala als Arsenius und sein Bruder Adalhard als Antonius bezeichnet. Ferner wird man die einzelnen Aussagen erst dann in rechtem Licht sehen und beurteilen können, wenn die eigenartige Anlage des Ganzen berücksichtigt wird. Es sollte nämlich in dieser Gedächtnisschrift nicht ein zusammenhängender Bericht vorgelegt werden, der die einzelnen Entwicklungsstufen des Lebensganges in ihrer zeitlichen Aufeinanderfolge aneinanderreiht. Die Darstellung wurde vielmehr in die Form eines Gespräches gekleidet, das die Bedeutung und die Verdienste des Dahingegangenen erörtert und von mehreren Corbier Mönchen geführt wird, hauptsächlich von Paschasius, Severus und Adeodatus. Dabei sind die von den Gesprächspartnern berührten Ereignisse derartig in den Gang der Unterhaltung eingefügt worden, wie es sich gerade aus der Wechselrede ergab. Zuweilen wird auf sie auch nur ganz flüchtig hingewiesen. Es geschieht ohne Rücksicht auf die tatsächliche Reihenfolge und meist auch so, daß dabei keine festen Zeitangaben gebracht werden. Das hat zur Folge, daß die einzelnen Aussagen zuweilen recht unbestimmt wirken können, und daß es beim einfachen Lesen nicht immer deutlich wird, von welcher Art die Geschehnisse waren, die gerade angesprochen werden.

Das gilt auch für die Ausführungen, die sich auf die sächsische Klostergründung und Walas Anteil an diesem Unternehmen beziehen. Auch sie sind so gehalten, daß häufig nur in Andeutungen gesprochen wird, und daß manche Redewendungen ohne eine Kenntnis des Ganzen unklar oder nichtssagend bleiben müssen. Unter diesen Umständen bedeutet es eine große Hilfe, daß der Vitusbericht eine zusammenhängende und ausführliche Wiedergabe der Ereignisse gebracht hat, die ein festes Zeitgerüst an die Hand gibt, in dem die aus dem Ganzen gelösten Einzelangaben der Grabrede ihren Platz finden können. Erst nach einer solchen Einordnung läßt sich ein besseres Verständnis ermöglichen. Dabei stellt sich dann aber auch heraus, daß die Angaben, die zunächst den Eindruck des Unsicheren und Unverbindlichen gemacht hatten, ganz bestimmte und zuverlässige Aussagen bedeuten, die zum Teil über die Mitteilungen des Vitusberichtes erheblich hinausgehen und das Gesamtbild in aufschlußreicher Weise vervollständigen.

Die Zusammenarbeit von Adalhard und Wala

Zunächst mag auf die ausführliche Würdigung eingegangen werden, die der Zusammenarbeit von Adalhard und Wala in der Grabrede zuteil wird. Dort wo Radbert das gemeinsame Wirken des Brüderpaares schildert, wird er nicht müde, immer wieder neue Ausdrücke und Vergleiche zu verwenden, um dem Leser die vorbildliche Eintracht und den harmonischen Zusammenklang im Streben und Handeln der zwei ungleichen Persönlichkeiten nahezubringen. Das ganze 12. Kapitel ist dieser Aufgabe gewidmet. Trotz seines großen Umfangs soll es im folgenden in einer vollständigen Übersetzung wiedergegeben werden, um zu zeigen, welch große Bedeutung der Verfasser dem engen Zusammengehen von Adalhard und Wala, die hier unter den Namen Antonius und Arsenius erscheinen, aufgrund seiner reichen Erfahrungen beigemessen hat. Die betreffenden Ausführungen werden durch eine Frage des Mönches Adeodatus eingeleitet.

»*Kap. 12.* ADEODATUS. *Das alles kennen wir. Doch hätte ich den Wunsch, daß du erzählst, wie sich Arsenius* [Wala] *unter unserem Antonius* [Adalhard] *verhalten hat. Es soll hauptsächlich für unsere sächsischen Brüder sein, von deren Stamm auch Arsenius war, damit sie vollständig wissen, von welcher Art die Männer waren, die für ihren Glauben die Grundlage geschaffen haben.*

PASCHASIUS. *Wenn ich mit diesem Berichte tatsächlich anfangen werde, so weiß ich nicht, wo ich beginnen, wohin ich mich zuerst wenden oder wie weit ich fortfahren soll. Denn die beiden waren in ihrem Leben und Handeln so unlöslich miteinander verbunden, daß nach meiner Kenntnis nicht zu ermitteln ist, was der eine von ihnen ohne den anderen unternommen hat. Wenn nämlich auch jedes einzelne Werk ein persönliches war, oder gerade wenn es auch nach Maßgabe der Kräfte und entsprechend der Zeit oder der Aufgabenstellung gewisse Eigenheiten aufwies, so ist das Streben der beiden doch ein gemeinsames und ihr Wille ein einheitlicher gewesen.*

So kannst du sehen, wie sie in diesem Ackerbau des Herrn gewissermaßen unter einem Joch gleichmäßig den Pflug ziehen und abwechselnd die Lasten auf sich nehmen. Wenn es ihnen einmal auferlegt wurde, eine Zeitlang nicht an dem gleichen Orte zu sein, könntest du sehen, wie der eine den anderen sucht, so wie das eine Rind nach dem anderen mit sehnsüchtigem Brüllen hinstrebt. Denn jeder von ihnen meinte, daß er nicht vollständig da sei, sobald der andere fehlte. Ja, jeder der beiden hatte den lebhaften Wunsch, mehr bei dem anderen als für sich alleine zu sein. Und wie ein Rind immer wieder durch viele Klagelaute das unschuldige Verlangen nach dem anderen kundgibt, wenn zufällig jenes fehlte, mit dem es Seite an Seite den Pflug zu ziehen gewohnt war, so klagten sie sehnsüchtig und unruhig besorgt umeinander und dachten immer daran, was der andere gerade treibe, bis sie sich wieder vereinigt hatten. Offensichtlich war ja der eine von ihnen den Jahren nach der ältere und der andere ein recht junger Mann. Trotzdem war in ihnen das gleiche Verlangen lebendig. Obwohl dieser [Wala] *die stärkeren Körperkräfte hatte, übertraf ihn jener* [Adalhard] *durch die Feuerkraft der Liebe. Dennoch war in ihnen ein einheitliches Streben, ein einheitlicher Vorsatz, ein einheitlicher Wille. Wenn der Jüngere auch einen schärferen Verstand hatte, so war unser Greis im Rate und in der Liebe weitherziger. Der eine war gewissermaßen heißblütiger zum Besten der Gerechtigkeit, aber jener reifer in der Umsicht und gründlicher in der Voraussicht. So hat Arsenius* [Wala] *zu den Einzelheiten treffender Stellung genommen, aber jener schaute mit einem größeren Weitblick ebenso auf das Gegenwärtige wie auf das Zukünftige und alles, was sich demgegenüber noch ereignen kann. Obwohl sie nun leibliche Brüder waren und in Glaube und Willen brüderlich innig verbunden, so zeigten sie sich doch dadurch in ihrem Verhalten als verschiedene Menschen, daß jener durch sein Dasein in jeder Beziehung den vortrefflichen Abt verkörperte, dieser aber den Schüler der klösterlichen Lehre und den liebevollen Sohn in jeder Unterordnung.*

SEVERUS. *Darüber hat niemand eine andere Meinung. Denn alle sagen, daß die beiden, die voll und ganz von königlicher Abkunft waren, selbst einzigartig waren in ihrer gottergebenen Frömmigkeit und äußerst bemüht in ihrer Herzensgüte. So ist es nicht verwunderlich, wenn sich die zwei Brüder, die sich auch durch andere Beispiele als nachahmenswert erwiesen, durch ihre guten Eigenschaften gegenseitig unterstützten. Aber wenn auch unser Antonius* [Adalhard], *dessen Kräfte aufgrund seines Alters schon nachgelassen hatten, den Anstrengungen und Sorgen weniger gewachsen war, so war er doch stärker in der Liebe. Ihm hat Arsenius* [Wala] *immer mit verantwortungsvollem Eifer in einer Haltung frommer Aufopferung stützend zur Seite gestanden und durch seinen Einsatz die Aufgaben der Klosterleitung unaufdringlich erledigt. Du siehst ihn wie einen Sohn alles besorgen: als der Jüngere erwies er ihm die Ehrerbietung, als ein Diener die Dienstleistungen, als ein liebevoller Bruder die Aufmerksamkeit, bisweilen legte er wie ein Vater eine liebevolle Zärtlichkeit an den Tag oder gab ihm auch wie ein Älterer in aller Bescheidenheit einen bestimmenden Ratschlag. Er hatte eine so große Geduld in allen Dingen, daß er durch die Last der Beschwerden in keiner Weise beeinträchtigt wurde.*

PASCHASIUS. *Bruder, du rufst es gut in das Gedächtnis zurück und bringst offensichtlich bei dem freundschaftlichen Gedenken an den einen zwangsläufig auch die Erinnerung an mehrere zur Geltung. Insofern mögen wir darüber Schmerz empfinden, daß wir mit diesem einen nicht nur den einen, sondern mehrere verlieren. Denn das, was wir sowohl mit diesem wie auch schon mit Antonius* [Adalhard] *verloren haben, gibt Anlaß, solch großen Schmerz wieder aufleben zu lassen.*

Ihre brüderliche Liebe und die Vortrefflichkeit ihrer Lebensweise erglänzten mit hellem Widerschein nicht nur in unserem Wirkungskreise, sondern im Herrschaftsgebiet des ganzen Königreiches, als ob überall das Aufleuchten zweier Himmelslichter zu sehen wäre. Zwar war es bei Arsenius [Wala], *wenn ich so sagen darf, schwächer und bei Antonius* [Adalhard] *stärker. Denn der letzte war der Abt und der erste der einfache Mönch. Der eine war der Greis und der ältere, und der andere war eben durch die Beweglichkeit seines Wesens tatkräftiger, ebenso wie er auch den Jahren nach der jüngere war.*

Zwischen ihnen gab es keine Schmeichelei, sondern auf beiden Seiten eine ausgesprochene Frömmigkeit, und untereinander keine Meinungsverschiedenheit. So ist nichts zu finden, was zur Gleichstimmung ihrer Vorsätze hinzugefügt werden könnte, da in ihnen ein einheitlicher Geist und ein einheitlicher Glaube lebendig war und eine Eintracht des Friedens und allenthalben die wahre, gottergebene Frömmigkeit. Deshalb wirst du nichts anderes zwischen ihnen wahrnehmen können als nur das, was Ausfluß der Liebe und der Frömmigkeit ist, so daß sie weder wankelmütig wurden noch zu erkennen war, daß der eine oder der andere einmal etwas anderes gewollt hätte. Es war eine schöne Eigenschaft ihres Verhaltens, daß dann, wenn der eine den anderen durch irgendwelche Vorzüge übertraf, in ihrer Beziehung zueinander eine einheitliche Harmonie der Anerkennung, ein einheitliches Gleichmaß der Tugend zu beobachten war. Was in dem einen von ihnen lebte, das gehörte ihm ja in der Weise an, daß man es für den gemeinsamen Besitz der beiden halten mußte. Das ging so weit, daß der eine wahrhaftig als die Hälfte des anderen bezeichnet wurde, ebenso wie auch der andere als die Ergänzung des ersten galt. So ist es gekommen, meine Lieben, daß sie so einmütig und gottergeben im Sachsenlande die Sprößlinge einer neuen Anpflanzung in den Boden gesenkt und mit Gottes Hilfe für beide Geschlechter die Klöster von Grund auf errichtet haben.«

Es kann keinem Zweifel unterliegen, daß Radbert bei der Beschreibung dieser erfolgreichen Zusammenarbeit vor allem die Zeit der zweiten Klostergründung, also die Vorgänge der Jahre 821 und 822, sowie die letzten Lebensjahre des Adalhard vor Augen hatte. Denn Wala erscheint hier immer als der Corbier Mönch, und als solcher konnte er erst seit dem Jahre 821 in einer unmittelbaren Verbindung mit seinem Bruder stehen.

Doch war ein ebenso enges Zusammensein auch schon früher vorhanden, wie aus einer Bemerkung des 13. Kapitels hervorgeht. Nachdem dort nämlich von Paschasius berichtet worden ist, wie Adalhard im Jahre 821 seinen Bruder davon überzeugte, daß die Hethis-Stätte von den Mönchen wieder verlassen werden müsse, heißt es im Anschluß daran: *»Ihnen hat Gott gegeben, ein und dasselbe zu wollen und nicht zu wollen. Denn sie selber waren auch früher bei anderen Gelegenheiten unzertrennlich, als der eine nicht ohne den anderen leben wollte. Einheitlich war die Regung ihres Herzens, einheitlich war ihr Verlangen und einheitlich ihre Sorge um die wahre Religion.«*

Diese Aussage über eine frühere Gemeinsamkeit kann nur einen Zeitabschnitt betreffen, der vor der Verbannung des Adalhard, also vor 814, gelegen hat. Damals war aber Wala noch nicht der Corbier Mönch, sondern er hatte noch seine hohe, weltliche Stellung am Kaiserhof inne. Schon in dieser Zeit waren also die beiden, nämlich der Abt des großen westfränkischen Klosters und sein Bruder, der einflußreiche Staatsmann, in freundschaftlicher Zusammenarbeit eng miteinander verbunden.

Wenn in dieser Textstelle von den »*anderen Gelegenheiten*« gesprochen wird, bei denen sie auch damals »*unzertrennlich waren*«, so ist daran zu denken, daß nicht nur Wala, sondern auch Adalhard in jener Zeit zu den Ratgebern Karls des Großen gehörte, und daß ihm demnach bis zum Jahre 810, d. h. bis zur Übernahme seines Italien-Auftrags, in Aachen am kaiserlichen Hof immer wieder Gelegenheit zum Zusammensein mit dem Bruder und zu einem gemeinschaftlichen Wirken gegeben war.

Wie stark und wirkungsvoll auch schon damals ihre Verbindung war, bringt Radbert im 32. Kapitel der Adalhard-Biographie in dem oben[90] erwähnten Bilde des Viergespanns zum Ausdruck. Dieses sollte ja das enge Verhältnis veranschaulichen, in dem Adalhard, Wala und ihr Bruder Bernhar[91] zu Kaiser Karl standen. Der Herrscher und seine drei Vettern werden mit vier Pferden verglichen, die gemeinsam einen Wagen ziehen, der von Christus gelenkt wird.

Am Anfang des genannten Kapitels wurde von der 814 erfolgten Verbannung des Adalhard gesprochen, und anschließend heißt es dann weiter: »*Es wird aber zur gleichen Zeit das so viel Glück bringende Viergespann aufgelöst, das durch eine Verwandtschaft ebenso wie bei Ezechiel zu einer Einheit verbunden war. Es wurde in schicklicher Weise von Jesus geleitet, der mit dem Panzer der Tugenden gerüstet war. Denn es hat fünf Nachkommen eines Mannes gegeben. Von dreien derselben nahm der Kaiser den vertraulichen Rat in Anspruch, und so lenkte er, wenn er selber mit einbegriffen wird, auf einer Vierheit, welche die Grundlage abgibt, das ausreichend und gut geordnete Reich und das Wachsen des Staates. Von diesen Pferden hatte nämlich Habacuc in Bezug auf den Herrn verkündet, indem er sagte: ›Der du dich erhebst über deine Pferde, und das Reiten ist dein Heil‹ (Hab. III 8). Ihre Gangart war zwar ungleich, doch war die gleiche Gesinnung von Anfang an auf das Ziel gerichtet. Sodann kommt bei ihnen schon dadurch, daß der heilige Geist sie leitet, durch das gleiche Verlangen ein einziger Vorsatz zur Ausführung. Zuerst schienen die Pferde zwar verschieden zu laufen, aber durch einen einzigen Willen waren sie in Harmonie. Schließlich ziehen sie aber, wie der selige Hieronymus sagt, in diesem Werke nur ein Joch des Wagenlenkers gleichmäßig mit dem Nacken und übereinstimmend im Vorsatz. Sie warten nicht auf die Schläge der Peitsche, sondern streben mit so leidenschaftlicher Glut nach den Aufmunterungen der Stimme Christi, daß sie dem Heere die Lehrer und Führer zur Frömmigkeit wurden.*«

Dieses vielsagende Bild, das die große Bedeutung des Einflusses zeigen soll, den die drei Bernhard-Söhne und von diesen besonders Adalhard und Wala in jener Zeit auf Kaiser Karl ausübten, bestätigt zugleich, wie eng auch schon vor dem Jahre 814 die beiden Brüder zusammengewirkt haben. Wie gesagt, dieser Zustand muß hauptsächlich schon vor dem Jahre 810 angesetzt werden, da die längere Abwesenheit des Adalhard, die durch seine Tätigkeit in Italien verursacht war, es nach 810 kaum noch dazu kommen ließ, daß die genannten Persönlichkeiten in Aachen häufiger beieinander waren. Aber auch nach 810 hatten Adalhard und Wala die Möglichkeit zu mancherlei Begegnungen, als der erste in Italien das verwaiste Königreich verwaltete und der andere im Jahre 812 als Begleiter des jungen Thronfolgers ebenfalls in dieses Land kam.

Was den geistlichen Karolinger mit dem in weltlicher Stellung wirkenden Bruder bereits in jenen Zeiten so stark verband, war das gemeinsame Interesse an den Fragen des religiösen Lebens. Offensichtlich wurde ihr Verhalten schon damals sehr stark von religiösen Erfahrungen bestimmt. Das von Radbert hingestellte Bild des von Christus gelenkten Viergespannes läßt gut erkennen, daß für das Handeln dieser vier Männer, zu denen auch Adalhard und Wala gehörten, die innere Beziehung zu dem Auferstandenen und das Hören auf seine Weisungen den Antrieb gaben. Es heißt ja: »*Sie streben mit leidenschaftlicher Glut nach den Aufmunterungen der Stimme Christi*« oder »*der heilige Geist leitete sie*«. Wenn in der Grabrede (Kap. 13) von den beiden gesagt wird: »*Einheitlich war ihre Sorge um die wahre Religion*«, so ist dieser Satz gerade wieder auf diese frühe Zeit zu beziehen. Die Vermutung liegt sogar nahe, daß Radbert bei dieser allgemein gehaltenen Äußerung auch an das konkrete Vorhaben der sächsischen Klostergründung dachte, zumal dieses schon damals die beiden gemeinsam beschäftigte.

Daß diese letzte Aussage richtig ist, geht aus einer kurzen Bemerkung des Paschasius im 15. Kapitel hervor, die folgendermaßen lautet: »*Dasjenige, was beide am Anfang kaum vermocht hatten, brachte dann einer von ihnen alleine zur Ausführung.*« Mit dem, was einer alleine zustandegebracht hat, kann nur die Hethis-Gründung des Jahres 816 gemeint sein. Denn diese allein war ja derjenige Teil des Unternehmens, der nicht von beiden zusammen, sondern nur von einem von ihnen, und zwar von Wala, betrieben wurde. Das heißt aber, daß die am Anfang des Satzes erwähnten gemeinsamen Bemühungen, die ohne sichtbaren Erfolg dem Beginn der Gründung vorangingen, jene ersten Vorverhandlungen gewesen sein müssen, die durch den Vitusbericht bekanntgeworden sind und vor dem

Jahre 810 unter Adalhards Leitung in Corbie stattfanden. Diese Erkenntnis schließt die weitere in sich ein, daß sich Wala bereits vor dem Jahre 810 zusammen mit Adalhard um die Gründung des Sachsenklosters bemüht hat. Im Verlauf der weiteren Betrachtung wird Gelegenheit sein, auch noch andere Textstellen kennenzulernen, in denen das gleiche zum Ausdruck kommt.

Walas Anteil an der Klostergründung

Schon die bisher vorgelegten Auszüge aus der Grabrede lassen erkennen, daß Walas Mitwirkung an der Klostergründung von längerer Dauer war, und daß Radbert die Zusammenarbeit der beiden Brüder als äußerst bedeutungsvoll ansah. Um so mehr muß es auffallen, daß in der Adalhard-Biographie, die von demselben Verfasser stammt, die Beteiligung des Wala überhaupt nicht erwähnt wird.

Das ist aber ohne weiteres aus der Anlage und Zielsetzung dieser Schrift zu verstehen. Sie wurde ja nicht verfaßt, um von Anlaß und Ablauf der Klostergründung ein vollständiges Bild zu geben. Vielmehr ist das Gedenken an Adalhard und die Würdigung seiner Lebensleistung das zentrale Thema. Dadurch wurde auch die Auswahl dessen bestimmt, was zur Sprache kommen sollte. Natürlich mußte dabei auch das Corveyer Gründungswerk erwähnt werden, um zu zeigen, welch großartige Schöpfung von weithin wirkender geschichtlicher Bedeutung unter der verantwortlichen Leitung dieses Mannes zustande kam. Doch gehörte es nicht in diesen Zusammenhang, die Frage nach den Mitarbeitern zu stellen und im einzelnen zu prüfen, wie groß das Verdienst des einen oder des anderen war.

Es ist ferner zu bedenken, daß in der Zeit, als Radbert diese Biographie in Corbie niederschrieb, Wala noch am Leben war und als Abt und Nachfolger des Adalhard das Kloster leitete. Bei dem von Radbert geschilderten selbstlosen Verhältnis, in dem der jüngere zum älteren Bruder stand, würde es Wala bestimmt nicht zugelassen haben, daß ausgerechnet in dieser Schrift, die ein ehrendes Denkmal für den Heimgegangenen sein sollte, durch die Erwähnung seiner eigenen Leistungen das Bild des Verstorbenen irgendwie beeinträchtigt werden könnte.

Als aber nach Ablauf eines weiteren Jahrzehnts auch Wala nicht mehr unter den Lebenden weilte und Radbert bei der Niederschrift der Grabrede vor der Aufgabe stand, auch dessen Taten und Verdienste zu würdigen, war er gezwungen, die Wiedergabe der Ereignisse in einer anderen Sicht zu bringen. Jetzt war er verpflichtet, die Leistungen von zwei Verstorbenen nebeneinanderzustellen und, ohne durch die Rücksicht auf einen Lebenden gebunden zu sein, gerecht abzuwägen, wie sich die Anteile der beiden zueinander verhielten. Dabei wurde es notwendig, die vereinfachende Darstellung der ersten Veröffentlichung zu ergänzen und zu berichtigen. Dieser Aufgabe hat er sich gründlich und mit viel Umsicht und Behutsamkeit unterzogen, wobei es ihm gelungen ist, ein lebensvolles Bild von der Tätigkeit des Wala und von ihrer großen Bedeutung zu entwerfen, ohne daß dabei ein unguter Schatten auf die hervorragende Erscheinung des Adalhard gefallen wäre.

Zweimal läßt Radbert in der Grabrede ausdrücklich die Frage nach der Bedeutung stellen, die der Mitwirkung des Wala im Rahmen des Ganzen zukommt. Im 13. Kapitel ist Adeodatus der Fragende und im 16. Kapitel Severus. Die Antwort wird jedesmal von Paschasius erteilt. Zunächst mögen die betreffenden Abschnitte im Wortlaut wiedergegeben werden.

»*Kap. 13.* ADEODATUS. *Ich möchte gern wissen, warum du sie auf die gleiche Stufe stellen willst, da nicht Arsenius* [Wala] *diese Bauten errichtet hat, sondern Antonius* [Adalhard], *der als der Vorsteher dieses Ortes über die Möglichkeit zum Bauen verfügte. Arsenius war aber nur einer von vielen. Natürlich war er bevorzugt in der Freundschaft, weil er der Bruder war, unerschöpflich im Rat, der erste, der den Willen dazu hatte, größer im Beistand, lebhafter im Streben. Wenn sie sich auch immer sehr liebten und jeder von ihnen den Wunsch hatte, daß seine Arbeit als die Leistung des anderen gelten möge, so fällt doch das Verdienst des Werkes demjenigen als dem Zuständigen zu, in dessen Auftrag das Geschaffene die Weihe empfing. Denn obwohl niemals der eine von ihnen ohne den anderen den Willen hatte, das zu betreiben, was fromm und gottgefällig ist, so gebührt doch dem mit Recht die Ehre, der die Vollmacht zum Handeln besaß, obwohl die Ausführung des Werkes eine gemeinsame war.*

PASCHASIUS. *Ebenso wie man beim menschlichen Urteilen die Außenseite vor Augen hat, verbreitet das Gerede der Menschen sehr oft seine Lobessprüche unter den Leuten. Aber der göttliche Richter unterscheidet im Innern die guten Gaben, die er einem jeden verliehen hat, und die Mühe, die ein jeder nach Empfang dieser Gaben dann aufbrachte. Während der Wille dieser Männer ein einheitlicher und der Wille jedes einzelnen von dem Willen des anderen abhängig war, so ist es doch allen offenbar geworden, sobald dem Arsenius* [Wala] *die Rede aus dem Munde hervorging, daß ihm als dem ersten von Gott eingegeben wurde, wo die Klosterstätte errichtet werden sollte, nachdem man eine günstige Gelegenheit von einigen Männern seines Stammes erfahren hatte, die zur Bekehrung zu uns gekommen sind und über die Verhältnisse ihres Landes Auskunft gaben.*

Und wie er in Liebe zu Gott und der wahren Religion sowie zu seinen Stammesgenossen und seiner Heimat entbrannt war, unternahm er es, nachdrücklich und wiederholt dem vortrefflichen Abte, dem Namensvetter des Greises, zuzureden, daß er die Arbeit an dieses Werk wenden und die Mittel zur Verfügung stellen möge. Denn er selbst war schon damals derjenige, in dessen Hand die Fürsorge für die inneren und äußeren Angelegenheiten unseres Klosters ruhte. Als jener Abt dies alles gehört hatte, machte er Wunsch und Willen unseres Arsenius [Wala] *zu seinen eigenen. So wurde das Werk des Mutes begonnen, und es gedieh so lange, bis der Greis Antonius* [Adalhard] *aus der Verbannung heimkehrte und in Gnade wieder eingesetzt wurde.*

Nach seiner Rückkehr wurde der Wille dieses Greises alsbald ausgeführt, und so ist zu sehen, wie in diesem guten Verhältnis der einfache Mönch von dem vortrefflichen Abte bestimmt wurde, der in dieser Beziehung durch mehrmaliges Zureden eine einheitliche Absicht bei beiden zustande gebracht und eine einzige Spur ihres Willens hinterlassen hat. Ihnen hat Gott gegeben, ein und dasselbe zu wollen und nicht zu wollen. Denn sie selber waren auch früher bei anderen Gelegenheiten unzertrennlich, als der eine nicht ohne den anderen leben wollte. Einheitlich war die Regung ihres Herzens, einheitlich war ihr Verlangen und einheitlich ihre Sorge um die wahre Religion.

Deshalb möge die Klugheit der Klosterbrüder sehen – vor allem derer, die gleichermaßen durch den Glauben der beiden gewonnen und durch ihre Liebe in dieser großen Eintracht dem Herrn geweiht wurden –, ob man jemandem eine größere Anerkennung schuldet als demjenigen, der es nach Gott als erster durch sein wiederholtes Zureden zustande brachte, daß auch die anderen den Willen zu diesem Unternehmen hatten, und der sie dann dazu veranlaßte, das Gewollte auch weiterzuführen. Er brachte mehr durch seinen starken Beistand als mit den eigenen Schultern die Angelegenheit voran und förderte sie dadurch, daß er vorwiegend mit der Planung befaßt war. In jeder Beziehung hat er das Vorhaben betrieben, und zwar bei dem Kaiser, bei den Großen des ganzen Reiches und bei allen, wo es ihm möglich war. Es geschah mit seinem ganzen Erfindungsgeist, mit aller Geschicklichkeit und allem Eifer, damit das Werk der Arbeit vollendet werde, das auf seine persönliche Anregung hin begonnen worden war.

Kap. 16. SEVERUS. *Obwohl dies alles so ist, wie ihr sagt, möchte ich doch gerne wissen, was unser Arsenius* [Wala] *in diesem Geschehen mehr getan hat als einer von uns, die wir die Mitwirkenden des frommen Greises waren, zumal Arsenius in jener Zeit keinerlei Vollmacht besaß und nicht die Möglichkeit hatte, die Angelegenheit stärker zu betreiben als seine übrigen Mitbrüder. Deshalb müssen wir uns davor hüten, ihm irgend etwas mehr zuzusprechen, als notwendig ist und der Wahrheit selbst entspricht. Sicherlich ist ihm also, wie schon vorausgeschickt wurde, von Gott ein derartiger und so großer Wille eingeflößt worden. Dann hatte er aber mit den übrigen Brüdern gemeinsam etwas zu wollen, es gemeinsam mit ihnen zu können oder nicht zu können, etwas gemeinsam zu betreiben und in den einzelnen Fällen zu gehorchen.*

PASCHASIUS. *Zunächst hatte er bei diesem Werk, wie du auch schon sagtest, das hervorstechende Verdienst, daß er selbst früher als alle anderen die ganze Angelegenheit in seinem Geiste erfaßte. Dann hat er, wie der Sachverhalt offenbart, dabei auch mehr getan, weil er mehr als alle anderen wollte. Hauptsächlich sein Wille war es, der als erster den allgemeinen Willen zur Durchführung dieses Unternehmens ins Leben rief. Er hat den Willen aller anderen angefeuert und ihm durch seine Bitten und sein ständiges Zureden im Verein mit seinem klugen Rate Nahrung gegeben. Wenn auch Antonius* [Adalhard] *die Verfügungsgewalt besaß und eine hervorragende Weisheit in der Ausführung und eine große Tüchtigkeit in der Vollendung zeigte, so liegt doch bei Arsenius* [Wala] *das größere Verdienst, obwohl er nur ein gewöhnlicher Mönch war. Denn was jener auch betrieb oder wollte, alles ist mit Gottes Gnade von Arsenius* [Wala] *ausgegangen und entwickelt worden.«*

In diesen Gesprächen wird also Walas Rolle durch eine Reihe übereinstimmender Aussagen genau beschrieben. Der mit den Verhältnissen gut vertraute Radbert, der in dankbarer Verehrung und mit freundschaftlichen Gefühlen den beiden heimgegangenen Äbten in gleicher Weise zugetan und innerlich verpflichtet war, bringt hier ganz deutlich die Auffassung zum Ausdruck, daß bei dem Vorhaben der Klostergründung von Anfang an der jüngere Bruder die treibende Kraft war, und daß er es auch weiterhin blieb, bis der Erfolg des großen Werkes gesichert war. Im Laufe des Gespräches tauchen an vielen Stellen immer von neuem Aussagen auf, die in diesem Sinne sprechen. Diese Ansicht des Radbert kann besonders deutlich in Erscheinung treten, wenn die verstreuten Einzelangaben zusammengestellt und in einer Reihenfolge, die dem Ablauf der Ereignisse entspricht, noch einmal wiederholt werden. Ebenso wird es angebracht sein, sie mit Erläuterungen und mehr und mehr mit vergleichenden Betrachtungen zu verbinden.

Im Hinblick auf den Ursprung des Ganzen sagt Paschasius im 16. Kapitel: »*Wala hatte das hervorstechende Verdienst, daß er selbst früher als alle andern die ganze Angelegenheit in seinem Geiste erfaßte*« und Adeodatus in Kapitel 13: »*Wala war der erste, der den Willen dazu hatte.*«

Auch sonst wird in ständiger Wiederholung ausgesprochen, daß Wala der eigentliche Initiator des Ganzen war, daß von ihm die Idee stammt und daß er dann die anderen Beteiligten durch seinen Willen und seine Überzeugungskraft für den von ihm intuitiv erfaßten Plan gewonnen hat. »*Auf seine persönliche Anregung hin war das Werk begonnen worden*« (Kap. 13, Paschasius). »*Hauptsächlich sein Wille war es, der als erster den allgemeinen Willen zur Durchführung dieses Unternehmens ins Leben rief.*« (Kap. 16, Paschasius) »*Er brachte es nach Gott als erster durch sein wiederholtes Zureden zustande, daß auch die anderen den Willen zu diesem Unternehmen hatten, und er veranlaßte sie dann dazu, das Gewollte auch auszuführen*« (Kap. 13, Paschasius). »*Er hat den Willen aller anderen angefeuert und ihm mit seinem klugen Rate Nahrung gegeben*« (Kap. 16, Paschasius). »*Er hat dabei auch mehr getan, weil er mehr als alle anderen wollte*« (Kap. 16, Paschasius). »*Wenn auch Antonius* [Adalhard] *die Verfügungsgewalt besaß . . ., so liegt doch bei Arsenius* [Wala] *das größere Verdienst, obwohl er nur ein gewöhnlicher Mönch war. Denn was jener auch betrieb oder wollte, alles ist mit Gottes Gnade von Arsenius ausgegangen und entwickelt worden*« (Kap. 16, Paschasius).

Es haben schon gute Gründe dafür vorgelegen, daß es gerade Wala war, der als der erste die Anregung gab, an einer bestimmten Stelle des Sachsenlandes ein Mönchskloster zu bauen, und daß er dann so nachhaltig und beharrlich die Verwirklichung dieses Gedankens betrieb. Abgesehen von seiner guten Kenntnis der sächsischen Verhältnisse sind die Ursachen in seiner starken religiösen Veranlagung, in seiner engen Beziehung zum Christentum und in dem Gefühl einer inneren Verbundenheit mit dem Sachsenstamm zu sehen, das bei der sächsischen Herkunft seiner Mutter in ihm lebendig war. Dementsprechend sagt auch Paschasius in Kapitel 13: »*Er unternahm es, wie er in Liebe zu Gott und der wahren Religion sowie zu seinen Stammesgenossen und seiner Heimat entbrannt war.*«

Die erste Anregung zu diesem Werk erhielt Wala nach Radberts Zeugnis nicht von anderen Menschen, sondern sie wurde ihm, so wird wiederholt betont, unmittelbar durch göttliche Eingebung zuteil. Im 16. Kapitel sagt Severus: »*Ihm ist von Gott ein derartiger und so großer Wille eingeflößt worden*« und im 13. Kapitel Paschasius: »*Ihm wurde als dem ersten von Gott eingegeben, wo die Klosterstätte errichtet werden sollte.*«

Daß die letzte Aussage nicht auf den endgültigen Corveyer Standort des Klosters, sondern auf die erste Gründung im Hethis-Gelände zu beziehen ist, geht aus dem anschließenden Nebensatz hervor. Dieser lautet ja: »*nachdem man eine günstige Gelegenheit von einigen Männern seines Stammes erfahren hatte, die zur Bekehrung zu uns gekommen sind und über die Verhältnisse ihres Landes Auskunft gaben*«. Mit diesen Worten wird fraglos auf die im Vitusbericht ausführlich geschilderten Verhandlungen hingewiesen, die mit Theodrad und den anderen sächsischen Mönchen vor 810 in Corbie geführt wurden. Aus der Zusammenstellung der beiden Angaben wird ersichtlich, daß an diesen Besprechungen auch Wala teilgenommen hat, obwohl er damals noch nicht der Corbier Mönch, sondern immer noch der einflußreiche Inhaber einer hohen weltlichen Stellung war.

Die Mitteilung, daß Wala und Adalhard im Lauf dieser Gespräche von den ortskundigen Sachsen nähere Auskünfte über den vorgesehenen Gründungsort erhielten, braucht den soeben erwähnten Äußerungen des Radbert nicht zu widersprechen, die dahin gehen, daß Wala als erster auf den Gedanken gekommen sei, an dem ersten Ort die Klostergründung stattfinden zu lassen. Es wird vielmehr die Frage zu stellen sein, ob Wala nicht auch schon vorher mit diesem bekannt war, auch wenn in der Überlieferung nichts davon erwähnt wird. Darauf kann freilich erst später eingegangen werden.

Bemerkenswert ist noch die Erwähnung des visionären Elementes, das bei der Auswahl der ersten Gründungsstätte wirksam gewesen sein soll. Es kann sein, daß die Zurückführung auf ein derartiges übersinnliches Erlebnis bei der heute üblichen Denkweise manchem Leser unserer Zeit befremdlich erscheinen mag, und daß man vielleicht nicht bereit sein wird, solche Berichte ernst zu nehmen. Von den Menschen der damaligen Zeit sind sie jedoch sehr ernst gemeint und als real angesehen worden. Das muß auch für Radbert gelten und sicherlich auch im vorliegenden Falle. Im 15. Kapitel hat er noch deutlicher davon gesprochen. Dort läßt er den Mönch Adeodatus sagen, es sei damals allgemein bekannt gewesen, daß die Gründungen von Corvey und Herford durch visionäre Schauungen bedingt worden seien, die mit denen des Apokalyptikers Johannes verglichen werden können. Der Wortlaut dieser Äußerung wurde schon wiedergegeben.[92] Ebenso konnte auch schon auf die hervorragende Rolle der visionären Erfahrungen im Lebensgang des Ansgar hingewiesen werden.[93] Wie gesagt, auch in diesem Fall handelt es sich um eine Persönlichkeit, die am Anfang des 9. Jahrhunderts im Kloster Corbie die geistige Heimat hatte.

Die oben erwähnte Aussage, daß Wala als erster die Hethis-Stätte als Standort für das Kloster ins Auge faßte, bedeutet zugleich eine Bestätigung für das schon vorher erzielte Ergebnis, das sich auf die zeitlichen Verhältnisse bezog.[94] Denn sie belegt wiederum, daß Wala schon zu Beginn der vorbereitenden Planung, d. h. mehrere Jahre vor seinem Klostereintritt, mit der Gründungsangelegenheit zu tun hatte. Das gleiche geht auch noch aus einer weiteren Äußerung des Paschasius hervor, die am Ende des 13. Kapitels steht und den Wortlaut hat: »*In jeder Beziehung hat er das Vorhaben betrieben, und zwar beim Kaiser, bei den Großen des ganzen Reiches und bei allen, wo es ihm möglich war.*« Hier handelt es sich ebenfalls um die Vorbereitungen für die erste Klosteranlage.

Denn der Kaiser, von dem hier die Rede ist, kann nur Karl der Große gewesen sein. Zwar hat man sich zweimal auch an Ludwig den Frommen mit der Bitte um Unterstützung des Werkes gewandt, doch ist bei diesen Verhandlungen der Mönch Wala nicht in Erscheinung getreten. Vielmehr haben nach Ausweis der Überlieferung mit Ludwig nur die Corbier Äbte selbst verhandelt. Im Jahre 815 war es der zweite Adalhard und sechs Jahre später der aus der Verbannung heimgekehrte Bruder des Wala.

Auch die Bemühungen um die Zustimmung der »*Großen des ganzen Reiches*« können nur in der Regierungszeit Karls des Großen erfolgt sein. Denn nur damals hatte Wala aufgrund seiner Stellung die Möglichkeit, mit ihnen in der Gesamtheit in Verbindung zu kommen, während er später als einfacher Mönch mit seiner Bindung an das Klosterleben kaum noch dazu in der Lage gewesen wäre.

Übrigens wird eine solche zeitliche Zuweisung der vorliegenden Textstelle auch durch die Angaben des Vitusberichtes unterstützt und erläutert. Dieser teilt mit, daß Karl der Große nach dem Ende der Sachsenkämpfe besondere Maßnahmen einleitete, um den christlichen Glauben in dem unterworfenen Land zu befestigen, und daß dazu auch die Begründung von Klöstern gehören sollte. Darüber mußte zunächst beraten werden. Zu diesem Zweck, so heißt es wörtlich in dem Bericht, *»rief er alle höheren Priester und Fürsten, die unter seiner Botmäßigkeit standen, zusammen und befragte sie angelegentlich«*. Bei einer derartigen Veranstaltung war also für Karls Mitarbeiter Wala die beste Gelegenheit gegeben, mit den »Großen des ganzen Reiches«, mit denen er nach Radberts Aussage über die Klostergründung verhandelt hat, auf einmal ins Gespräch zu kommen. Ferner kann es als selbstverständlich gelten, daß der Kaiser in einer solchen Versammlung nicht alle Einzelheiten der Verhandlung selbst in die Hand nahm, sondern daß er sie einem Beauftragten zur Bearbeitung übergab. Wie aus der erwähnten Bemerkung der Grabrede hervorgeht, stand ihm dafür sein Ratgeber Wala zur Verfügung, und dieser unterzog sich der Aufgabe *»mit seinem ganzen Erfindungsgeist, mit aller Geschicklichkeit und allem Eifer«*.

Der Gründungsverlauf nach den Angaben der Grabrede

In diesem frühen Stadium war der Hergang der Ereignisse offenbar der folgende. Zunächst entwickelte der mit den Verhältnissen des Sachsenlandes gut vertraute Wala den Plan, an einer bestimmten Stelle desselben ein großes Missionskloster entstehen zu lassen. Es darf angenommen werden, daß er darüber mit seinem Bruder Adalhard, mit dem er nach Radberts Aussage von jeher unzertrennlich verbunden war, von Anfang an in Gedankenaustausch stand. Ferner hat er dem Kaiser seine Absicht vorgetragen und augenscheinlich bei ihm ein offenes Ohr gefunden. Daraufhin rief Karl die hohen Würdenträger zusammen, so daß Wala Gelegenheit bekam, auch in diesem Kreis seine Pläne darzulegen und um die Zustimmung der *»Großen des ganzen Reiches«*, wie Radbert es ausdrückt, zu werben. Schon damals scheint man sich grundsätzlich für die Ausführung seiner Vorschläge entschieden zu haben. Außerdem wurde die weitere Bearbeitung dem Kloster Corbie übertragen, wo besonders günstige

Vorbedingungen durch die Anwesenheit der sächsischen Mönche und die freundschaftliche Zusammenarbeit von Adalhard und Wala gegeben waren. So wurde die Verantwortung für die Ausführung in die Hände des Abtes Adalhard gelegt, der sicherlich auch weiterhin die enge Verbindung mit dem Bruder aufrecht erhielt. Zu den Aufgaben des Wala gehörte es damals freilich nicht, sich im einzelnen um die Angelegenheiten der praktischen Durchführung zu kümmern. Seine Sache war es, planend und beratend tätig zu sein und dort, wo es notwendig war, den großen Einfluß, den er aufgrund seiner hohen Stellung besaß, zum Besten der Sache einzusetzen. Demgemäß sagt auch Paschasius im 13. Kapitel: »*Er hat mehr durch seinen starken Beistand als mit den eigenen Schultern die Angelegenheit vorangebracht und förderte sie dadurch, daß er vorwiegend mit der Planung befaßt war.*« Ebenso wird auch von »*seinem klugen Rate*« gesprochen. Andererseits war, wie gesagt, die Verwirklichung des Vorhabens dem Kloster Corbie zugefallen. So konnte es nicht ausbleiben, daß die weitere Entwicklung der Angelegenheit von den sonstigen Verpflichtungen des Abtes Adalhard und von seinem weiteren Schicksal abhängig war.

Die mehrjährige Unterbrechung, die im Jahre 810 durch Adalhards Italien-Auftrag herbeigeführt wurde, wird in den Gesprächen der Grabrede nicht weiter erwähnt. Die nächste Mitteilung betrifft erst die Zeit, die auf Walas Mönchwerdung folgte, und handelt von seiner Einflußnahme auf den damaligen Corbier Abt, den zweiten Adalhard. So sagt Paschasius im 13. Kapitel, daß Wala »*nachdrücklich und wiederholt*« demselben zugeredet habe, das vom Vorgänger geplante Werk in Angriff zu nehmen, und daß der neue Abt den Wunsch und Willen des Beraters zu seinem eigenen gemacht habe. Im Vitusbericht heißt es dementsprechend, daß der zweite Adalhard den Wala »*als seinen engsten Vertrauten hatte*«. Freilich folgt dort unmittelbar darauf ein einschränkender Zusatz, der den Einfluß des Wala wieder zurücktreten läßt und die Selbständigkeit des Abtes betonen soll. Es heißt ja, daß sich auch der Abt selbst an die Pläne des Vorgängers erinnert habe. Demgegenüber hat die betreffende Aussage in der Schrift des Radbert einen anderen Klang. Dort wird nämlich von einem starken und wiederholten Einsatz des Wala gesprochen, der erforderlich war, um den neuen Abt zu einem Entschluß in dieser schwierigen Angelegenheit zu bewegen und ihn zu veranlassen, »*das Werk des Mutes*« in Angriff zu nehmen.

Die klosterartige Anlage, die daraufhin in dem Hethis-Gelände entstand, ohne daß der in der Verbannung weilende Adalhard an der Ausführung mitwirken konnte, war offensichtlich ein Ergebnis der schon länger vorhandenen Planung, die, wie gesagt, nach Walas Vorschlägen entwikkelt worden war und die Zustimmung seines Bruders Adalhard gefunden hatte. Davon, daß etwa in der Zwischenzeit eine Abänderung des ursprünglichen Vorhabens stattgefunden hätte, wird an keiner Stelle etwas gesagt. Im Gegenteil, der Vitusbericht bezeugt ausdrücklich, daß sich der zweite Adalhard lediglich darum bemüht habe, den vorliegenden Plan seines Amtsvorgängers endlich zur Ausführung zu bringen. Ähnlich äußert sich auch Paschasius im 15. Kapitel der Grabrede, wo er über das Ereignis der ersten Klostergründung und das Verhalten des Wala das Folgende sagt: »*Dasjenige, was beide am Anfang kaum vermocht hatten, brachte dann einer von ihnen alleine zur Ausführung.*« Um das Gesagte zu unterstreichen und zu bekräftigen, wird anschließend noch einmal in mehreren Wendungen hervorgehoben, die beiden Brüder hätten stets die gleiche Auffassung vertreten, und wenn einmal einer von ihnen alleine und ohne den anderen gehandelt habe, seien durch sein Verhalten und die Art seines Vorgehens immer nur die Absichten des anderen veranschaulicht worden.

Um so mehr muß auffallen, daß Adalhard im Jahre 821 die inzwischen erfolgte Gründung ganz anders beurteilte und sich sofort mit allen Mitteln dafür einsetzte, das eingeleitete Unternehmen an der ersten Stelle abzubrechen und die Entwicklung in andere Bahnen zu lenken. Paschasius spricht es sehr deutlich im 13. Kapitel der Grabrede aus, und ein ähnliches Zeugnis liegt im 65. Kapitel der Adalhard-Biographie vor.

Daß aber auch schon vor dem Eingreifen des Adalhard unter den Mönchen der Hethis-Anlage Bestrebungen im Gange waren, das begonnene Werk wieder aufzugeben, ist dem Vitusbericht zu entnehmen. Dort heißt es, daß sogar Adalbert, also der örtliche Vorsteher der Niederlassung, angesichts der aufgetretenen Schwierigkeiten ernste Bedenken hegte, an dem unwirtlichen Platze zu bleiben, und allerhand Bemühungen unternommen hatte, die auf eine Verlegung abzielten, wenn auch ohne Erfolg. Diese Sorgen blieben nicht auf den kleinen Kreis der Hethis-Mönche beschränkt, sondern hatten sich nach der Aussage dieser Quelle schon so weit ausgewirkt, daß sogar dem Kaiser Ludwig ein bestimmtes Gelände vorgeschlagen wurde, das für eine zweite Gründung geeigneter zu sein schien. Es dürfte selbstverständlich sein, daß eine solche Angelegenheit nur durch die Corbier Klosterleitung, die für die Vertretung der Wünsche der sächsischen Filiale zuständig war, dem Herrscher unterbreitet werden konnte. Das bedeutet, daß man sich damals auch schon im Mutterkloster mit der Frage einer Verlegung derselben beschäftigen mußte.

Nun geht aus dem Vitusbericht weiter hervor, daß die Einigkeit der kleinen Hethis-Gemeinschaft in der bedrängten Lage nicht aufrechterhalten werden konnte, sondern daß es dort zu Gruppenbildungen kam. Es heißt: »*Da aber über die Insassen große Not hereingebrochen war, kam es dahin, daß sie sich in drei Gruppen mit je einem besonderen Prior teilten.*« Der Erwähnung, daß jede Sondergruppe ihren besonderen Leiter hatte, ist zu entnehmen, daß die einzelnen Parteien ihren Wohnsitz an verschiedenen Stellen hatten. Dafür spricht auch die Verwendung des Wortes »*ubicumque*« (»*wo auch nur immer*«) an jener Stelle des Vitusberichtes, wo der Umzug der Hethis-Mönche nach Corvey beschrieben wird. Sie lautet: »*Denn am 25. dieses Monats hat man sich von diesem Orte aus, wo man auch nur immer gewohnt hatte [ubicumque habitaverant], mit dem gesamten Hausrat auf den Weg gemacht.*« Das bedeutet offensichtlich, daß man vorher nicht an einer einzigen Stelle des Hethis-Geländes geschlossen beieinander gewohnt hatte, sondern auf mehrere Plätze verteilt war.[95] Es hat den Anschein, als ob diese Gruppenbildungen mit Meinungsverschiedenheiten verbunden waren, die sich auf den Standort des Klosters bezogen. Doch wurde der Gegensatz der Auffassungen schließlich überwunden. Unter dem Druck der Verhältnisse kam es zu einer einheitlichen Meinungsbildung, insofern sich in allen drei Gruppen die Überzeugung durchsetzte, daß eine Umsiedlung an einen anderen Ort unvermeidlich sei. Dementsprechend sagt der Vitusbericht: »*Bei alledem schlägt die Not in eine Willensbildung um, und alle begannen in gleicher Weise sich mit einem Ortswechsel zu beschäftigen.*« So war die Lage in der Hethis-Niederlassung kurz vor dem Eintreffen des Adalhard im Jahre 821.

Welche Ansichten nun in der gleichen Zeit von den Insassen des Mutterklosters vertreten wurden, dessen Abt die verantwortliche Leitung und die Aufsicht über die sächsische Neugründung hatte, d.h. wie Abt Adalhard II, wie sein Berater Wala oder auch die anderen Ordensbrüder über die Frage einer Verlegung damals dachten, wird im Vitusbericht nicht weiter erwähnt. Es wäre ja möglich, daß ebenso wie bei den Hethis-Mönchen auch in Corbie die Meinungen in dieser Beziehung auseinandergingen. Doch wird darüber in dieser Schrift nichts mitgeteilt.

Doch ist die Auffassung eines einzelnen Angehörigen dieses Klosters bekannt geworden, und zwar die des Wala. Welcher Art sie war, ist einer Angabe des Paschasius im 13. Kapitel der Grabrede zu entnehmen, wo deutlich ausgesprochen wird, daß Wala erst nach und nach von seinem Bruder Adalhard dahin gebracht wurde, dem Gedanken einer Verlegung zuzustimmen. Diese Aussage ist so wichtig, daß sie noch einmal vollständig wiederholt werden muß. Sie lautet: »*So ist zu sehen, wie in diesem guten Verhältnis der einfache Mönch* [Wala] *von dem vortrefflichen Abte* [Adalhard I] *bestimmt wurde, der durch mehrmaliges Zureden in dieser Beziehung* [d. h. Verlegung des Klosters] *eine einheitliche Absicht bei beiden zustande gebracht und eine einzige Spur ihres Willens* [die Corveyer Gründung] *hinterlassen hat.*«

Das bedeutet aber, daß trotz des »*guten Verhältnisses*«, das von Radbert immer wieder gerühmt wird, und trotz der weitgehenden Übereinstimmung, die sonst immer in ihren Ansichten vorhanden war, in diesem besonderen Fall eine gewisse Zeit lang eine tiefgreifende Meinungsverschiedenheit bestanden haben muß, die nur allmählich überwunden werden konnte. Als Adalhard nach seiner Rückkehr für eine alsbaldige Verlegung des neugegründeten Klosters eintrat, ist er dem Widerstand des Bruders begegnet, der bis zu dieser Zeit an dem ursprünglichen Plan, der von ihm selbst stammte, festgehalten hatte. Bis zum Jahre 821 hat Wala den Gedanken vertreten, das große Sachsenkloster an der Hethis-Stätte zu bauen, und von einem Verlassen des Ortes nichts wissen wollen. Er wurde von Adalhard auch nicht ohne weiteres umgestimmt. Wie gesagt, es mußten erst mehrere Gespräche vorausgegangen sein, ehe es dem älteren Bruder gelang, den anderen von der Notwendigkeit eines Ortswechsels zu überzeugen. So erscheint Wala hier als derjenige, der auf die Umsiedlungswünsche der Hethis-Mönche bis zum Eingreifen des Adalhard nicht eingegangen ist und derartigen Bestrebungen einen Widerstand entgegengesetzt hatte. Erst der ältere Bruder vermochte bei ihm eine Sinnesänderung herbeizuführen.

Nachdem dies geschehen war, gab sich Wala auch der neuen Aufgabe unter dem vollen Einsatz seiner Persönlichkeit hin und stand bei der Ausführung dem Bruder rückhaltlos zur Verfügung. Er begleitete ihn in den Jahren 821 und 822 auf jenen Reisen, die der Vorbereitung der Umsiedlung dienten, er war bei der Auswahl und dem Erwerb des neuen Geländes entscheidend beteiligt, er arbeitete an dem Entwurf der neuen Baupläne und war für den fast siebzigjährigen Abt, dessen Körperkräfte schon nachzulassen begannen, in jeder Beziehung ein unersetzlicher Helfer. Ferner konnten auch die große Beliebtheit, die er im Sachsenland genoß, und die guten persönlichen Beziehungen, die ihm dort zur Verfügung standen, dem Erfolg des Unternehmens zugute kommen. Das war beispielsweise der Fall, als es darum ging, das neue Gelände an der Weser zu erwerben. Dabei waren beträchtliche Schwierigkeiten zu überwinden. Paschasius sagt darüber im 16. Kapitel der Grabrede folgendes: »*Ein Beispiel ist die sehr angenehme, reich ausgestattete und fruchtbare Lage des Ortes, wo das geweihte Kloster jetzt gezeigt wird* [Corvey], *und alles, was diesen Platz im Umkreis einhegt. Denn es ist jedem von uns bekannt, wer diesen Besitz geerbt hatte, und daß der Betreffende sein Land keinem anderen je im Leben überlassen hätte, auch nicht – es sei gesagt – dem Könige, wenn er nicht von Arsenius* [Wala] *durch die von Gott eingegebenen Begründungen dazu veranlaßt worden wäre. Ihm konnte er nicht widersprechen. Denn er war von Jugend an vor allen andern sein besonders lieber und vertrauter Freund gewesen. Deshalb ließ er sich durch die Bitten und den Ratschlag des Arsenius* [Wala] *bewegen und übergab auf sein Zureden hin gern an Gott, was er auf Erden als etwas besonders Wertvolles zu eigen hatte. Daher fällt dieses Verdienst mit Recht demjenigen zu, der einen solchen vom Herrn erwählten Ort einst für dieses Vorhaben als geeignet ausgesucht und zu erlangen vermocht hat. Denn ich weiß nicht, ob sonst einer der Sterblichen dazu in der Lage gewesen wäre.*«

Im Anschluß daran schildert Paschasius noch den Verlauf einer Zusammenkunft der Corbier Mönche mit den einheimischen Sachsen, um daran zu zeigen, wie groß Walas Ansehen im Sachsenlande war und welch starke Zuneigung ihm dort entgegengebracht wurde: »*Er war in diesem Stamme außerordentlich beliebt und weithin berühmt. Dies wurde sichtbar, als Antonius* [Adalhard] *in der Nähe dieses Ortes* [Corvey] *zu einem verabredeten Treffen gekommen war, wo viele von den Einheimischen ihretwegen zusammengeströmt waren. Wir waren von ihnen ehrerbietig empfangen worden. Dann begannen sie aber alle, auf unseren Arsenius* [Wala] *die Blicke zu richten und diesen aus überschwenglicher Liebe und Bewunderung dichter zu umringen, so daß sie ihn in stürmischer Freude von uns fortführten. Keiner von ihnen beachtete den Antonius* [Adalhard], *dem wir allseitig eine Unterstützung und, soweit es in dem Gedränge möglich war, die Ehre zukommen ließen, die einem Vorgesetzten gebührt. Aber niemand achtete auf uns oder auf jenen, wer er eigentlich wäre.*«

Die beiden Berichte lassen erkennen, daß Wala den dort wohnenden Sachsen kein Fremder war. Ebenso wird ersichtlich, daß auch er selbst die

Verhältnisse und auch manche Menschen dieses Gebietes von früher her kannte. Der Bereich, in dem sich die beschriebenen Gründungsereignisse vollzogen, war für ihn kein unbekanntes Neuland. Er bewegte sich dort auf einem Boden, mit dem er durch seine frühere Tätigkeit schon längst vertraut war und wo ihm warme Sympathien entgegengebracht wurden. Es wird gut sein, dieses Ergebnis bei dem weiteren Gang der Untersuchung im Gedächtnis zu behalten.

Ein Quellenvergleich

In der Bewertung des Einflusses, den Wala bei der Anlage des Sachsenklosters ausgeübt haben soll, weichen also die Auskünfte der Grabrede und die Darstellung des Vitusberichtes erheblich voneinander ab. Während Radbert eine besondere Aufgabe darin sah, den Einsatz des jüngeren Karolingers als die von Anfang an treibende Kraft bei der Inangriffnahme und Durchführung des Werkes hinzustellen, spricht der Verfasser des Vitusberichtes nur zweimal von Wala. Dabei läßt er ihn als eine Nebenfigur erscheinen, die das Geschehen bloß am Rande und in einer untergeordneten Stellung begleitet. Die Anfänge der Planung bringt der Vitusbericht überhaupt nicht mit Wala in Verbindung. Vielmehr nennt er Karl den Großen als den Initiator des Unternehmens, der sächsische Mönch Theodrad soll die Hethis-Stätte in Vorschlag gebracht haben, und Adalhard gilt als die verantwortliche Persönlichkeit, die den weiteren Fortgang der Angelegenheit betreibt. Von Wala ist erst nach seinem Klostereintritt die Rede. Er wird als Berater des neuen Corbier Abtes bezeichnet, wobei freilich, wie gesagt, die angebliche Selbständigkeit des letzteren durch eine kleine Bemerkung noch besonders hervorgehoben wird, um die Bedeutung des Ratgebers wieder abzuschwächen. Das zweite Mal tritt Wala als der Begleiter seines Bruders Adalhard im Jahre 821 auf. Doch verlautet dabei nichts weiter über die Art und den Umfang seiner Tätigkeit. Es ist also im Vitusbericht das Bestreben zu erkennen, den ungewöhnlich starken Beitrag nicht in Erscheinung treten zu lassen, den Wala schon bei den ersten Überlegungen und dann bei der Klostergründung selbst nach Radberts Zeugnis tatsächlich geleistet hat. Es liegt eine Zurückhaltung in der Darstellung des Vitusberichtes vor, für die es einen Grund gegeben haben muß. Dieser kann auch ermittelt werden, wenn die Stellung ins Auge gefaßt wird, die Wala in dem politischen Geschehen der späteren Zeit einnahm. In den vorangegangenen Ausführungen war schon davon die Rede.[96]

Die Einleitung des Vitusberichtes wurde noch zu Lebzeiten Ludwigs des Frommen geschrieben. Offensichtlich war der Verfasser, der mit den Vorgängen der Reichspolitik gut vertraut war, bei der Schilderung der Ereignisse bemüht, auf die Einstellung des Herrschers und seiner näheren Umgebung Rücksicht zu nehmen. Andererseits hatte Wala mit den Bestrebungen, die sich in der Führung des Reiches damals geltend machten, nur wenig im Sinn. Meist war er in den Reihen der Opposition zu finden. Eine solche Haltung hatte schon 814 seinen Rückzug aus der Politik und seinen Eintritt in das Kloster veranlaßt. Als er aber seit 826 als Abt von Corbie wieder aktiv an dem politischen Geschehen Anteil nahm, ist er mit den von höchster Stelle ausgehenden Maßnahmen wiederholt in Konflikt geraten. Andererseits hat er seine grundlegenden Vorschläge zur Reichsreform in so selbständiger Weise vertreten, daß er sich sowohl in den Kreisen derer, die an der Macht waren, wie auch derer, die nach Macht strebten, nicht gerade immer einer Beliebtheit erfreute. Wie schon dargelegt wurde, gehörte er einer Gegenpartei an, mit der die am Kaiserhof wirkenden Politiker erhebliche Schwierigkeiten hatten. Im Jahre 830 war er das Haupt einer Verschwörung, die gegen die übermächtige Stellung des kaiserlichen Beraters Bernhard von Septimanien sowie gegen die für die Erhaltung der Reichseinheit ungünstigen Absichten der Kaiserin Judith gerichtet war und schließlich zu dem Aufstand einer Gruppe von hochstehenden Adligen gegen die verantwortlichen Machthaber führte. Die Empörung erreichte auch den Sturz derselben, nahm dann aber, wenn auch nicht mit Walas Zustimmung, Formen an, die dem Ansehen der Aufständischen unzuträglich waren und dahin führten, daß sich die erschütterte Stellung des Kaisers wieder festigen konnte. Bei der anschließenden Bestrafung der Rebellen kam es im Jahre 831 zu Walas Verbannung. Nach seiner Begnadigung holte ihn der Gegenspieler des Kaisers Ludwig, dessen Sohn Lothar, zu sich nach Italien. Dort verbrachte Wala die letzten Jahre seines Lebens. Zwar kam es kurz vor seinem Tode noch zu einer Aussöhnung mit Kaiser Ludwig. Doch konnte sie nichts daran ändern, daß die wechselvollen Ereignisse des unruhigen Lebens in der nachfolgenden Zeit eine verschiedene Beurteilung fanden. Der als gefährlich angesehene Rebell, der unbequeme Mahner, der vorhandene Mißstände ohne Ansehen von Person oder Stellung geißelte und die für richtig gehaltenen Grundsätze mit unerbittlicher Strenge vertrat, wird nach dem Tode an verschiedenen Stellen nicht in angenehmer Erinnerung gewesen sein. Für viele, die im politischen Geschehen verantwortlich mitgewirkt hatten, blieb das Bild des eigenwilligen Karolingers vieldeutig. Trotz aller Achtung, die man ihm bei seinen Fähigkeiten und der Lauterkeit seines Charakters entgegenbringen mußte, war seine Bewertung umstritten.

Wenn dies berücksichtigt wird, kann die Zurückhaltung verständlich werden, die der Verfasser des Vitusberichtes bei der Niederschrift der Geschichte seines Klosters übte. Er nennt zwar den inzwischen verstorbenen Klosterbruder Wala mit Hochachtung und Ehrerbietung im Zusammenhang mit den Gründungsvorgängen. Doch war er bestrebt, an höchster Stelle nicht Anstoß zu erregen. Deshalb vermied er es zu sagen, daß die Anfänge der großen Reichsabtei Corvey, die dem Herrscherhaus eng verbunden war, auf den Plan eines Mannes zurückzuführen sind, den man in hochstehenden Kreisen nicht gerne sah.

Demgegenüber hat sich Radbert anders verhalten. Die Abfassung der einschlägigen Ausführungen der Grabrede fällt ungefähr in die gleiche Zeit wie die der Einleitung des Vitusberichtes. Doch hatte Radbert keine Scheu, die Entwicklung so darzustellen, wie sie tatsächlich verlaufen ist. Es kann sogar vermutet werden, daß er Walas Verdienste um die Klostergründung deshalb so ausführlich erörterte, weil er den Bestrebungen entgegenwirken wollte, die darauf ausgingen, das Bild des bedeutenden Karolingers in den Augen der Nachwelt dadurch zu beeinträchtigen, daß man seine hervorragenden Leistungen bei der Anlage von Corvey zu verschweigen suchte.

Somit ergibt sich bei einer vergleichenden Betrachtung der zeitgenössischen Quellen trotz des Widerspruchs der Aussagen ein klares und gesichertes Bild von dem Wirken jener Männer, die bei der Planung und Anlage des Sachsenklosters die führende Rolle spielten. Für die Bildung eines Urteils haben Radberts Angaben ein entscheidendes Gewicht, weil sie am ausführlichsten sind und bei der ausgezeichneten Sachkenntnis des Verfassers die größte Aussagekraft besitzen. Sie sprechen eindeutig dafür, daß sowohl die Inangriffnahme wie das Gelingen des großen Vorhabens, das unter der Leitung des Abtes Adalhard und zeitweilig auch unter der des zweiten Adalhard ausgeführt wurde, nicht zustandegekommen wäre, wenn es nicht die Initiative und den unermüdlichen Einsatz des Wala gegeben hätte. Radbert hat in der »Grabrede auf Arsenius« unmißverständlich dargelegt, daß von Anfang an hinter den wechselvollen Vorgängen des schwierigen Unternehmens die überragende Gestalt dieser starken Persönlichkeit als die unentwegt treibende Kraft stand, obwohl sie selber in den betreffenden Jahren schweren Belastungen und Schicksalsschlägen ausgesetzt war.

Bereits in einer Zeit, als Graf Wala noch mitten im Getriebe des weltlichen Lebens tätig war und von den politischen und militärischen Aufgaben eines hohen Amtes in Anspruch genommen wurde, hat er sich lebhaft, und zwar als erster, mit dem Gedanken einer Klostergründung in dem Heimatland seiner Mutter beschäftigt und ist auch schon damals unermüdlich für die Verwirklichung seiner Idee eingetreten. Was in dieser Zeit vorbereitend in die Wege geleitet, aber noch nicht zur Ausführung gebracht wurde, betrieb er später nach dem Verlust der einflußreichen weltlichen Stellung von Corbie aus als ein schlichter Klosterbruder weiter. Auch unter den veränderten Verhältnissen hat er es verstanden, sein Wollen und Können für das geplante Werk erfolgreich einzusetzen. So ist eine einheitliche Linie seines Handelns zu erkennen, die trotz aller Hemmungen und Rückschläge folgerichtig eingehalten wurde.

Walas Stellung vor seinem Klostereintritt

Um noch besser erkennen zu können, unter welchen besonderen Umständen Graf Wala den Gedanken einer sächsischen Klostergründung »*als erster in seinem Geist erfaßte*«, wird noch näher darauf einzugehen sein, was der zeitgenössischen Überlieferung hinsichtlich der Stellung zu entnehmen ist, die er inne hatte, als er die Verwirklichung seiner Klosterpläne zu betreiben begann. Diese Zeit lag zwischen dem Ende der Sachsenkämpfe und dem Tode Karls des Großen, also in dem Jahrzehnt zwischen 804 und 814. Freilich enthalten die einschlägigen Schriften nur wenige Mitteilungen, die darüber unterrichten. So wird kein vollständiges Bild davon zu entwerfen sein, wie Wala in der genannten Zeit dagestanden hat. Doch gibt es einige wichtige Aussagen, die auf den hohen Rang seiner damaligen Stellung ein Licht werfen und ebenso die große Bedeutung seiner Aufgaben und die Weite des Raumes ersichtlich werden lassen, in dem sich seine Tätigkeit in diesen Jahren bewegte.

Als das Zeitalter der Sachsenkämpfe zu Ende ging, also am Anfang des 9. Jahrhunderts, war Wala etwa 30 Jahre alt. Sein Aufenthaltsort war damals der kaiserliche Hof.[97] Im einzelnen ist nicht bekannt, welche Aufgaben ihm dort zunächst zufielen. Vorausgegangen war, daß etwa ein Jahrzehnt früher der neunzehnjährige Wala bei Karl in Ungnade gefallen und aus einem Grunde, von dem man heute nichts Sicheres weiß, in die Verbannung geschickt worden war.[98] Doch hat der König noch vor der Jahrhundertwende dem jüngeren Vetter wieder das Vertrauen geschenkt und ihn als ständigen Mitarbeiter zu sich geholt. Es kann angenommen werden, daß Wala nun die Gelegenheit hatte, an den wichtigen Ereignissen der genannten Zeit, also etwa an der großen Paderborner Reichsversammlung von 799, an der Kaiserkrönung des Jahres 800 und bald danach an der Beendigung der Sachsenkämpfe, in der nächsten Umgebung des Herrschers teilzunehmen.

Karl erkannte die Fähigkeiten des begabten Verwandten offenbar frühzeitig und wußte sie immer mehr zu schätzen. Es sieht sogar so aus, als ob er ihn schon sehr bald in den engsten Kreis der Berater gezogen hat. Radbert konnte jedenfalls sagen, daß Wala »*fast vom Beginn des Mannesalters in den Senat und unter die Weisen des Königreiches*« gekommen sei.[99] Er soll schon 805 oder 806 den Titel eines Grafen geführt haben, womit sicherlich ein verantwortungsvolles Amt verbunden war.[100] Seine Machtbefugnisse erweiterten sich immer mehr. Schließlich wird von einer alles überragenden Stellung gesprochen, die er in den letzten Jahren vor Karls Tod innegehabt haben soll.

So heißt es im Vitusbericht, daß Wala in der Zeit Karls sehr mächtig gewesen sei und bei den Vornehmen des Hofes in hoher Achtung und in der ganzen sächsischen Provinz an bevorzugter Stelle gestanden habe.[101] In einer anderen Schrift des 9. Jahrhunderts findet sich die Aussage:[102] »*Wala war der Inhaber der höchsten Stelle bei Karl.*« Das heißt, daß er »*gewissermaßen die rechte Hand des Kaisers war und an Machtfülle direkt nach ihm kam*«, wie es Lorenz Weinrich formulierte.[103] Im Anschluß an diesen Satz umschreibt Weinrich den damaligen Aufgabenbereich des Wala folgendermaßen noch näher: »*Sein Titel wird von Radbert als ›echonemos totius domus‹ bezeichnet, doch stimmen die Angaben, die er von Walas Tätigkeit gibt, mit denen eines comes palatii überein, der die königliche Gerichtsbarkeit ausübte, nicht selten als Königsbote ausgeschickt, aber auch als Heerführer verwandt wurde. Gerade das wird von Wala berichtet: Seine Gerichtsbefugnis wurde von ihm mit großer Strenge, aber unparteiisch gehandhabt, er besaß eine überragende Stellung im geheimen Rat... Schließlich wurden ihm auch Aufträge militärischen Charakters zugeteilt, die sonst dem Kaiser vorbehalten waren.*« Eine besondere Aufgabe fiel dem Grafen Wala in dem Heimatland seiner Mutter, also bei den besiegten Sachsen, zu. Dort hatte er die Stellung eines Herzogs (dux) inne. Was darunter zu verstehen ist, mögen die folgenden Ausführungen zeigen.

Trotz der erfolgreichen Beendigung der Kämpfe hatte Karl die Probleme, die durch die Eingliederung des eroberten Sachsenlandes auf ihn zukamen, noch nicht im vollen Umfang bewältigt. Der Übergangscharakter der sich daraus ergebenden Zustände erforderte in der Verwaltung organisatorische Einrichtungen, die sich von denen der anderen Reichsteile erheblich unterschieden. Darüber geben die Darlegungen Weinrichs näheren Aufschluß:[104] »*Innenpolitisch waren die Sachsen noch nicht fest in den Reichsverband eingefügt. Die Mission, die die Assimilierung beschleunigen sollte, machte nur langsame Fortschritte, und außenpolitisch war den Franken durch ihr Vordringen bis zur Elbe ein gefährlicher Gegner erwachsen, die Dänen, die die Stabilisierung der sächsischen Eroberung gefährdeten. In dieser Lage hielt es Karl der Große nicht für ratsam, das fränkische Grafschaftssystem einzuführen, sondern schuf über den Grafen in ihren Einzelgauen eine Zwischeninstanz, den marchio oder dux. Dabei handelte es sich wohl nicht um eine eigentliche Behörde, sondern mehr um die einem Grafen persönlich für eine kürzere Zeit und vielleicht auch für einen begrenzten Auftrag erteilte Sonderbevollmächtigung oder Statthalterschaft. Diesen verantwortungsvollen Posten übertrug er Wala.*«

Der Genannte war also in dieser schwierigen Übergangszeit als ein Sonderbeauftragter des Kaisers tätig. Dabei müssen seine Befugnisse sehr weit gegangen sein. Sonst hätte der Vitusbericht nicht sagen können, daß er in der ganzen sächsischen Provinz an bevorzugter Stelle stand. Wie schon wiederholt gesagt wurde, brachte Wala für diese Tätigkeit auch eine besondere Voraussetzung mit, da er durch die sächsische Herkunft seiner Mutter eine natürliche Beziehung zu dem unterworfenen Volksstamm hatte. Er hat sich auch immer offen zu seiner sächsischen Abstammung bekannt. Andererseits wurde er auch von den Sachsen als einer der ihren angesehen.

In seiner Eigenschaft als Herzog hat Wala das fränkische Heer bei kriegerischen Anlässen als Feldherr angeführt und dabei den Kaiser vertreten. Das bezeugt Radbert in der Grabrede und teilt im besonderen mit, daß er die Obotriten besiegt habe.[105] Daß er diesen slawischen Volksstamm bekämpft haben soll, wird freilich von Weinrich bezweifelt,[106] doch ohne überzeugende Begründung. Im Gegenteil, wenn die Ereignisse ins Auge gefaßt werden, die sich am Anfang des 9. Jahrhunderts an der Nordostgrenze des Reiches, das heißt im Niederelbegebiet, vollzogen haben, läßt sich sogar mit großer Wahrscheinlichkeit sagen, wann und wo diese Kämpfe anzunehmen sind.

In der letzten Phase der Sachsenkämpfe, in den Jahren zwischen 795 und 804, wurden die fränkischen Truppen nur noch in den östlichen Teilen des Sachsenlandes zum Kampf eingesetzt, hauptsächlich zwischen Unterweser und Niederelbe. Dabei wurden die Nordalbinger, also jene Sachsen, die nördlich der Elbe wohnten, ebenfalls in Mitleidenschaft gezogen. Freilich hatten sie es zumeist nicht unmittelbar mit den Franken zu tun, sondern mit einem anderen Gegner, der damals mit Karl im Bunde war. Es handelt sich um den Slawenstamm der Obotriten. Während sich das Heer des Königs damals zur Befestigung der fränkischen Herrschaft immer wieder in den südelbischen Gauen aufhielt, was in den Jahren 795, 798, 799, 802 und 804 der Fall war, kämpften die mit ihm verbündeten Obotriten nördlich des Flusses zweimal gegen die dort ansässigen Sachsen, und zwar in den Jahren 795 und 798. Das erste Mal blieben die Nordalbinger die Sieger. Aber im Jahre 798 wurde ihnen von dem slawischen Gegner auf dem Swentinefeld bei Bornhöved eine vernichtende Niederlage bereitet. Nach dieser Schlacht begann König Karl mit der Umsiedlung der besiegten Nordalbinger. Erhebliche Teile der Bevölkerung wurden gezwungen, die Heimat zu verlassen, und auf die Provinzen des fränkischen Reiches verteilt. Weitere Zwangsdeportationen erfolgten in den Jahren 799 und 802. Die letzte wurde im Jahre 804 durchgeführt, als sich Karl mit seinem Heere in Hollenstedt aufhielt. Daraufhin überantwortete er die entvölkerten Gaue Nordalbingiens den

Obotriten zur Besiedlung. So wurde die nordöstliche Grenze des Reiches nunmehr vom Lauf der unteren Elbe gebildet. Das Überlassen der nordalbingischen Sachsengaue an den slawischen Bundesgenossen war ein Lohn für die gewährte Waffenhilfe. Zugleich sollte dadurch eine unmittelbare Berührung des soeben angegliederten Sachsenlandes mit dem nordgermanischen Nachbargebiet unterbunden werden. Der neue Siedlungsraum des befreundeten Slawenstammes sollte gegenüber den Dänen ein schützendes Vorfeld bilden.

Tatsächlich hat sich die fremde Bevölkerung in dem nordelbischen Sachsenland auch niedergelassen.[107] Doch kann nur von einem kurzen Zwischenspiel die Rede sein, das nicht länger als fünf oder sechs Jahre dauerte. Zwar wird in den Quellen jener Zeit nicht der ganze Ablauf des Geschehens im Zusammenhang dargestellt, doch ist das Wesentliche an einigen gut bezeugten Vorgängen abzulesen. So liegt die Mitteilung vor,[108] daß im Jahre 811 ein Friedensvertrag zwischen den Franken und Dänen abgeschlossen wurde. Seitens der Franken war eine zwölfköpfige Delegation erschienen, an deren Spitze der Graf Wala stand. Der Verhandlungsort lag an der Eider, deren Lauf damals von den Franken als die Nordgrenze ihres Reiches beansprucht und von den Dänen auch anerkannt wurde. Das heißt, daß nunmehr das Land zwischen Elbe und Eider allgemein als ein Bestandteil des Frankenreiches galt.

Diesem Vertragsabschluß war ein Umschwung in der fränkischen Außenpolitik vorangegangen, soweit sie das Verhältnis zu den Nachbarn im Norden und Nordosten betraf. Offenbar war der Kaiser inzwischen zu der Überzeugung gekommen, daß auch das nordelbische Vorfeld seinem Herrschaftsgebiet unmittelbar angehören müsse. So hat er den Befehl erteilt, die Elbgrenze mit Heeresmacht zu überschreiten. Es ist überliefert worden,[109] daß der Graf Egbert im Jahre 809 den Auftrag erhielt, im Bereich der heutigen Stadt Itzehoe an der Stör das Kastell Esesfeld anzulegen und das anschließende Gebiet zu besetzen. Eine Vorverlegung der Reichsgrenze bis an Eider und Trave war aber nur möglich, wenn die Obotriten das Land, das sie fünf Jahre vorher erhalten hatten, wieder räumten. Daß sich dieser Vorgang nicht kampflos vollzogen hat, lassen einige knappe Nachrichten erkennen, die auf diese Ereignisse zu beziehen sind. So vermerkt Einhard,[110] daß Karl neben anderen die Obotriten »*gezähmt*« habe. Diese Angabe kann eigentlich nur die Streitigkeiten des Jahres 809 gemeint haben. In den gleichen Zusammenhang ist die bereits erwähnte Mitteilung des Radbert zu stellen, welche besagt, daß Wala die Obotriten besiegt habe. Das heißt, daß an diesen Kämpfen auch Wala als der Führer einer Heeresabteilung beteiligt war.

Man wird auch über die Einzelheiten dieser Vorgänge einige Vermutungen anstellen und etwa folgendes sagen dürfen. Wenn die fränkischen Truppen die Elbe überschreiten sollten, um das Land zwischen Eider und Trave zu besetzen, so lag es nahe, eine Zangenbewegung durchzuführen und zwei Flußübergänge gleichzeitig zu benutzen. In dieser Gegend wurde die schwer passierbare Elbniederung von zwei wichtigen Fernstraßen durchzogen. Die eine führte von Stade nach Itzehoe. Dort wurde, wie gesagt, Graf Egbert angesetzt, und zwar mit dem Auftrag, an der gegenüberliegenden Seite einen befestigten Brückenkopf anzulegen. Die zweite Übergangsstelle, die verkehrsmäßig und strategisch von gleicher Bedeutung war, befand sich flußaufwärts bei Artlenburg. Man wird vermuten dürfen, daß dort die andere Heeressäule vorrückte und daß sie vom Grafen Wala angeführt wurde. Radbert hat, wie gesagt, mitgeteilt, daß er erfolgreich mit den Obotriten gekämpft hat. Man wird nicht fehlgehen, wenn diese Angabe darauf bezogen wird.

Demgegenüber muß auffallen, daß die schriftliche Überlieferung zwar den Einsatz des Grafen Egbert erwähnt, aber nicht den von uns vermuteten zweiten Vorstoß, der unter Walas Leitung gestanden haben soll. Dieses Schweigen kann dadurch verständlich werden, daß an die vorangegangenen Ausführungen[111] über den Vitusbericht und das dort erkennbare Bestreben erinnert wird, nach Karls Tod möglichst wenig über den bei Ludwig in Ungnade gefallenen Wala zu berichten. Über die Vorgänge des Jahres 809 geben die Reichsannalen Auskunft. So wäre an die Möglichkeit zu denken, daß deren Bericht über das betreffende Geschehen nachträglich so redigiert sein könnte, daß dort von den Erfolgen des inzwischen unbeliebt gewordenen Wala nicht mehr die Rede war.

Immerhin legen die Angabe über die Stellung, die Wala in den Verhandlungen des Jahres 811 inne hatte, und die schon mehrmals erwähnte Mitteilung des Vitusberichtes, daß er im Sachsenland an bevorzugter Stelle stand, die Vermutung nahe, daß er auch im Jahre 809 eine maßgebliche Rolle spielte. So wird mit großer Wahrscheinlichkeit anzunehmen sein, daß die ganze militärische Aktion, die damals die Besetzung der nordelbischen Sachsengaue zur Folge hatte, unter dem Oberbefehl des Wala durchgeführt wurde.

Der außenpolitische Umschwung, der es bis zum Kampf mit dem früheren Bundesgenossen hat kommen lassen, war von einem Wandel in der fränkischen Innenpolitik begleitet, insofern er mit einer neuen Einstellung zu den Sachsen verbunden war. Es ist nämlich nunmehr ein Verhalten zu beobachten, das auf Ausgleich und Versöhnung gerichtet war. Vor allem zeigt es sich daran, daß die harten Zwangsaussiedlungen wieder rückgängig gemacht wurden. Nach einem zeitgenössischen Zeugnis[112] ist es nach Ablauf von sieben Jahren, also seit 811, wieder zur Rückführung der Heimatvertriebenen gekommen. Diese Maßnahme wurde also gerade in jener Zeit in Gang gesetzt, als Wala den Friedensvertrag mit den Dänen abschloß. Die nordalbingischen Sachsen, die kurz vorher die Heimat hatten verlassen müssen, durften jetzt wieder heimkehren, und es wurde ihnen das Vertrauen entgegengebracht, daß sie in der vorgeschobenen Stellung die Treue zum Reiche bewahren würden. Die einzelnen Ereignisse dürfen nicht getrennt voneinander gesehen werden. Die Rückführung der ausgesiedelten Sachsen und die Verdrängung der Obotriten gehören zusammen und können als Teile ein und desselben Planes aufgefaßt werden. Es handelt sich um einen neuen Kurs, der einen grundlegenden Wandel in der Handhabung der fränkischen Sachsenpolitik brachte. Die Frage ist zu stellen, wer ihn veranlaßt haben könnte.

Der Umschwung erfolgte in jener Zeit, als Adalhard und Wala den großen Einfluß auf die Reichspolitik ausübten. Es waren die Jahre, in denen Wala, mit weitgehenden Vollmachten ausgestattet, als ein kaiserlicher Sonderbeauftragter um die Neuregelung der sächsischen Verhältnisse bemüht war. Zu den Stammesgenossen seiner Mutter stand er in einem besonderen Vertrauensverhältnis, und sein Charakter war derartig, daß sein unbestechlicher Gerechtigkeitssinn immer wieder gerühmt wurde. So liegt es nahe, das Aufkommen des neuen Kurses in der Sachsenpolitik auf Walas Einfluß zurückzuführen und in ihm denjenigen zu sehen, der in erster Linie darauf gedrungen hat, die unleidlichen Zustände zu beseitigen, die sich infolge der Aussiedlung ergeben und sicherlich eine große Erbitterung der Sachsen hervorgerufen hatten. Wenn diese Annahme zutreffen sollte, wären jedenfalls die ungewöhnlich großen Sympathien gut zu verstehen, die man ihm auch noch später im Sachsenland entgegenbrachte.[113]

Ferner ist zu beachten, daß sich der Ablauf der nordelbischen Ereignisse, der im Jahre 809 mit dem Überschreiten der Elbe begonnen hatte und zwei Jahre später die Evakuierten wieder heimkehren ließ, unmittelbar an jene Zeit anschloß, in der am kaiserlichen Hof und im Kloster Corbie die Beratungen über Walas Vorschläge zur Anlage des sächsischen Missionszentrums im Gange waren. Das große Klostervorhaben, das der Befestigung und Verbreitung der christlichen Gesinnung dienen sollte, muß in einem inneren Zusammenhang mit den genannten politischen Maßnahmen gesehen werden. Offensichtlich ist der Anstoß in beiden Fällen von derselben Persönlichkeit ausgegangen. Walas Handeln war jedesmal darauf gerichtet, bei den Sachsen Verhältnisse zu schaffen, die ihnen ermöglichten, in dem großen christlichen Reich endgültig heimisch zu werden.

Walas Auftreten in dem nordöstlichen Grenzland des Reiches führte nicht nur zur Begegnung mit dem slawischen Nachbarn. Der zweite Partner, mit dem er dort zu tun hatte, gehörte der Völkerwelt des damals noch heidnischen Nordeuropa an. So mußte er mit den Dänen verhandeln. Der Frieden, den er als der Vertreter des Kaisers im Jahre 811 mit ihnen abschloß, beendigte Streitigkeiten, zu denen es im Jahre 810 infolge des fränkischen Elbübergangs gekommen war.

Bald nach der Erledigung dieser Aufgaben, die sich an der neuen Nordgrenze nach der Eingliederung des Sachsenlandes ergeben hatten, erhielt Wala einen weiteren Sonderauftrag,[114] der ihn in den Süden des fränkischen Herrschaftsgebietes führte. Im Jahre 812 war durch die Aktivität, die im Mittelmeerraum von den Sarazenen entfaltet wurde, für Italien eine bedrohliche Lage entstanden. Es hieß, daß die arabischen Flotten, die man in Nordafrika und Spanien neu aufgestellt hatte, einen Angriff auf die Halbinsel planten. Bei dem Fehlen von fränkischen Schiffen hätten die weiten Küstengebiete den Einfällen schutzlos offengestanden, wenn nicht erreicht werden konnte, daß die sonst noch vorhandenen Kräfte zur gemeinsamen Abwehr vereinigt wurden. Im besonderen mußte eine Zusammenarbeit mit der byzantinischen und venezianischen Flotte herbeigeführt werden. Es sieht so aus, als ob dies auch gelungen ist.

Zur Durchführung dieser Aufgabe wurde im Herbst 812 der junge Bernhard, der gerade volljährig gewordene Sohn des verstorbenen Königs Pippin, nach dem Süden geschickt. Dem noch wenig erfahrenen Anwärter des italischen Königsthrones wurde als der maßgebliche Berater der bewährte Graf Wala an die Seite gestellt. Dieser hat also als derjenige zu gelten, der die eigentliche Verantwortung für die Sicherung der Grenze im südlichen Herrschaftsbereich zu tragen hatte. Von welcher Art nun seine Tätigkeit, die sich nachweislich bis Süditalien erstreckte, im einzelnen war, ist nicht überliefert worden. Ebenso ist auch unbekannt, wie lange Wala damals in Italien blieb. Es hat den Anschein, als ob er erst im Herbst 813 nach Aachen zurückgekehrt ist.

Auf die Menschen dieses Landes, in das er später noch einmal kommen sollte, machte Wala schon bei diesem ersten Aufenthalt einen starken Eindruck. Das wurde nach einem Jahrzehnt offenbar, als er sich als der Ratgeber des Kaisers Lothar wiederum in Italien niederließ. Denn das erneute Erscheinen des energischen und unbestechlichen Karolingers rief bei den korrupten Inhabern von geistlichen und weltlichen Ämtern aufgrund der früheren Erfahrungen eine lebhafte Unruhe und Besorgnis hervor.

Es war gewiß nicht ohne Bedeutung, daß der langwährende Italien-Aufenthalt dem vielseitig interessierten Wala eine vorzügliche Gelegenheit bot, mit den Verhältnissen des Langobardenlandes näher bekanntzuwerden. Dieses stand damals schon vier Jahrzehnte lang unter der Herrschaft des Frankenkönigs, wobei es seine kulturelle Eigenart bewahren und in besonderer Weise entfalten konnte. Das verwaiste Königreich wurde in jener Zeit immer noch von Adalhard verwaltet. Sicherlich war es wiederholt möglich, daß sich die beiden Brüder, die einander eng verbunden waren, in der Hauptstadt Pavia oder auch anderweitig trafen. Ebenso hatte Wala in den Ortschaften Italiens immer wieder Gelegenheit, sowohl die Bauten der Vergangenheit als auch die neueren Werke der bildenden Kunst, die dort in großer Zahl zu sehen waren, durch eigene Anschauung kennenzulernen.

Außer der politischen und militärischen Tätigkeit an der nördlichen und südlichen Peripherie ist in jenen Jahren auch mehrfach mit Walas Anwesenheit im Zentrum des Reiches, am Aachener Hofe, zu rechnen. Als der alternde Kaiser im Jahre 811 ein Testament anfertigen ließ, in dem festgelegt wurde, wie nach seinem Tode über seine Schätze verfügt werden solle, war Wala auch an diesem Vorgang beteiligt. In dem bedeutenden Dokument werden als Zeugen 30 hohe Würdenträger aufgeführt, und zwar 15 aus dem geistlichen und 15 aus dem weltlichen Stande. Es ist bezeichnend, daß in der Reihe der weltlichen Machthaber der Name des Grafen Wala an der ersten Stelle steht.[115]

So bewegte er sich in den Jahren, die unmittelbar vor dem Tode des ersten Frankenkaisers lagen, in einem Wirkungsfeld, das vom nördlichen Europa bis zum äußersten Süden des Kontinents reichte. Ebenso wie er in dem Lande, das an Nordsee und Ostsee grenzte, mit Slawen und Dänen verhandeln oder auch kämpfen mußte, hatte er es im Mittelmeerraum mit Sarazenen, Byzantinern, Langobarden und der romanischen Bevölkerung Italiens zu tun. Ferner stand er in Aachen mit den führenden Männern des großen Reiches in enger Verbindung. Die Spannweite seines Wirkens hatte damals Ausmaße von europäischem Format.

Schließlich ist noch einmal daran zu erinnern, daß die soeben erwähnten Vorgänge in jene Zeit gehören, in der nach dem Zeugnis der Adalhard-Biographie die drei Brüder Adalhard, Wala und Bernhar einen großen Einfluß auf den Kaiser ausübten. Es wurde schon dargelegt, daß Radbert das Zusammenwirken der vier Karolinger in dem Bild eines Viergespanns veranschaulicht. Und zwar erscheinen der Kaiser und seine drei Vettern nebeneinander als vier Pferde, die gemeinsam einen Wagen ziehen, als dessen Lenker Jesus Christus genannt wird. Das Bild soll, wie gesagt wurde, zum Ausdruck bringen, daß sich sowohl die zwei Kleriker wie die zwei führenden Staatsmänner einer religiösen Idee verpflichtet fühlten, daß sie nämlich die Erscheinung des auferstandenen Heilands als die höchste Instanz ansahen, von der sie die Weisungen für das Handeln im irdischen Bereich empfingen.

Von dieser Art war also die Stellung des vielfach beanspruchten Grafen Wala, als ihm, nach Radberts Worten, als dem ersten von Gott eingegeben wurde, an welcher Stelle des Sachsenlandes das Kloster errichtet werden sollte. Wie gesagt, es handelt sich dabei um jenes Gelände, das als Hethis bezeichnet wurde.

Sicherlich hatte Wala ganz bestimmte und auch wesentliche Gründe, gerade diesen Platz auszuwählen, zumal er mit solchem Nachdruck für seinen Vorschlag eintrat und trotz aller Schwierigkeiten auch am längsten an dem betreffenden Ort festhielt. Bei dem Weitblick und dem hohen Rang des zielstrebigen Karolingers hat die Frage nach den Motiven, die ihn gerade diese Wahl treffen ließen, ein besonderes Gewicht.

Dabei ist zu beachten, daß der betreffende Ort aufgrund der äußeren Lebensbedingungen, die er zu bieten hatte, für das geplante Vorhaben nicht gerade besonders geeignet war. Das bringen der Vitusbericht und die Adalhard-Biographie übereinstimmend zum Ausdruck. Das heißt, daß nicht etwa ein natürlich vorhandener Reichtum bei der Wahl des Geländes den Ausschlag gab. Wala ließ sich von anderen Erwägungen dazu bestimmen, dem Kaiser und den hohen Würdenträgern des Reiches ausgerechnet das unergiebige Hethis-Gelände als Standort für das zu schaffende christliche Kulturzentrum vorzuschlagen. Welche Gründe mögen es gewesen sein?

Wenn allein von den bisherigen Ausführungen ausgegangen wird, dürfte es kaum möglich sein, eine befriedigende Antwort zu geben. Denn solange es ungeklärt ist, wo die Hethis-Anlage gestanden hat, wird sich jeder Versuch, die Gründe des Grafen Wala zu ermitteln, auf einem unsicheren Boden bewegen, da die Überlegungen nicht von bestimmten Gegebenheiten einer bekannten Stätte ausgehen können. Um so mehr ist zu begrüßen, daß die schriftliche Überlieferung noch eine weitere Aussage anzubieten hat, von der bisher noch nicht die Rede war, die aber eine neue Möglichkeit eröffnet, die Eigenart der gesuchten Stätte in einem besonderen Licht zu sehen. Es ist an der Zeit, dem unbeachteten Zeugnis die Aufmerksamkeit zuzuwenden.

Der erste Gründungsversuch und das vorchristliche Heiligtum

Das vorchristliche Heiligtum in der Egloga des Radbert

Unbeachtet blieb bisher eine Aussage über das Hethis-Gelände, die Radbert in den Versen eines Gedichtes bringt, das er in seiner Trauer über Adalhards Ableben und zum ehrenden Gedenken an den großen Corbier Abt geschrieben und der Adalhard-Biographie als Anhang beigefügt hat. Das Gedicht stammt also ebenfalls aus dem 9. Jahrhundert. Offenbar ist es unmittelbar unter dem ersten Eindruck des schmerzlichen Verlustes entstanden, und so wird die Niederschrift bald nach Adalhards Tod, auf jeden Fall noch im Verlauf des Jahres 826 anzunehmen sein. Somit ist diese poetische Schöpfung mindestens um ein Jahrzehnt älter als die »Grabrede auf Arsenius« und die Einleitung des Vitusberichtes. Sie dürfte auch schon vorgelegen haben, als die Adalhard-Biographie verfaßt wurde.

Das umfangreiche Gedicht[116] besteht aus 181 Versen in lateinischer Sprache und trägt eine lange Überschrift, die mit folgenden Worten beginnt: »Egloga duarum sanctimonialium uno favoris planctu conplosa«. Der umständliche Titel soll weiterhin durch die Abkürzung »Egloga« ersetzt werden.

Radbert hat diesen Nachruf in der gleichen Weise, wie es auch bei der »Grabrede auf Arsenius« der Fall ist, in die Form eines Wechselgesprächs gekleidet. Er läßt zwei weibliche Gestalten auftreten, die Fillida und Galathea heißen und sich in der Rede ablösen. Es sind die Personifikationen der beiden Klöster, die Adalhard in den letzten Jahren seines Lebens nebeneinander geleitet hatte. Fillida spricht für das westfränkische Corbie, Galathea für das neugegründete sächsische Corvey.

Der Inhalt des alten Gedichtes scheint in der Gegenwart wenig bekannt zu sein. Denn nur so konnte es dahin kommen, daß in der bisherigen

Erörterung des Hethis-Problems noch nicht davon die Rede war, daß einige Sätze des Textes den Anfängen von Corvey gewidmet sind. Dabei wird auch die erste Gründungsstätte erwähnt, und zwar so, daß ein besonderes Licht auf sie fällt. Denn es kommt unmißverständlich zum Ausdruck, daß die Corbier Mönche bei der ersten Gründung versucht haben, das geplante Sachsenkloster in einem Gelände anzulegen, in dem sich vorher ein heidnisches Heiligtum von weitreichender Wirkung befunden hatte.

Bei der Bedeutung dieser Aussage wird von dem vollständigen Wortlaut des betreffenden Textes auszugehen sein. Es handelt sich um die Verse 43 bis 55. Dort spricht Galathea, also das neuentstandene Corvey, in der Trauer über Adalhards Tod zu Fillida, dem Mutterkloster, folgendermaßen.[117]

»Ich sage: Corbie, du mögest als die ältere den Greis im Grabe bewahren; andererseits aber möchte ich als die jüngere, die eines solchen Beschützers beraubt ist, alsbald im Wechselgesang die Wehklage in Form eines Gedichtes anstimmen.

Nachdem du schon früher als eine glückliche Mutter mich, die Glückliche, hervorbrachtest und mich seit längerem mit ein und demselben Namen, nämlich mit deinem, zu benennen pflegtest, mögest du kundtun: ›Oh, von schöner Gestalt bin ich, und nunmehr wirst du für alle Zeiten die zweite neben mir sein.‹

Diese zweite hat jener überaus selige Mann frohlockend begründet, indem er viele göttliche Offenbarungen mit heilbringenden Worten den Leuten zukommen ließ. Denn wo damals noch der Götze wütete, wo die feindlich gesinnte Macht und die Verehrung des heidnischen Heiligtums das ganze bebaute Land in Unehre gebracht hatte, hat er die Kultstätte zunichte gemacht und zu Schafställen für die Herde Christi geweiht. Darauf errichtete er, nachdem der heidnische Hain bis auf die Wurzel beseitigt worden war, für die Mönche weitab von diesem Orte von Grund auf und in vollkommener Weise die geheiligten Klostergebäude.«

Adalhard erscheint hier als die entscheidende Persönlichkeit, der die Errichtung des Klosters Corvey zu verdanken ist. Mit wenigen Worten wird auch von der Hethis-Gründung gesprochen, die der endgültigen Anlage vorangegangen ist. Die knappe Darstellung stimmt in großen Zügen mit jenem Bild überein, das sich bei der Auswertung der anderen Quellen bereits vollständiger ergeben hat. Die zwei Hauptphasen des Geschehens treten deutlich in Erscheinung. Ebenso wird gesagt, daß es sich um zwei verschiedene Stätten handelte, die weit voneinander entfernt waren. Denn es heißt: »*weitab von diesem Orte*« (»*procul inde*«).

Von dem Gelände der ersten Anlage wird weiter gesagt – und darin liegt das Besondere dieser Mitteilung –, daß es dort ursprünglich ein heidnisches Heiligtum gegeben habe. Denn die Worte »*Götze*« (»*demon*«) und »*feindlich gesinnte Macht*« (»*iniqua potestas*«) bezeichnen ohne Frage eine vorchristliche Gottheit, die an jenem Ort verehrt wurde. Ebenso kann im vorliegenden Zusammenhang kein Zweifel daran sein, daß bei dem Ausdruck »*Verehrung des Heiligtums*« (»*cultus fani*«) an einen heidnischen Kultbezirk zu denken ist. Wenn weiterhin betont wird, daß der dort ausgeübte Kult »*das ganze bebaute Land in Unehre gebracht hatte*« (»*totam arvam fedeverat*«), so ist dieser Aussage zu entnehmen, daß Radbert nicht einen unbedeutenden Ort von lokalem Charakter im Sinn hatte, sondern eine Anlage, die für ein größeres Siedlungs- und Kulturgebiet in seiner Gesamtheit von Bedeutung gewesen war. Es kann keinem Zweifel unterliegen, daß von einem hervorragenden und zentralen Stammesheiligtum die Rede ist.

In dem Satz »*wo damals der Götze wütete*« (»*quo tunc demon seviebat*«) besagt das Wort »*damals*« (»tunc«), mit dem auf die Gleichzeitigkeit zweier Ereignisse hingewiesen wird, daß noch zu Beginn der geschilderten Vorgänge eine Wirkung von der alten Kultstätte ausging. Das gleiche kommt in der Imperfekt-Form »*wütete*« (»*seviebat*«) zum Ausdruck. Der Unterschied in der Form der beiden Zeitwörter sollte nicht übersehen werden. Das eine steht im Imperfekt, das andere im Plusquamperfekt. Diese Ungleichheit weist auf zwei gesonderte Phasen im Ablauf des Geschehens hin. Die Imperfekt-Form »*wütete*« bezeichnet den späteren Abschnitt, in dem die alte Kultstätte kurz vor der endgültigen Beseitigung immer noch eine gewisse Wirkung ausübte, während sich die Form des Plusquamperfekts (»*in Unehre gebracht hatte*«) auf die vorangegangene Zeit bezieht, in der sich die heidnische Macht des Ortes noch ungebrochen und im vollen Umfang auf das gesamte Gebiet erstreckt hatte. Auch aus der Bemerkung »*aras vertit*« geht hervor, daß erst durch die von Adalhard eingeleiteten Maßnahmen die dem Christentum widerstrebenden Kräfte zum Erliegen gebracht wurden, die in dem alten Heiligtum noch in der besagten Zeit lebendig waren. Unsere Übersetzung lautet: »*er* [Adalhard] *hat die Kultstätte zunichte gemacht*«. Wenn wörtlich übersetzt würde, müßte es heißen: »*er hat die Altäre umgestürzt*«. Doch braucht diese Redewendung nicht wörtlich genommen zu werden. Es handelt sich um einen bildhaften Ausdruck der lateinischen Sprache, der für die Zerstörung eines ganzen Heiligtums üblich war.

Im besonderen ist noch von der Vernichtung eines heiligen Haines die Rede. Im lateinischen Text heißt es: »*luci radice recisa*«. Die Übersetzung lautet: »*nachdem die Wurzel des Haines beseitigt worden war*« oder »*nachdem der Hain bis auf die Wurzel beseitigt worden war*«. Das Wort »*lucus*« ist hier in seiner ursprünglichen Bedeutung zu nehmen, als »*der einer Gottheit geweihte Wald*«. Daß die Zerstörung des heiligen Haines in den wenigen Zeilen überhaupt erwähnt wird, spricht dafür, daß Radbert darin ein wichtiges Ereignis sah.

Von dem Heiligtum der heidnischen Sachsen, das in dieser Weise charakterisiert wurde, wird nun noch weiter gesagt: »*pecudum sacravit ovilia Christi*«, das heißt: »*er weihte es als die Schafställe der Herde Christi*«. Dem Zeitwort »*sacrare*« liegt von jeher der Sinn »*der Gottheit weihen*« zu Grunde, wenn es zuweilen auch die allgemeine Bedeutung »*widmen, bestimmen*« haben konnte. Mit »*pecudum Christi*« (»*der Schafe Christi*«) sind natürlich die Mönche gemeint und mit »*ovilia*« (»*Schafställe*«) die Gebäude, in denen diese untergebracht wurden. Das Subjekt des Satzes ist Adalhard, das Objekt die vernichtete Kultstätte, die in den vorangegangenen Versen umschrieben wurde, so daß der Satz in freier Übertragung folgendermaßen lautet: »*Adalhard weihte die heidnische Kultstätte als Aufenthaltsort der Mönche.*« Das ist der entscheidende Satz. Er besagt, daß man das große Kloster, das im Sachsenlande entstehen sollte, zunächst in dem Gelände eines bedeutenden vorchristlichen Heiligtums anzulegen versuchte.

Diese Mitteilung über den heidnischen Vorgänger der ersten Klosterstätte ist von besonderem Wert, weil sie, wie schon dargelegt wurde, von einem zuverlässigen und gut unterrichteten Gewährsmann stammt.[118] Der feingebildete und kenntnisreiche geistliche Verfasser war nicht nur ein Zeitgenosse der Gründungsereignisse, sondern auch mit den örtlichen Verhältnissen von Hethis und Corvey gut vertraut. Im Jahre 821 begleitete er Adalhard und Wala auf ihrer Reise ins Sachsenland, auf der auch die Hethis-Anlage aufgesucht wurde. So hatte Radbert die beste Gelegenheit, die junge Niederlassung aus eigener Anschauung kennenzulernen.

Wenn andererseits nur in dem vorliegenden Gedicht diese Angabe über das vorchristliche Heiligtum zu finden ist, das früher an dem ersten Gründungsort gestanden haben soll, so darf die Einmaligkeit der Aussage nicht zum Anlaß genommen werden, an der Glaubwürdigkeit zu zweifeln. Es gibt keinen triftigen Grund, der etwa einen Verdacht rechtfertigen könnte, der angesehene Geistliche habe diese Mitteilung frei erfunden und im Widerspruch zu den wirklichen Gegebenheiten niedergeschrieben. Vielmehr wird zu fragen sein, weshalb das heidnische Heiligtum, von dem das Gedicht so deutlich eine Kunde gibt, in den anderen Berichten unerwähnt bleibt. Das wird weiterhin noch ausführlich zu besprechen sein.

Selbstverständlich dürfen Radberts Sätze im einzelnen nicht mißverstanden werden. Wenn er zum Beispiel sagt, Adalhard habe jene Kultstätte vernichtet und in eine Niederlassung von Mönchen, also in eine klosterartige Anlage, verwandelt, so ist damit nicht gemeint, daß der Genannte die einzelnen Aktionen an Ort und Stelle persönlich geleitet hat. Radbert durfte als allgemein bekannt voraussetzen, daß Adalhard in der Zeitspanne, die zwischen den Jahren 814 und 821 lag, also damals, als die Hethis-Niederlassung begründet und ausgebaut wurde, selbst nicht mitwirken konnte. Einem jeden, der unmittelbar nach Adalhards Tod als ein Leser oder Hörer des Gedichtes in Frage kam, mußte geläufig sein, daß der Corbier Abt in den genannten Jahren fern vom Sachsenland am Ort der Verbannung festgehalten wurde.

Von welcher Art Adalhards Anteil am Gründungswerk tatsächlich war, hat Radbert auch schon in der Egloga angedeutet. So sagt er dort, der Corbier Abt habe den anderen viele göttliche Offenbarungen zukommen lassen. Damit wird Adalhard als derjenige bezeichnet, der seinen Mönchen die Richtlinien für die einzelnen Maßnahmen des großen Unternehmens erteilte. Auch die Weisungen für die Hethis-Gründung haben dazugehört, wie aus dem anschließenden Satze hervorgeht. Die betreffende Aussage könnte von einem heutigen Leser, der mit der sonstigen Überlieferung nicht vertraut ist, sogar so verstanden werden, als ob der Plan für das Hethis-Unternehmen ursprünglich von Adalhard ausgegangen sei.

Daß eine solche Auffassung aber nicht richtig wäre, ist den oben besprochenen Angaben zu entnehmen, die derselbe Gewährsmann in der »Grabrede auf Arsenius« ausführlich zu bringen für notwendig erachtete. In dieser Schrift hat Radbert bis ins einzelne dargelegt, daß Wala derjenige war, der als der erste den Gedanken erfaßte und vertrat, das Kloster an der Hethis-Stätte zu bauen. Also von Wala ist der Vorschlag gekommen, das neue christliche Kulturzentrum im Gelände des altsächsischen Heiligtums entstehen zu lassen.[119] Daß andererseits dieser wirkliche Initiator in der Egloga nicht genannt wird, kann durch einen Hinweis auf vorangegangene Ausführungen verständlich werden.[120] Es wurde schon auseinandergesetzt, daß Radbert auch in der Adalhard-Biographie Walas Verdienste um die Klostergründung nicht erwähnt hat und weshalb es unterblieben ist. Was bei dieser Gelegenheit zu sagen war, trifft auch auf die Egloga zu, sogar in verstärktem Maße. Denn in einem Gedicht, das eine Ehrung für einen Verstorbenen und eine Bekundung der Trauer sein sollte, war es erst recht nicht angebracht, auf die Mitarbeiter desselben und auf deren besondere Verdienste einzugehen.

Wenn nun aber diese aufschlußreiche Mitteilung der Egloga neben die schon früher besprochenen Aussagen der Grabrede gestellt wird, um das bereits erzielte Resultat zu ergänzen, so erscheinen auch deren Angaben in einem neuen Licht. Denn der Hinweis auf die alte Kultstätte läßt ein bisher unbekanntes Motiv sichtbar werden, das den Grafen Wala veranlaßt haben könnte, sich für das Hethis-Gelände zu entscheiden. Somit findet die im vorangegangenen Kapitel[121] gestellte Frage folgende Antwort: Als Graf Wala das Hethis-Gelände als den Standort für die erste Klostergründung vorschlug, muß er in erster Linie an die frühere Kultstätte und an den heiligen Hain gedacht haben sowie an all die Wirkungen, die von dort zur Zeit seiner Tätigkeit immer noch ausgingen. Ein wesentlicher Bestandteil des von ihm entwickelten Planes, den er mit großer Energie und Leidenschaft vertrat, wurde also durch die Absicht bestimmt, das frühere Heiligtum durch ein christliches Kloster zu ersetzen, um die von dort ausstrahlenden und dem neuen Glauben widerstrebenden Kräfte endgültig zu überwinden.

Andererseits kann nun aber auch mit Sicherheit gesagt werden, wie jene Aussage der Egloga zu verstehen ist, die den Abt Adalhard als denjenigen bezeichnet, der auch die erste Klostergründung betrieben haben soll. Angesichts der vielen Aufschlüsse, die der Grabrede zu entnehmen sind, kann diese Mitteilung nicht anders aufgefaßt werden, als daß Adalhard im ersten Stadium der Beratung den Vorschlägen seines Bruders zugestimmt hat. Sie kann also nur besagen, daß Adalhard den Plan des Wala, der die alte Kultstätte christianisieren wollte, sich zunächst zu eigen machte und daraufhin die Corbier Vorbereitungen für die Hethis-Gründung in die Wege leitete. Auf diese ersten Maßnahmen konnte dann später auch sein Nachfolger Adalhard II zurückgreifen, als Wala ihn zur

Ausführung des geplanten Unternehmens veranlaßt hatte. Es ist wichtig, die ursprünglich positive Einstellung des ersten Adalhard zur Kenntnis zu nehmen, um die Größe des Wandels ermessen zu können, der später in seiner Auffassung eintrat. Denn im Jahre 821 beurteilte derselbe Adalhard die auf dieser Grundlage entstandene Schöpfung ganz anders und setzte alles daran, daß von dem mühsam begonnenen Werk so schnell wie möglich wieder Abstand genommen wird.

Das Verschweigen der vorchristlichen Bedeutung der Hethis-Stätte

Es ist noch ein Widerspruch zu erläutern, der beim Lesen des Vitusberichtes auffallen muß. Dort werden nämlich zwei Urteile über die Eignung der ersten Klosterstätte ausgesprochen, die erheblich voneinander abweichen. Zuerst läßt die Darstellung der vorbereitenden Corbier Beratung den ortskundigen Theodrad behaupten, daß der besagte Ort für das geplante Unternehmen vortrefflich geeignet sei. Dann wird aber dieselbe Stätte in der Schilderung der weiteren Entwicklung als völlig unbrauchbar hingestellt.[122] Es heißt, sie sei so unergiebig, daß sich die Mönche dort weder Nahrung noch Kleidung beschaffen konnten.

Dieser Eindruck eines zunächst unverständlichen Gegensatzes wird dadurch erweckt, daß der Verfasser nicht alles mitteilt, was ihm bekannt war. Offenbar wollte er nicht erkennen lassen, daß die zwei sich widersprechenden Urteile von verschiedenen Gesichtspunkten ausgingen. Vor allem sollte die vorchristliche Vergangenheit des Ortes nicht erwähnt werden.

Dagegen spricht Radbert in der Egloga noch unbefangen von jenem Besonderen, das den Plänen des Grafen Wala von Anfang an zugrunde lag. Wie gesagt, es war Walas Absicht, die nachträgliche Wirkung eines großen heidnischen Heiligtums dadurch für immer aufzuheben, daß an dessen Stelle das neue christliche Missionszentrum gesetzt wurde. Von diesem Vorhaben ist aber im Vitusbericht überhaupt nicht die Rede, obwohl dort allerlei über die erste Gründungsstätte mitgeteilt wird, so daß der Eindruck entstehen kann, man werde dort besonders gut über die Bedeutung des Ortes unterrichtet. Doch ist die Erzählung an dieser Stelle wohl deshalb so ausführlich geworden, weil etwas Bestimmtes verdeckt werden sollte.

Es ist nämlich als gewiß anzusehen, daß die Pläne des Grafen Wala, die das alte Heiligtum betrafen, schon in den ersten Corbier Beratungen erörtert wurden. Denn sonst hätte der von ihm vorgesehene Platz für die Verhandlung überhaupt nicht in Betracht kommen können. Nur unter diesem Gesichtspunkt war es möglich, das einsam gelegene und unergiebige Hethis-Gelände als den Standort des Klosters in Vorschlag zu bringen und durchzusetzen. So muß auch Theodrad dieses Motiv gekannt und vor Augen gehabt haben, wenn er wirklich die Meinung geäußert hat, daß die betreffende Stelle für die geplante Gründung gut geeignet sei. Dieser Schluß hat seine Gültigkeit, obwohl der Verfasser des Vitusberichtes nichts davon sagt. Er wird auch seine Gründe dafür gehabt haben, die heidnische Kultstätte als Vorläufer des christlichen Klosters unerwähnt zu lassen. Es wird sogleich Gelegenheit sein, noch näher darauf einzugehen.

Zuvor muß aber erst noch der andere Gesichtspunkt genannt werden, der für die zweite Aussage ausschlaggebend war. Es sieht ja so aus, als ob sowohl in den Corbier Vorverhandlungen wie bei dem endgültigen Paderborner Beschluß von 815 auf die wirtschaftlichen Grundlagen des Unternehmens nicht besonders geachtet wurde. Als sich jedoch nach der erfolgten Gründung die Versorgungsschwierigkeiten einstellten und beim Anwachsen der Mönchsgemeinde immer drückender wurden, traten die Fragen der materiellen Sicherung viel stärker in den Vordergrund. Das mußte auch in der Berichterstattung einen Niederschlag finden. Nunmehr erfuhr die wirtschaftliche Seite eine bevorzugte Beachtung. Andererseits lag in dieser späten Phase erst recht kein Anlaß vor, von dem ursprünglichen Plan noch zu reden, der es mit der ehemaligen Kultstätte zu tun hatte. So wird verständlich, daß es zu dem Eindruck eines auffälligen Widerspruchs kommen konnte. Entscheidend war, daß der Verfasser an jener Stelle seines Berichtes, wo er den Theodrad sprechen läßt, auf den eigentlichen Grund für die Wahl des Hethis-Geländes, nämlich auf dessen frühere religiöse Bedeutung, nicht eingehen wollte.

Es wurde schon gesagt, daß die vorchristliche Kultstätte nur in der Egloga des Radbert erwähnt wird, während sie sonst keine Erwähnung findet, auch nicht in den anderen Schriften desselben Verfassers. Dieses allgemeine Schweigen über das heidnische Heiligtum dürfte nicht zufällig sein. Offenbar lag ihm eine bestimmte Absicht zugrunde. Denn ein solches Verhalten des »nicht davon sprechen Wollens« ist auch anderweitig zu beobachten, wenn es sich um Stätten der vorchristlichen Religion handelte. Es wurde bereits vermerkt, daß auch die Berichterstattung, die von der Zerstörung des Irminsul-Heiligtums Kunde gibt, unter dem Einfluß ähnlicher Bestrebungen stand.[123]

Ebenso verfuhr man in der ältesten Beschreibung Paderborns, die in dem Bericht von der Überführung der Reliquien des heiligen Liborius enthalten ist.[124] Dort werden zwar viele vortreffliche Eigenschaften des zum Bischofssitz ausersehenen Ortes aufgezählt. Doch ist nicht davon die Rede, daß der Paderborner Bereich mit seinem einzigartigen Quellen-Heiligtum im Kultleben der heidnischen Zeit eine wichtige Rolle gespielt hatte. Dabei wird aber sicherlich gerade diese frühere religiöse Bedeutung erheblich in die Waagschale gefallen sein, als bei der Einführung des Christentums beschlossen wurde, in Paderborn ein führendes Zentrum des kirchlichen Lebens entstehen zu lassen.

Die gleiche Zurückhaltung ist, wie gesagt, in fast allen Schriften zu finden, die über die Hethis-Ereignisse berichten. Auch dort übte das verständliche Streben einen Einfluß aus, möglichst keine Elemente der vorchristlichen Entwicklung in die Geschichtsschreibung und damit in das Bewußtsein der nachfolgenden Generationen einfließen zu lassen. Nur die Egloga macht eine Ausnahme. In der gehobenen Sprache einer Dichtung, die Radberts Gefühlen von Schmerz und Trauer unmittelbar nach Adalhards Tod einen lebendigen Ausdruck verleiht und nicht die vorsichtig abwägende Haltung eines Geschichtsschreibers erkennen läßt, wird jener Zusammenhang noch ohne Bedenken erwähnt, auf den derselbe Verfasser in seinen späteren Schriften auch nicht mehr eingegangen ist. In der Egloga scheut er sich nicht, mitzuteilen, daß man das neue Sachsenkloster zunächst im Bereich eines heidnischen Zentralheiligtums anlegen wollte.

Somit liegen zwei sich widersprechende Aussagen über den Gegenstand der Corbier Beratungen vor. Auf der einen Seite wird durch den Vitusbericht der Eindruck erweckt, als ob die Hethis-Stätte nur durch den Vorschlag des Theodrad ins Gespräch gekommen sei. Im besonderen sieht es dort so aus, als ob die anderen Mitglieder des in Corbie beratenden Kreises, und unter ihnen auch der Abt Adalhard, vorher überhaupt nichts von dem betreffenden Ort gewußt hätten, und als ob der Sachsenmönch seine Kenntnis lediglich dem Umstand zu verdanken hatte, daß der allgemein unbekannte Platz, der sich durch das Vorhandensein von zwei lebendigen Quellen auszeichnet, zufällig seinem Vater gehörte.

Demgegenüber ergibt sich aus den Versen der Egloga eine ganz andere Vorstellung von dem damaligen Ruf dieser Stätte. Denn Radberts Aussage, daß die Verehrung eines dort befindlichen heidnischen Heiligtums seinerzeit das ganze bebaute Land in Unehre gebracht habe, kann nur bedeuten, daß dieser Ort in der Bekehrungszeit weithin bekannt war, und zwar dadurch, daß er bis zur Einführung des Christentums eine bevorzugte Stelle im religiösen Leben des Sachsenstammes einnahm. Dann muß aber auch Adalhard schon seit längerem etwas von ihm gewußt haben und erst recht sein Bruder Wala, der als der Urheber des Planes zu gelten hat.

Adalhard hat den Verlauf der langwierigen Sachsenkämpfe und die damit verbundene geistige Auseinandersetzung von Anfang an als ein Zeitgenosse miterlebt. Zwar war er nach dem Zerwürfnis, das ihn im Jahre 772 aus König Karls Umgebung herausgeführt hatte, nicht in der Schar jener Männer gewesen, die als Augenzeugen an der Zerstörung des Irminsul-Heiligtums teilnahmen. Doch hatte er als Corbier Abt schon ein Jahrzehnt später eine solche Stellung inne, daß er den Gang der Missionsentwicklung von einer besonderen Warte verfolgen konnte. Nach dem Abschluß der Kämpfe erhielt er den Auftrag, die sächsische Klostergründung durchzuführen, was im Rahmen der endgültigen Sachsenbekehrung eine besonders wichtige und verantwortungsvolle Aufgabe bedeutete. All das läßt darauf schließen, daß er auch schon vorher die Fortschritte und Rückschläge der Sachsenmission aufmerksam verfolgt und sich beizeiten wenigstens über die wichtigsten Stätten und Einrichtungen des Landes Kenntnis verschafft hatte. Dazu kommt, daß die jungen Sachsen, die in der Zeit der Kämpfe zumeist in Corbie untergebracht wurden, ihm jederzeit über die Verhältnisse ihrer Heimat Auskunft geben konnten.

In diesem Zusammenhang verdient Theodrads Vater noch eine besondere Aufmerksamkeit. Im Vitusbericht[125] erscheint der vornehme Sachse als derjenige, der über den ersten Gründungsort verfügen konnte. Nachdem durch Radberts Egloga bekannt geworden ist, daß sich dort ursprünglich ein heidnisches Heiligtum befunden hatte, läßt sich auch etwas darüber sagen, wie jener Sachse in diese Stellung gekommen sein mag. Zunächst, das heißt nach der Eroberung durch die Franken, die zweifellos im 8. Jahrhundert erfolgte, muß das Gebiet des alten Heiligtums ein Königsland geworden sein. Wenn dort aber bald nach dem Jahre 804 der sächsische Adlige als der zuständige Verhandlungspartner auftritt, so mußte in der Zwischenzeit vorangegangen sein, daß der Frankenherrscher demselben das eroberte Königsland anvertraut hatte. Sicherlich hat Karl ihn dort mit dem Auftrag eingesetzt, die gefährliche Stelle zu bewachen. Diese wichtige Aufgabe wurde also einem einheimischen Adligen übertragen, selbstverständlich einem Parteigänger der Franken. Seine Zuverlässigkeit war dadurch gewährleistet, daß er ihnen seinen einzigen Sohn Theodrad als Geisel übergeben hatte.

Auch über den Termin dieser Vorgänge wird man sich Gedanken machen dürfen. Als im Jahre 785 Widukind getauft wurde und weite Teile des Sachsenlandes endgültig in Karls Gewalt gekommen waren, stand der Frankenkönig vor der Aufgabe, die Grundlagen für eine Ordnung der staatlichen und kirchlichen Angelegenheiten zu sichern und auszubauen. Dabei mußte er sich auch um die Stätte des heidnischen Zentralheiligtums kümmern, die damals noch nicht für die Errichtung eines Klosters vorgesehen war. Es ist anzunehmen, daß in dieser Zeit der genannte Adlige dort eingesetzt und gleichzeitig sein Sohn Theodrad als Geisel ausgeliefert wurde. Der Letztgenannte wird also im Jahre 785 nach Corbie gekommen sein. Bei dieser Gelegenheit mußte aber die Klosterleitung auf jeden Fall darüber unterrichtet werden, aus welchen Verhältnissen der junge Mann stammte und welche Rolle sein Vater an der alten Sachsenstätte spielte. Also spätestens damals wird Adalhard schon etwas von dem ehemaligen Heiligtum im Hethis-Gelände erfahren haben. Unter solchen Umständen ist es geradezu unvorstellbar, daß Adalhard in einer so späten Zeit, nämlich erst nach dem Jahre 804, die erste Kunde von dem berühmten Ort erhalten haben sollte, und zwar ausgerechnet von diesem Mönch, der schon zwei Jahrzehnte im Kloster Corbie unter seiner väterlichen Aufsicht zugebracht hatte. Es ist ganz unglaubwürdig, daß der Schützling und Schüler seinem Abt so spät zum ersten Mal von der Kultstätte erzählt haben sollte, um als erster ihm nunmehr den Gedanken nahezubringen, dort das geplante Missionskloster zu errichten.

Es darf nicht übersehen werden, daß es sich bei dem Vorhaben, das Heiligtum der Vergangenheit in eine zentrale Pflegestätte christlicher

Frömmigkeit umzuwandeln, um ein großangelegtes Unternehmen der fränkischen Missionspolitik handelte, das mit allerhand Problemen und weiteren Überlegungen verbunden war. Sollte wirklich der Mönch Theodrad der Urheber des Planes gewesen sein, und dann noch in der naiven Art und mit einer so unzureichenden Begründung, wie es der Verfasser des Vitusberichtes glaubhaft machen will? Demgegenüber stellt Radbert den Beginn des Unternehmens ganz anders dar.

Zunächst nennt er in der Egloga den Abt Adalhard als denjenigen, der für die Hethis-Gründung die Weisungen erteilte. Was unter dieser Aussage zu verstehen ist, ließ der Vergleich mit den entsprechenden Angaben der »Grabrede auf Arsenius« erkennen. Denn nach den Aussagen dieser Schrift ist die vorliegende Mitteilung der Egloga in dem Sinn aufzufassen, daß der Corbier Abt die Pläne seines Bruders, des Grafen Wala, billigte und zu seinen eigenen machte. Nach dem eindeutigen Zeugnis der Grabrede ist ja in Wala der Initiator zu sehen, der die Hethis-Stätte aussuchte und als erster ins Gespräch brachte. Die Corbier Sachsenmönche werden von Radbert ebenfalls erwähnt, aber nur ganz kurz. Sie waren für ihn nicht die Urheber des Planes, sondern lediglich ortskundige Personen, die nähere Auskünfte geben konnten.

Für den Grafen Wala war es indessen erst recht nicht erforderlich, durch Corbier Mönche auf den Ort des alten Heiligtums hingewiesen zu werden. Denn durch seine Tätigkeit, die er im ersten Jahrzehnt des 9. Jahrhunderts als ein Sonderbeauftragter des Kaisers im Sachsenland ausübte, war er mit den dortigen Verhältnissen gut vertraut. Ferner ist damit zu rechnen, daß sich der bedeutende Kultort an einer zugänglichen Stelle befand. Von mehreren Seiten müssen die Wege dorthin geführt haben, vielleicht auch größere Fernstraßen. So liegt die Annahme nicht fern, daß der kaiserliche Statthalter Wala, der die Gaue des besiegten Landes wiederholt bereisen mußte, auch in die Nähe des alten Heiligtums gekommen ist. Bei seinem lebhaften Interesse für alle Angelegenheiten des Glaubens und für die Probleme der christlichen Mission wird er bestimmt nicht teilnahmslos an der Stätte des vorchristlichen Altertums vorbeigeritten sein. Sie muß seine Gedanken ausführlich beschäftigt haben, zumal sie in der Vergangenheit ein geistiges Zentrum, ja vielleicht das Herzstück gebildet hatte in jenem Lande, dem sich Wala eng verbunden fühlte und für dessen richtige Einordnung in das christliche Universalreich er sich nunmehr mit aller Kraft einsetzte.

Dazu kommt, daß Wala seit seiner Jugendzeit mit Menschen des Sachsenlandes befreundet war. Es ist nicht ausgeschlossen, daß dort sogar noch Verwandte seiner Mutter gelebt haben. Wie bekannt und beliebt er selber bei den Sachsen war, läßt der bereits mitgeteilte Bericht des Radbert erkennen.[126] So hatte er immer wieder Gelegenheit, mancherlei über die Rolle und Bedeutung des ehemaligen Heiligtums zu hören und auch von den Wirkungen etwas zu erfahren, die in der Zeit seiner Tätigkeit immer noch von diesem Ort ausgingen.

So führt die Auswertung der Schriften des Augenzeugen Radbert zu einem ganz anderen Bild von dem Gang der Corbier Vorverhandlungen als die Schilderung des Vitusberichtes. Es braucht nicht noch einmal näher dargelegt zu werden, welche Aussage als die bessere zu gelten hat. Radberts Angaben ist unbedingt der Vorzug zu geben. Denn er ist selbst im Hethis-Kloster gewesen und hat die beschriebenen Vorgänge unmittelbar miterlebt. Ferner stand die Niederschrift der Egloga auch zeitlich den Ereignissen am nächsten. Sie erfolgte im Jahre 826, also kaum vier Jahre nach dem Verlassen der Hethis-Anlage. Schließlich ist zu berücksichtigen, daß dieses Gedicht eigentlich nur für einen kleinen Kreis von Lesern oder Hörern bestimmt war, hauptsächlich für die Mönche der von Adalhard geleiteten Klöster Corbie und Corvey. Dort kannte man aber damals den Hintergrund und den Verlauf des Hethis-Geschehens noch so gut, daß es in diesem Kreis nicht angängig war, vom Wesentlichen etwas zu verschweigen oder gar zu verändern. So war es selbstverständlich, daß Radbert sich in der Egloga noch in einer solchen Art über das heidnische Heiligtum und über den Versuch seiner Christianisierung äußern konnte, wie es bei allgemein bekannten Tatsachen üblich ist. Später hat er das dann nicht mehr getan, als er nach Walas Tod die einschlägigen Kapitel der Grabrede ausarbeitete, was etwa in der gleichen Zeit geschah, in der auch der Vitusbericht seine endgültige Fassung erhielt.

Die Einleitung der zuletzt genannten Schrift, also jener Teil, in dem die Anfänge von Corvey zur Darstellung kommen, wurde wenigstens anderthalb Jahrzehnte nach dem Verlassen der Hethis-Stätte geschrieben. In dieser Zeit hatte sich schon insofern eine neue Situation herausgebildet, als es inzwischen unerwünscht geworden war, die nunmehr heranwachsenden Generationen noch ausdrücklich mit der heidnischen Vergangenheit des Hethis-Geländes und mit den besonderen Plänen, die Wala dort hatte verwirklichen wollen, bekannt zu machen. Das vorgesehene

Unternehmen war ja beim ersten Versuch der Ausführung gescheitert. Daraus zog man auch schnell die notwendigen Folgerungen. Für eine zweite Gründung wurde, wie gesagt, ein anderer Platz gesucht und gefunden. Doch stellte es sich bald darauf als unzweckmäßig heraus, in der Öffentlichkeit überhaupt noch von der Bedeutung der ersten Stätte zu sprechen, da dann die Aufmerksamkeit unnötigerweise von neuem auf den unbequemen heidnischen Ort gelenkt worden wäre, der aus dem Bewußtsein der Menschen gerade verschwinden sollte.

So konnte der Corveyer Mönch, der in dieser vorgerückten Zeit die Geschichte der Klostergründung schreiben wollte, die Hethis-Vorgänge nicht mehr in ihrem vollständigen Zusammenhang wiedergeben. In einem früheren Kapitel wurden schon die Gründe genannt, die den Verfasser des Vitusberichtes veranlaßten, Walas entscheidenden Anteil an dem endgültigen Zustandekommen des großen Weserklosters zu verschweigen.[127] Nunmehr wird noch ein weiteres Motiv sichtbar, das ihm nahelegte, in der Berichterstattung Zurückhaltung zu üben. Nachdem seit der Gründung von Corvey anderthalb Jahrzehnte vergangen waren, hielt man es nicht mehr für angebracht, noch weiter von dem heidnischen Heiligtum und dem eigentlichen Grund für die Wahl des Hethis-Geländes zu sprechen. Man war vielmehr bemüht, den wirklichen Sachverhalt zu verschleiern. Um das zu erreichen, hat der Verfasser in dem Bericht über die Corbier Vorverhandlungen den Sachsenmönch Theodrad in den Vordergrund geschoben und ihm eine Bedeutung beigelegt, die er in Wirklichkeit niemals gehabt haben kann.

Es wurde schon vermerkt, daß der Verfasser gerade an dieser Stelle besonders gesprächig wird und allerlei nebensächliche Einzelheiten eingeflochten hat, wobei die Begründung, die Theodrad für den Vorschlag gegeben haben soll, gar nicht so gewichtig erscheint. Gerade diese Redseligkeit kann den Verdacht aufkommen lassen, daß dort etwas nicht in Ordnung ist. Freilich soll mit dem Aussprechen dieser Bedenken nicht gesagt werden, daß sämtliche Angaben des Vitusberichtes unzuverlässig seien. Es liegt kein Grund vor, an der Glaubwürdigkeit der einzelnen Aussagen über die Besitzverhältnisse im Hethis-Gelände, über die zwei Quellen, über die Reise des Theodrad zu seinen Verwandten und über deren Stellungnahme zu zweifeln. Es ist ja zu berücksichtigen, daß auch Radbert von den Auskünften der ortskundigen Sachsenmönche gesprochen hat. Es darf nur nicht übersehen werden, daß sich in der Schilderung des Vitusberichtes bloß ein Teil des tatsächlichen Geschehens widerspiegelt, und daß gerade der entscheidende Gesichtspunkt für die Wahl des ersten Gründungsortes dort ungenannt bleibt.

Wenn diese Einschränkung in Rechnung gestellt wird, können die meisten Einzelangaben des Vitusberichtes als einwandfreie Aussagen gelten, die den weiteren Ausführungen ohne Bedenken zugrunde gelegt werden dürfen.

Die Klostergründung im Irminsul-Gelände

Es bleibt noch zu klären, welches heidnische Heiligtum dasjenige war, dessen Gelände dem neuen Kloster als erster Standort dienen sollte.

Zunächst ist zu vermerken, daß in den zeitgenössischen Quellen über den Vorläufer der Corveyer Gründung niemals der übliche Name des alten Heiligtums erscheint. Radbert spricht in der Egloga von dem früheren Dasein einer vorchristlichen Kultstätte in einer solchen Weise, daß der Name des Ortes ungenannt bleibt, während der Vitusbericht mit einem Decknamen arbeitet. Es heißt dort: »*Er begann aber an dem Ort zu bauen, der Hethis genannt wird.*« Das altsächsische Wort »*hethi*« bedeutet »*Heide*«.[128] In diesem Fall wurde also eine Landschaftsbezeichnung gewählt, um das Aussprechen des gewöhnlichen Namens zu vermeiden. Der Verfasser dieser Schrift war ja, wie gezeigt wurde, sorgsam darauf bedacht, keinen Hinweis auf die vorchristliche Bedeutung der Hethis-Stätte zu bringen. Ein solcher hätte aber vorgelegen, wenn der allgemein bekannte Name des alten Heiligtums an dieser Stelle erschienen wäre.

Wenn demgegenüber Radbert in der Egloga das frühere Vorhandensein der heidnischen Kultstätte erwähnt, ohne dabei den Namen zu nennen, so ist der Art, wie er davon spricht, folgendes zu entnehmen. Er muß damit gerechnet haben, von seinen Lesern und besonders von seinen Klosterbrüdern sofort verstanden zu werden, wenn er auf ein ehemaliges Heiligtum hinwies, von dem einstmals eine weitreichende Wirkung ausging. Diese Formulierung genügte damals und machte eine unmittelbare Ortsangabe überflüssig. Denn als das Gedicht geschrieben wurde, wußte noch ein jeder in Corbie und Corvey recht gut, was gemeint war, wenn von einem altsächsischen Heiligtum gesprochen wurde, das eine beherrschende Stellung innehatte. Ein Blick auf Kultstätten des Sachsenlandes, die in karolingerzeitlichen Schriften erwähnt werden, soll das erläutern.

Am wichtigsten sind dabei die Annalen des 8. und 9. Jahrhunderts, die in den Schreibstuben verschiedener Klöster entstanden sind, und zwar sowohl in den östlichen wie in den westlichen Teilen des großen Reiches. Es ist nun bemerkenswert, daß all diese Berichte nur ein einziges altsächsisches Heiligtum im Zusammenhang mit den 33jährigen Sachsenkämpfen erwähnt haben. Allein das große Irminsul-Heiligtum, das der König im Jahre 772 vernichtete, wird dort genannt. Das epochemachende Zerstörungswerk erscheint immer wieder in den verschiedenen Fassungen dieser Jahrbücher, eben deshalb, weil es am Anfang der Sachsenkämpfe von überragender Bedeutung war. Bei dem Vorliegen dieser Aufzeichnungen hatte man auch noch am Anfang des 9. Jahrhunderts überall, und selbstverständlich auch in Corvey und Corbie, eine Kenntnis von diesem Heiligtum. Das heißt, sobald damals von einer besonderen heidnischen Kultstätte des Sachsenlandes die Rede war, mußte zwangsläufig zuerst an das große und berühmte Irminsul-Heiligtum gedacht werden.

So kann als gesichert gelten, daß Radbert diesen allgemein bekannten Bezirk vor Augen hatte, als er die oben angeführten Verse der Egloga niederschrieb. Zwar hat er, wie gesagt, den Namen der Stätte nicht ausgesprochen. Doch wird sie deutlich genug gekennzeichnet. Denn wenn es heißt, daß der dort ausgeübte Kult *»das ganze bebaute Land in Unehre gebracht«* habe, so kommt darin zum Ausdruck, daß dieses Heiligtum einstmals für das ganze Sachsenland repräsentativ gewesen war. Es handelte sich um die bedeutendste Kultstätte der heidnischen Sachsen, und das war eben jenes *»fanum, das Irminsul genannt wurde«*.

Schließlich ist noch bemerkenswert, daß Radbert,[129] ebenso wie es in der Irminsul-Überlieferung geschieht,[130] einen heiligen Hain erwähnt. Vermutlich ist jedesmal von demselben Walde die Rede. Es ist auch kein Widerspruch darin zu sehen, daß in beiden Fällen, also sowohl für das Jahr 772 wie für 816, über dessen Zerstörung berichtet wird. Denn das erste Mal kann es sich bei der Kürze der verfügbaren Zeit nur um eine unvollständige Verwüstung gehandelt haben, der noch nicht der ganze Baumbestand zum Opfer fiel. Doch wurde bei der zweiten Zerstörung, die 44 Jahre später bei der Anlage des Hethis-Klosters erfolgte, durchgreifender gearbeitet. So kann auch verständlich werden, daß Radbert den Ausdruck wählte, der heilige Hain sei bei der Klostergründung »*bis auf die Wurzel*« beseitigt worden.

Aus dem Ganzen geht hervor, daß es sich bei den zwei Örtlichkeiten, die in den schriftlichen Quellen unter verschiedenen Namen erscheinen, um ein und dasselbe Gebiet handelt. So darf zusammenfassend folgendes gesagt werden. Als man im Jahre 816 von Corbie aus die erste Klostergründung in Angriff nahm, wurde zunächst versucht, das neue sächsische Missionszentrum in jenem heidnischen Kultbereich anzulegen, dem der junge Frankenkönig 44 Jahre vorher ein gewaltsames Ende bereitet hatte. Es hat also einmal den Plan gegeben, das vernichtete Irminsul-Heiligtum an Ort und Stelle durch ein großes christliches Kulturzentrum zu ersetzen.

Selbstverständlich darf nicht daran gedacht werden, die Klosterstätte an der Weser und das Gelände des Irminsul-Heiligtums miteinander gleichzusetzen. Sie sind als zwei Stätten deutlich voneinander zu scheiden. Doch ist bei der ersten und bald wieder aufgegebenen Gründung zunächst einmal versucht worden, die neue und in die christliche Zukunft weisende Anlage an die Stelle des alten und vergangenen Heiligtums zu setzen.

Damit findet jene Frage[131] endlich eine Antwort, die den Anlaß gegeben hatte, auf die Corveyer Gründungsvorgänge so ausführlich einzugehen, und die bisher immer offen geblieben war.

Die verschiedene Einstellung von Adalhard und Wala zur Klostergründung im Irminsul-Gelände

Die umfangreiche Überlieferung, die über die Anfänge von Corvey berichtet, gibt auch über die Absichten und Leistungen der dabei tätigen Personen Aufschluß. So sind den Schriften des Radbert wichtige Angaben zu entnehmen, die unter anderem auch darüber unterrichten, wie Adalhard und Wala zu der Gründung im Irminsul-Gelände standen. Von besonderem Interesse ist dabei, daß sie zeitweilig ganz verschiedene Ansichten vertraten. Hauptsächlich war es im Jahre 821 der Fall. Zur Erläuterung muß noch einmal ganz kurz an die bisherigen Ergebnisse erinnert werden.

In der Grabrede wird von Radbert wiederholt bekundet, daß Graf Wala vor dem Jahre 810 als erster auf den Gedanken kam, das neue Kloster an einer bestimmten Stelle des Sachsenlandes zu errichten. Der Egloga ist sodann die Mitteilung zu entnehmen, daß es sich bei dieser Stelle um ein wichtiges heidnisches Kultgebiet handelte. Schließlich konnte die Auswertung aller Angaben zu dem Resultat führen, daß unter diesem Kultgebiet der von Karl zerstörte Irminsul-Bezirk zu verstehen ist. Das heißt, daß es in dem Plan, den Graf Wala am Anfang des 9. Jahrhunderts entwikkelte, in erster Linie darum ging, in dem verwüsteten Irminsul-Gelände das neue Sachsenkloster entstehen zu lassen. Für diesen Gedanken hat er einerseits Karl den Großen gewonnen, der seit der Aktion des Jahres 772 die Örtlichkeit gut kannte und auch weiterhin sorgfältig im Auge behalten mußte. Andererseits hat Wala auch seinen Bruder Adalhard dafür interessiert, der damals sicherlich schon viel von der berühmten Stätte gehört haben wird.

Die Vorbereitungen, die daraufhin Adalhard in die Hand zu nehmen hatte, wurden vom Grafen Wala nachhaltig unterstützt, zumal er von jeher mit dem älteren Bruder in lebhaftem Gedankenaustausch stand. In den damaligen Gesprächen ging es sicherlich auch schon um die zentrale Idee, die in den Bauten des Klosters verkörpert werden sollte. Nach dem erfolgreichen Abschluß der Sachsenkämpfe wurde ja ins Auge gefaßt, in dem Gelände des vernichteten Stammesheiligtums eine Stätte des Friedens zu schaffen. Das Vorbild wurde in jener zukünftigen Stadt gesehen, die der Apokalyptiker Johannes einstmals visionär geschaut und in seiner »Offenbarung« beschrieben hat. Das himmlische Jerusalem sollte auf dem Boden des Sachsenlandes ein Ebenbild finden, das als ein Zeichen des Friedens dastand, um davon zu künden, daß in dem unterworfenen Land nach dem Zusammenbruch der alten Ordnung die neue Entwicklung von geistigen Grundlagen ausgehen und von opferbereiter Liebesgesinnung getragen werden müsse.

Die ersten Maßnahmen für die Verwirklichung dieser Idee, die vom Abt Adalhard in die Wege zu leiten waren, gerieten freilich im Jahre 810 ins Stocken. Sodann wurde Adalhard durch die Verbannung des Jahres

814 sogar völlig ausgeschaltet. So veranlaßte Wala, der inzwischen ein Corbier Mönch geworden war, den neuen Abt, das durch den Bruder vorbereitete Unternehmen aufzugreifen und zur Ausführung zu bringen. Daraufhin konnte im Jahre 816 endlich mit der schon vor Jahren geplanten Klostergründung im Irminsul-Gelände begonnen werden. Als sich aber kurz danach die großen Schwierigkeiten zeigten und bei den Insassen der Wunsch aufkam, die alte Heidenstätte wieder zu verlassen, war Wala als der Berater des neuen Abtes derjenige, der diesen Bestrebungen einen festen Widerstand entgegensetzte. Der Entschluß, das Irminsul-Gelände dann wirklich zu räumen, wurde erst durch das Eingreifen seines Bruders Adalhard herbeigeführt, der im Jahre 821 die Leitung von Corbie wieder übernommen hatte. Freilich waren zunächst mehrere Besprechungen der beiden Brüder notwendig, um Wala davon zu überzeugen, daß die Irminsul-Stätte nicht der angemessene Platz für das neuzuschaffende christliche Heiligtum der Sachsen sei und möglichst schnell wieder aufgegeben werden müsse.

Als Radbert den Ablauf dieser Vorgänge in der »Grabrede auf Arsenius« schilderte, legte er vor allem Wert darauf, die Eintracht der zwei Männer und den harmonischen Zusammenklang ihres Wollens und Wirkens in den Vordergrund der Ausführungen zu rücken. So ist er auch nur kurz auf jenen Gegensatz eingegangen, der in ihrer Einstellung zu dem heidnischen Ort vorhanden war, wenn es auch nicht unterblieben ist, daß Radbert recht deutlich auf diese Meinungsverschiedenheit hinweist. Dabei wird aber nicht gesagt, mit welchen Argumenten Adalhard den Bruder von der Notwendigkeit eines Ortswechsels überzeugen konnte. Doch wird einiges davon zu erschließen sein, wenn von Radberts Beschreibung des Corveyer Geländes ausgegangen und zugleich auch die Art und Weise berücksichtigt wird, wie er die Charaktere von Adalhard und Wala kennzeichnet. Vor allem wird man darauf achten müssen, was hinter dem Gesagten noch unausgesprochen stehen könnte und im Hinblick auf das Verlassen der ersten Gründungsstätte gewissermaßen zwischen den Zeilen gelesen werden darf.

Zunächst ist an die wirtschaftliche Notlage der Hethis-Mönche zu denken, die im Vitusbericht geschildert und auf die einsame Lage und die Unergiebigkeit des Ortes zurückgeführt wird. Sicherlich hat es in der jungen Niederlassung auch erhebliche Versorgungsschwierigkeiten gegeben. Es ist leicht einzusehen, daß sie kommen mußten, sobald das

Gelände eines vorchristlichen Heiligtums als Aufenthaltsort für eine größere Menschengruppe gewählt wurde. Denn die alten Kultstätten befanden sich gewöhnlich nicht in den bewohnten Siedlungsräumen, wo die Ortschaften beieinander lagen und die Felder bestellt wurden, sondern in jenen unbebauten und menschenleeren Landstrichen, die sich in viel größerem Umfang, als es heute der Fall ist, zwischen den sogenannten Siedlungskammern ausbreiteten. Der den Göttern geweihte Ort pflegte also einem Ödland anzugehören, das in der Sprache des 9. Jahrhunderts auch »hethi«, also »Heide«, genannt werden konnte.[132] Zwar war es möglich, auf den damals üblichen Wegen eine derartig einsam gelegene Stätte zu erreichen, doch war sie von den nächsten Ansiedlungen zumeist beträchtlich weit entfernt. So war es unausbleiblich, daß die Nahrungsbeschaffung nicht leicht war, sobald sich dort eine größere Gemeinschaft für die Dauer niederließ.

Doch wird man fragen dürfen, ob es nicht möglich gewesen wäre, auch ohne einen Ortswechsel mit den wirtschaftlichen Schwierigkeiten fertig zu werden. So ist daran zu denken, daß die Versorgung der großen Klöster damals nicht allein auf die nächste Umgebung angewiesen war. Auch die endgültige Klosteranlage an der Weser erhielt zur Sicherung der Existenz recht bald Ländereien und Gerechtsame, die über weite Gebiete des Sachsenlandes verteilt waren. Ferner hätte man bei der Hethis-Gründung ebenso verfahren können, wie man es bald darauf bei der Ausstattung des Weserklosters getan hat. Diesem wurden nämlich auf Walas Betreiben jene Güter übereignet, die das westfränkische Mutterkloster Corbie schon vorher im Sachsenland besessen hatte. Bei einem Ausschöpfen solcher Möglichkeiten hätte man wohl auch im Hethis-Kloster die anfängliche Notlage ohne ein Verlassen des Ortes überwinden und dort verbleiben können, wenn nicht auch noch andere Gründe dafür gesprochen hätten, die alte Kultstätte wieder aufzugeben. Von welcher Art sie gewesen sein könnten, wird sich zeigen, wenn, wie gesagt, Radberts Aussagen über das Corveyer Gelände ins Auge gefaßt und mit seinen Angaben über den Ortswechsel in Verbindung gebracht werden.

Im 66. Kapitel der Adalhard-Biographie wird als eine besondere Eigentümlichkeit des neuen und im Wesertal gelegenen Klostergeländes vermerkt, daß dort von vorhandenen Erhebungen ein gleichseitiges Dreieck gebildet werde und daß an dieser naturgegebenen Form eine der Stätte innewohnende Heiligkeit abzulesen sei. Anschließend wird voller Bewunderung gesagt, wie weise Adalhard gehandelt habe, als er den Mönchen gerade diesen Ort als Klosterstätte anwies. Dann wird fortgefahren, einerseits könne das fruchtbare Corveyer Gelände eine gute Grundlage für die dort lebende Mönchsgemeinde abgeben und andererseits müsse der besondere Charakter der Örtlichkeit für die geistige Haltung der Insassen maßgeblich sein. Dieser Charakter sei von ideeller Art und komme in der natürlich vorhandenen Form des Dreiecks, in dem Symbol der heiligen Dreifaltigkeit, zum Ausdruck.

In diesen Sätzen stehen also zwei bestimmte Aussagen nebeneinander, die sich beide auf den zweiten Gründungsort beziehen, zugleich aber auch mit der kurz vorher erwähnten Hethis-Stätte verbunden werden dürfen. Denn ebenso wie der erste Teil dieser Mitteilung, der die Fruchtbarkeit des Corveyer Geländes rühmt, als ein Gegensatz zu der bekannten Unergiebigkeit der Hethis-Stätte gelten muß, ist es berechtigt, auch in dem zweiten Teil, der mit dem merkwürdigen und auffallend langen Exkurs über die Heiligkeit des neuen Standorts zusammenhängt, eine Anspielung auf den besonderen Charakter des ersten Platzes zu sehen. Auch dieser zweite Bestandteil des Textes wird als die Beschreibung eines Gegenbildes zur Eigenart der ersten Örtlichkeit anzusprechen sein. Denn die erste Gründungsstätte konnte auf keinen Fall als ein Ort gelten, der im christlichen Sinn ein heiliger gewesen wäre. Seine Atmosphäre wurde durch die frühere Verehrung der Heidengötter bestimmt. Ferner war, wenn inzwischen auch schon ein halbes Jahrhundert vergangen war, dort sicherlich immer noch die Erinnerung an das gewaltsame Zerstörungsgeschehen lebendig. Wenn all das zusammengenommen wird, so ergibt sich eine schwierige Erbschaft, mit der sich ein jeder auseinandersetzen mußte, der an diesem Ort seinen ständigen Aufenthalt nahm.

Es ist noch einmal an jene Idee zu erinnern, die in der neuen Schöpfung verwirklicht werden sollte. Das große Kloster der Sachsen sollte ein Abbild des himmlischen Jerusalem sein und ebenso wie dieses als eine vorbildliche Stätte des Friedens seine Tätigkeit entfalten. Aus christlicher Liebesgesinnung sollte die Aufbauarbeit und das künftige Verhalten der Insassen hervorgehen. Demgemäß hat Radbert in den zwei Kapiteln, in denen er das Corveyer Gelände so ausführlich beschreibt, sich auch so eindringlich darum bemüht darzulegen, daß die dort Wohnenden in ihrem Wollen und Wirken durch das vorhandene Symbol der heiligen

Dreifaltigkeit bestimmt werden sollten und dazu verpflichtet seien, *»das Feuer der Liebe aufflammen zu lassen«*.

Wenn aber diese Forderung an die Mönche der ersten Niederlassung, also an die Bewohner einer alten Heidenstätte, herangetragen wurde, so konnte es nicht ausbleiben, daß es zu Widersprüchen und Konflikten kam. Die zwangsläufige Beschäftigung mit der Überlieferung der Vergangenheit, der Anblick etwaiger Überreste und die Erinnerung an die vollzogene Zerstörung waren dazu angetan, ganz andere Gefühle zu wecken. Die Haltung einer kämpferischen Auseinandersetzung, die an einer solchen Stelle stets neue Nahrung erhielt, mußte die Verwirklichung der grundlegenden Idee erheblich beeinträchtigen. Wenn auch durch die Bebauung der alten Kultstätte zunächst ein bestimmter Erfolg erzielt worden war, so mußte doch alles, was aus dem Bereich der überwundenen Örtlichkeit immer wieder aufstieg, auf weite Sicht hin von nachteiliger Wirkung sein. So lag es nahe, den unvermeidlichen Schwierigkeiten dadurch aus dem Wege zu gehen, daß die in die Zukunft weisende Gründung an einen anderen Ort verlegt wurde, wo sich die gewünschte Entwicklung unbeschwert vom Vergangenen vollziehen konnte. Die Annahme wird nicht fehlgehen, daß sich Adalhards Argumentation etwa in dieser Richtung bewegt hat.

Nach diesen Ausführungen darf versucht werden, Radberts Aussagen über das verschiedene Verhalten von Adalhard und Wala, die zweifellos die besondere Wesensart jedes einzelnen ganz allgemein kennzeichnen sollen, außerdem auch noch auf ihre ungleiche Einstellung zu dem Problem der alten Kultstätte zu beziehen. Wenn die genannten Angaben in diesem Zusammenhang gesehen werden, so wird noch ein spezieller Sinn in ihnen zu finden sein, wenn es zum Beispiel im 12. Kapitel der Grabrede heißt, daß Adalhard den Wala *»durch die Feuerkraft der Liebe übertraf«*, oder wenn weiter gesagt wird: *»wenn der Jüngere auch einen stärkeren Verstand hatte, so war unser Greis im Rate und in der Liebe weitherziger«*, oder: *»so hat Arsenius* [Wala] *zu den Einzelheiten treffender Stellung genommen, aber jener schaute mit einem größeren Weitblick auf das Gegenwärtige wie auf das Zukünftige hin und auf alles, was sich demgegenüber noch ereignen kann«*.

Die Stätte der Externsteine

Weitere Möglichkeiten der Ortsbestimmung

Das Ergebnis, daß die erste Anlage der Corbier Mönche in dem berühmten Kultbezirk zu suchen ist, der im vorchristlichen Altertum unter dem Namen Irminsul bekannt war, bedeutet auf dem Weg zur Lokalisierung des fraglichen Ortes einen erheblichen Fortschritt. Doch wird dadurch die Lage der ersten Klosterstätte immer noch nicht eindeutig bestimmt. Wie gezeigt wurde,[133] ist unter dem »*fanum, das Irminsul genannt wurde*«, ein größerer Bereich zu verstehen, der von solchem Umfang war, daß darin mehrere bedeutsame Örtlichkeiten lagen. Er enthielt sowohl den Bullerborn bei Altenbeken wie die Stätte der Externsteine. Ferner gehörten ihm die umfangreichen Kultanlagen des Leistruper Waldes ebenso an wie die damals gangbaren Gebiete der Senne, das Quellenheiligtum von Paderborn, das Gelände am Velmerstot, der Bellenberg und das Gebiet der heutigen Stadt Horn–Bad Meinberg. Der betreffende Raum erstreckt sich also im Bereich des alten Osning etwa von der bei Bad Driburg gelegenen Iburg bis zur Grotenburg bei Detmold. So wird weiterhin zu erörtern sein, ob es eine Möglichkeit gibt, in dieser ausgedehnten Sakrallandschaft den Standort der ersten Klosteranlage noch genauer zu ermitteln.

Zunächst ist schon darin ein Gewinn zu sehen, daß sich die Gelegenheit ergibt, die bereits früher durchgeführte Lokalisierung des Irminsul-Bezirks von einer anderen Seite aus zu beleuchten. Denn das soeben genannte Resultat berechtigt dazu, die spärlichen Ortshinweise der einen Überlieferung, die also etwa für das Irminsul-Gebiet gelten, auch auf die anders bezeichnete Stätte, also auf das sogenannte Hethis-Gelände, zu übertragen und umgekehrt. Dadurch, daß die verschiedenen Angaben, die den zwei getrennten Überlieferungsbereichen entstammen, nunmehr zusammengefaßt werden dürfen, kommt eine breitere Grundlage als bisher zustande, auf der die schon früher erzielten Ergebnisse nicht nur eine weitere Bestätigung, sondern auch eine größere Bestimmtheit erfahren.

Die Auswertung des besagten Zusammenhangs führt zunächst zu dem Ergebnis, daß die häufig zu hörende These, der erste Gründungsort sei östlich der Weser im Bergland des Solling zu suchen, nicht zutreffen kann. In einem vorausgegangenen Kapitel wurde schon dargelegt,[134] daß dieser Vorschlag als recht fragwürdig und unwahrscheinlich gelten muß, weil er auf unzureichenden Grundlagen ruht. Da die Hethis-Stätte dem Bereich des Irminsul-Geländes angehört, läßt sich beweisen, daß die Solling-Hypothese der Wirklichkeit nicht entsprechen kann und deshalb ein für alle Mal aus der weiteren Diskussion ausscheiden muß.

Die zeitgenössische Irminsul-Überlieferung läßt nämlich gut erkennen, daß der im Jahre 772 überfallene Kultbezirk westlich der Weser lag. In den fränkischen Annalen wird deutlich gesagt, in welcher Reihenfolge König Karl damals an die einzelnen Stationen seines Feldzugs kam. Von Worms aufbrechend erreichte Karl die Südgrenze des Sachsenlandes an der Stelle des heutigen Obermarsberg, wo sich damals die Eresburg befand. Sie wurde erobert. Dann ging es weiter zu dem Kultbezirk, der Irminsul genannt wurde. Er wurde überfallen und zerstört. Darauf rückte der König mit seiner Streitmacht noch weiter vor, bis er an die Weser kam, wo sich die Sachsen gesammelt hatten. Mit ihnen wurde aber nicht mehr gekämpft, sondern nur noch verhandelt. Anschließend kehrten die Franken in ihr Land zurück.

Aus dieser Darstellung geht deutlich hervor, daß sich der Irminsul-Bereich mit einem gewissen Abstand westlich der Weser befand. Da es nunmehr aber zulässig ist, alle Ortsangaben, die für dieses Heiligtum gelten, auch auf das Hethis-Gelände zu beziehen, ergibt sich zwingend, daß auch dieses nicht östlich des Flusses angesetzt werden darf.

Um nun aber westlich der Weser jenen Raum, der den gesuchten Ort enthält, noch weiter einzugrenzen, kann eine Aussage der anderen Seite, also der Hethis-Überlieferung, zu Rate gezogen werden. Der Vitusbericht teilt ja mit,[135] daß die Mönche zwei Tage unterwegs waren, als sie von der ersten Gründungsstätte nach Corvey übersiedelten. Am 25. September 822 haben sie sich auf den Weg gemacht und erst am folgenden Tag das Ziel erreicht. Von dieser zweitägigen Umzugsdauer ist auf die

Länge des Weges zu schließen, der zurückzulegen war. In der Egloga wird dieser Abstand schon ganz allgemein als »*weit*« (»*procul*«) bezeichnet. Die Aussage des Vitusberichtes macht es möglich, das Ausmaß der Strecke genauer zu berechnen.

Es ist davon auszugehen, daß die beiden Örtlichkeiten durch Straßen verbunden waren. Denn das alte Heiligtum mußte seinerzeit, um erreichbar zu sein, an das damalige Wegenetz angeschlossen sein. Andererseits liegt Corvey dicht bei Höxter, also in der Nähe eines günstigen Weserübergangs, der für den Verkehr von jeher von Bedeutung war. Damit dürfte zusammenhängen, daß es dort bereits im frühen Mittelalter eine Kilianskirche gab. So darf als gesichert gelten, daß im 9. Jahrhundert auch durch Höxter eine wichtige Straße verlief. Das bedeutet im ganzen, daß die Hethis-Mönche bei ihrer Übersiedlung vorhandene Wege benutzen konnten. Selbstverständlich waren diese viel einfacher als die heutigen Straßen. Doch haben sie sicherlich ein unbehindertes Vorankommen ermöglicht.

Die Schar der Klosterinsassen, die am 25. September 822 die erste Gründungsstätte verließ und neben anderen Teilnehmern auch aus älteren Männern und den Knaben der Klosterschule bestand, war eine schwerfällige Marschgruppe, zumal auch die bewegliche Habe mitgeführt wurde, die man vermutlich auf Wagen oder Packpferde geladen hatte. Bei einer solchen Kolonne ist damit zu rechnen, daß sie in einer Stunde durchschnittlich zwei Kilometer zurücklegen konnte. Da andererseits die Übersiedlung in der Zeit der Tag- und Nachtgleiche vor sich ging, standen an einem Tage etwas mehr als zwölf helle Stunden zur Verfügung. Wenn davon zwei Stunden für die Rastzeiten und die notwendige Fütterung der mitgeführten Tiere abgezogen werden, so bleiben für einen Tagesmarsch noch zehn Stunden übrig, also eine Zeit, in der 20 Kilometer geschafft werden konnten.

Das bedeutet folgendes. Wenn die beiden Orte in einer Entfernung von nur 20 Kilometern oder noch näher beieinandergelegen hätten, so wäre es nicht erforderlich gewesen, den Umzug auf zwei Tage zu verteilen, was ja mit der umständlichen Übernachtung an einem fremden Ort verbunden war. Bei einem solchen Abstand würde man sicherlich alles daran gesetzt haben, den nächtlichen Aufenthalt zu vermeiden. Man würde in diesem Fall zweifellos bestrebt gewesen sein, das gewünschte Ziel an einem einzigen Tag zu erreichen. Das heißt, daß die Entfernung, die zwischen den beiden Orten bestand, größer gewesen sein muß als eine Strecke von 20 Kilometern. Man darf sogar erwarten, daß bei einem Abstand, der noch ein wenig über die gewöhnliche Tagesleistung hinausgegangen wäre, wenn also die zurückzulegende Strecke 21, 22 oder 23 Kilometer betragen hätte, die Mönche alle Kräfte aufgeboten hätten, um den Umzug noch im Verlauf eines einzigen Tages durchzuführen.

Wenn daraufhin auf einer Landkarte (Zeichn. 14) in dem westlich der Weser gelegenen Gebiet mit dem Zirkel ein Kreis geschlagen wird, dessen Mittelpunkt in Corvey liegt und dessen Radius einer Strecke von 20 Kilometern entspricht, so wird der ganze Raum, der von der Kreislinie eingefaßt wird, nicht mehr für die gesuchte Stätte in Betracht kommen dürfen. Dieselbe muß vielmehr, von Corvey aus gesehen, jenseits der genannten Linie angenommen werden.

Ferner läßt sich sagen, daß der Abstand zwischen den beiden Orten nicht viel mehr als 40 Kilometer betragen haben kann. Wenn eine Notwendigkeit vorgelegen hätte, wäre es vielleicht möglich gewesen, die Marschleistung der zwei Tage noch um einige Kilometer zu steigern, so daß im ganzen etwa 45 Kilometer zurückgelegt worden wären. Dann müßte aber die Grenze der Höchstleistung erreicht worden sein, die nicht mehr zu überschreiten war. So wird man einen zweiten Kreis auf der Karte eintragen können. Der Mittelpunkt soll wieder in Corvey liegen und der Radius einer Länge von 40 Kilometern entsprechen. Diese Kreislinie begrenzt zusammen mit der erstgenannten eine bogenförmige Zone, die 20 Kilometer breit ist. Bei ihr handelt es sich, soweit sie westlich der Weser liegt, um dasjenige Gebiet, in dem allein noch die Stätte der ersten Klostergründung gesucht werden darf.

Der betreffende Raum kann aber noch weiter eingeengt werden. Es sind nämlich diejenigen Landstriche wieder auszusondern, die bei der Güte der Böden und nach Ausweis der vor- und frühgeschichtlichen Altertümer als die alten Siedlungsräume anzusprechen sind, in denen der vorgeschichtliche Mensch von jeher gewohnt und seine Felder bestellt hat. Es wurde schon darauf hingewiesen, daß der fragliche Kultort außerhalb einer derartigen Kulturlandschaft gelegen haben muß.

Das bedeutet zunächst, daß in dem südlichen Teil der genannten bogenförmigen Zone die fruchtbare Warburger Börde nicht in Betracht kommen kann. Ebenso müssen weiter nördlich das Steinheimer Becken, die Umgebung von Nieheim und die ergiebigen Landstriche zwischen

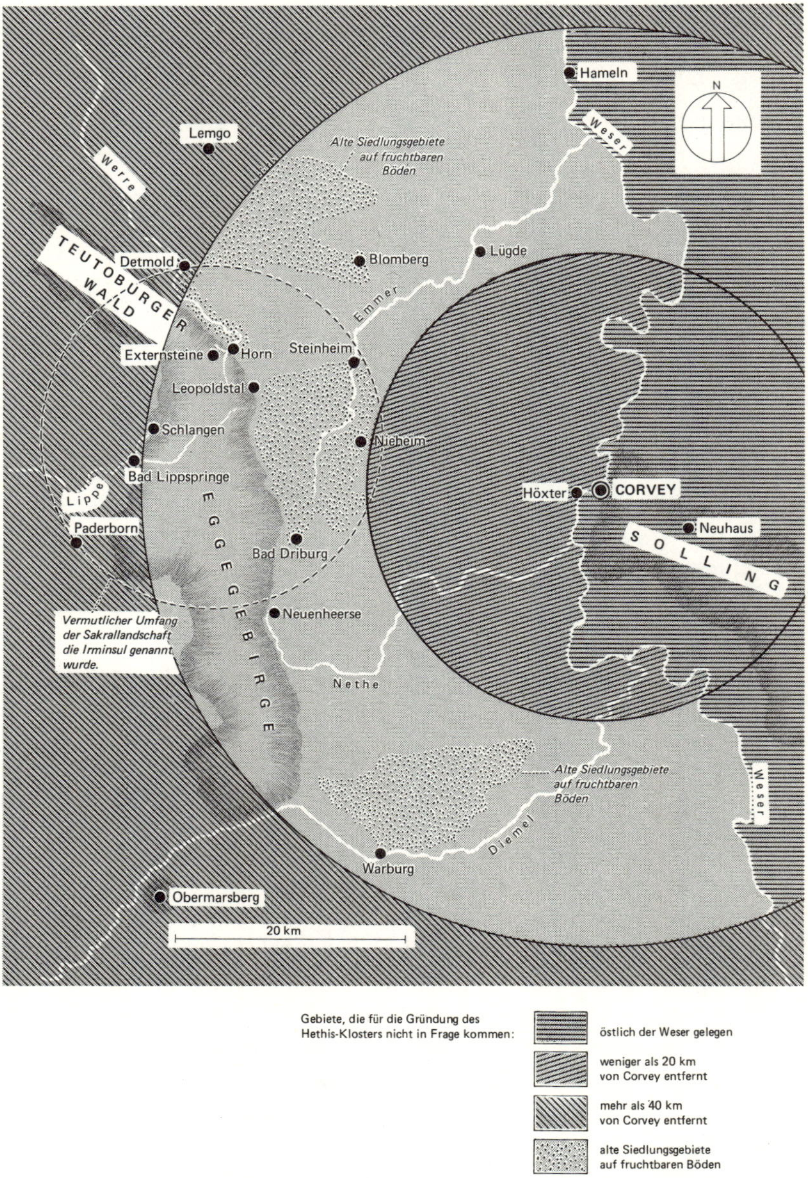

Zeichn. 14: Für die Ortsbestimmung des Hethis-Klosters ergibt sich eine erste Grundlage dadurch, daß es westlich der Weser gelegen haben muß, von Corvey mehr als 20 km und weniger als 40 km entfernt war und sich in einem unfruchtbaren Gebiet befand.

Lemgo, Detmold und Blomberg ausscheiden. Der verbleibende Rest fällt im wesentlichen mit dem westlich angrenzenden Gebirgszug zusammen, und zwar mit demjenigen Abschnitt, der aus dem Eggegebirge und dem südöstlichen Abschluß des Teutoburger Waldes besteht. Die nordwestliche Grenze liegt etwa bei der Dörenschlucht.

Diese Schlußfolgerungen, die aus der Erwähnung der zweitägigen Umzugsdauer zu ziehen sind, lenken den Blick also in die gleiche Gegend, in der schon vorher bei der Auswertung anderer Hinweise der Irminsul-Bezirk angenommen werden mußte. Freilich decken sich die Flächen, die hier und dort erschlossen wurden, in ihrer Ausdehnung nicht vollständig. Denn der eine Bereich, dem alle Stellen angehören, die im frühen Mittelalter von Corvey aus in einem zweitägigen Marsch zu erreichen waren, erstreckt sich viel weiter nach Süden als der Irminsul-Bezirk, der in einer anderen Weise ermittelt wurde. Der erstgenannte Raum umfängt noch das Eggegebirge in seiner ganzen Länge, während der zweite, das heißt der bereits früher beschriebene Kultbezirk, nur dessen nördliches Ende erfaßt. Andererseits dehnt sich der letztgenannte weiter nach Westen hin aus. Denn es gehören ihm auch noch westlich des Gebirges einige Landstriche an, die schon so weit von Corvey entfernt sind, daß eine Übersiedlung, die von ihnen aus hätte zur Weser führen sollen, unter den angegebenen Bedingungen nicht in zwei Tagen zu schaffen gewesen wäre.

Somit decken sich die zwei Bereiche, die anhand verschiedener Unterlagen und getrennt voneinander festgestellt wurden, nur in einem kleineren Abschnitt. Dieser reicht von Detmold bis Bad Driburg und ist auf den Kamm und die östliche Seite des Gebirges beschränkt. Es handelt sich um einen schmalen Geländestreifen, der etwa 25 km lang und nicht breiter als 5 km ist. Nur in ihm darf noch jene Stätte gesucht werden, die beim ersten Gründungsversuch als Standort ausersehen war. Die Frage ist nun, wie es möglich sein wird, innerhalb dieses Raumes, der an sich schon recht eng begrenzt ist, die Klosterstätte selber ausfindig zu machen.

Die zwei Quellen des Hethis-Geländes

Um in dem umschriebenen Gebiet die Stätte der ersten Gründung näher festlegen zu können, werden auch noch die übrigen Aussagen der schriftlichen Überlieferung, in denen weitere Hinweise auf den gesuchten Ort enthalten sind, besonders zu besprechen sein. Zwar handelt es sich bloß um wenige und kurze Andeutungen, die auch nur auf einzelne Merkmale des Geländes ein gewisses Licht fallen lassen. Doch wenn sie mit den bereits vorliegenden Ergebnissen verbunden werden, wird ihre Auswertung bei der Ortsbestimmung doch noch von Nutzen sein können.

Daß diese kleinen Hinweise etwa für sich allein schon zum Ziel zu führen vermögen, ist bei der Zurückhaltung der frühmittelalterlichen Schriftsteller nicht zu erwarten. Wie bereits dargelegt wurde,[136] war man bald nach der Aufgabe der Hethis-Stätte darauf bedacht, in den Berichten keine Mitteilung erscheinen zu lassen, die etwas über ihre Lage verraten könnte. Es wurde sorgsam vermieden, den üblichen Namen auszusprechen oder gar den Standort zu beschreiben. Ebenso wurde, von einer einzigen Ausnahme abgesehen, auch die frühere religiöse Bedeutung des Ortes beharrlich verschwiegen. So hat man es bei den auszuwertenden Angaben nicht etwa mit solchen zu tun, denen die Absicht zugrunde gelegen hätte, ein anschauliches Bild zu vermitteln. Im Gegenteil, zuweilen sieht es sogar so aus, als ob der Berichterstatter sich vorsätzlich ungenau und rätselhaft ausgedrückt habe. Meist sind es nur kurze Bemerkungen, die in der Darstellung nebenher erscheinen und die, ohne daß es eigentlich beabsichtigt war, irgend einen kleinen Anhalt geben, der bei der Suche weiterhelfen kann. Das heißt, daß von unscheinbaren Einzelheiten ausgegangen werden muß, die erst durch die Verknüpfung mit bekannten Gegebenheiten eine Aussagekraft gewinnen können.

Zunächst ist an die Ausführungen eines vorangegangenen Kapitels zu erinnern, in denen von der besonderen Lage der karolingerzeitlichen Klöster und der sonstigen geistlichen Gründungen des eroberten Sachsenlandes die Rede war.[137] Dabei konnte schon gesagt werden, daß für diese Anlagen gewöhnlich nur solche Plätze gewählt wurden, die eine bevorzugte Stellung im damaligen Verkehrsnetz innehatten. Das gleiche ist zwangsläufig auch für den Ort der Hethis-Gründung anzunehmen. Auch er kann nur an einer wichtigen Stelle einer frühmittelalterlichen Straße gelegen haben.

Nun wird jenes Gebiet, in dem allein noch gesucht werden darf, also die Ostseite des Gebirges zwischen Bad Driburg und Detmold, von einigen bedeutenden Ostwestwegen durchzogen. Vor allem ist an eine wichtige Straße zu denken,[138] die vom Kamm der Großen Egge herabkam und durch den Engpaß, der sich bei den Externsteinen befindet, nach Horn und Hameln weiterführte. Ferner ist der alte Feldromer Übergang[139] in Erwägung zu ziehen sowie die Straße nach Bad Driburg,[140] wenn an die Auswertung der noch zur Erörterung stehenden kleinen Hinweise gegangen wird.

Sie sind vor allem jenem Corveyer Mönch zu verdanken, der die Einleitung des Vitusberichtes geschrieben hat. Seine Darstellung geht etwas näher auf die Einzelheiten der bereits erwähnten Beratung ein, die vor dem Jahre 810 in Corbie geführt wurde, um die sächsische Klostergründung vorzubereiten. Dabei läßt er den Sachsenmönch Theodrad über die vorgesehene Stätte unter anderem Folgendes sagen: *»Ich weiß, daß sich auf dem Besitztum meines Vaters ein Ort befindet, wo an jeder von beiden Seiten eine lebendige Quelle entspringt.«* Es wurde schon dargelegt, daß diese Schilderung des Vitusberichtes den Verlauf der Corbier Vorbesprechung nur unvollkommen wiedergibt, daß aber trotzdem die meisten Einzelangaben als einwandfreie Mitteilungen gelten können, die man den weiteren Erwägungen ohne Bedenken zugrunde legen darf.[141] Dazu gehören auch die Aussagen des soeben angeführten Satzes.

Als erstes muß dort nun auffallen, daß Theodrad von dem betreffenden Ort in einer besonderen Weise spricht. Denn er sagt unvermittelt und ohne es weiter zu erläutern: *»an jeder von beiden Seiten«*. Der ortskundige Sachse hatte also eine Geländebildung vor Augen, bei deren Erwähnung es selbstverständlich war, davon auszugehen, daß dort nur zwei Seiten von Bedeutung sind.

Das ist aber im allgemeinen nicht das Übliche, wenn eine Örtlichkeit beschrieben wird. Etwa bei einer Bergkuppe, einer Dorfstätte, einem Wald oder einem ähnlichen Geländeausschnitt sind stets mehr als zwei Seiten ins Auge zu fassen und bei einer Charakterisierung zu berücksichtigen. Doch gibt es andererseits auch Erscheinungen in der Landschaft, die von einer solchen Form sind, daß dort nur von zwei Seiten die Rede sein kann. Als Beispiele mögen Wasserläufe oder Verkehrswege genannt werden, ferner auch schmale und längliche Höhenrücken oder freistehende Felsenreihen. Ein solches Gebilde muß auch den Charakter jener Stätte bestimmt haben, auf die der Satz des Theodrad hinweist, und an der dann der erste Gründungsversuch unternommen wurde. Mit dieser Feststellung eröffnet sich ein Weg, der zu der gesuchten Stätte hinführen kann.

Wenn nämlich gefragt wird, ob in dem besagten Gebirgsabschnitt eine derartige Geländeform nachweisbar ist, und zwar an einem Ort, der für den damaligen Verkehr von besonderer Bedeutung war, so läßt sich eine Antwort ohne weiteres geben. Tatsächlich befindet sich in dem umschriebenen Bereich, und zwar an einer wichtigen Stelle einer alten Straße, eine auffallende Bildung, die von der angegebenen Art ist. Gemeint ist das Gelände der Externsteine.

Dort erweckt eine Reihe von sieben freistehenden Sandsteinfelsen die Aufmerksamkeit. Sie bildet zusammen mit zwei länglichen Bergrücken eine Einheit, die ihrerseits in einer schmalen und sich weit hinziehenden Höhenkette einen Teilabschnitt darstellt. Diese lange Höhenkette verläuft in gerader Linie von Südosten nach Nordwesten und enthält als inneren Kern überall den Sandsteinfelsen. Der eine der zwei genannten Bergrücken ist der Knickenhagen. Er grenzt an die Gruppe der Externsteine im Südosten an, und zwar so, daß es zwischen den beiden keine Unterbrechung gibt. Andererseits wird die Felsenreihe im Nordwesten von dem zweiten Bergrücken, dem Bärenstein, durch den von der Wiembeke durchflossenen Engpaß getrennt. Doch ist es trotzdem berechtigt, Knickenhagen, Externsteine und Bärenstein als eine in sich zusammenhängende Einheit aufzufassen. Das Ganze liegt wie ein mächtiger Wall da, der mit seinen hohen Steilhängen dem alten Ostwest-Verkehr als eine hindernde Sperre im Wege stand. Nur an einer Stelle eröffnet sich ein Durchgang, und zwar zwischen dem ersten Felsen der Externsteine und dem Bärenstein, wo die Wiembeke durch den besagten Engpaß fließt und in früherer Zeit auch eine Straße den Höhenzug kreuzte. Es ist leicht einzusehen, welche Bedeutung diese Stelle für den Verkehr haben mußte, der einstmals auf der alten und wichtigen Straße verlief.

So ist am Standort der Externsteine eine Geländebildung zu beobachten, deren Charakter von dem schmalen Höhenzug und der zugehörigen Felsenreihe bestimmt wird. Wenn von dieser Örtlichkeit gesprochen wird, so ist es das Gegebene, davon auszugehen, daß man es dort nur mit zwei Seiten zu tun hat. Denn sowohl an den beiden Bergrücken wie an der geraden Steinreihe fallen nur zwei Seiten in die Augen. Die eine ist nach Nordosten gewandt und die andere nach Südwesten.

Durch die Worte des Theodrad wird also der Blick auf die Stätte der Externsteine gelenkt. Das führt zu der Frage, ob auch die weitere Aussage des betreffenden Satzes auf dieses Gelände bezogen werden darf. Das heißt, ob an der Felsengruppe auch die zwei Quellen nachzuweisen sind, deren Erwähnung dem Sachsenmönch so wichtig war. Wenn er bei seinen Worten wirklich die Felsenstätte vor Augen hatte, so muß es dort damals zwei wasserreiche Quellen gegeben haben, und zwar je eine an jeder Seite der Felsenreihe.

Nun ist an den Externsteinen heute keine lebendig sprudelnde Quelle zu sehen. Doch bezeugen mündliche Überlieferungen und zum Teil auch noch sichtbare Spuren, daß dort in der Vergangenheit tatsächlich zwei Quellen vorhanden waren. Die eine entsprang an der südwestlichen und die andere an der nordöstlichen Seite jenes schmalen und langgestreckten Höhenzugs, in dem die Felsengruppe ihren Platz hat.

Schon vor zwei Jahrzehnten machte Friedrich Schäfer mich auf den Standort einer ehemaligen Quelle aufmerksam, der sich südwestlich des besagten Höhenzugs befindet (Zeichn. 15). Er liegt zwischen dem Fuß des Knickenhagen und dem Rand jener Straße, die den Höhenrücken an dieser Seite begleitet. Heute wird die genannte Straße nicht mehr für den Durchgangsverkehr benutzt, während sie früher eine Verbindung zwischen den Externsteinen und dem Paß der Kleinen Egge herstellte. Sie zweigt unmittelbar hinter den Steinen von der von Horn kommenden und schon mehrmals erwähnten alten Fernstraße ab, die seit dem Jahre 1813 sogar quer durch die Felsenreihe verlief, um zum Paß der Großen Egge hinaufzuführen. Man muß auf der zuerst genannten Straße von ihrer Abzweigung aus etwa 50 m ostwärts gehen. Dann ist neben dem linken Straßenrand, im Gebüsch versteckt, die steinerne Einfassung der versiegten Quelle zu finden (Abb. 17). Man sieht dort fünf rohe Steinplatten, die in einer früheren Zeit derartig zusammengefügt waren, daß sie den Boden, die Rückwand, zwei Seitenwände und die Decke einer kastenartigen Umrahmung bilden, die an der Vorderseite offen ist. In diesem Behälter sammelte sich einstmals das Wasser, das dort in reicher Fülle hervorquoll. Der entstehende Wasserlauf überquerte die Straße, floß auf der anderen Seite den Hang hinunter und wurde nach einer kurzen Strecke von der Wiembeke aufgenommen.

Zu beachten ist noch der Name, mit dem bis vor kurzem ortskundige Personen die Quelle zu bezeichnen pflegten. Er lautet »Jakobsbrunnen«, weist also auf eine Beziehung zu einem christlichen Heiligen, dem Apostel Jakobus, hin. Dieser Name kann nur einer Zeit entstammen, als im Lipperland die Heiligenverehrung noch üblich war. Das heißt, er wird schon vor der Einführung der Reformation, also im Mittelalter, in Gebrauch gewesen sein. So läßt er erkennen, daß die Quelle damals als eine Erscheinung galt, die zu dem religiösen Leben des Mittelalters eine Beziehung hatte. Ob der Jakobsbrunnen etwa auch schon vorher als eine heilige Quelle von Bedeutung war?

Auch auf den Standort der zweiten Quelle konnte Friedrich Schäfer einen Hinweis geben. Freilich ist die Stelle nicht so genau wie die des Jakobsbrunnens nachzuweisen, da ihre Umgebung starken Veränderungen ausgesetzt war. Diese zweite Quelle befand sich an der Nordostseite des Bärensteins, und zwar unterhalb jenes Teiles, an dem früher noch freistehende Felsen aus dem Erdreich herausragten. Das Gestein wurde im Verlauf der letzten Jahrhunderte nach und nach abgebaut, wobei der Steinbruchbetrieb nicht nur den Abhang des Bärensteins, sondern auch die Oberfläche des nordöstlichen Vorgeländes erheblich veränderte. Auch die Quelle, die dort ursprünglich gewesen war, wurde davon betroffen und mußte verschwinden.[142] Doch ist an der Bodenfeuchtigkeit heute noch zu erkennen, daß an dieser Seite des Bärensteins eine wasserführende Schicht zu Tage tritt. Sie läßt immer noch das Wasser an die Oberfläche dringen, wenn es auch in der Gegenwart nicht mehr in der Weise geschieht, daß dieses Wasser aus einer eindrucksvollen Quelle hervorsprudelt.

Die zwei Quellen waren im Altertum nicht an unzugänglichen Stellen verborgen. Sie gehörten vielmehr einem überschaubaren Gelände an, das von einer großen Fernstraße durchzogen wurde. So waren sie damals den dort ansässigen Menschen sicherlich auch gut bekannt. Zwischen den beiden Quellen, die etwa 400 Meter voneinander entfernt waren, lag nicht nur die Gruppe der Externsteine, sondern auch der erwähnte Engpaß, der als eine besonders wichtige Stelle des alten Verkehrsnetzes zu gelten hat. In der Zeit der Sachsenkämpfe muß dieser Ort bei seiner strategischen Bedeutung und der auffallenden Erscheinung der Felsengruppe allgemein bekannt gewesen sein. Auch der Verfasser des Vitusberichtes, der den Mönch Theodrad über die Hethis-Stätte sprechen läßt, wird noch etwas davon gewußt haben. Doch mußte er, wie schon mehrmals gesagt wurde, es unterlassen, die ehemalige Bedeutung des Ortes in seiner Schilderung zu erwähnen. So beschreibt er ihn auch nicht weiter. Mit den Worten des Theodrad bringt er lediglich einen undeutlichen Hinweis, in dem nur von den zwei dort entspringenden Quellen die Rede ist. Daraufhin konnten jene Leser, denen die Stätte bekannt war, schon verstehen, um welchen Ort es sich handelt. Den anderen sollte aber das Wissen des Verfassers, das die heidnische Kultstätte betraf, vorenthalten bleiben. Man erwähnte das alte Heiligtum nicht mehr, da es der Vergessenheit anheimfallen sollte.

Abschließend ist also zu sagen, daß die wenigen und knappen Hinweise auf das Gelände des geplanten Sachsenklosters, die der Verfasser des Vitusberichtes den Corbier Mönch Theodrad bringen läßt, mit den frühmittelalterlichen Verhältnissen der Felsenstätte in Einklang stehen. Außerdem wird aber auch verständlich, weshalb die Ortsbeschreibung des kundigen Sachsenmönchs so unvollkommen sein mußte, und weshalb sich auch sonst die Berichterstatter jener Zeit in Schweigen hüllten, wenn von dem frühmittelalterlichen Schicksal der Externsteine zu sprechen war.

Gab es an den Externsteinen ein vorchristliches Heiligtum?

Trotz des Schweigens der zeitgenössischen Überlieferung muß die Stätte der Externsteine erneut in das Blickfeld treten, wenn nunmehr ein weiterer Gedankengang in die Überlegungen einbezogen wird. Er soll von einer anderen Verknüpfung bisheriger Teilresultate ausgehen und mit einem nochmaligen Rückgriff auf die schon ausführlich besprochenen Verse der Egloga beginnen. Dort wird ja von Radbert ein bedeutendes vorchristliches Heiligtum für das Hethis-Gelände bezeugt. Mit dieser Aussage ist jenes Ergebnis zu verbinden, das die besondere Stellung der Hethis-Gründung im frühmittelalterlichen Verkehrsnetz betrifft.

Vorweg ist daran zu erinnern, daß Radberts Erwähnung der heidnischen Kultstätte bereits in einem vorangegangenen Kapitel,[143] in dem es auch schon um die Bestimmung des Standorts ging, zur Auswertung herangezogen wurde.[144] Dabei konnte zunächst einmal gesagt werden, daß die Stätte der mißglückten Klostergründung in dem großen Irminsul-Bezirk gelegen haben muß. Doch blieb es dabei noch offen, an welcher Stelle der ausgedehnten Sakrallandschaft, in der sich mehrere alte Kultanlagen befanden, der fragliche Ort anzunehmen sei. Als dann aber auch noch die Mitteilung des Vitusberichtes über die zweitägige Dauer des Umzugs nach Corvey herangezogen wurde, stellte sich weiterhin heraus, daß nur noch ein begrenzter Teil des großen Kultgebiets für die Suche übrig bleibt, und zwar die östliche Seite jenes Gebirgsabschnitts, der sich in einer Länge von etwa 25 Kilometern von Bad Driburg bis Detmold hinzieht. So wird jetzt zu fragen sein, ob und wo in diesem kleineren Raum eine Örtlichkeit nachzuweisen ist, die einerseits als eine besondere vorchristliche Kultstätte angesprochen werden kann und andererseits an einer markanten Stelle einer frühmittelalterlichen Straße ihren Platz hat. Die Antwort ist leicht zu geben: es kann sich nur um das Gelände der Externsteine handeln. Denn in dem umschriebenen Bereich gibt es keine Stätte, an der die genannten Bedingungen ebenso vollkommen wie an der Felsenstätte erfüllt würden.

Daß einstmals eine wichtige Fernstraße dicht an den Steinen vorbeiführte und die an einem Engpaß gelegene Örtlichkeit innerhalb des frühmittelalterlichen Verkehrsnetzes eine wichtige Schlüsselstellung einnahm, wurde bereits erwähnt[145] und braucht nicht noch einmal dargelegt zu werden. Es genügt, an die Ausführungen der Seite 188 zu erinnern und darauf zu verweisen, daß die hervorragende verkehrsgeographische Bedeutung des Ortes in der Veröffentlichung »Externsteine und Irminsul« in einem größeren Rahmen gewürdigt wird.

Ebenso ist es im vorliegenden Zusammenhang auch nicht möglich, auf alle Argumente einzugehen, die dafür sprechen, das Gelände der Externsteine als den Standort eines großen vorchristlichen Heiligtums anzusehen. Es muß genügen, einige Beispiele herauszugreifen und kurz zu behandeln.

Im Rahmen dieser knappen Andeutungen ist zunächst hervorzuheben, daß gegenüber allen anderen Orten der in Betracht kommenden Landschaft die Stätte der Externsteine bisher immer im Vordergrund der Diskussion gestanden hat, wenn von einem ehemaligen Heiligtum die Rede war, das in der vorgeschichtlichen Zeit von Bedeutung gewesen sein soll.

Im Verlauf der letzten 150 Jahre, also seitdem sich eine methodisch vorgehende Forschung überhaupt mit solchen Problemen befaßte, wurde die Frage nach einem vorchristlichen Heiligtum bei keinem anderen Ort des umschriebenen Gebiets so oft und so nachhaltig zur Sprache gebracht wie bei den Externsteinen. Schon deshalb muß ihr Standort die Aufmerksamkeit auf sich ziehen, wenn nach einer wichtigen Kultstätte des Altertums gefragt wird, die in dem genannten Raum gelegen haben soll.

Sodann ist daran zu denken, daß auch in der vorangegangenen Zeit, also kurz bevor die wissenschaftliche Erforschung der Externsteine ihren Anfang nahm, immer noch Erinnerungen an eine vorchristliche Bedeutung der Stätte lebendig waren. Sie sind in den Sagen zu finden, die im Kreise der Einheimischen seit jeher erzählt und von Generation zu Generation mündlich weitergegeben wurden. Am Beginn des 19. Jahrhunderts ging man dazu über, diese Erzählungen auch schriftlich festzuhalten und zu veröffentlichen.[146] Vor allem sind es die mit den Externsteinen verbundenen Teufelssagen, die dafür Zeugnis ablegen, daß es dort noch im 17. und 18. Jahrhundert die Reste einer Überlieferung gab, die immer noch etwas von der ehemaligen Bedeutung der alten Heidenstätte wußte. Von diesen Teufelssagen haben sich mehrere Fassungen erhalten, die in dem Buch »Externsteine und Irminsul« besonders besprochen werden sollen. So mag es genügen, wenn hier nur kurz vermerkt wird, daß die anschauliche Bildersprache dieser Sagen nicht nur von der vorchristlichen Bedeutung des Ortes eine Kunde gibt, sondern ebenso lebendig auch zum Ausdruck bringt, daß es im frühen Mittelalter bei der Christianisierung der Sachsen an dieser Stelle zu entscheidenden Auseinandersetzungen gekommen ist.

Demgegenüber ist beachtlich, daß nach der einzigen großen Ausgrabung, die im Gelände der Externsteine bisher unternommen wurde, der wissenschaftliche Leiter derselben eine Auffassung vertrat, die mit dem Inhalt dieser Sagen weitgehend übereinstimmt. In den Jahren 1933 und 1934 führte Julius Andree an den Externsteinen eine umfangreiche archäologische Untersuchung durch. Dabei beschäftigte er sich besonders mit der Abfolge und dem Inhalt der Erdschichten, die im Vorgelände freigelegt werden konnten. Die Auswertung der Schichten und der darin gefundenen Gegenstände ließen ihn zu der Überzeugung kommen, daß die Felsenstätte ein wichtiger Kultplatz des Altertums gewesen sei, der im 8. Jahrhundert bei einem fränkischen Angriff eine Zerstörung erfuhr. Diese Auffassung brachte er in mehreren Berichten zum Ausdruck,[147] wobei er sich zur Begründung seiner Zeitangaben auf datierbare Fundstücke berief, die, wie er mitteilte, in den untersuchten Schichten gelegen hatten. Doch wurden in diesen Berichten, bei denen es sich immer um vorläufige Mitteilungen handelte, die gefundenen Gegenstände noch nicht veröffentlicht. Zwar wurden die freigelegten Erdschichten bereits näher beschrieben und auch durch Zeichnungen und Lichtbilder veranschaulicht. Doch geht die Darstellung noch nicht so weit, daß auch die für die Datierung maßgeblichen Fundstücke zur Besprechung und Abbildung gelangten. Leider kam Andree auch in den folgenden Jahren, die zwischen der Herausgabe der vorläufigen Berichte und dem Beginn des Zweiten Weltkriegs lagen, nicht dazu, das Manuskript für die geplante abschließende Veröffentlichung fertigzustellen, so daß die Gesamtheit der Kleinfunde immer noch unveröffentlicht war, als er während des Krieges starb.

So lassen sich die Zeitangaben des Ausgräbers anhand seiner Berichte nicht im einzelnen überprüfen. Es kann aber auch nicht geschehen, wenn die betreffenden Objekte, die einige Zeit nach Kriegsende im Lippischen Landesmuseum zu Detmold untergebracht wurden, einer Durchsicht unterzogen werden. Bei einem Vergleich mit den Aussagen der Berichte gewinnt man vielmehr den Eindruck, daß sich der Bestand dieser Funde nicht vollständig erhalten hat. Jedenfalls sind jene Fundstücke, die nach Andrees Angaben den untersuchten Schichten entnommen wurden, zum guten Teil nicht mehr zu identifizieren. Andererseits ist bei der Durchsicht aber auch festzustellen, daß in der erhaltenen Fundmasse sowohl vorgeschichtliche wie frühmittelalterliche Objekte enthalten sind.

Aber auch unabhängig von dem Ergebnis, zu dem Julius Andree bei der Untersuchung der Erdschichten und der zugehörigen Funde kam, erweist sich die Felsenstätte als der Ort eines vorchristlichen Heiligtums, wenn die Gesamtheit der alten Arbeitsspuren, die sich an den Felsen befinden, ins Auge gefaßt wird. Es handelt sich um jene Stellen der Gesteinsoberfläche, an denen die Hiebspuren noch sichtbar sind, die zurückbleiben, wenn der Stein mit einem Werkzeug bearbeitet wird. Solche Stellen gibt es an den Felsen in beträchtlicher Zahl. Einige von ihnen wurden auch schon in den vorliegenden Externsteine-Schriften besprochen.[148] Doch ist der gesamte Bestand noch nicht zur Veröffentlichung gekommen. So wird man diese Arbeitsspuren an den Steinen selber aufsuchen und betrachten müssen, wenn man sich einen vollständigen Überblick verschaffen will. Dabei sind erhebliche Unterschiede festzustellen, da die jeweils benutzten Werkzeuge nicht immer von der gleichen Art waren. Ferner ist zu berücksichtigen, daß es verschiedene Anlässe gab, die zu den Meißeleinschlägen führen konnten. Zuweilen ist gut zu erkennen, daß dort gearbeitet wurde, um etwas Neues anzulegen, während andere Hiebmarken als Spuren von Zerstörungsvorgängen gelten müssen. Solche Zerstörungen konnten zufällig erfolgen, etwa wenn der Sandstein zur anderweitigen Verwendung abgebaut wurde, während man an anderen Stellen den Eindruck hat, daß etwas vorsätzlich zerschlagen wurde. Das heißt, daß dort beabsichtigt war, ein vorhandenes Gebilde wieder zu beseitigen.

Das Alter der einzelnen Arbeitsspuren zu bestimmen, ist nicht leicht, oft überhaupt nicht möglich. Ein gewisser Anhalt ergibt sich aus der Beobachtung, daß die Arbeit an einigen Stellen nicht nur einmal, sondern wiederholt und mit zeitlichem Abstand durchgeführt wurde, so daß es dort zu Überschneidungen kam, an denen das zeitliche Verhältnis verschiedener Arbeitsweisen abgelesen werden kann. So lassen sich an den Wänden der Unteren Grotte die Einschläge eines spitz zulaufenden Werkzeuges deutlich von solchen unterscheiden, die auf die Verwendung eines Werkzeuges mit breiter Schneide zurückzuführen sind. Und zwar erweist sich an dieser Stelle die zuerst genannte Art einwandfrei als die ältere. Andererseits lassen sich Spuren dieser älteren Arbeitsweise auch sonst noch an den Felsen nachweisen. Dabei ist von besonderer Bedeutung, daß sich einige auch außerhalb jenes Teiles der Felsengruppe befinden, der in der geschichtlichen Zeit allein eine Rolle gespielt hat. Daß die Spuren der älteren Technik darüber hinaus im ganzen Bereich der Externsteine zu finden sind, hängt offenbar damit zusammen, daß in der vorgeschichtlichen Zeit das gesamte Felsengelände eine Stätte war, die für verschiedene Maßnahmen in Anspruch genommen wurde. Damals hatte man auch an solchen Steinen, die seit dem Beginn des christlichen Mittelalters keine Beachtung mehr fanden, einige Stellen besonders hergerichtet, um sie für Handlungen einer naturverbundenen Religion benutzen zu können. Ein anschauliches Beispiel, das im bisherigen Schrifttum noch nicht erwähnt wurde und demgemäß auch wenig bekannt ist, mag etwas näher besprochen werden, um das Gesagte zu erläutern.

Die Beobachtungsstellen des Felsens 11

Wenn die ganze Gruppe der Externsteine, einschließlich der sechs einzeln stehenden Felsen, in den Kreis der Betrachtung gezogen wird, so erweist sich der Felsen 11, der sich abseits vom großen Besucherstrom auf dem Rücken des Knickenhagen erhebt, in der Reihe der Steine als der höchste. Der mächtige Felsblock hat steil abfallende Wände und ist nicht leicht zu besteigen. Denn weder bietet die natürliche Gesteinsbildung einen bequemen Zugang zur Höhe an, noch wurde ein solcher von Menschenhand geschaffen. So ist der heutige Externsteine-Besucher gewöhnlich darauf angewiesen, den großen Felsen von unten zu betrachten, wobei schon zu erkennen ist, daß nicht etwa ein spitz zulaufender Gipfel den oberen Abschluß bildet, sondern eine breite und flache Kuppe, auf der man sich aufhalten und hin und her gehen kann.

Dort oben sind zwei besondere Flächen zu unterscheiden, zwischen denen sich eine mäßige Eintiefung befindet, durch die man leicht von der einen zur anderen Fläche gelangt. Wer auf der Felsenhöhe steht, kann das anschließende Gelände in jeder Richtung überschauen. Ebenso hat er die Möglichkeit, das ganze Himmelsgewölbe einschließlich des Horizonts ohne Sichtbehinderung ins Auge zu fassen. Es handelt sich also um eine hochliegende Stätte, die einem Beobachter eine vorzügliche Gelegenheit gibt, kosmische Vorgänge wahrzunehmen und unter anderm zu verfolgen, wie die Gestirne am Himmelsrand auftauchen, wie sie ihren Lauf nehmen und wieder verschwinden.

Unter diesen Umständen verdient es ein besonderes Interesse, daß an der Oberfläche der breiten Felsenkuppe einige bearbeitete Stellen zu sehen sind, die einwandfreie Hiebspuren aufweisen und auch erkennen lassen, wofür sie angelegt wurden. Es handelt sich um Sitze von einer bestimmten Ausführung. Man hat mit Hilfe eines spitz zulaufenden Werkzeuges nicht nur mehrere Flächen hergerichtet, die jedesmal gerade so groß sind, daß dort ein sitzender Mensch Platz nehmen kann. Außerdem wurden unterhalb jeder Sitzfläche auch noch zwei kleinere Vertiefungen ausgearbeitet, die den Füßen des dort Befindlichen einen Halt geben sollten. Das hat zur Folge, daß jeder, der sich an einem dieser Plätze niederläßt, eine Stellung einnehmen muß, die ihn in eine bestimmte Richtung schauen läßt. Die Abbildungen (Abb. 18 und 19) mögen zeigen, wie ein derartiger Sitz aussieht. Im ganzen gibt es auf der Höhe des Felsens 11 sieben solcher Anlagen, die in dem Buch »Externsteine und Irminsul« näher beschrieben werden sollen. Sie verteilen sich über beide Flächen, und zwar so, daß die dort Sitzenden nach verschiedenen Seiten blicken müssen.

Offenbar haben diejenigen, für die man einst diese Sitze in luftiger Höhe geschaffen hatte, eine gewisse Zeit lang darin verweilen müssen. Dabei wird es ihre Aufgabe gewesen sein, Beobachtungen anzustellen. Von welcher Art diese waren, kann nach den vorangegangenen Ausführungen auch schon in großen Zügen gesagt werden, wenn es auch künftigen Untersuchungen überlassen bleiben mag, zu klären, welche besondere Erscheinung jeweils der Gegenstand der Beobachtung war.

Um für diese Anlagen ein erstes Verständnis zu gewinnen, ist davon auszugehen, daß der schwer besteigbare Felsen 11 derjenige ist, der in der Reihe der Externsteine am höchsten aufragt. Wer seine Kuppe betritt, ist im Bereich der Felsengruppe dem Erdboden am weitesten entrückt und dem Himmel am meisten zugewandt. Sein Blick muß von selbst in die Weiten des Kosmos schweifen. So ergibt sich zwanglos, daß die Menschen, die dort einst als Beobachter Platz nahmen, den Blick auf Erscheinungen des Himmels richten sollten.

Wenn diese Erklärung richtig ist, müssen die Sitze einer Zeit entstammen, in der die Gestirnsbeobachtung eine besondere Rolle spielte, also einem Zeitalter, in dem ein geschriebener Kalender noch nicht zur Verfügung stand, wenn es darum ging, die für das Gemeinschaftsleben wichtigen Termine zu bestimmen, wie etwa die Tage der großen Feste und Zusammenkünfte oder die richtige Zeit für die Aussaat des Getreides oder noch manches andere mehr. Das bedeutet, daß für die Anlage dieser Beobachtungsstellen das vorgeschichtliche Altertum in Betracht kommt. Damals konnte man sich noch nicht nach den Angaben eines geschriebenen Kalenders richten, wie es in späteren Zeiten üblich war. Wenn zum Beispiel der Tag bestimmt werden sollte, an dem man sich gerade befand, so mußte zum Himmel aufgeschaut und es dort am Stand der Gestirne abgelesen werden. Unter anderem wurde darauf geachtet, an welcher Stelle des Horizonts die Sonne aufgeht, oder es wurde verfolgt, wie der Mond am nächtlichen Himmel seine Bahn zieht und seine Gestalt verändert. Seit jeher hatte man Erfahrungen darüber gesammelt, was der Stellung der Gestirne hinsichtlich der Zeitbestimmung zu entnehmen ist, und dieses Wissen im Kreis jener Menschen bewahrt und weitergegeben, denen die Betreuung der religiösen Angelegenheiten oblag. Die Verehrung der Götter und der Vollzug der Kulthandlungen sowie der Aufblick zum Himmel und das Wahrnehmen der Zeichensprache der Gestirne gehörten damals eng zusammen. So sind auch die Sitze des Felsens 11, die sonst nicht zu erklären wären, im Rahmen eines solchen Brauchtums der naturverbundenen heidnischen Religion zu verstehen und als Anlagen der vorgeschichtlichen Zeit anzusprechen.

Daraufhin erhalten die dortigen Arbeitsspuren eine besondere Bedeutung für die Altersbestimmung. Bei der Herrichtung der kleinen Flächen wurde die Gesteinsoberfläche mit einem Werkzeug behauen, und zwar nach Ausweis der Einschlagstellen ausschließlich mit einem solchen, das spitz zulief. So ist auf der Höhe des Felsens 11 die gleiche Arbeitsweise wie bei der ersten Anlage der Unteren Grotte zu beobachten. Aber auch an bearbeiteten Stellen der anderen Felsen gibt es Spuren, die auf die Verwendung eines spitzen Werkzeuges hinweisen, zum Beispiel am siebenten, am dritten und am zweiten Felsen. All diese Spuren einzeln zu besprechen, würde hier zu weit führen. Im vorliegenden Zusammenhang genügt es festzustellen, daß die Einschläge des Felsens 11 und der Unteren Grotte nur ausgewählte Beispiele sind, die einem größeren Bestand entnommen wurden. Allerdings verdienen, wie gesagt, die Hiebspuren des Felsens 11 eine besondere Aufmerksamkeit, da ihre Auswertung für die Datierung der ganzen Gruppe eine Grundlage abgibt. Auch die Chronologie der Unteren Grotte erscheint daraufhin in einem bestimmten Licht. Der Blick wird zwangsläufig in die vorgeschichtliche Zeit gelenkt.

Die Anlage der Sitze des Felsens 11 kann also nur dann verständlich werden, wenn man sie mit Maßnahmen eines vorgeschichtlichen Brauchtums in Verbindung bringt. Daß es an den Externsteinen solche Einrichtungen gibt, die der Beobachtung kosmischer Vorgänge dienten, ist ein weiterer Anlaß, diesen Ort als eine Kultstätte der vorgeschichtlichen Zeit anzusprechen.

Die großen Figuren des Felsens 4

Eine besondere Aussagekraft kommt jenen Bearbeitungsspuren zu, die an den großen Figuren der Externsteine zu beobachten sind.[149] Von diesen eindrucksvollen Gebilden sollen hier nur zwei zur Besprechung kommen.[150] Sie befinden sich an dem vierten Felsen und dürfen nicht etwa als natürlich entstandene Zufallsformen angesehen werden. Da dort im Gestein noch die Spuren menschlicher Arbeit sichtbar sind, müssen sie als Menschenwerk gelten, das vorsätzlich geschaffen wurde. Bei der Bearbeitung ist man so vorgegangen, daß an der Außenseite des Felsens flache Schollen abgesprengt wurden, so daß eine neue Oberfläche entstand, deren Charakter von dem der ursprünglichen und stark verwitterten Felsoberfläche erheblich abweicht. In der neu geschaffenen und verhältnismäßig glatten Fläche fallen nun einige Risse und Spalten, die in dem Sandstein von Natur aus enthalten sind, besonders deutlich auf. Dabei verlaufen sie derartig, daß sie in Verbindung mit der neuen Oberfläche und zusammen mit einigen Eintiefungen und Erhebungen das Bild einer großen Gestalt ergeben. Das ist an der Nordostseite des Felsens 4 unterhalb des Wackelsteins der Fall. Aufgrund der besagten Gegebenheiten tritt dort eine riesige Menschengestalt in Erscheinung (Abb. 21), die an der Felswand mit ausgebreiteten Armen zu hängen scheint.[151]

Ein weiteres Gebilde von dieser Art ist östlich davon an der höchsten Stelle des Felsens 4 zu erkennen. Auch dort hat man an der Nordostseite flache Schollen abgesprengt, so daß es wiederum zur Entstehung einer glatten Spaltfläche kam. Diese ist mit den Konturen des Felsengipfels in Verbindung zu bringen. Dann bietet sich dem Auge eines Betrachters, der nordöstlich davon steht, ein großes Menschenhaupt dar (Abb. 20), das nach Osten schaut und den oberen Abschluß des steil aufragenden Felsens bildet.[152]

Es soll nicht unerwähnt bleiben, daß es manchen Menschen unserer Zeit immer noch Schwierigkeiten bereitet, sich mit dem Gedanken vertraut zu machen, daß Darstellungen von dieser Größe dem Altertum entstammen könnten und als Schöpfungen des damaligen Menschen anzusehen sind. War es doch bis vor kurzem allgemein üblich, bei der Beurteilung solcher Gebilde von der überkommenen Meinung auszugehen, nach der die vorgeschichtlichen Menschen noch nicht fähig gewesen sein sollen, derartige Werke zu schaffen. So wurde auch bisher, wenn diese Angelegenheit zur Sprache kam, einer weiteren Erörterung meist dadurch ausgewichen, daß solche Erscheinungen als zufällige Naturbildungen abgetan wurden. Doch ist dieses Verfahren bei den zwei angeführten Beispielen nicht möglich. Denn, wie schon gesagt, es lassen die Spuren der bei der Herstellung verrichteten Arbeit nicht zu, dort von einer natürlichen Entstehung zu sprechen. Bei diesen Spuren handelt es sich um jene Stellen, an denen man beim Loslösen der flachen Schollen die Schläge angesetzt hat. Sie befinden sich am Rande der großen Spalten, die das Gestein von oben nach unten durchziehen, und sind dort mehr oder weniger deutlich zu erkennen. In dem Buch »Externsteine und Irminsul« werden sie näher beschrieben. Hier mag es genügen, das Resultat festzuhalten, das sich bei der Untersuchung ergeben hat. Wie schon erwähnt wurde, besagt es, daß die zwei genannten Figuren vom Menschen der Vergangenheit geschaffen wurden.

Für eine zeitliche Einstufung ist wichtig zu wissen, daß derartig große Skulpturen nicht nur an den Externsteinen vorkommen, sondern auch an anderen Orten nachgewiesen wurden. Die vergleichende Untersuchung des gesamten Bestandes läßt erkennen, daß als Zeit der Entstehung nur ein Abschnitt des vorgeschichtlichen Altertums in Betracht kommen kann.[153]

Es dürfte selbstverständlich sein, daß die Anlage der mächtigen Gebilde nicht etwa als eine bedeutungslose Spielerei aufgefaßt werden kann. Die große Anstrengung, die damit verbunden war, wird man seinerzeit nur deshalb auf sich genommen haben, weil ein bestimmter Sinn zugrunde lag und man es für notwendig hielt, ihn in diesen Werken zum Ausdruck zu bringen. Welche Bedeutung ihnen im einzelnen beigelegt wurde, kann hier nicht weiter erörtert werden. Doch wird man bei dem Bemühen um ein Verständnis sicherlich auf dem rechten Wege sein, wenn davon ausgegangen wird, daß es Vorstellungen des religiösen Lebens waren, die hier veranschaulicht werden sollten. Es kann keinem Zweifel unterliegen, daß die ungewöhnlichen Darstellungen der Welt des Sakralen entstammen. Mit demselben Bereich muß aber auch die Felsengruppe verbunden gewesen sein, an der sie sich befinden. So wird das Gelände der Externsteine auch noch durch das Dasein dieser Skulpturen als die Stätte eines alten Heiligtums erwiesen. Die großen Ausmaße der riesigen Gestalten verraten außerdem etwas von der bedeutenden Stellung, die dieses Felsenheiligtum in der vorchristlichen Zeit innegehabt haben muß.

Das vorchristliche Externsteine-Heiligtum

Als soeben die Frage zu beantworten war, ob es an der Felsenstätte ein vorchristliches Heiligtum gegeben hat, wurde zur Begründung nur auf einige ausgewählte Argumente eingegangen. Die kleine Auswahl dürfte aber schon deutlich genug gezeigt haben, daß ein solches dort wirklich vorhanden war.

Doch mag Folgendes noch vermerkt werden. Wenn in einigen Veröffentlichungen zuweilen Zweifel an der Existenz eines vorchristlichen Externsteine-Heiligtums laut geworden sind, so konnte dabei kein Argument geltend gemacht werden, welches zwingend bewiesen hätte, daß es ein derartiges Heiligtum niemals gegeben hat oder nicht geben konnte. Man berief sich lediglich darauf, daß es in der schriftlichen Überlieferung jener Zeit nicht erwähnt worden sei. Nun wurde aber im Lauf unserer Ausführungen schon wiederholt darauf hingewiesen, was von einem derartigen Ausbleiben zeitgenössischer Nachrichten zu halten ist. Ein vorchristliches Heiligtum dieser Gegend war ja eine Einrichtung, die in den Bereich einer schriftlosen Kultur gehörte. So konnte es überhaupt keine bodenständige Schriftüberlieferung geben, die darüber berichtet hätte. Als dann das betreffende Gebiet im frühen Mittelalter durch Eroberung und Christianisierung in den Gesichtskreis der fränkischen Chronisten kam, waren diese aber sorgsam darauf bedacht, möglichst wenig von einer heidnischen Kultstätte mitzuteilen.

Schließlich ist noch an den unmittelbaren Eindruck zu erinnern, der bei der Beschäftigung mit dem Problem der Externsteine von Anfang an eine Rolle gespielt hat. Bei der Gruppe der Externsteine handelt es sich um ein auffallendes Gebilde der Natur, das in der näheren und weiteren Umgebung nicht seinesgleichen findet und aufgrund seiner eigenartigen Beschaffenheit einen Menschen, der damit bekannt wird, nachhaltig zu beeindrucken vermag. So kann man in der Gegenwart von Besuchern, die das merkwürdige Phänomen unvoreingenommen auf sich wirken ließen, immer wieder hören, das Kennenlernen der Felsengruppe sei für sie ein besonderes Erlebnis gewesen und sie seien von dem Zauber, der von der ungewöhnlichen Stätte ausstrahlt, lebhaft berührt worden (Abb. 1). Eine ähnliche Wirkung müssen auch die Menschen des vorchristlichen Altertums erfahren haben. Dabei ist zu bedenken, daß es damals weithin üblich war, an besonderen Stellen der freien Landschaft die göttlichen Mächte zu verehren, etwa in heiligen Hainen, auf hohen Berggipfeln, an sprudelnden Quellen und nicht zuletzt an einzeln stehenden Steinblöcken oder an aufragenden Felsen. Solche Steinheiligtümer sind in den Ländern Mitteleuropas auch heute noch in beträchtlicher Zahl nachzuweisen,[154] so daß der Charakter dieser Gebilde nicht unbekannt ist. Wenn nun mit all dem die Felsengruppe der Externsteine verglichen wird, so unterscheidet sie sich erheblich von den meisten dieser Kultsteine und erweist sich sowohl durch die größeren Ausmaße wie durch die eigentümliche Konfiguration als etwas Besonderes. Unter solchen Umständen könnte auch schon unabhängig von den Argumenten, die soeben angeführt wurden, mit einer an Sicherheit grenzenden Wahrscheinlichkeit gefolgert werden, daß die auffällige und leicht zugängliche Felsengruppe in jener Zeit zwangsläufig eine Kultstätte werden mußte. Darüber hinaus läßt aber gerade der Vergleich mit den vielen anderen heiligen Steinen erkennen, daß dieses große Felsenheiligtum eine besondere und hervorragende Bedeutung gehabt haben muß.

Zum Abschluß dieser Ausführungen über das vorchristliche Felsenheiligtum mag noch einmal kurz vergegenwärtigt werden, weshalb und in welchem Zusammenhang hier überhaupt davon die Rede war. Bei dem Vorhaben, den Platz der zuerst versuchten Klostergründung innerhalb des Irminsul-Bezirks ausfindig zu machen, wurde im Anschluß an ein bereits vorher erzieltes Ergebnis davon ausgegangen, daß nur ein begrenzter Abschnitt der umfangreichen Sakrallandschaft für die Lokalisierung in Betracht kommen kann. Zugleich wurde an Radberts Mitteilung erinnert, in der die gesuchte Stätte als der Ort eines bedeutenden vorchristlichen Heiligtums bezeichnet wird. Dadurch kam es zu der Frage, ob an der Ostseite des Gebirges, das sich zwischen Driburg und Detmold hinzieht, ein altes Heiligtum von besonderer Bedeutung nachzuweisen sei, bei dem außerdem noch zu erwarten wäre, daß es seinen Platz an einer wichtigen Stelle des damaligen Verkehrsnetzes hatte. Nach allem, was dazu zu sagen war, kann es sich nur um das Felsenheiligtum der Externsteine gehandelt haben. Wenn also Radbert sagt, daß die alte Kultstätte, die sich vor der Einführung des Christentums an dem Ort des ersten Gründungsversuchs befand, für das Ansehen des ganzen Sachsenlandes maßgeblich gewesen sei, so gilt das, allgemein genommen, sicherlich auch für die gesamte große Sakrallandschaft, die Irminsul genannt wurde. Im besonderen muß es jedoch auf den Standort der Externsteine bezogen werden.

Die einsame Lage

Bei der Suche nach der Hethis-Stätte wurde der Blick nun schon zweimal auf den Bereich der Externsteine gelenkt. So ist zu fragen, wie die noch nicht besprochenen Aussagen der schriftlichen Überlieferung, die auch noch über weitere Besonderheiten des Geländes Auskunft geben, zu diesem Resultat stehen. Sind auch sie, dem Ergebnis der bisherigen Betrachtung entsprechend, mit den Verhältnissen an den Externsteinen zu vereinbaren?

Zunächst ist noch einmal zu vergegenwärtigen, wie die vom Abt Adalhard II. eingeleitete Klostergründung im Vitusbericht geschildert wird. Es heißt dort: »*Er begann aber an dem Orte zu bauen, der Hethis genannt wird. Als sie sich dort sechs Jahre und auch noch darüber hinaus abgemüht hatten, haben sie nichts anderes zu erreichen vermocht, als daß die reine Lehre in einer Einöde verkündet wurde. Denn der Ort war so unergiebig, daß sie dort weder zu Nahrung noch zu Kleidung kommen konnten.*«

In diesen Sätzen liegen zwei Aussagen vor, die mit bestimmten Eigenschaften der ersten Gründungsstätte bekannt machen. Die eine betrifft ihre Lage. Sie soll einer Einöde, also einer unbesiedelten Landschaft angehört haben. Die andere spricht von der Unergiebigkeit des Geländes. Es soll so unfruchtbar gewesen sein, daß die Mönche sich dort weder die Nahrung noch die Kleidung selber beschaffen konnten. Die Frage ist nun, ob diese zwei Angaben auch auf die Stätte der Externsteine zutreffen, wobei selbstverständlich an die Verhältnisse des frühen Mittelalters zu denken sein wird.

Auch heute liegt die Felsenstätte nicht in einem bewohnten Siedlungsgebiet, wenn sich ein solches in neuerer Zeit auch bis in ihre Nähe ausgedehnt hat. In der Gegenwart reichen die Straßen und Häuserreihen des südwestlichen Teiles der Stadt Horn–Bad Meinberg schon so weit an die Felsengruppe heran, daß zwischen den Steinen und den nächstliegenden Gebäuden nur noch ein Abstand von 400 Metern verbleibt. Das hat sich aber erst aus einer Entwicklung der jüngsten Vergangenheit ergeben. Vor etwa 30 Jahren und noch deutlicher vor 100 Jahren waren die Häuser des Stadtrandes erheblich weiter, und zwar zwei Kilometer, von den Steinen entfernt. Aber auch dieser ältere Zustand war erst nach dem Ende des frühen Mittelalters vorhanden. Vor dieser Zeit hatte es dort noch anders ausgesehen.

Im vorgeschichtlichen Altertum war der Umfang der einzelnen Siedlungsräume bekanntlich viel kleiner als heute. Die bewohnten Gebiete wurden zumeist durch breite und sich weit hinziehende Ödlandstreifen, die sogenannten Marken, voneinander geschieden. In einem solchen Markengürtel lag auch das vorchristliche Felsenheiligtum der Externsteine. Das bezeugen nicht nur die Fundkarten vorgeschichtlicher Altertümer. Auch ein Blick auf das Gelände, von dem die Gruppe der Externsteine umgeben wird, kann es lehren.

Die Felsen gehören einer ausgedehnten Gebirgslandschaft an, die für die Anlage von Ortschaften nicht geeignet ist. Weder der Bärenstein noch der Knickenhagen, also jene Teile der unfruchtbaren Sandsteinkette, die unmittelbar an die Felsengruppe grenzen, konnten mit ihren schmalen Bergrücken und hohen Steilhängen als Standorte für Niederlassungen in Frage kommen. Das gleiche läßt sich von den südwestlich anschließenden und bewaldeten Kalksteinhöhen der Großen Egge sagen, wo wiederum schroffe Abhänge und tiefe Schluchten hindernd im Wege stehen. Ebenso gilt es für den ursprünglichen Zustand der kargen Senne-Ebene, die dem Gebirge im Südwesten vorgelagert ist. Erst im Bereich der Gemarkungen Kohlstädt, Schlangen und Oesterholz, der von den Externsteinen 7 bis 8 Kilometer entfernt ist, wurden Spuren alter Niederlassungen gefunden. Sie entstammen der nordöstlichen Randzone eines Siedlungsraumes, der dem Flußgebiet der Lippe angehörte und in Paderborn einen Schwerpunkt hatte.

Nordwestlich der Felsengruppe schließen sich sowohl an den Bärenstein wie an die Höhen der Großen Egge weitere Bergketten des Teutoburger Waldes an, während man in südöstlicher Richtung über den Knikkenhagen, Kahlehaar und Velmerstot zu den sich weit hinziehenden und schwer überschreitbaren Erhebungen des Eggegebirges kommt. So wird die Stätte des alten Heiligtums sowohl im Südosten und Süden wie im Südwesten, Westen und Nordwesten von einem langgezogenen und breiten Streifen eines siedlungsfeindlichen und unwirtlichen Berglandes umgeben, das zu allen Zeiten unbewohnt war und im Altertum »Osning« genannt wurde. Auch in der Gegenwart stellt dieser Gebirgszug ein menschenleeres Gebiet dar, das hauptsächlich der forstwirtschaftlichen Nutzung dient. Im übrigen begegnet man dort dem Erholung suchenden Wanderer, der sich an der Schönheit einer einsamen Waldlandschaft erfreut, die vor dem zerstörenden Eingriff von Technik und Zivilisation noch weithin bewahrt geblieben ist.

Das nordöstliche Vorgelände seit dem Mittelalter

Um das Bild von dem ehemaligen Zustand der umgebenden Landschaft vollständig werden zu lassen, ist noch jener wichtige Abschnitt gesondert zu behandeln, der sich im Norden, Nordosten und Osten an den Standort der Externsteine anschließt. Dort breitet sich heute das dicht besiedelte Gebiet der Stadt Horn–Bad Meinberg aus, an dessen Südwestrand auch die Felsenstätte gelegen ist. Hauptsächlich sind es die Gemarkungen des früheren Dorfes Holzhausen und der mittelalterlichen Stadt Horn, aus denen sich dieses nordöstliche Vorgelände zusammensetzt. In welchem Umfang dort im Altertum Menschen gewohnt haben könnten, wird sich sagen lassen, wenn auf die Entwicklung der beiden Ortschaften kurz eingegangen wird.

Die Dorfstelle der Holzhausener Gemarkung ist vom Standort der Externsteine etwa einen Kilometer entfernt. Schon vor mehr als 800 Jahren und auch noch in späteren Zeiten hatte die Ortschaft eine enge Beziehung zur Felsengruppe. Dabei ist aber zu berücksichtigen, daß in mittelalterlichen Schriften zwei besondere Teile derselben erwähnt werden, die man Oberholzhausen und Niederholzhausen nannte, während das Ortsbild der Gegenwart eine solche Zweiteilung nicht erkennen läßt. Vermutlich ist einer der beiden Ortsteile im Lauf der Zeit wieder eingegangen. Künftige Untersuchungen werden noch klären müssen, wo der verschwundene Teil gelegen hat und welcher von ihnen als Oberholzhausen und welcher als Niederholzhausen bezeichnet wurde.

Aus einer Urkunde des 12. Jahrhunderts[155] geht hervor, daß dem Kloster Werden an der Ruhr damals ein Hof dieser Gemarkung gehörte, dessen Name »*Holthuson oder Egesterenstein*« lautete. Die doppelte Bezeichnung deutet auf einen Zusammenhang dieses Holzhausener Hofes mit der Felsengruppe hin. Ebenso spricht für eine alte Beziehung der Ortschaft zu den Externsteinen der Umstand, daß es in Holzhausen einen »Steinmeier-Hof« gibt. Der Name »Steinmeier« geht zweifellos darauf zurück, daß sich der Zuständigkeitsbereich seines Besitzers mit den Steinen berührte. Es soll auch nicht unerwähnt bleiben, daß die Felsen 1 bis 4 von jeher der Holzhausener Gemarkung angehören.

Soweit es sich um den heutigen Ortskern handelt, lag das Dorf Holzhausen in der Vergangenheit stets abseits vom Durchgangsverkehr. Von dem bedeutenden Ostwestweg, der früher über den Paß der Großen Egge und durch den Engpaß der Externsteine verlief, wurde es nicht berührt. Es war von der großen Straße einen Kilometer entfernt und nur auf einem Nebenweg erreichbar. Ferner war im Mittelalter jene Landstraße noch nicht vorhanden, die heutzutage den Ortsteil Holzhausen mit dem alten Stadtkern von Horn verbindet. Sie wurde erst am Anfang des 20. Jahrhunderts geschaffen. So hatte Holzhausen in der Vergangenheit eine abseitige Lage. Seine Ausdehnung wurde dadurch behindert, daß die Häuser und Ländereien in eine hügelige Landschaft eingebettet sind. Die zugehörigen Äcker sind auch nicht besonders ertragreich.

Der Name des Ortes stammt aus dem frühen Mittelalter. Das läßt die Endung »-hausen« erkennen. So wird mit der Entwicklung einer besonderen Ortschaft vor der fränkischen Eroberung nicht zu rechnen sein. Vielleicht ist es auch erst später zur Ausbildung eines dörflichen Gemeinwesens gekommen. Freilich wird die Möglichkeit nicht auszuschließen sein, daß es dort auch schon vor dem frühen Mittelalter eine Niederlassung gab. Sie kann aber nicht groß gewesen sein, hat vielleicht nur aus einem Einzelhof bestanden. Auch der Nachbarort Fromhausen weist sich durch den Namen als eine Gründung der Karolingerzeit aus. So ergibt sich, daß der nördliche Teil des nordöstlichen Vorgeländes der Externsteine am Anfang des 9. Jahrhunderts eine einsame Gegend war. Eine nennenswerte Besiedlung, die der heutigen auch nur annähernd entsprochen hätte, war dort nicht vorhanden.

Ebenso kommt es zu einem Bild, das von dem heutigen völlig abweicht, wenn die frühmittelalterliche Besiedlung der benachbarten Horner Gemarkung ins Auge gefaßt wird. Schon im späten Mittelalter sah es dort anders als in der Gegenwart aus. Damals gab es, wie gesagt, zwischen der einsam gelegenen Felsengruppe und der Stadtmauer, in deren Schutz sich die Häuser zusammendrängten, eine Entfernung von zwei Kilometern. Dieser Zustand entsprach aber nicht etwa dem des frühen Mittelalters. Er geht auf die Stadtgründung des 13. Jahrhunderts zurück. Horn wird in einer Urkunde von 1245 zum ersten Mal als eine Stadt bezeichnet[156] und hatte offenbar gerade kurz vorher städtisches Recht erhalten. So gehört es jener Gruppe von Städten an, deren Anlage dem Landesherrn zu verdanken und in die zweite Hauptphase der westfälischen Städteentwicklung einzuordnen ist.

Um auch noch die vorangegangene Besiedlung der Horner Gemarkung erfassen zu können, werden zunächst jene Ländereien zu betrachten sein, die den Bürgern der neugegründeten Stadt außerhalb der Mauer zur Bewirtschaftung überlassen wurden (Zeichn. 15). Ihr Umfang ist am halbbogenförmigen Verlauf der »Trift« und der Gemarkungsgrenze abzulesen. Das Wort »Trift« bezeichnet hier einen schmalen und unbestellten Landstreifen, der einem breiten Weg ähnelt und in weitem Abstand im Süden und Osten um die mittelalterliche Stadtanlage herumführt. In gewisser Hinsicht könnte sie mit den mittelalterlichen Landwehren verglichen werden, die im Umkreis anderer Städte zu beobachten sind. Ähnlich wie diese begrenzt die Horner Trift jene Ländereien, die den einzelnen Bürgern als Äcker und Gärten gehörten. Jenseits der Trift lag das unbebaute Ödland, das einer gemeinsamen Nutzung zur Verfügung stand (Zeichn. 15).

Heute sind weite Strecken des alten Grenzstreifens der Bebauung oder anderen neuzeitlichen Maßnahmen zum Opfer gefallen. Doch liegen so viele Überreste oder Erinnerungen an kürzlich verschwundene Spuren vor, daß es noch möglich ist, die Horner Trift in ihrem Verlauf zu verfolgen. Es wird der Ortskenntnis Friedrich Schäfers und einer Gelände-

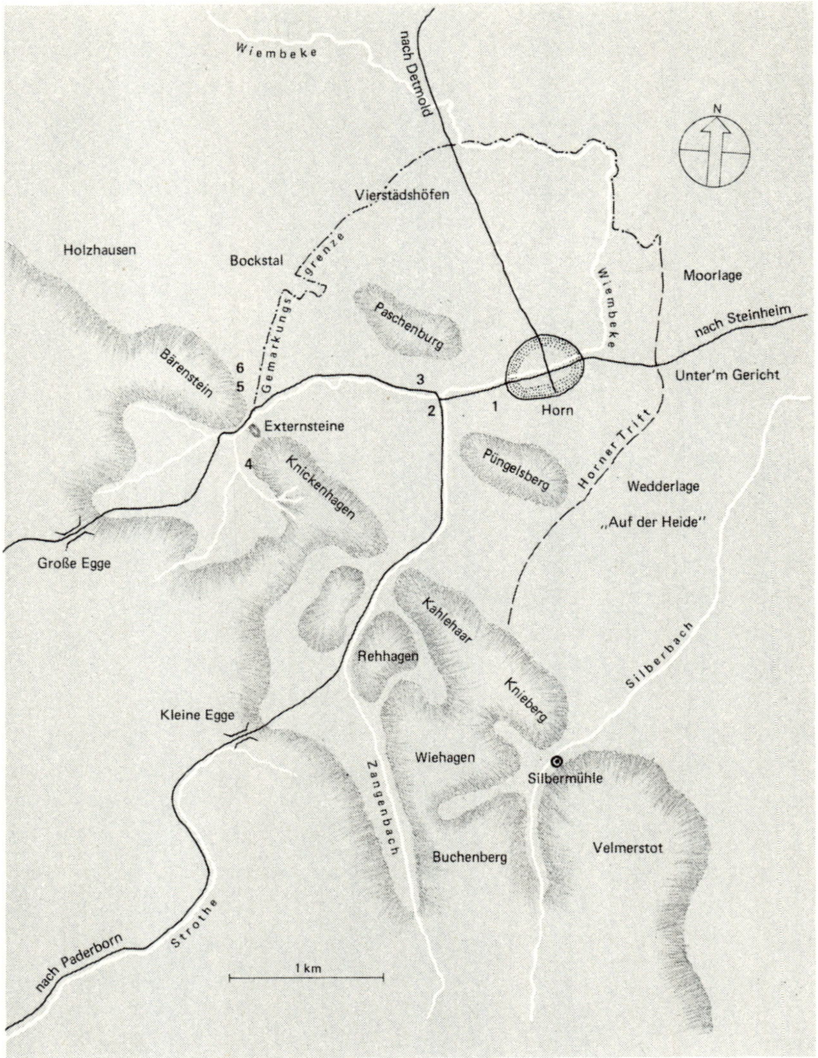

Zeichn. 15: Die Gemarkung der Stadt Horn im Spätmittelalter und das angrenzende Gebirge.
1 und 2: Münzfunde, 3: Fund der Merowingerzeit, 4: Jakobsbrunnen, 5: versiegte Quelle, 6: vermuteter Standort des Hethis-Klosters.

begehung unter seiner Führung verdankt, daß hier eine Beschreibung gegeben werden kann.

Die Trift bildet also den östlichen Teil eines Halbbogens, dessen Basis von demjenigen Teil des Sandstein-Höhenzuges gebildet wird, der aus dem Kahlehaar und dem Knickenhagen besteht. Von ihren einzelnen Abschnitten ist jener am besten erhalten, der sich südlich des alten Stadtkerns befindet. Dort beginnt die Trift vor dem Nordosthang des Kahlehaar und verläuft zunächst zwischen Püngelsberg und Wedderlage in nordöstlicher Richtung. Dabei grenzt im Osten ein Gelände an, das durch den Flurnamen »Auf der Heide«[157] als ein ehemaliges Ödland ausgewiesen wird. Sodann wird die Südnord-Richtung eingeschlagen und die Landstraße, die von der Stadt nach Osten führt, an einer bemerkenswerten Wegegabel überschritten. Diese Stelle ist dadurch von Bedeutung, daß sich dort eine alte Gerichtsstätte befindet, woran unter anderem der Flurname »Unterm Gericht« erinnert.[158] Von dort geht es in gleicher Richtung bis zum Bahnhof weiter, und zwar westlich eines Geländes, das »Moorlage« genannt wird. Nördlich vom Bahnhof schlägt die Fortsetzung, die nunmehr von der Gemarkungsgrenze gebildet wird, die Ostwestrichtung ein. Dabei folgt sie dem Lauf der Wiembeke, bis sie den Bach und die Detmolder Landstraße bei der Abzweigung des Fromhauser Weges überquert. Dort biegt sie nach Südwesten um, so daß der weitere Verlauf zunächst auf den Bärenstein zugeht. Und zwar wird diese Richtung bis in die Gegend von Bockstal eingehalten. Dort wechselt dann die Richtung. Denn nördlich der von Horn nach Holzhausen führenden Landstraße liegt zwischen Holzhausener Berg und Paschenburg noch ein kleiner Geländestreifen, der zur Holzhausener Gemarkung gehört, so daß die Grenze dort nach Osten abbiegt. Erst vor dem Abhang der Paschenburg nimmt sie die frühere Südwestrichtung wieder auf, die nunmehr unmittelbar auf die Gruppe der Externsteine hinweist.

Von dieser bogenförmig verlaufenden Grenze wird also ein Gebiet eingefaßt, das die Horner Bürger seit dem 13. Jahrhundert landwirtschaftlich nutzen konnten. Seitdem war es im Mittelalter ein in sich geschlossener Wirtschaftsraum, der sich nordöstlich der genannten Sandsteinhöhen, also vor dem Kahlehaar und Knickenhagen, sowohl auf den flachen Muschelkalk-Erhebungen wie in der anschließenden Ebene an beiden Seiten der Wiembeke ausbreitete. Ein kurzer Abschnitt dieses Baches war gewissermaßen das Rückgrat, man könnte auch sagen, die Lebensader

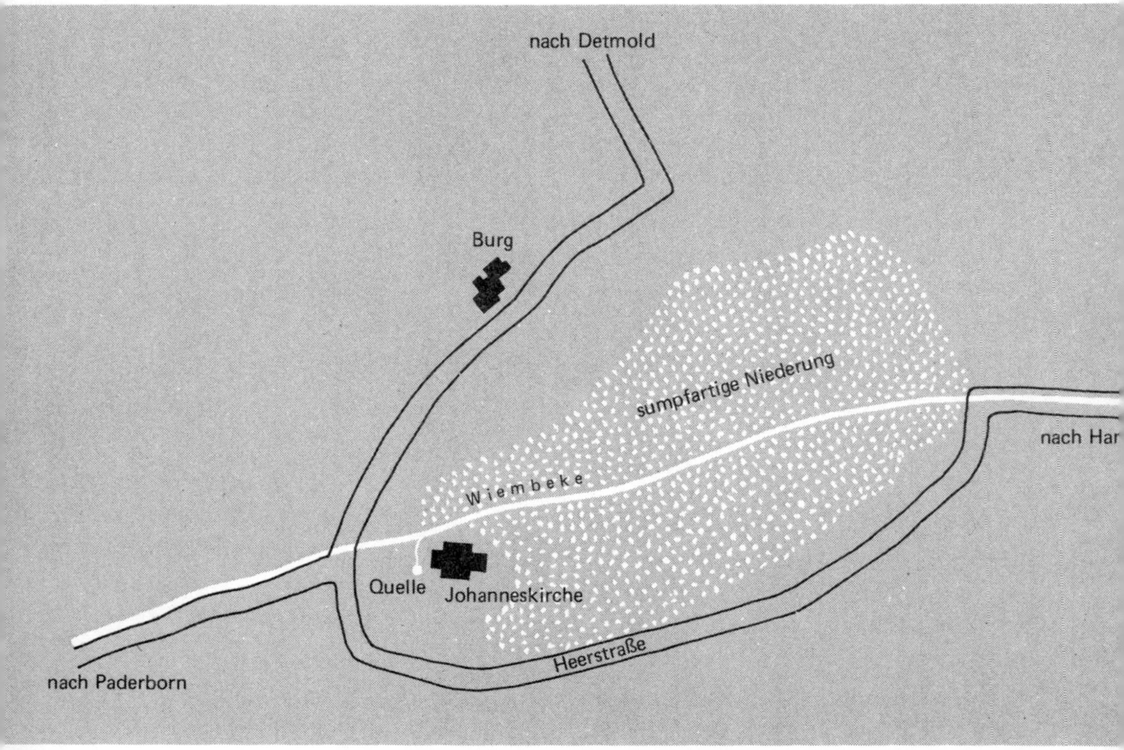

Zeichn. 16a: An der Stelle der mittelalterlichen Stadt Horn befand sich vor der Stadtgründung eine feuchte Niederung, durch die der Verlauf der Wege bestimmt wurde.

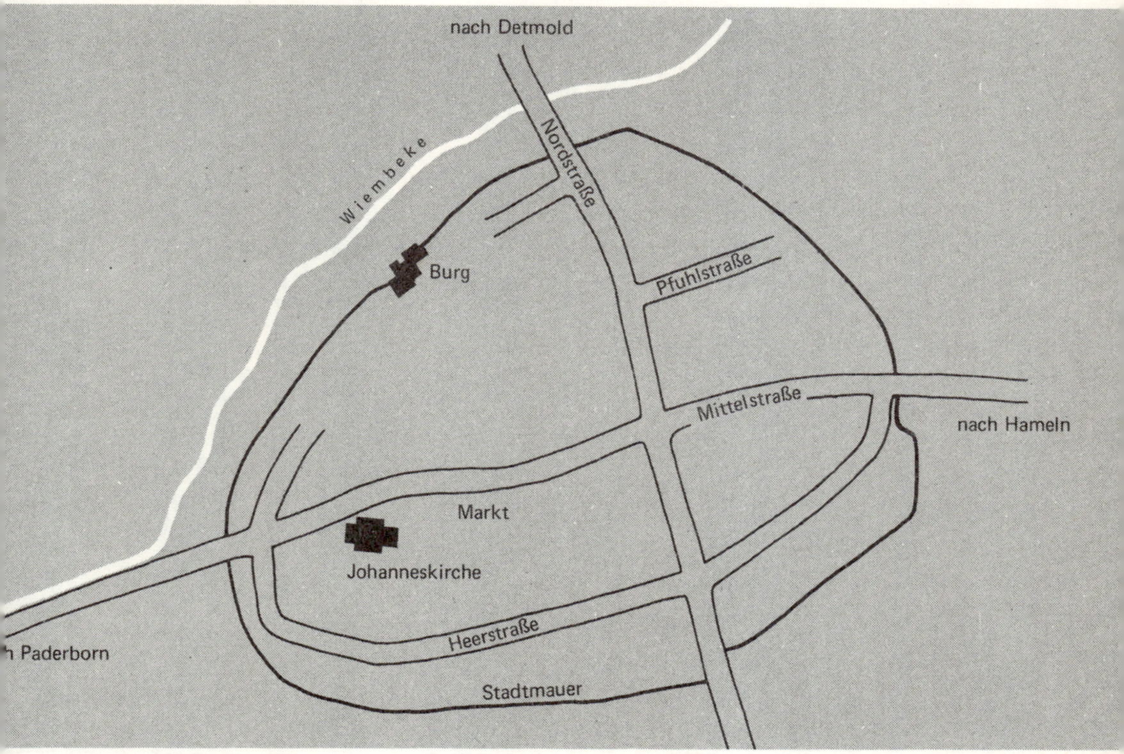

Zeichn. 16b: Grundriß der mittelalterlichen Stadt Horn nach der Umleitung der Wiembeke.

des kleinen Raumes. Das Zentrum des Ganzen bildete seit der ersten Hälfte des 13. Jahrhunderts die damals angelegte Stadt Horn. Dort wohnten die Menschen, die seine Ländereien bearbeiteten. Dort liefen alle Feldwege zusammen. Dort befand sich damals aber auch ein wichtiger Knotenpunkt des Fernverkehrs. Denn im Bereich dieser Stadt vereinten sich die vom Westen kommenden Hauptstraßen, um ostwärts dann wieder in mehreren Richtungen auseinanderzugehen.

Vorchristliche Kultstätten und Ansiedlungen des nordöstlichen Vorgeländes

Der Grundriß der mittelalterlichen Stadt Horn läßt erkennen, daß diese Ortschaft nicht etwa in einem allmählichen Wachstum entstanden ist, sondern auf einmal und nach einem bestimmten Plan angelegt wurde. Dabei hat man sich nach einem festen Schema gerichtet, das auch bei anderen Stadtgründungen der Stauferzeit üblich war.[159] Kennzeichnend ist dafür, daß die ovale Grundfläche durch das große Achsenkreuz der zwei Hauptstraßen in vier Quadranten geteilt wird. Die beiden Straßen schneiden sich im rechten Winkel. Die eine verläuft ungefähr ostwestlich, die andere etwa nordsüdlich. Einige Nebenstraßen kreuzen sich in der gleichen Weise, so daß es wiederholt zur Bildung von rechten Winkeln kommt. An der Regelmäßigkeit des Ganzen ist der Wille des Stadtgründers, des Edelherrn zu Lippe, zu spüren. Zweifellos handelt es sich um eine Neuschöpfung, bei der auch ältere Anlagen, die, wie es scheint, bei der Gründung der Stadt schon vorhanden waren, berücksichtigt und in die Planung einbezogen wurden.

Welche Rolle die Grundfläche der mittelalterlichen Stadt vor dem 13. Jahrhundert gespielt haben mag, kann mit einiger Sicherheit gesagt werden, wenn der ursprüngliche Zustand vergegenwärtigt wird. Dabei ist von der bedeutenderen der beiden Hauptstraßen auszugehen, das heißt von der ostwestlich gerichteten Mittelstraße, die an Kirche, Rathaus und Marktplatz vorbeiführt und heutzutage im Zuge der Bundesstraße 1 verläuft (Zeichn. 16).

Es ist bemerkenswert, daß diese erstrangige Straße des mittelalterlichen Ortes keinen Vorgänger in einer älteren Landstraße hatte, die sich vorher an der gleichen Stelle befunden hätte. Ursprünglich gab es dort nur eine schwer begehbare Niederung, durch die das Wasser der Wiembeke floß. Daß einstmals nicht nur jener schmale Geländestreifen, den diese Straße einnimmt, sondern auch ihre nähere Umgebung in einem solchen Zustand war, lassen die Schlammschichten erkennen, die im Untergrund der Mittelstraße, des Marktplatzes und eines Teiles der Nordstraße bei Erdarbeiten freigelegt wurden. Dafür spricht auch der Name der Pfuhlstraße, die im nördlichen Stadtviertel von der Nordstraße abzweigt. Ferner ist auf einen hohen Stand des Grundwasserspiegels zurückzuführen, daß die Häuser der Mittelstraße nicht unterkellert wurden. Als die Stadt angelegt wurde, beließ man die Wiembeke zunächst in ihrem ursprünglichen Bett. So floß das Wasser noch längere Zeit mitten durch den Ort, indem der kleine Bach einfach in der Mittelstraße seinen Lauf nahm. Erst nach dem Ende des Mittelalters wurde er kurz vor dem westlichen Stadttor nach Nordosten umgeleitet. Seitdem umgeht er die alte Stadtanlage, indem er nördlich der Stadtmauer verbleibt.

Am Rande der feuchten Niederung, die sich vor dem 13. Jahrhundert an beiden Seiten der Wiembeke hinzog, ist als eine besondere Stelle der Standort der Pfarrkirche zu nennen. Dort ragt eine kleine Kuppe des unterirdischen Muschelkalkrückens so weit empor, daß sie an die Oberfläche tritt. So befand sich an dieser Stelle von jeher ein fester und trockener Boden, der dann auch dem Kirchengebäude als Untergrund dienen konnte. Man darf sich nicht dadurch beirren lassen, daß die ehemalige Oberflächenbildung dort heute nicht mehr zu erkennen ist. Sie wurde durch spätere Aufschüttungen und die Bebauung des Geländes nachträglich verdeckt.

Es wurde schon vermerkt, daß die Bundesstraße 1 heute innerhalb des alten Stadtkerns dem Zuge der Mittelstraße folgt. Ebenso deckte sich in der Vergangenheit auch ihr Vorläufer, die »Köllnische Landstraße«, mit dieser Hauptachse des kleinen Ortes. Das ist aber erst möglich geworden, als die Stadt schon vorhanden war. Vor dem 13. Jahrhundert mußte die von Westen kommende Fernstraße am Standort der heutigen Kirche nach Südosten abbiegen, um das unwegsame Niederungsgebiet an seinem Südrand zu umgehen. Dort befindet sich jetzt die »Heerstraße«, deren

Name immer noch daran erinnert, daß der große Heerweg früher an dieser Stelle lag.

Entsprechend verlief damals auch die nach Detmold führende Landstraße, die heute im Zentrum der Stadt, also am Schnittpunkt der beiden Hauptachsen, von der Mittelstraße und damit auch von der Bundesstraße 1 abzweigt. Auch sie mußte sich vor dem 13. Jahrhundert beim Standort der Kirche von der großen Ostwestverbindung trennen, und zwar nach links abbiegend, um das Niederungsgebiet an seinem Nordwestrand etwa in der Nähe der heutigen Stadtmauer zu umgehen, bis schließlich die nach Detmold führende Nordwestrichtung eingeschlagen wurde. Im Zusammenhang mit dieser Wegstrecke, die heute nicht mehr erhalten ist, wird auch die Lage der Horner Burg zu verstehen sein, wenigstens wenn ein festes Haus der Lipper Edelherren auch schon für die Zeit, die unmittelbar vor der Stadtgründung lag, an der gleichen Stelle angenommen werden darf.

So ergibt sich für den Beginn des 13. Jahrhunderts und für die vorangegangene Zeit der folgende Zustand des Horner Geländes. Dort wo später die Häuser der wichtigsten Straße der mittelalterlichen Stadt stehen sollten, befand sich damals ein Niederungsgebiet, das von der Wiembeke durchflossen wurde. Es war für den Fernverkehr ein Hindernis, das umgangen werden mußte. Außerdem hatte man es dort mit einer Stelle zu tun, an der zwei Straßen auseinandergingen. Denn die große Landstraße, die in der zwischen Püngelsberg und Paschenburg liegenden Einsenkung vom Westen herankam, teilte sich kurz vor der Kirche in der angegebenen Weise. Die eine Strecke verlief südlich der Wiembeke-Niederung und führte über Vahlhausen und durch das Emmertal nach Hameln zum dortigen Weserübergang. Die andere schlug nördlich der Niederung die Detmolder Richtung ein, um schließlich zur Porta Westfalica zu gelangen. So befand sich das Horner Niederungsgebiet an der Scheide zweier Hauptstraßen, und zwar so, daß es innerhalb der betreffenden Wegegabel lag. Am nordwestlichen Rand dieser Niederung war, wie gesagt, jene Stelle von Bedeutung, wo der Lipper Edelherr sein festes Haus errichtet hatte. Als ein weiterer Platz, der auffallen muß, wurde schon der Standort der Pfarrkirche erwähnt. Er lag dicht an der alten Wegscheide, und zwar auch noch innerhalb der beiden Schenkel.

Bei dem derzeitigen Horner Gotteshaus handelt es sich um eine spätgotische Hallenkirche, die erst im letzten Viertel des 15. Jahrhunderts errichtet wurde. Doch hatte sie einen älteren Vorgänger. So heißt es in Dehios Handbuch der Deutschen Kunstdenkmäler, Westfalen (1969) auf Seite 252, daß der zugehörige Turm »*im Kern wohl noch aus dem 12. Jahrhundert stammt*«. Das besagt, daß es dort auch schon vor der Stadtgründung eine Kirche gegeben hat. Welche Bedeutung ihr zukam, ist dem Patrozinium zu entnehmen. Denn daß Johannes der Täufer der Schutzheilige war, läßt erkennen, daß sie von jeher als Taufkirche diente. Vermutlich hatte sie als solche auch ein recht hohes Alter. Demgegenüber muß auffallen, daß unmittelbar neben der alten Taufkirche eine starke Quelle entspringt, die heute freilich nicht mehr sichtbar ist, da ihr Wasser jetzt unter der Straßendecke verläuft. Beim Ausbau der Mittelstraße wurde sie unterirdisch abgefangen und der entstehende Wasserlauf in einen der vorhandenen Abflußkanäle geleitet. Der Hinweis auf diese Quelle wird Friedrich Schäfer verdankt.

Bekanntlich wurden bei der Einführung des Christentums die neuen Gotteshäuser nicht selten an ehemaligen Kultstätten angelegt. Wenn ein solches Gebäude eine Taufkirche sein sollte, wählte man gern einen Ort, an dem sich vorher ein Quellenheiligtum befunden hatte. So liegt die Vermutung nahe, daß die Horner Wasserquelle, in deren Nähe eine frühmittelalterliche Taufkirche stand, auch schon im vorchristlichen Kult eine Rolle gespielt haben könnte. Das heißt, daß sie damals als eine heilige Quelle Verehrung erfahren hätte. Wenn diese Folgerung zu Recht besteht, wird auch auf den ehemaligen Charakter des dortigen Geländes ein Licht fallen können. Doch braucht es bei dieser einen Schlußfolgerung nicht zu bleiben. Denn es liegt auch noch ein sprachlicher Befund vor, dessen Auswertung das Gesagte bekräftigen kann.

Das aus der Quelle hervorgehende Rinnsal wurde seinerzeit schon bald von der Wiembeke aufgenommen, also von dem wiederholt erwähnten Bach, der im Mittelalter die Hauptachse der Stadtanlage begleitete und vorstehend auch schon als die Lebensader der ursprünglichen Horner Gemarkung bezeichnet wurde. Bei diesem kleinen Wasserlauf verdient der Name eine besondere Beachtung. Denn das Wort »Wiembeke« ist auf »Wihenbeke« zurückzuführen, so daß sich die Bedeutung »heiliger Bach« herausstellt. Es dürfte kein Zufall sein, daß der Name dieses Baches, der unter anderem das Wasser einer »heiligen« Quelle enthielt, ebenfalls auf einen sakralen Charakter hinweist. Man wird dabei auch noch an das angrenzende Gelände denken dürfen. Damit ergibt sich die

Frage, in welchem Zustand dieses vor der Einführung des Christentums gewesen sein mag.

Wie schon erwähnt wurde, sind im Untergrund der Mittelstraße umfangreiche Schlammschichten zu beobachten, die bis zu einer Tiefe von zwei Metern hinabreichen. Das bedeutet, daß es in einer Zeit, als die Stadt noch nicht vorhanden war, dort eine Einsenkung gegeben hatte, in der es zur Bildung von stehendem Wasser kommen konnte. Ferner ist noch einmal an den Namen der Pfuhlstraße zu erinnern, der offenbar auf einen späten und letzten Rest einer solchen Wasseransammlung hinweist. Aus allem geht hervor, daß dort, wo im Mittelalter die wichtigste Straße des Ortes verlief, vorher ein kleiner See oder Teich gelegen haben muß. Er wurde von dem »heiligen Bach«, der Wiembeke, durchströmt und stellte ein Sammelbecken dar, das auch das Wasser jener Quelle aufnahm, die, wie angenommen wurde, schon im Altertum als eine heilige Quelle Verehrung fand. Das führt zu dem Schluß, daß auch dieser kleine See als ein vorchristliches Wasserheiligtum angesehen werden darf.

Unter diesen Umständen liegt es nahe, bei den merkwürdigen Fundstücken, die aus dem Untergrund der Stadt zum Vorschein kamen, eine Erklärung in Erwägung zu ziehen, an die bisher noch nicht gedacht wurde. Es handelt sich um das Vorkommen von Hufeisen, worüber schon G. A. B. Schierenberg im 19. Jahrhundert berichtet hat. Auch später wurden sie wiederholt beobachtet.[160] Auffallend ist die große Zahl der im 19. Jahrhundert gefundenen Hufeisen, wovon freilich das meiste wieder verlorenging. Nur wenige Exemplare, die sich im Robert Henkel-Museum zu Horn befinden, blieben erhalten. Zwar ist es noch nicht möglich, die ungewöhnlich starke Anhäufung endgültig zu erklären. Doch wird man fragen dürfen, ob sie etwa dadurch zustande kam, daß diese Hufeisen, ebenso wie es bei dem berühmten Thorsberger Moorfund der Fall war, als Weihegaben in einen heiligen See versenkt worden sind.

Das Horner Wasserheiligtum war von den Externsteinen kaum zwei Kilometer entfernt. Andererseits befindet sich nördlich von ihm, und zwar in einem Abstand von fünf Kilometern, schon wieder ein Bezirk, der im Altertum von sakraler Bedeutung war. Es ist das Gelände des Leistruper Waldes,[161] das zwei vereinzelte Steinblöcke von erheblicher Größe enthält, an denen noch Spuren von Bearbeitung zu sehen sind. Mit einem volkstümlichen Namen werden sie gewöhnlich als »Opfersteine«

Abb. 13 a–b: Römische Münze, gefunden in Horn an der Friedenseiche. Aus der Zeit Licinius I. (307–323) oder Licinius II. (323–326). Original-Durchmesser 1,9 cm (vgl. Text S. 219).

Abb. 14a–b: Römische Münze, gefunden in Horn am Südholzweg. Aus der Zeit des Philippus Arabs (244–249). Original-Durchmesser 2,35 cm.

Abb. 15a–b: Römische Münze, gefunden in Horn am Südholzweg. Aus der Zeit des Kaisers Probus (276–282). Original-Durchmesser 2,2 cm.

Abb. 16a–b: Römische Münze, gefunden in Horn am Südholzweg. Aus der Zeit des Kaisers Tacitus (275–276). Original-Durchmesser 2,2 cm.

bezeichnet. Weniger bekannt dürfte sein, daß es in ihrer Nähe bemerkenswerte Steinsetzungen gab, von denen auch noch erhebliche Reste erhalten sind. Zum Teil handelt es sich um kleinere Steine, die bogenförmige oder gerade Reihen bilden, zum Teil um größere und längliche Steine, die mit gewissen Abständen flach auf dem Erdboden liegen. Offensichtlich haben letztere früher einmal aufrecht gestanden. Dabei waren sie so angeordnet, daß sich mehrere gerade Steinreihen ergaben, die parallel nebeneinander verliefen. Man hat es also mit einer umfangreichen Anlage zu tun, die mit den berühmten Alignements der Bretagne zu vergleichen ist. Es kann keinem Zweifel unterliegen, daß diese Steinsetzungen des Leistruper Waldes, ebenso wie es bei den bretonischen Alignements angenommen wird, mit dem sakralen Bereich zu verbinden sind.

So wurde der Charakter der kleinen Ebene, die den Externsteinen im Nordosten vorgelagert ist, in der vorchristlichen Zeit dadurch bestimmt, daß sie die zwei erwähnten Kultstätten enthielt. Dabei ist im vorliegenden Zusammenhang von entscheidender Bedeutung, daß die eine von ihnen, nämlich das Horner Wasserheiligtum, sich an derjenigen Stelle befand, wo später, und zwar seit dem Hochmittelalter, der zentrale Kern des besiedelten Gebietes liegen sollte. Das heißt, daß der Bereich der Horner Gemarkung, der seit dem 13. Jahrhundert ein in sich geschlossener und von der Stadt abhängiger Wirtschaftsraum war, im ausgehenden Altertum und kurz vor der Einführung des Christentums einem anderen Zweck gedient haben muß. Jedenfalls wird das von dem »heiligen Bach« durchflossene Gebiet in der besagten Frühzeit nicht ebenso wie im nachfolgenden Mittelalter landwirtschaftlich erschlossen und demgemäß auch viel weniger besiedelt gewesen sein. Andererseits darf aber nicht angenommen werden, daß es überhaupt keine Bewohner gehabt hätte.

Schon um die genannten Heiligtümer laufend betreuen zu können, war es notwendig, daß dort eine Gruppe von Menschen ihren festen Wohnsitz hatte. Ferner ist zu berücksichtigen, daß die Horner Gemarkung aufgrund der Verkehrslage seit jeher von Bedeutung war. In ihrem Bereich vereinigten sich wichtige Fernstraßen, um bald danach wieder auseinanderzugehen. So trafen sich an der Stelle, wo der Zangenbach in die Wiembeke mündet, die zwei von Westen kommenden Paßstraßen, die den Gebirgskamm auf der Großen und Kleinen Egge überschritten hatten. Anschließend waren sie auf einer kleinen Strecke miteinander vereint.

Doch nach 400 Metern trat schon wieder eine Trennung ein. Es geschah in der bereits beschriebenen Wegegabel, die westlich vom Horner Wasserheiligtum lag, das heißt neben dem Standort der heutigen Kirche. Wie schon gesagt wurde, zog sich die eine Wegstrecke am Südrand des geweihten Bezirks hin und führte weiterhin durch das Emmertal nach Hameln, während die andere zunächst dessen Westrand begleitete, um dann auf die Detmolder Gegend und die Porta Westfalica zuzugehen. Bei diesem Verlauf der Straßen bot sich in der Horner Gemarkung ein Geländestreifen von 400 Meter Länge, der sich mit der Einsenkung zwischen Püngelsberg und Paschenburg deckt, als ein besonders geeigneter Standort für eine Niederlassung an. Diese befand sich also an einem wichtigen Knotenpunkt des damaligen Fernverkehrs, doch kann sie nicht allzu groß gewesen sein.

Auch an dem Auftreten von Altertumsfunden ist abzulesen, an welchen Stellen der Horner Gemarkung mit Wohnstätten der vorchristlichen Zeit zu rechnen ist. Dabei ist von zwei Plätzen zu sprechen.

Der eine liegt nordnordwestlich des mittelalterlichen Stadtkerns und ist von der Stadtmauer 1 ½ Kilometer entfernt. In einem Gelände, das Vierstädshöfen heißt, zweigt von der Detmolder Landstraße nach links ein Weg ab, der nach Fromhausen führt. Auf den Äckern, die sich zwischen den beiden Straßen am Rande der Wiembeke-Niederung hinziehen, wurden an der Oberfläche kleine Gegenstände gefunden, die als die letzten Überreste einer ehemaligen Ansiedlung anzusprechen sind. Es handelt sich um Gefäßreste, Lehmbrocken, Eisenschlacke und zerschlagene Steine, also um ein Material, das auch sonst an Wohnplätzen der Vergangenheit anzutreffen ist. Das Alter der Ansiedlung ist an Hand der Tonscherben zu bestimmen. Sie stammen von Gefäßen, wie sie in dieser Gegend in der spätsächsischen Zeit und im frühen Mittelalter üblich waren. An der Verbreitung der Funde ist abzulesen, daß die betreffende Ansiedlung nur aus wenigen Gehöften bestanden haben kann.

Von einem zweiten Platz, der ebenfalls Altertumsfunde geliefert hat, war bereits die Rede, als dargelegt wurde, wie sich im Horner Bereich die alten Fernstraßen trafen und teilten. Dabei hatte sich herausgestellt, daß als Standort für eine damalige Ansiedlung hauptsächlich ein Geländestreifen von 400 Meter Länge in Frage kam, der sich im Westen an die mittelalterliche Stadtfläche anschließt und an den Seiten von Püngelsberg und Paschenburg begrenzt wird. Es verdient nun eine besondere Beachtung, daß gerade in diesem Geländeabschnitt mehrere römische Münzen des 3. und 4. nachchristlichen Jahrhunderts zum Vorschein kamen, die im Robert Henkel-Museum zu Horn aufbewahrt werden (Abb. 13 bis 16). Im ganzen handelt es sich um sieben Exemplare, die von zwei verschiedenen Stellen des betreffenden Gebietes stammen. Zwei Exemplare hatten in der Nähe der Friedenseiche gelegen, also dort, wo sich die beiden Paßstraßen der Großen und Kleinen Egge vereinen, während die anderen in einem Grundstück am Südholzweg aufgehoben wurden. So sind diese Römermünzen sowohl in dem östlichen wie in dem westlichen Teil des angegebenen Geländes vertreten. Freilich darf aus dem Nachweis solcher Münzfunde nicht immer auf den Bestand einer alten Ansiedlung geschlossen werden. Doch haben die soeben erwähnten insofern eine besondere Aussagekraft, als sie die Anwesenheit von Menschen des 3. und 4. Jahrhunderts für ein Gebiet bezeugen, das schon aus anderen Gründen als der Platz einer Ansiedlung bezeichnet wurde. Dazu kommt, daß von dort auch noch ein weiterer Altertumsfund anzuführen ist. In der Nähe der katholischen Kirche, also wieder am westlichen Rand des genannten Geländes, wurden ein Tongefäß und eine eiserne Lanzenspitze der Merowingerzeit ausgegraben, die in das Robert Henkel-Museum in Horn kamen (Zeich. 15). Durch diesen Fund wird der Aufenthalt von Menschen des 7. Jahrhunderts belegt.

Schließlich ist noch darauf aufmerksam zu machen, daß sich die dort anzunehmende Niederlassung insofern an einer ungewöhnlichen Stelle befand, als sie ihren Platz zwischen zwei Kultstätten hatte, zwischen dem Felsenheiligtum der Externsteine und dem Wasserheiligtum von Horn. Man wird sich leicht vorstellen können, was mit den dortigen Häusern und ihren Bewohnern geschehen mußte, als in dem heißen Sommer des Jahres 772 plötzlich eine Abteilung der fränkischen Streitmacht erschien, um den wichtigen Verkehrsknotenpunkt zu besetzen, während in den nahegelegenen Heiligtümern das Werk der Zerstörung verrichtet wurde. Als dann in der folgenden Zeit die Franken ihre Herrschaft im Umkreis des Teutoburger Waldes endgültig gesichert hatten, mußten sie darauf bedacht sein, diese Schlüsselstellung immer fest in der Hand zu haben. Ob etwa der Vater des Theodrad an diesem wichtigen Ort seinen Wohnsitz hatte?

Am Ende der Besprechung des nordöstlichen Vorgeländes mag der Blick noch einmal auf die gesamte Umgebung der Externsteine gerichtet werden. Dabei ist abschließend zu sagen, daß sie im frühen Mittelalter fast ganz aus einer menschenleeren Wildnis bestand und nur in einem kleinen Teilgebiet eine schwache Besiedlung aufwies. Als die Corbier Mönche sich im Jahre 816 an der Felsenstätte niederließen, um dort die Klostergründung in Angriff zu nehmen, befanden sie sich tatsächlich in einem unfruchtbaren und einsamen Ödland, wie in der Einleitung des Vitusberichtes zu lesen ist. Dabei ist freilich noch etwas Besonderes zu bedenken.

Wenn es in der genannten Schrift heißt, daß an der Hethis-Stätte »*die reine Lehre nur in einer Einöde verkündet wurde*«, so wird zum Ausdruck gebracht, daß die aus Corbie gekommenen Mönche an dem neuen Aufenthaltsort in der Isolierung waren und den erstrebten Kontakt mit der einheimischen Bevölkerung nicht gefunden hatten. Das war zweifellos zum guten Teil dadurch bedingt, daß sie ihr Vorhaben außerhalb des bebauten Siedlungslandes in einer einsamen Gebirgslandschaft zu verwirklichen suchten. Dazu kommt aber noch etwas anderes, was sicherlich ebenso von Bedeutung war. Dadurch, daß sie das geplante Kloster im Gelände der Externsteine anlegen sollten, mußten sie an einer besonders wichtigen Stelle jener großen Sakrallandschaft tätig sein, die im Jahre 772 die bekannte Verwüstung erfahren hatte. Auch die Felsenstätte selbst und die benachbarten Kultorte werden von der Zerstörung nicht verschont geblieben sein. Wahrscheinlich werden die Franken auch in der folgenden Zeit noch bemüht gewesen sein, diese oder jene Stätte, die dem heidnischen Kult gedient hatte, in der gleichen Weise unschädlich zu machen. So hat ja Radbert ausdrücklich vermerkt, daß die Hethis-Mönche einen heiligen Hain bis auf den letzten Rest beseitigt haben. All das war dazu angetan, auf die Bevölkerung der weiteren Umgebung eine nachhaltige Wirkung auszuüben. Die Folge war, daß man sich von den fremden Männern, die in dem ehemaligen Kultgelände ansässig waren, fernzuhalten suchte. Das gewaltsame Vorgehen der fränkischen Eroberer und der Schrecken, den es ausgelöst hatte, werden am Anfang des 9. Jahrhunderts bei den Sachsen noch in lebendiger Erinnerung gewesen sein. Zwar bekannte man sich damals schon weithin zum Christentum, doch brauchte das noch nicht zu bedeuten, daß die Entweihung der heiligen Stätten, an denen die Vorfahren die Götter verehrt hatten, allgemein gebilligt wurde. Die Gefühle der Ablehnung, die man solchen Gewaltmaßnahmen entgegenbringen mußte, wird man auch auf die geistlichen

Männer übertragen haben, die sich in der verwüsteten Sakrallandschaft niedergelassen hatten. So konnte es dahin kommen, daß die Mönche von breiten Kreisen der einheimischen Bevölkerung gemieden wurden, was ein weiterer Grund für ihre Einsamkeit und Isolierung gewesen sein dürfte.

Freilich ist weder im Vitusbericht noch in einer anderen Schrift jener Zeit etwas gesagt worden, was diese naheliegende Schlußfolgerung bestätigen könnte. Das braucht aber nicht dagegen zu sprechen. Denn eine solche Äußerung ist von den betreffenden Verfassern überhaupt nicht zu erwarten. War es doch in der frühmittelalterlichen Berichterstattung allgemein üblich, immer dann beharrlich zu schweigen, wenn eigentlich von einem vorchristlichen Heiligtum die Rede sein mußte.

Der Name »Hethis«

Wie verhält sich nun der Name »Hethis« zu dem Ergebnis, daß die erste Gründung der Corbier Mönche im Bereich der Externsteine anzunehmen ist? Es wurde schon gesagt,[162] daß es sich bei diesem Namen um eine Geländebezeichnung handelt, die einen Rückschluß auf den Charakter der betreffenden Landschaft erlaubt. Hat es nun aber im Umkreis der Felsengruppe damals auch wirklich Verhältnisse gegeben, die mit jenem Zustand zu vereinbaren sind, der aus dem Namen zu erschließen ist?

Dem altsächsischen Wort »hethi« entspricht das neuhochdeutsche Wort »Heide« (weiblich), das entweder eine Pflanze oder eine bestimmte Geländeart bezeichnet. Das eine Mal handelt es sich um das Heidekraut, die Erika, während im zweiten Fall gewöhnlich an eine offene Landschaft gedacht wird, deren Pflanzendecke durch eine besonders starke Verbreitung der Erika bestimmt wird. Ein gutes Beispiel für ein derartiges Gelände ist das Naturschutzgebiet der Lüneburger Heide.

Doch darf eine andere Bedeutung nicht unerwähnt bleiben, die dem Wort »Heide« ebenfalls beigelegt wird. Denn in einem Teil des deutschen Sprachraumes wird auch ein geschlossenes Waldgebiet als »Heide« bezeichnet. So handelt es sich gewöhnlich um einen richtigen Wald, wenn in der Mark Brandenburg von einer »Heide« gesprochen wird. Das kommt auch in den Flurnamen zum Ausdruck. Als Beispiele mögen die »Schorfheide« in der Uckermark und die »Wittstocker Heide« in der Prignitz genannt werden. An beiden Stellen handelt es sich um ausgedehnte Forstreviere, die sich aus dichten Beständen von Laub- und Nadelbäumen zusammensetzen. Ferner war es in der Mark Brandenburg von jeher üblich, ein kleineres Waldstück, das einem Bauern gehörte, als »Bauernheide« zu bezeichnen.

Daß dieses Wort für Landschaften von so verschiedener Art verwandt werden kann, ist als das Ergebnis einer längeren Entwicklung zu verstehen. Ursprünglich, als sich die germanische Sprache noch in den Anfängen der Ausbildung befand, gab das betreffende Stammwort einen weiter gefaßten Begriff wieder, der etwa als »unbesiedeltes Land« oder »Wildnis« zu umschreiben ist. Daraus haben sich dann in einem Vorgang der Einengung die genannten Sonderbedeutungen ergeben. Daß die Entwicklung in dieser Weise verlaufen ist, läßt ein Vergleich mit verwandten Ausdrücken erkennen, die im Bereich der germanischen und keltischen Einzelsprachen entweder früher üblich waren oder auch noch heute gebraucht werden.[163]

Wenn nun die ursprüngliche Bedeutung des Wortes, das heißt der weiter gefaßte Begriff »unbesiedeltes Land«, zugrunde gelegt wird, so wäre dem Namen »Hethis« zu entnehmen, daß die erste Klosteranlage in einer menschenleeren Wildnis gestanden hat. In diesem Fall deckt sich die Aussage des Namens mit jener Angabe über den Landschaftscharakter, die unmittelbar neben der Erwähnung des Namens steht. Dort wird ja das betreffende Gebiet ausdrücklich als ein Ödland bezeichnet, was andererseits, wie schon dargelegt wurde, den frühmittelalterlichen Verhältnissen des Externsteine-Geländes voll entspricht. Das bedeutet, daß auch die Flurbezeichnung »Hethis« ohne weiteres auf die Örtlichkeit der Felsengruppe bezogen werden kann.

Das gleiche gilt aber auch für den zweiten Fall, also dann, wenn von der engeren Bedeutung des Wortes ausgegangen und unter demselben eine »offene Heidelandschaft« verstanden wird. Freilich würde man keine richtige Vorstellung von der einstigen Externsteine-Landschaft haben, wenn das heutige Vegetationsbild einfach in die Vergangenheit übertragen würde. So wird es zunächst erforderlich sein, von den Veränderungen Kenntnis zu nehmen, denen die dortige Pflanzendecke vor dem Beginn der heutigen Zeit unterworfen war.

In der Gegenwart werden die angrenzenden Bergrücken weithin von Wald bedeckt. Auf dem Knickenhagen handelt es sich hauptsächlich um Fichtenbestände, auf dem Bärenstein um einen Eichenwald. Ebenso wachsen Eichen in jenem ebenen Gelände, das dem Knickenhagen im Nordosten vorgelagert ist. Dieser ganze Bewuchs ist aber erst im Verlauf der letzten 200 Jahre zustande gekommen und geht auf Anpflanzungen einer planmäßig arbeitenden Forstwirtschaft zurück. Vorher war das genannte Gelände waldfrei. Dort, wo heute nordöstlich des Knickenhagen der erwähnte Eichenwald steht, befand sich früher ein baumloses Hochmoor, auf dem Knickenhagen gab es einstmals nur vereinzelte Hudebuchen, die heute noch hier und da zwischen den nachträglich angepflanzten Fichten zu sehen sind. Im übrigen wuchsen auf dem unergiebigen Bergrücken außer dem weitverbreiteten Heidekraut Blaubeersträucher, Wacholder und Ilex. Einige Reste sind davon auch heute noch vorhanden. Demgegenüber lassen Landschaftsbilder, die etwa 40 bis 50 Jahre alt sind, erkennen, daß diese Vegetation dort damals noch weiter als heute verbreitet war. Die gleiche Pflanzengemeinschaft war früher auch auf dem benachbarten Bärenstein angesiedelt. Nordwestlich dieses Bergrükkens erhebt sich der Holzhausener Stemberg, der von jeher waldfrei war. An den Knickenhagen schließt sich im Südosten der Kahlehaar an, der heute bewaldet ist. Aber noch in der ersten Hälfte des 19. Jahrhunderts konnte Clostermeier sagen,[164] daß diese Anhöhe zu Recht ihren Namen führe, da sie nur von unfruchtbarem Heidekraut bewachsen sei. Am Gipfel des südöstlich angrenzenden Velmerstot sind heute noch waldfreie und von Heidekraut bestandene Flächen in beträchtlicher Ausdehnung zu sehen. So zog sich einstmals ein waldfreier Geländestreifen von dieser höchsten Kuppe des Gebirges in nordwestlicher Richtung bis zum Stemberg hin. Der Bewuchs war dort derartig, daß von einer Heidelandschaft im engeren Sinne gesprochen werden kann, was auch für das frühe Mittelalter zutreffen dürfte. In dieser Heidelandschaft befand sich auch das vorchristliche Felsenheiligtum der Externsteine.

In diesem Zusammenhang verdient noch ein sprachlicher Befund die Aufmerksamkeit. Bei der Besprechung der Horner Trift wurde schon erwähnt,[164] daß die Gemarkung der Stadt Horn nordöstlich vom Kahlehaar ein Flurstück enthält, das »Auf der Heide« genannt wird. Es handelt sich um eine Bezeichnung, die offenbar einem früheren Zeitalter entstammt. Das läßt die Lage dieses Flurstücks und dessen Verhältnis zum

Verlauf der Trift erkennen. Es wurde schon gesagt, daß es an die Trift angrenzt, sich andererseits aber außerhalb des von ihr eingefaßten Bereiches befindet. Das bedeutet, daß der Name »Auf der Heide« mit der Flureinteilung des Mittelalters zusammenhängt. Denn damals wurden die von den Bürgern bewirtschafteten Ländereien von der Trift begrenzt, während außerhalb derselben jenes Ödland lag, das als »Heide« bezeichnet werden konnte. Es entspricht also den spätmittelalterlichen Verhältnissen, wenn in der Horner Gemarkung ein kleines Gebiet als »Heide« oder, anders ausgedrückt, als »hethi« bezeichnet wird. Und zwar handelte es sich damals um ein am Rande gelegenes Geländestück, das als ein Rest übriggeblieben war, als man bei der Stadtgründung den für die Bewirtschaftung vorgesehenen Raum aus einem Gebiet aussonderte, das vorher in größerem Ausmaße unbebaut gewesen war. Weiterhin ist gut denkbar, daß der Flurname »Heide« auch schon vor dem 13. Jahrhundert üblich war. In dieser älteren Zeit brauchte er sich aber nicht auf jenen kleinen Reststreifen zu beschränken, für den er seit der Stadtgründung verwandt wurde. Er konnte vielmehr das ganze Ödland bezeichnen, das sich vor der Kette der Sandsteinhöhen, also vor Kahlehaar, Knickenhagen und Bärenstein erstreckte. Vermutlich hatte man auch noch die unmittelbar anschließenden Heideflächen der drei genannten Bergrücken einbezogen, so daß sich im ganzen ein recht umfangreiches Gebiet ergibt, das im frühen Mittelalter unter dem Namen »Auf der Heide« oder »Hethis« verstanden werden konnte. In dieser Heidelandschaft ist nun, wie gesagt, das große Felsenheiligtum der Externsteine als eine besonders auffallende Erscheinung anzutreffen.

Daß der Flurname, den der Corveyer Mönch des 9. Jahrhunderts zur Bezeichnung des ersten Gründungsortes gewählt hatte, heute noch an einer Stelle haftet, die nur 2½ Kilometer von der Felsengruppe entfernt ist, bedeutet für die vorangegangenen Ausführungen über die Gleichsetzung von Hethis-Stätte und Externsteine-Gelände eine wertvolle Ergänzung. Selbstverständlich darf nicht gesagt werden, dieser Namenbefund könne für sich allein schon beweisen, daß die gesuchte Stätte im Umkreis der Felsen gelegen haben müsse. Das Wort »Heide« kommt so oft als Flurname vor, daß es nicht zulässig wäre, ganz allein daraus, daß er an dieser Stelle erscheint, schon einen so weitgehenden Schluß zu ziehen. Nachdem aber die Auswertung anderer Gegebenheiten bereits vorher zu dem Schluß geführt hatte, den ersten Gründungsort im Gelände des Felsenheiligtums anzusetzen, kommt dem sprachlichen Befund eine besondere Bedeutung zu. Denn wenn seine Aussage neben die schon vorher dargelegten Argumente tritt, erfährt die Schlußfolgerung, die aus diesen gezogen wurde, zusätzlich eine gute Bestätigung.

Die Besprechung des Namens mag damit abgeschlossen werden, daß jene Situation noch einmal vergegenwärtigt wird, in der sich der Corveyer Mönch befand, der in der Einleitung des Vitusberichtes die Geschichte seines Klosters darzustellen hatte und dabei auch auf die Hethis-Gründung eingehen mußte. Er schrieb in einer Zeit, die etwa anderthalb bis zwei Jahrzehnte nach dem Scheitern dieses Gründungsversuchs anzusetzen ist. Wie bereits gezeigt werden konnte, war es der einflußreiche Graf Wala gewesen, der als erster angeregt hatte, das neue Sachsenkloster in jener Heidelandschaft zu errichten, in der sich das Felsenheiligtum der Externsteine befand. Diesem Vorschlag hatte die Absicht zugrunde gelegen, eine nachträgliche Wirkung des vorchristlichen Kultortes auszuschalten und die Erinnerung an denselben dadurch zu beseitigen, daß eine führende Kulturstätte des Christentums dort ihre Tätigkeit entfaltete. Als dann aber das gewagte Unternehmen angesichts der aufkommenden Schwierigkeiten wieder aufgegeben und das zu schaffende sächsische Missionszentrum ins Wesertal verlegt wurde, mußte in anderer Weise versucht werden, das überwundene Heiligtum in Vergessenheit geraten zu lassen. Dazu gehörte unter anderem, daß in der schriftlichen Überlieferung über seine Lage nichts mehr gesagt werden durfte. So kam es dahin, daß dieser Corveyer Geschichtsschreiber, der den inzwischen unbeliebt gewordenen Wala sowieso nicht als den Initiator der ersten Gründung nennen mochte, außerdem auch noch unerwähnt lassen mußte, daß dieser mißglückte Gründungsversuch im Bereich des berühmten Externsteine-Heiligtums in Angriff genommen wurde. Sein Bericht beschränkte sich darauf, nur noch von jener Heidelandschaft zu sprechen, in der die Felsenstätte ihren Platz hatte. Wenn es also heißt, der Corbier Abt *»begann an einem Ort zu bauen, der Hethis genannt wird«*, so wird nichts Unwahres gesagt. Doch wird dabei gerade dasjenige verschwiegen, was bei dem betreffenden Unternehmen die Hauptsache gewesen war.

Die Klosterstätte und der heilige Hain

Es ist noch auf die Frage einzugehen, welche Stelle des Externsteine-Geländes die Corbier Mönche wohl für die erste Niederlassung ausgewählt haben könnten. Ebenso ist zu erörtern, wo der heilige Hain anzunehmen ist, den sie bei diesem Gründungsversuch nach Radberts Angabe *»bis auf die Wurzel beseitigt haben«*. Die Beantwortung dieser Fragen wird freilich dadurch erschwert, daß im Umkreis der Externsteine noch keine Ausgrabung vorgenommen wurde, deren Aufgabe es gewesen wäre, nach Spuren einer frühmittelalterlichen Klosteranlage oder gar nach der Stelle eines älteren Kulthaines zu suchen. So bleiben die weiteren Ausführungen auf Vermutungen und auf die Auswertung von allgemeinen Erwägungen angewiesen, die sich beim Betrachten des Geländes ergeben.

Wie schon gesagt wurde, handelt es sich bei der näheren Umgebung der Externsteine um zwei besondere Teile, die durch eine schmale Sandsteinhöhe, der auch die Felsengruppe angehört, voneinander getrennt werden. Der eine Geländeabschnitt liegt vor dem Südwesthang des Höhenzuges, der andere vor dem Nordosthang. Der zuletzt genannte ist dem besiedelten Flachland zugewandt, während sich im Südwesten nur ein kurzes und enges Tal anschließt, hinter dem sich die Steilhänge eines unwirtlichen Waldgebirges erheben. Demgemäß befinden sich auch an der Nordostseite der Felsen jene künstlichen Anlagen, die an den Externsteinen immer am meisten auffallen, und wird die nordöstliche Felswand gewöhnlich als die Vorderseite der Gruppe bezeichnet, während die südwestliche als die Rückseite gilt. Unter diesen Umständen darf mit großer Wahrscheinlichkeit angenommen werden, daß sich die Mönche für das nordöstliche Vorgelände entschieden haben, als es darum ging, den Standort der ersten Niederlassung zu bestimmen.

Ferner mußten sie bestrebt sein, möglichst nahe an der alten Straße zu bleiben. Diese hatte ja, von Westen kommend, die Höhe des Gebirges im Paß der Großen Egge überwunden und kreuzte die Sandsteinkette neben dem ersten Felsen in dem wiederholt erwähnten Engpaß, wobei sie dort zwischen der Wiembeke und dem Bärenstein verlief. Nach dem Verlassen des Engpasses wurde sie an der rechten Seite weiter von dem kleinen

Bach begleitet, während sich links das Vorgelände des Bärensteins anschloß, also ein Gebiet, das neben einer der zwei Quellen lag, die vorstehend schon beschrieben wurden. Dieses Gelände mußte sich zunächst als ein Standort für das zu errichtende Kloster anbieten.

Es ist auch noch dadurch bemerkenswert, daß dort Probleme vorliegen, die von der Forschung noch nicht geklärt wurden. So gibt es in seinem Bereich den Flurnamen »Immenburg«,[165] über dessen Bedeutung verschiedene Ansichten geäußert wurden, ohne daß es bereits zu einer allgemein anerkannten Erklärung gekommen wäre. Ferner hat Julius Andree bei der Ausgrabung des Jahres 1934 in diesem Immenburg-Gelände auch schon einige Probeuntersuchungen durchgeführt, wobei die Spuren von mächtigen Holzstämmen im Boden freigelegt wurden.[166] Andree glaubte sie als Überreste einer großen Umwallung ansprechen zu dürfen. Doch ist noch zu klären, ob sein Deutungsversuch richtig ist oder ob diese Holzstämme mit der alten Straße in Verbindung stehen könnten, das heißt, ob sie als Überreste einer ehemaligen Straßenbefestigung aufzufassen sind, die in dem feuchten Boden erforderlich war.

Zwischen dem Immenburg-Gelände und dem Abhang des Bärensteins verläuft heute eine Straße, die von den Externsteinen nach Holzhausen führt und offenbar aus älterer Zeit stammt. Unmittelbar daneben befinden sich im Walde niedrige Erdwälle, von denen eine kleine Fläche eingerahmt wird. Mit dieser Anlage hat sich die Forschung noch nicht beschäftigt. Doch dürfte es eine vielversprechende Aufgabe sein, dort einmal den Spaten anzusetzen, um die Entstehungszeit und die Bedeutung der Wälle zu ermitteln. Vielleicht wird dabei auch entschieden werden können, ob es sich bei diesem Platz wirklich um den Standort der Hethis-Gründung handelt oder nicht.

Wenn dieselbe im Gelände nachgewiesen werden soll, wird nicht die Hinterlassenschaft einer umfangreichen Anlage zu erwarten sein, deren Ausmaße etwa schon jenen entsprechen würden, die das frühmittelalterliche Corvey aufzuweisen hat. Denn die zeitgenössischen Nachrichten über die Hethis-Vorgänge lassen erkennen, daß die von Prior Adalbert geleitete erste Niederlassung in den sechs Jahren ihres Bestehens immer in einem unfertigen Zustand verblieben ist. So sagt Radbert in der Adalhard-Biographie,[167] sie sei im Jahre 821, also noch kurz vor dem Abzug der dort wohnenden Mönche, nur *»eine ganz kleine und winzige Zelle«*

gewesen (»*parvula cellula*«). Offenbar gab es dort die ganze Zeit hindurch nur ein Provisorium, dessen Entwicklung über die ersten Anfänge nicht hinauszukommen vermochte. Um die Situation einigermaßen verstehen zu können, ist Folgendes zu berücksichtigen.

Wie dem Vitusbericht zu entnehmen ist, wurde über jenen Ort, an dem das Kloster endgültig errichtet werden sollte, im Kreis der Hethis-Mönche nicht einheitlich gedacht.[168] Die Meinungsverschiedenheiten führten dahin, daß sich die Mönchsgemeinde in drei Gruppen teilte, in denen man jeweils eine besondere Stelle für die richtige hielt. Jede Gruppe unterstand einem eigenen Prior, und die Gegensätze waren so groß, daß die Angehörigen zweier Gruppen aus der ersten Klosterstätte auszogen, um sich an den von ihnen gewünschten Orten niederzulassen. Es braucht nicht weiter auseinandergesetzt zu werden, wie stark eine solche Spaltung den Ausbau der von Adalbert geleiteten Gründung beeinträchtigen mußte. Schließlich ergab sich aber, so heißt es in dem Bericht weiter, auch wieder eine einheitliche Willensbildung. Sie bestand darin, daß die Angehörigen aller drei Gruppen den Wunsch hatten, vom Hethis-Gelände, das heißt von dem heidnischen Kultbezirk, Abstand zu nehmen und außerhalb desselben nach einem neuen Platz für die Klostergründung zu suchen.

Wenn angesichts dieser Vorgänge gefragt wird, welche Stätten für die zwei abgesonderten Gruppen zunächst in Betracht kommen konnten, so ist grundsätzlich an zwei Möglichkeiten zu denken. Man konnte entweder Stellen wählen, die sich in der näheren oder weiteren Umgebung der Externsteine befinden, oder auch solche Orte des großen Kultbezirks in Vorschlag bringen, die von der Felsengruppe schon weiter entfernt sind. Wenn beide Möglichkeiten ausgeschöpft werden, lassen sich einige Vermutungen darüber äußern, um welche Stellen es sich vielleicht gehandelt haben könnte.

Im Bereich der Externsteine kommt wohl nur noch eine weitere Stelle in Betracht, die in diesem Zusammenhang zu nennen wäre (Zeichn. 17). Sie ist von den Felsen in ostnordöstlicher Richtung etwa 500 Meter entfernt und liegt dort, wo der Zangenbach in die Wiembeke mündet und die von der Großen Egge kommende Straße sich mit der Paßstraße der Kleinen Egge vereinigt. Es handelt sich also ebenfalls um einen Ort, der im alten Verkehrsnetz von Bedeutung war. Wie bereits vermerkt wurde,[169] lassen Bodenfunde erkennen, daß sich dort auch schon vorher

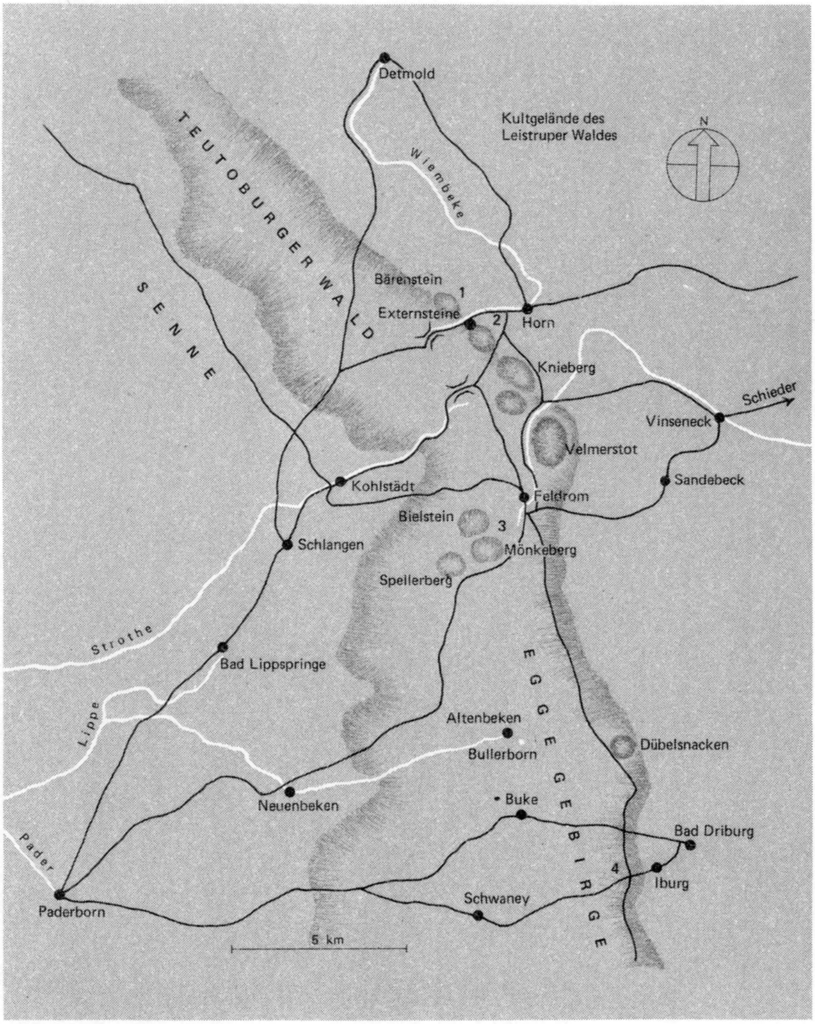

Zeichn. 17: Die vermutete Lage des Hethis-Klosters (1) und Möglichkeiten für weitere Niederlassungen seiner Mönche (2, 3 und 4). Eingetragen sind einige wichtige Straßen, die im frühen Mittelalter über das Gebirge führten.

Menschen aufgehalten hatten. Dazu kommt, daß in seinem Umkreis auch ausreichend Platz für die Anlage eines großen Klosters vorhanden gewesen wäre. Wenn ein solches an dieser Stelle gestanden hätte, wäre es möglich gewesen, von dort aus sowohl die Stätte der Externsteine wie das Gelände des Horner Wasserheiligtums zu beaufsichtigen. Unter diesen Umständen ist es schon denkbar, daß sich ein Teil der Hethis-Mönche dafür eingesetzt haben könnte, an diesem Ort das Kloster entstehen zu lassen.

Es konnten aber auch noch andere Stellen ins Auge gefaßt werden, und zwar solche, die von den Externsteinen weiter entfernt sind. Auch dabei mußte man von den damaligen Verkehrsverhältnissen ausgehen. Und zwar war an jene wichtige Straße zu denken, die mitten durch den großen Irminsul-Bezirk verlief und in der Karolingerzeit die wichtigen Orte Paderborn und Schieder miteinander verband.[170] Sie überquerte, von Westen kommend, das Gebirge in der Weise, daß sie nördlich von Neuenbeken in nordöstlicher Richtung auf den Spellerberg zuging und dann zu dem eingegangenen Ort Droheim führte, das heißt in den Bereich des heutigen Feldrom, um von dort entweder über Sandebeck oder durch das Silberbachtal die Richtung auf Steinheim einzuschlagen. Diese Straße ist zweifellos recht alt und wurde sowohl in der vorgeschichtlichen Zeit wie im frühen Mittelalter begangen. Sie wurde in der Feldromer Gemarkung von einer wichtigen Nordsüdverbindung gekreuzt. Diese war ebenfalls alt und verlief, von Obermarsberg und der Iburg kommend, auf dem Kamm des Eggegebirges, um anschließend von Droheim über Kohlstädt in das Sennegebiet weiterzuführen. Die Kreuzung der zwei Fernstraßen war eine bedeutsame Stelle und auch dadurch noch bemerkenswert, daß sie sich genau auf der Wasserscheide befand. Hier liegt also wiederum ein besonderer Ort vor, der bei der Suche nach der endgültigen Gründungsstätte von einem Teil der Mönche gewünscht werden konnte. So wäre also auch an die Möglichkeit zu denken, daß sich eine der Sondergruppen an dieser Stelle niedergelassen haben könnte. Sie ist von den Externsteinen in der Luftlinie 6 ½ Kilometer und von Corvey etwa 35 Kilometer entfernt. So hätte eine Gruppe, die dort ansässig gewesen wäre, keine Schwierigkeit gehabt, die Übersiedlung nach Corvey im Verlauf von zwei Tagen zu schaffen.

Sodann ist die Möglichkeit nicht auszuschließen, daß sich die Aufmerksamkeit der Mönche bei der Erörterung der Standortfrage auch dem weiter entfernten Südabschnitt des großen Irminsul-Bezirks zuwenden konnte. Dort gibt es im Gebirge nebeneinander zwei alte Ostwestwege, die beide Paderborn und Driburg miteinander verbinden.[171] Die nördliche Straße verläuft über Buke und wird der »Driburgsche Hellweg« genannt, während die südliche, die man als »Hengweg« bezeichnet, über Schwaney zur Iburg und von dort nach Driburg weiterführt. Beide Straßen wurden von dem bereits erwähnten Nordsüdweg gekreuzt, der sich auf dem Kamm des Eggegebirges hinzog, so daß sich dort zwei bemerkenswerte Stellen ergaben. Von diesen dürfte jene Kreuzung besonders wichtig gewesen sein, die in der Nähe der Iburg lag. Zweifellos hatte diese Befestigung in den Ereignissen der vorangegangenen Zeit eine wichtige Rolle gespielt,[172] wenn sie auch in der schriftlichen Überlieferung, die über Karls Sachsenkämpfe berichtet, nur selten ausdrücklich genannt wird. Bei der Bedeutung der genannten Stelle wird mit der Möglichkeit zu rechnen sein, daß sie ebenfalls von einem Teil der Hethis-Mönche ins Auge gefaßt und daraufhin zum Aufenthaltsort einer Sondergruppe gemacht worden sein könnte. Von den Externsteinen wäre man dort etwas über 16 Kilometer entfernt gewesen, während der Abstand von Corvey in der Luftlinie 28 Kilometer beträgt. Man hätte also auch von diesem Ort die endgültige Gründungsstätte an der Weser leicht in zwei Tagen erreichen können.

Es lassen sich also sogar noch mehr Geländestellen in Vorschlag bringen, als die zwei erwähnten Sondergruppen benötigt hätten. Wie eingangs schon angedeutet wurde, sollen die vorstehenden Ausführungen auch noch nicht als die Wiedergabe von fertigen Ergebnissen aufgefaßt werden, zumal diese Angelegenheit hier zum ersten Mal zur Sprache gebracht wird. Zunächst kann es nur darum gehen, den Kreis der Möglichkeiten abzustecken und erkennen zu lassen, in welchem Rahmen sich die merkwürdigen Vorgänge bewegt haben könnten, von denen die zeitgenössische Überlieferung nur in knappen Andeutungen und recht unvollkommen Kunde gibt. Andererseits wird aus der vorangegangenen Betrachtung aber auch ersichtlich geworden sein, wie sehr es darauf ankommt, eine angemessene Vorstellung von der Lage und dem Umfang jener ausgedehnten Sakrallandschaft zu haben, die im Altertum »Irminsul« genannt wurde. Das wird auch zu beachten sein, wenn nach dem Standort des bei der Klostergründung beseitigten Kulthaines gefragt wird.

Zunächst ist daran zu erinnern, daß auch in solchen Schriftquellen, die über die Irminsul-Ereignisse des Jahres 772 berichten, von einem heiligen Hain die Rede ist, der dieser Sakrallandschaft angehörte und bei dem fränkischen Überfall eine Verwüstung erfuhr. Wie schon gesagt wurde,[173] liegt die Vermutung nahe, daß es sich auch dort um denjenigen Wald handelt, der etwa ein halbes Jahrhundert später von Radbert erwähnt worden ist.

Jedenfalls wird in beiden Überlieferungen ein Kulthain erwähnt, der innerhalb des großen Irminsul-Bezirks einen besonderen Bestandteil bildete. Da Radbert von ihm im Zusammenhang mit der ersten Klostergründung spricht, ist zu folgern, daß er von der Stätte dieser Gründung nicht allzuweit entfernt war. Das heißt, daß er sich in der Nachbarschaft der Externsteine befand und von dort aus leicht zu erreichen war. Weiterhin ist anzunehmen, daß man überhaupt einen Zugang zu diesem Walde haben mußte. Es muß also in der Nähe wenigstens eine Straße vorhanden gewesen sein, die als ein alter Verkehrsweg zu erweisen wäre.

Auf den Standort dieses Waldes weist ein Flurname hin, der einem in der Nähe der Externsteine gelegenen Forstbezirk zukommt.[174] Er lautet »Wiehagen« (Zeichn. 15). Es liegt nahe, dieses Wort von »Wihenhagen« abzuleiten, was »heiliger Wald« bedeutet.

Bei dem Gelände, das mit diesem Namen bezeichnet wird, handelt es sich um eine flache Erhebung mit einer Grundfläche von etwa 700 × 800 Meter, die von der Felsengruppe ungefähr zwei Kilometer entfernt ist. Nördlich des Wiehagens erstreckt sich ein schmaler Höhenrücken, dessen nordwestlicher Abschnitt Kahlehaar und dessen südöstliche Kuppe Knieberg genannt wird. Im Südwesten bildet das Zangenbachtal die Grenze, während sich im Nordwesten der Rehhagen, im Südosten der Buchenberg und im Osten ein kurzer Abschnitt des Silberbachtales anschließen. So liegt der Wiehagen gewissermaßen im Schutze des Knieberges, andererseits aber auch noch insofern an einer bedeutsamen Stelle des großen Irminsul-Geländes, als er auch am Fuß seines höchsten Berges, des Velmerstot seinen Platz hat. Denn der Nordwesthang des großen Berges schließt sich in unmittelbarer Nachbarschaft an. Er wird von dem Rand des Wiehagens nur durch den schmalen Silberbach getrennt.

Weiterhin ist von Bedeutung, daß sich neben dem Ostrand des Wiehagens auch noch jener Einschnitt der Sandsteinkette befindet, durch den der Silberbach fließt, um das flache Land zu erreichen. Durch diesen Ein-

Abb. 17: Der Jakobsbrunnen in der Nähe der Externsteine (vgl. Text S. 189). Die ehemals wasserreiche Quelle ist zwar versiegt, doch ist ihre alte Steinfassung noch erhalten.

a) Oberteil des Felsens mit drei Sitzen, von Südwesten gesehen.
b) Sitz 2 (der mittlere des Bildes 18a), von Nordwesten gesehen.
c) Derselbe Sitz besetzt.

Abb. 18a–c: Beobachtungssitze auf dem Felsen 11 der Externsteine (vgl. Text S. 197).

a) Sitz 1 mit Fußauflage, von unten gesehen. Auf Abb. 18a befindet sich dieser Sitz, vom Betrachter aus gesehen, rechts.
b) Derselbe Sitz von oben gesehen.
c) Derselbe Sitz besetzt.

Abb. 19a–c: Beobachtungssitz auf dem Felsen 11 der Externsteine.

Abb. 20: Großer Männerkopf an der höchsten Stelle des Felsens 4, von Nordosten gesehen (vgl. Text S. 199).

Abb. 21: Nordostseite des Felsens 4a mit großer Figur (vgl. Text S. 199).

Abb. 22: Das Kreuzabnahme-Relief in der Felswand der Externsteine.

schnitt führte außerdem eine Straße, die als Teilstrecke von zwei Fernverbindungen angesehen wird, denen gerade in der frühgeschichtlichen Zeit eine besondere Bedeutung zukam. Einerseits gehörte sie zum »Hornschen Hellweg«, der Paderborn und den Horner Raum miteinander verband. Und zwar begann diese Teilstrecke bei dem heutigen Feldrom, verlief über Kattenmühle und Silbermühle und gabelte sich jenseits der Sandsteinkette. Der eine Ast bog nach links ab, um in die Horner Gegend zu gelangen,[175] während der andere[176] die Richtung auf Steinheim nahm, so daß er innerhalb der bereits erwähnten alten Ostwestverbindung, die von Paderborn nach Schieder verlief, als Zwischenglied dienen konnte. Somit wurde der Ostrand des Wiehagens von einem alten und wichtigen Straßenzug gestreift.

Im Westen wird der Wiehagen von dem Lauf des Zangenbachs begrenzt, neben dem ein alter Südnordweg verläuft. Dieser geht von Feldrom aus und vereinigte sich früher etwa 500 Meter östlich des Passes der Kleinen Egge mit der von Kohlstädt kommenden Straße,[177] die zunächst in dem Bachbett der Strothe aufwärts geführt hatte und dann von dem genannten Gebirgsübergang auf jenen Einschnitt der Sandsteinkette zuging, der sich zwischen dem Knickenhagen und dem Kahlehaar befindet.

Von den beschriebenen Wegen und dem Kahlehaar wird ein länglicher Geländestreifen eingefaßt, der den Rehhagen, den Wiehagen und den Buchenberg enthält. Da der in der Mitte befindliche Wiehagen weder von dem nördlichen Rehhagen noch von dem südlichen Buchenberg durch natürliche Grenzen geschieden wird, kann vermutet werden, daß der geweihte Bezirk sich im Altertum so weit über den Bereich des heutigen Wiehagen nach Norden und Süden hinaus erstreckte, daß die zwei Nachbargebiete auch noch dazu gehörten. So käme es dahin, den ganzen genannten Geländestreifen als den Standort des gesuchten Waldes anzusprechen.

Damit ergäbe sich ein Gebiet von 2½ Kilometer Länge und einer Breite von 500 bis 1000 Meter. Von den Externsteinen wäre es damals leicht zu erreichen gewesen, so daß die dort ansässigen Mönche das Zerstörungswerk ohne weiteres in Angriff nehmen konnten. Aber auch den Angehörigen von Sondergruppen wäre es möglich gewesen, sich daran zu beteiligen, falls sie sich an der Wegegabel, die sich zwischen Horn und der Felsengruppe befindet, oder im Bereich von Kempen und Feldrom niedergelassen hätten. An der ersten Stelle wäre man vom Wiehagen zwei Kilometer, an der anderen ungefähr drei Kilometer entfernt gewesen.

Wenn man diesen Bereich zusammen mit jenen Örtlichkeiten ins Auge faßt, von denen schon vorher die Rede war, so fügt er sich als ein verbindendes Glied in eine Reihe von heiligen Stätten ein, die vom Leistruper Wald über das Horner Wasserheiligtum und das Felsengelände der Externsteine bis zur höchsten Erhebung des Irminsul-Bezirks, das heißt bis zum Velmerstot, zu verfolgen ist, ohne daß dabei größere Abstände zwischen den einzelnen Kultplätzen zu beobachten wären.

Weitere Folgerungen

Die Auswertung der einschlägigen Berichte ließ mehr und mehr in Erscheinung treten, daß unter dem als Hethis bezeichneten Gelände, das zu Beginn des 9. Jahrhunderts als der Standort der ersten Klostergründung ausersehen war, nichts anderes zu verstehen ist, als die berühmte Stätte der Externsteine.

Mit dieser Erkenntnis ergibt sich die Möglichkeit, alle frühmittelalterlichen Aussagen über den ersten Gründungsversuch, die soeben im Zusammenhang vorgelegt und besprochen wurden, auf die genannte Felsenstätte zu beziehen. Das bedeutet, daß der Beginn der zeitgenössischen Überlieferung, die über die Vergangenheit der Externsteine Auskunft gibt, erheblich früher anzusetzen ist, als es bisher geschehen konnte. Denn während derartige Nachrichten bis jetzt nur aus Aufzeichnungen des Hochmittelalters und der nachfolgenden Zeit bekannt waren, stellt sich nunmehr heraus, daß entsprechende Angaben auch schon in den Texten des 9. Jahrhunderts enthalten sind, und zwar in beträchtlichem Umfang und in erfreulicher Reichhaltigkeit. Zwar haben ihre Verfasser von einer Erwähnung des üblichen Ortsnamens aus verständlichen Gründen abgesehen. Doch ließ die vergleichende Untersuchung trotzdem Wichtiges erkennen. Das Felsengelände erweist sich als der Schauplatz eines beachtlichen Unternehmens der Karolingerzeit, das von hervorragenden Männern des fränkischen Reichsadels geplant und betrieben wurde. Wie gesagt, es handelt sich bei dieser Stätte um jene Örtlichkeit, an der eine Gruppe von Corbier Mönchen sich im Jahre 816 niederließ und bis zum Jahre 822 verblieb, um an der Stelle des alten Heiligtums die Errichtung eines großen Klosters vorzubereiten. Das heißt, daß dort die Christianisierung einer heidnischen Kultstätte in Angriff genommen wurde.

Neben dieses Ergebnis kann zum Vergleich eine alte und schon oft besprochene Überlieferung gestellt werden, die vor mehr als 400 Jahren aufgezeichnet wurde und über einen entsprechenden Vorgang berichtet. Bekanntlich hat der Lemgoer Pfarrer Hamelmann in seiner »Beschreibung der Städte Westfalens«[178] einige Äußerungen über die Vergangenheit der Externsteine wiedergegeben, die ihm bei seinen geschichtlichen Studien in dem Werk eines früheren Schriftstellers aufgefallen sind. »[Er] *habe einmal gelesen*«, so schreibt Hamelmann im Jahre 1564, »*daß Karl der Große aus jenem Elsternstein* [Externstein], *der ein heidnisches Stammesheiligtum gewesen war, einen gottgeweihten und mit Apostelfiguren geschmückten Altar gemacht habe*«.[179] Hier ist also ebenfalls davon die Rede, daß an diesem Ort ein wichtiges Felsenheiligtum der heidnischen Religion in eine Stätte christlicher Gottesverehrung umgewandelt wurde.

Es liegt nahe, zu vermuten, daß jener unbekannte ältere Schriftsteller, auf dessen Aussage Hamelmann sich beruft, noch etwas von dem Versuch einer Klostergründung im Gelände der Externsteine gewußt hat und daß er mit seinen Angaben auf diesen Vorgang hinweisen wollte. Zwar wird von ihm nur Karl der Große als der Handelnde genannt, während aus unserer Darstellung hervorgeht, daß die Corbier Mönche erst zwei Jahre nach Karls Tod an den Externsteinen erschienen sind. Demgegenüber ließe sich aber geltend machen, daß sowohl der Anstoß zu dem Unternehmen wie grundlegende Beschlüsse tatsächlich schon dem ersten Jahrzehnt des 9. Jahrhunderts, also noch der Regierungszeit dieses Kaisers, angehörten und daß Karl nachweislich an den Anfängen der Planung beteiligt war. So wäre eine Gleichsetzung der beiden Aussagen schon möglich. Doch ist trotz aller Übereinstimmung nicht mit voller Sicherheit zu sagen, ob Hamelmanns Mitteilung ausschließlich auf diesen Gründungsversuch der Corbier Mönche bezogen werden darf. Außerdem ist auch noch mit der Möglichkeit zu rechnen, daß es vor ihrer Ankunft an der Felsengruppe bereits andere Versuche zur Christianisierung der heidnischen Stätte gegeben und Hamelmanns Gewährsmann etwa auch noch an solche gedacht haben könnte. Wichtig bleibt aber auf jeden Fall, daß in beiden Überlieferungen Vorgänge bezeugt werden, die es mit der Christianisierung der Externsteine zu tun hatten.

Leider hat der Lemgoer Pfarrer weder den Titel der Schrift, der er sein Wissen verdankte, noch den Namen des Verfassers angegeben. Das wurde auch schon wiederholt beanstandet,[180] wenn seine Mitteilung ein Gegenstand kritischer Erörterung war. Tatsächlich wurde dadurch eine Überprüfung der inhaltsreichen Angabe behindert. Das nahm man zum Anlaß, ihre Glaubwürdigkeit in Zweifel zu ziehen. Man ging so weit, das Mitgeteilte rundweg für falsch zu erklären und von einem Irrtum oder einer Gedächtnistäuschung Hamelmanns zu sprechen.[181] Zwar war es nur eine Vermutung, für die ein Beweis nicht vorgelegt wurde. Es hieß lediglich, daß der Inhalt seiner Mitteilung einmalig sei und daß es kein anderes Zeugnis gebe, das ihn bestätigen könne.

Dieser Einwand kann jetzt nicht mehr aufrecht erhalten werden, nachdem die vorliegende Untersuchung eine wichtige karolingische Maßnahme zur Christianisierung der Externsteine dargelegt hat. Nunmehr steht die alte Nachricht nicht mehr vereinzelt da. Denn die Feststellung, daß die Klostergründung des Jahres 816 im Bereich der Externsteine erfolgt ist, bedeutet ja, daß neben Hamelmanns Angabe ein Zeugnis tritt, das im wesentlichen das gleiche sagt. Der Nachweis des Corbier Externsteine-Unternehmens erlaubt also, über den Quellenwert der Mitteilung des 16. Jahrhunderts mit größerer Sicherheit zu urteilen, als es vorher möglich war.

Nachdem sich Hamelmanns Mitteilung als glaubhaft herausgestellt hat, ist es angebracht, noch einmal an die bereits erwähnten frühmittelalterlichen Bodenfunde zu denken, die bei Andrees Grabungen zum Vorschein kamen.[182] Auch sie geben Hinweise auf karolingerzeitliche Geschehnisse an den Externsteinen. Dabei macht es im vorliegenden Zusammenhang nicht viel aus, daß es sich nur um kleine und unscheinbare Gegenstände handelt, hauptsächlich um die Überreste von zerbrochenen Gefäßen. Ebenso darf deren Aussagefähigkeit auch nicht dadurch in Frage gestellt werden, daß gesagt wird, Andrees Mitteilungen über die einzelnen Fundstücke seien nicht mehr in allen Fällen nachprüfbar und ein Teil derselben scheine auch nicht mehr vorhanden zu sein. Auch die Zahl der erhaltenen Objekte spielt keine ausschlaggebende Rolle. Entscheidend ist, daß in dem Fundgut, das von der genannten Grabungsstätte stammt und jetzt im Lippischen Landesmuseum zu Detmold aufbewahrt wird, trotz mancher Verluste, die vor der dortigen Einlieferung erfolgt zu sein scheinen, sich immer noch Gefäßscherben befinden, die der Karolingerzeit zuzuweisen sind und einwandfrei bezeugen, daß die Stätte der Externsteine damals von Menschen aufgesucht wurde.

Die kleinen Fundstücke können verständlicherweise nicht verraten, aus welchem besonderen Anlaß sie dort in die Erde kamen, auch nicht, ob es gar im Zusammenhang mit der Klostergründung von 816 der Fall war. Wenn alle zugehörigen Einzelheiten in Erwägung gezogen werden, was hier freilich nicht im notwendigen Umfang zur Darstellung kommen kann, dürfte sich eher ergeben, daß dieses Auftreten der frühmittelalterlichen Gefäßscherben nicht auf ein einzelnes und zeitlich eng begrenztes Unternehmen zurückzuführen wäre. Offenbar wird es mit verschiedenen Vorgängen in Verbindung zu bringen sein, die sich über mehrere Jahrzehnte des 8. und 9. Jahrhunderts verteilen. Daher ist die Möglichkeit nicht auszuschließen, daß unter den gefundenen Gefäßresten auch solche sein könnten, die als Hinterlassenschaft der Corbier Mönche anzusprechen wären. Jedenfalls darf als gesichert gelten, daß diese Scherbenfunde ebenfalls auf karolingerzeitliche Vorgänge im Bereich der Externsteine hinweisen und als archäologische Belege für die frühmittelalterliche Inanspruchnahme der Stätte gelten können. Insofern gehören sie mit dem Nachweis der karolingischen Klostergründung und Hamelmanns Mitteilung in eine Reihe.

Neben diese drei Zeugnisse tritt noch ein weiteres, und zwar die Aussage der mündlichen Volksüberlieferung.[183] Es dürfte kein Zufall sein, daß in den Erzählungen vom Teufel an den Externsteinen immer wieder über Ereignisse berichtet wird, die sich dort bei der Einführung des Christentums abgespielt haben sollen. In allen Fassungen dieser Sagen wird davon ausgegangen, daß der Ort ursprünglich eine Stätte der heidnischen Götter gewesen sei. In jener Erzählung, die den Teufel als Baumeister auftreten läßt, kommt die zentrale Bedeutung des alten Heiligtums für die Erhaltung des angestammten Glaubens und für die Verteidigung der sächsischen Unabhängigkeit besonders gut zum Ausdruck. Ebenso wird dort ein gewaltiges Zerstörungswerk geschildert, das den heidnischen Felsentempel zugrunde gehen ließ. Auch in den anderen Teufelssagen wird von gewaltsamen Auseinandersetzungen zwischen dem Vertreter der alten Religion und dem der neuen gesprochen, die an dieser Stelle stattgefunden haben sollen. Jene Berichte, in denen der Wackelstein eine Rolle spielt, veranschaulichen vor allem, wie die Christianisierung der alten Heidenstätte mit Erfolg durchgeführt und vom Widersacher nicht verhindert werden konnte. Demnach sind es mehrere Ereignisse und Zustände, die in diesen Sagen einen Niederschlag fanden, und zwar sowohl der ursprüngliche Bestand eines vorchristlichen Felsenheiligtums wie dessen Zerstörung in der Zeit Karls des Großen und schließlich die Umwandlung in eine Stätte des christlichen Gottesdienstes. Selbstverständlich ist nicht zu erwarten, daß diese sagenhaften Geschichten in dem nüchternen Stil eines Geschichtsschreibers dargeboten werden. Man wird sich schon darum bemühen müssen, in der fabulierenden Darstellung einer mythischen Bildersprache den wesentlichen Kern der Aussage richtig zu erfassen.

So liefert jedes der vier Zeugnisse in einer besonderen Weise und in der ihm eigentümlichen Sprache einen Hinweis auf die frühmittelalterliche Bedeutung der Externsteine. Doch berichten sie trotz mancher Unterschiede, die im einzelnen bestehen mögen, im wesentlichen das gleiche. Immer wieder wird die große Bedeutung belegt, die der ungewöhnlichen Stätte in jenen Jahrzehnten zukam, die kurz vor und kurz nach dem Beginn des 9. Jahrhunderts lagen. Was in den verschiedenartigen Aussagen gleichbleibend bekundet wird, erhält noch ein besonderes Gewicht, wenn der Blick auf die historisch-geographischen Verhältnisse gerichtet wird. Die Betrachtung derselben führt nämlich zu dem gleichen Ergebnis, und zwar unabhängig von der Aussage der soeben besprochenen Zeugnisse.

Im frühen Mittelalter verlief unmittelbar neben der Gruppe der Externsteine eine große Straße.[184] Sie passierte dort einen schmalen und leicht zu sperrenden Engpaß, der in der unwegsamen Gebirgslandschaft eine gute Durchgangsmöglichkeit darbot. So hat man es an dieser Stelle mit einem strategisch wichtigen Ort zu tun, auf den bei allen Kriegshandlungen, die im näheren und weiteren Umkreis geplant oder durchgeführt wurden, besonders zu achten war. Andererseits war die Felsengruppe ein wesentlicher Bestandteil jener großen Sakrallandschaft, die im ersten Abschnitt der Sachsenkämpfe, also in den Jahren von 772 bis 785, wiederholt der Schauplatz bedeutender Ereignisse war. Mit einem Überfall auf diesen Kultbezirk hatte König Karl im Jahre 772 den Kampf mit den Sachsen begonnen. In den folgenden Jahren führte er seine Truppen immer wieder in dieses Gebiet, das, wie gezeigt werden konnte, zwischen Paderborn und Detmold gelegen ist. Bis zur Taufe Widukinds befand sich dort gewissermaßen der Angelpunkt des kriegerischen Geschehens. In der näheren Umgebung lagen die Stätten der zwei Feldschlachten des Jahres 783, die als entscheidende Kämpfe in der Auseinandersetzung mit den Sachsen gelten, und im Innern des genannten Gebietes jene Orte, an denen der Frankenkönig die Unterwerfung der Besiegten entgegennahm, sie scharenweise taufen ließ, große Reichsversammlungen abhielt, wichtige Verhandlungen führte und grundlegende Verordnungen bekanntgab. Einer dieser Orte gehörte jenem besonderen Bezirk an, der von den Quellbächen der Lippe durchströmt wird, also einer Gegend, die nur wenige Kilometer von der Felsengruppe entfernt ist und damals durch eine große Straße unmittelbar mit ihrem Standort verbunden war.

So muß es unmöglich gewesen sein, daß die Stätte der Externsteine beim Ablauf dieser Ereignisse unbeachtet geblieben wäre. Wenn die Franken in jener Gegend ihre Vormachtstellung behaupten wollten, wenn man an den besagten Orten zu wichtigen Verhandlungen zusammenkam oder Karl seine Heerscharen von dort zu weiteren Unternehmungen nach Osten weiterziehen ließ, mußte er dafür sorgen, daß der nahegelegene und wichtige Engpaß fest in fränkischer Hand und gegen Störungsversuche gesichert war. Also schon durch solche Erwägungen wurde der Frankenkönig immer wieder veranlaßt, sich um die empfindliche Stelle zu kümmern. Dazu kam, daß die heidnische Vergangenheit und die religiöse Ausstrahlungskraft des alten Kultortes die Aufmerksamkeit noch besonders fesseln und den König zu weiteren Maßnahmen anregen mußten. Unter solchen Umständen ist es geradezu undenkbar, daß Karl der Große die auffallende und an leicht erreichbarer Stelle gelegene Örtlichkeit nicht in seine Planungen einbezogen und dort keine Vorkehrungen getroffen haben sollte. Vielmehr ist der Schluß zwingend, daß die Stätte der Externsteine in der besagten geschichtlichen Situation eine Rolle gespielt haben muß, die wenigsten zeitweise von größerer Bedeutung war.

Dieses Ergebnis steht mit der Aussage der vier besprochenen Zeugnisse in vollem Einklang und behält seine Gültigkeit, ganz gleich ob die zeitgenössischen Berichte oder neuere Veröffentlichungen darüber Näheres mitteilen oder nicht.

Wenn nun darauf hingeblickt wird, wie in den vielen Externsteine-Schriften des 19. und 20. Jahrhunderts das frühmittelalterliche Schicksal des Felsengeländes behandelt wird, so ist folgendes festzustellen. Abgesehen von einer kleineren Gruppe von Veröffentlichungen,[185] in denen die Frage nach der damaligen Bedeutung der Stätte erörtert und in der einen oder anderen Weise zu klären versucht wird, sind dort zumeist keine Ausführungen zu finden, in denen versucht worden wäre, auf karolingerzeitliche Verhältnisse einzugehen. In vielen Schriften wird der wichtige Zeitabschnitt überhaupt nicht besprochen. Zuweilen wird nur vermerkt, man könne über damalige Vorgänge nichts Sicheres in Erfahrung bringen. Schließlich fehlt es auch nicht an Äußerungen, in denen behauptet wird, der Ort sei im frühen Mittelalter ohne jede Bedeutung gewesen.[186] Zur Begründung wird immer nur geltend gemacht, daß keine zeitgenössischen Geschichtsquellen bekannt seien, die über damalige Vorgänge berichtet und damit der Erkenntnis die notwendige Grundlage zur Verfügung gestellt hätten.

Nun wurde schon wiederholt dargelegt, was von diesem vielberufenen Quellenmangel zu halten ist. Zwar ist die Aussage richtig, daß der allgemein bekannte Name der Felsengruppe in den Schriften des 8. und 9. Jahrhunderts nicht vorkommt. Das braucht aber noch nicht zu besagen, daß in diesen Schriften überhaupt keine Mitteilung über das frühmittelalterliche Schicksal der Externsteine zu finden ist. Solche Angaben sind vielmehr in beträchtlichem Umfang vorhanden. Sie erscheinen nur in der Weise, daß der übliche Ortsname nicht ausgesprochen wird. Wenn über die rätselhafte Hethis-Stätte berichtet wurde, hat man immer sorgsam vermieden, den eigentlichen Namen, das heißt den der Externsteine, zu nennen. Von besonderem Interesse muß dabei sein, daß die Auswertung der einschlägigen Berichte nicht nur den Ablauf des betreffenden Geschehens hat erschließen, sondern auch noch die Gründe hat darlegen können, die das auffällige Verschweigen des Namens verständlich machen. Was darüber im einzelnen schon gesagt wurde, braucht nicht noch einmal wiederholt zu werden.[187]

Wenn das Ergebnis, daß die erste Klostergründung im Bereich der Externsteine vorgenommen wurde, neben die Aussagen der anderen Zeugnisse für eine frühmittelalterliche Inanspruchnahme des Ortes und die daran angeknüpften Erwägungen gestellt und alles im Zusammenhang betrachtet wird, so ist dem Ganzen noch Folgendes zu entnehmen.

Zwar ist deutlich zu erkennen, daß der Gründungsversuch der Corbier Mönche von allen karolingerzeitlichen Maßnahmen, die an dieser Stätte erfolgt sind, diejenige ist, über die in den Schriften jener Zeit am meisten berichtet wird. Doch darf daraus noch nicht geschlossen werden, daß diese Klostergründung das einzige frühmittelalterliche Externsteine-Unternehmen der Franken war, dem eine wesentliche Bedeutung zukam. Das Vorhaben der Mönche fügt sich vielmehr in eine Reihe von wichtigen Handlungen ein, die diese Stätte betrafen und sich über einen Zeitraum von fünf Jahrzehnten verteilen. Als der mit den sächsischen Verhältnissen gut vertraute Graf Wala im ersten Jahrzehnt des 9. Jahrhunderts dem Kaiser vorschlug, das zu gründende große Missionskloster an der markanten Stelle der Externsteine entstehen zu lassen, konnte er davon ausgehen, daß man sich auf fränkischer Seite schon vorher wiederholt mit dem bekannten heidnischen Kultort beschäftigt hatte. Von diesen früheren Maßnahmen wird freilich nur ganz selten und recht undeutlich gesprochen, da die Berichterstatter jener Zeit bestrebt waren, möglichst wenig von der ehemaligen Kultstätte mitzuteilen. So steht für die Ermittlung von Ereignissen, die dem Versuch der Klostergründung vorangegangen sind, nur eine kleine Bemerkung zur Verfügung, während man im übrigen auf allgemeine Erwägungen angewiesen ist.

Zunächst ist an jene Schlußfolgerung zu erinnern, die schon in einem vorangegangenen Kapitel[188] aus einer Angabe des Vitusberichtes gezogen werden konnte. Dort heißt es ja, daß am Anfang des 9. Jahrhunderts ein vornehmer Sachse, dessen Sohn ein Corbier Mönch war, über die Hethis-Stätte zu bestimmen hatte. Das läßt, so wurde schon gesagt, darauf schließen, daß die ehemalige Kultstätte, deren Gelände bei der Eroberung durch die Franken zunächst ein Königsgut geworden war, in der nachfolgenden Zeit einem sächsischen Adligen anvertraut wurde, der auf der Seite der Franken stand und seinen Sohn Theodrad als Geisel in deren Hand gegeben hatte. Weiterhin konnte vermutet werden, daß diese Regelung im Jahre 785 erfolgt sein wird, als es nach der endgültigen Sicherung der fränkischen Macht in diesem Gebiet zu einer Neuordnung der Verhältnisse kam. Auf jeden Fall wird an dieser Stelle ersichtlich, daß Karl der Große bestimmte Maßnahmen getroffen hat, die sich auf die Stätte der Externsteine bezogen. Ferner muß er, wie ebenfalls schon dargelegt wurde,[189] auch in dem vorangegangenen Jahrzehnt von 775 bis 785, also in einer Zeit, als dort noch gekämpft wurde, laufend dafür gesorgt haben, daß der strategisch bedeutsame Ort unter militärischer Kontrolle war. Schließlich ist auch noch damit zu rechnen, daß die hervorragende Örtlichkeit nicht verschont geblieben ist, als bei dem fränkischen Überfall des Jahres 772 die dreitägige Verwüstung des ausgedehnten Irminsul-Kultbezirks erfolgte. Bekanntlich gibt es an den Steinen auch noch Zerstörungsspuren. Wenn deren Alter zumeist auch nicht mit Sicherheit bestimmt werden kann, so besteht doch eine große Wahrscheinlichkeit für die Annahme, daß wenigstens ein Teil davon mit diesem Überfall des Jahres 772 in Verbindung gebracht werden darf.

So erweist sich jenes halbe Jahrhundert, das von den Jahren 772 und 822 begrenzt wird, als eine entscheidende Phase in der Geschichte der Externsteine. Wer sich in der Zukunft mit ihren Problemen beschäftigen will, wird nicht mehr daran vorbeigehen können, daß die Felsenstätte von den umwälzenden Ereignissen dieser Zeit kräftig in Mitleidenschaft gezogen wurde. Es wird vielmehr zu erwarten sein, daß dieses Ergebnis noch einen nachhaltigen Einfluß auf den weiteren Gang der Externsteine-Forschung wird ausüben können, da sich nunmehr die Möglichkeit ergibt, die ungelösten Probleme von einer neuen Seite her in Angriff zu nehmen.

Denn wenn man bisher bemüht war, die rätselhaften Anlagen zu erklären, die an den Felsen von jeher am meisten aufgefallen sind, das heißt, wenn man dem Sazellum, der Unteren Grotte, dem Felsengrab oder dem Kreuzabnahme-Relief die Aufmerksamkeit zuwandte und dabei Fragen zu beantworten suchte, die es mit ihrer Datierung oder mit der ursprünglichen Form der jeweiligen Anlage oder auch mit einer Umgestaltung und Wiederbenutzung oder mit gewissen Zerstörungsspuren zu tun hatten, so war in der Regel immer nur von solchen Abschnitten der Vergangenheit die Rede, aus denen schriftliche Zeugnisse für die Anwesenheit von Menschen bekannt waren. Das hatte zur Folge, daß die Karolingerzeit überhaupt nicht ins Gespräch kam. So wurde die Frage erst gar nicht gestellt, ob bei dieser oder jener Anlage auch noch mit der Möglichkeit einer frühmittelalterlichen Entstehung oder Umgestaltung gerechnet werden dürfe. Man richtete den Blick ausschließlich auf die anderen Perioden und nahm diese allein für die Lösung der offenen Probleme in Anspruch.

Das wird bei dem vorliegenden Ergebnis künftig nicht mehr zulässig sein. Vielmehr muß jetzt geradezu die Forderung gestellt werden, die Zeit der Karolinger zu berücksichtigen. Wenn etwa an den Gründungsversuch der Corbier Mönche gedacht wird, so liegt es schon nahe zu fragen, ob es möglich ist, die eine oder andere Anlage an den Felsen mit dieser Klostergründung in Verbindung zu bringen. Ebenso wäre damit zu rechnen, daß es dort auch bei anderen frühmittelalterlichen Maßnahmen zu Eingriffen gekommen und davon ebenfalls noch etwas zu sehen sein könnte. Solche Fragen müßten in jedem Einzelfall, also bei der Bewertung des Sazellums, der Unteren Grotte, des Felsengrabes, des Kreuzabnahme-Reliefs und weiterer Erscheinungen, die sich sonst noch an den Felsen befinden, gestellt und erörtert werden. Daraus dürfte sich eine Fülle von Problemen ergeben, mit denen sich noch viele Untersuchungen werden beschäftigen können. Ein einzelnes Beispiel muß hier genügen, um zu zeigen, daß sich ganz neue Perspektiven eröffnen, sobald die Möglichkeit einer karolingerzeitlichen Entstehung in die Überlegungen einbezogen wird. Deshalb sollen sich die weiteren Ausführungen der wichtigen, aber nicht leicht zu beantwortenden Frage nach dem Alter des Kreuzabnahme-Reliefs zuwenden.

Zur Datierung des Kreuzabnahme-Reliefs

Die Frage nach der frühmittelalterlichen Entstehung

Zunächst ist der Blick noch einmal auf Hamelmanns Mitteilung zu richten, deren Hinweis auf die Christianisierung der Externsteine als eine glaubwürdige Aussage zu erkennen war. So liegt es nahe, einer kurzen Bemerkung, die in dieser Mitteilung zusätzlich enthalten ist, ebenfalls Vertrauen entgegenzubringen und wenigstens mit der Möglichkeit zu rechnen, daß auch sie einen Vorgang der Karolingerzeit richtig wiedergeben könnte. Bei Hamelmann heißt es ja, Karl der Große habe aus dem Externstein einen gottgeweihten und mit Apostelfiguren geschmückten Altar gemacht. Er vermerkt also nebenbei, daß dort bei der Einführung des Christentums auch noch figurale Gebilde angebracht worden seien.

Bei dem Wort »*Altar*« ist nicht an einen besonderen Altar zu denken, der an jenem Ort errichtet und mit Apostelfiguren versehen worden wäre. Der Satz, daß »*aus dem Externstein ein gottgeweihter Altar gemacht*« wurde, kann nur bedeuten, daß die Felsenstätte selbst in einen »Altar«, das heißt in einen Ort christlicher Gottesverehrung, umgewandelt wurde. Dieser Ort sei nun, so wird weiter bekundet, »*mit Apostelfiguren geschmückt*« worden. Es wird also nichts anderes ausgesagt, als daß in der Karolingerzeit an der Stätte der Externsteine figurale Skulpturen geschaffen worden sind. Man wird annehmen dürfen, daß sie an den steilen Felswänden ihren Platz hatten.

Hamelmann ist mit seinen Worten recht sparsam. Doch kann, wie schon vermerkt wurde, seine kurze Erwähnung der karolingischen Skulpturen als eine ernstzunehmende Angabe betrachtet werden. So wird weiter zu fragen sein, an welche Bildwerke sein Gewährsmann wohl gedacht haben könnte.

Am nächsten liegt es, anzunehmen, daß es jene leicht zugänglichen und nicht zu übersehenden Skulpturen waren, die sich seit dem Mittelalter an der Wand des ersten Felsens befinden und auch heute noch den Besucher der Stätte ohne weiteres ansprechen. Dabei muß die monumentale Darstellung der Kreuzabnahme (Abb. 22) zuerst in die Augen fallen, da sie den Blick schon durch ihre Größe sofort auf sich zieht. Sodann ist eine einzelne Gestalt zu nennen, die nicht weit davon entfernt neben dem seitlichen Eingang der Unteren Grotte steht und oft als Petrusfigur bezeichnet wird.[190] Ferner ist nicht auszuschließen, daß dort früher auch noch andere Figuren vorhanden waren, die nachträglich eine Zerstörung erfuhren. Dafür spricht das Bruchstück einer weiteren Menschengestalt, das zwischen dem ersten und zweiten Felsen lose am Boden liegt.[191] Am meisten dürfte freilich die große Wiedergabe der Kreuzabnahme in Betracht kommen. So wird bei den erwähnten Apostelfiguren in erster Linie an die Gestalten dieses Reliefs zu denken sein. Zwar sieht man dort neben dem Apostel Johannes auch noch andere Personen wie Joseph von Arimathia, Nikodemus und Maria. Sie standen aber den Aposteln so nahe, daß die vorliegende Bezeichnung auch für sie gelten könnte.

Es spricht also manches dafür, die Erwähnung der karolingischen Apostelfiguren auf die Gestalten der Kreuzabnahme zu beziehen. Freilich bleibt bei dieser Deutung noch ein gewisser Rest offen, so daß eine volle Gewißheit nicht zu erreichen ist. So sollen diese Ausführungen über Hamelmanns kleine Bemerkung auch nicht als ein Versuch aufgefaßt werden, die frühmittelalterliche Entstehung des Reliefs zu beweisen. Doch darf dem Gesagten auf jeden Fall die Anregung entnommen werden, die Möglichkeit eines karolingischen Alters überhaupt einmal ins Auge zu fassen.

Die Unzulänglichkeit der bisher üblichen Datierung

Nun wird aufgrund der Datierung, die man dem schwer bestimmbaren Kunstwerk bisher gewöhnlich zuteil werden ließ, ein lebhafter Widerspruch zu erwarten sein, wenn die Möglichkeit eines karolingischen Alters zur Erörterung gestellt wird. Sicherlich wird der Einwand kommen, daß es nutzlos sei, an eine solche Frage überhaupt zu denken. Man wird sagen, daß die Zeitstellung der Skulptur bereits völlig geklärt und die Zuweisung an das 12. Jahrhundert wissenschaftlich bewiesen worden sei. Alle zuständigen Fachleute, die im Verlauf der letzten Jahrzehnte zur Chronologie des Kunstwerkes Stellung genommen haben, hätten immer die gleiche Ansicht vertreten. Zwar sei man sich noch nicht ganz einig darüber, welches Jahrzehnt des 12. Jahrhunderts für seine Entstehung in Anspruch zu nehmen sei.[192] Doch daß hier eine Schöpfung des genannten Jahrhunderts vorliege, habe als ein gesichertes Ergebnis der Forschung zu gelten. So sei jeder Versuch, ein anderes Zeitalter in Vorschlag zu bringen, ein müßiges Unterfangen, dessen Aussichtslosigkeit von vornherein abzusehen sei.

Darauf wäre folgendes zu entgegnen. Zweifellos ist die Aussage zutreffend, daß es heute weithin üblich ist, das Kreuzabnahme-Relief der Externsteine in das 12. Jahrhundert zu datieren, und daß sich dafür auch sehr viele namhafte Kunsthistoriker ausgesprochen haben. Diese Feststellung ist beachtenswert, kann aber auf der anderen Seite noch nicht als ein Beweis dafür gelten, daß die besagte Datierung auch wirklich die richtige ist. Der Gang des menschlichen Erkenntnisstrebens weist genug Beispiele auf, denen zu entnehmen ist, daß nicht jede herrschende Lehrmeinung, die sich einer weitgehenden Beliebtheit erfreut, der Wirklichkeit zu entsprechen braucht. Oft genug hat sich schon herausgestellt, daß auch in solchen Fällen schwerwiegende Irrtümer möglich sind. So kann es bei der Wahrheitsfindung letztlich nicht darauf ankommen, wie viele Menschen oder welche Fachleute für eine Ansicht eingetreten sind. Den Ausschlag müssen allein die sachlichen Argumente geben, die zur Begründung einer These ins Feld geführt werden können.

Wenn nun der bisherige Forschungsgang ins Auge gefaßt wird, um zu prüfen, wie die besagte Datierung im Laufe der Zeit zur allgemeinen Anerkennung gebracht wurde, das heißt, wenn nach den einzelnen Gründen gefragt wird, die in den Schriften des 19. und 20. Jahrhunderts dafür geltend gemacht wurden, so kommt es zu überraschenden Beobachtungen, die nachdenklich stimmen müssen und es nahelegen, im Umgang mit der weitverbreiteten Lehrmeinung Vorsicht walten zu lassen.[193]

Zunächst ist nämlich festzustellen, daß unter den vielen Veröffentlichungen, in denen das Relief der Kreuzabnahme besprochen wird, es noch keine gibt, die das chronologische Problem in ikonographischer und stilistischer Hinsicht schon erschöpfend behandelt hätte. So liegt zum Beispiel noch keine Schrift vor, in der die vielen Bestandteile, aus denen sich die große Skulptur zusammensetzt, bereits sämtlich in einem weitgesteckten Rahmen auf ihre chronologische Aussagefähigkeit hin untersucht worden wären. Es liegt ja nahe, zu fragen, welche Hilfen für die Datierung etwa der merkwürdigen Form des Kreuzes mit den verbreiterten Enden oder den Besonderheiten der Kleidung zu entnehmen sind. Ebenso könnte an die Art, wie Sonne und Mond erscheinen, oder an die Formgebung der Tücher, an die Wiedergabe der Siegesfahne, die Darstellung des umgebogenen Stammes, die Drachengestalt oder auch noch an manche andere Einzelheit gedacht werden. Selbstverständlich müßte, um eine einwandfreie Antwort zu ermöglichen, zunächst die Vorarbeit geleistet werden, ein möglichst reichhaltiges Vergleichsmaterial neben jedes Motiv des Reliefs zu stellen und zu prüfen, in welches Stadium des betreffenden Entwicklungsganges das in der Skulptur enthaltene Gebilde jeweils gehört. Wie gesagt, eine solche systematische Untersuchung steht noch nicht zur Verfügung. So bleibt abzuwarten, was dabei künftig noch ermittelt wird und ob es zu einer gesicherten Datierung des Kunstwerks wird kommen können, wenn die zu erzielenden Teilergebnisse vereinigt und im Zusammenhang ausgewertet werden. Solange aber eine solche breit angelegte Studie aussteht, wird angesichts der großen Schwierigkeit, mit der man es bei der Altersbestimmung der einzigartigen Großskulptur zu tun hat, von einem endgültigen Ergebnis noch keine Rede sein dürfen. Es sei denn, daß andere Gründe vorlägen, mit deren Hilfe eine Entscheidung schon herbeigeführt worden wäre. Doch wird man vergeblich nach Argumenten Ausschau halten, die für eine Zuweisung des Reliefs an das 12. Jahrhundert bereits überzeugend gesprochen hätten.

Bei der bisherigen Erörterung der chronologischen Frage wurde auch schon auf stilistische Merkmale eingegangen.[194] Vor allem wurde in Schriften des letzten halben Jahrhunderts versucht, durch Schlußfolgerungen, die sich bei der Auswertung stilistischer Elemente ergeben, weitere Beiträge zur Zeitbestimmung zu liefern. Nun ist aber als eine Besonderheit all dieser Versuche hervorzuheben, daß es dort nicht mehr darum ging, zu beweisen, daß die Skulptur dem 12. Jahrhundert entstammt. Es wurde nur noch erörtert, welcher Teil desselben für ihre Entstehung in Frage kommen könnte. Denn daß es sich bei dem Kunstwerk um eine

Schöpfung des genannten Jahrhunderts handeln müsse, war für die betreffenden Verfasser von vornherein eine ausgemachte Sache. Man hielt dies für so gesichert, daß es unnötig erschien, darauf noch besonders einzugehen. Diese Einstellung hatte man von der früheren Forschung, das heißt aus den Schriften des 19. Jahrhunderts, übernommen. Welche Gründe waren aber damals für die besagte Datierung maßgeblich gewesen?

Als man in den Jahren 1823 und 1824 damit begann, in Veröffentlichungen über das Alter des Kreuzabnahme-Reliefs zu sprechen, wurden zunächst zwei Datierungen vorgeschlagen, deren Ansätze um 300 Jahre voneinander abweichen. Auf der einen Seite wurde die Skulptur als ein Werk der Karolingerzeit bezeichnet[195] und auf der anderen dem 12. Jahrhundert zugewiesen.[196] Demgegenüber war aber seit der Mitte des 19. Jahrhunderts fast nur noch von der zweiten Datierung die Rede,[197] während die Karolingerzeit kaum noch erwähnt wurde. Dieser Wandel war dadurch gekommen, daß man sich von zwei Argumenten hatte bestimmen lassen, die es freilich weder mit ikonographischen noch mit stilistischen Gegebenheiten zu tun hatten. Dem einen lag das Bestreben zugrunde, die Existenz jener Gebilde, die an dem Felsen besonders auffallen und zu denen auch die große Skulptur gehört, dadurch verständlich zu machen, daß man sie zu einer bestimmten geschichtlichen Situation in Beziehung setzte. Ein zweites Argument glaubte man in der Zeitangabe einer Inschrift gefunden zu haben.

Bei dem ersten handelt es sich um folgendes. Neben der Darstellung der Kreuzabnahme befindet sich das sogenannte Felsengrab. Es war verlockend, die Halbbogen-Nische mit dem offenen Steinsarg als eine Nachbildung des berühmten Grabes anzusprechen, in das man den Leib des Erlösers nach der Kreuzabnahme gelegt hatte, und zu vermuten, daß diese Wiedergabe des Heiligen Grabes und das Relief der Kreuzabnahme gleichaltrig seien. Dabei dachte man ausschließlich an jenes Zeitalter, in dem sich die abendländische Christenheit besonders lebhaft mit dem Heiligen Grab beschäftigte. In der Zeit der Kreuzzüge zogen die Pilger nicht nur ostwärts nach Palästina. Auch in Europa gab es hier und dort Einrichtungen, wo sich Abbilder des Grabes Christi befanden, so daß die Gläubigen auch dorthin wallfahren konnten. Zu einem solchen Wallfahrtsort sei nun, so wurde vermutet, damals die Stätte der Externsteine ausgebaut worden. Bei dieser Gelegenheit habe man, so hieß es weiter, nicht nur das

Felsengrab und zwei Höhlenkapellen, sondern auch die Darstellung der Kreuzabnahme geschaffen. Aus solchen Erwägungen schloß man auf ihr Alter. Die Skulptur müsse der Zeit der Kreuzzüge, also dem 12. Jahrhundert, entstammen und aus der Stimmung dieses eigenartigen Zeitalters zu verstehen sein.

Freilich war aus den Schriften des 12. und 13. Jahrhunderts kein Beleg beizubringen, der all diese Vermutungen hätte bestätigen können. Doch fand diese These, die erstmalig im Jahre 1823 des Näheren dargelegt wurde,[198] trotz des Fehlens von zeitgenössischen Quellenaussagen nicht nur damals, sondern auch in der folgenden Zeit eine weitgehende Zustimmung. Demgemäß wurde sie im Verlauf der Jahrzehnte bis zur Gegenwart auch immer wieder in dieser oder jener Form vorgetragen, wobei freilich ein zwingender Beweis für die Richtigkeit dieser Wallfahrts-Hypothese trotz allen Bemühens niemals zustande kam.

Allerdings war man im 19. Jahrhundert und auch noch später der Ansicht, ein mittelalterliches Dokument in der Hand zu haben, das eine Bestätigung bringen könne. Schon vor dem Jahre 1824 kannte man den Text einer Urkunde,[199] die einen Paderborner Bischof Heinrich als Aussteller nennt und die Angabe enthält, das Paderborner Kloster Abdinghof habe den Agisterstein, das heißt die Externsteine, im Jahre 1093 käuflich erworben. In dieser Aussage glaubte man eine Stütze und Ergänzung der Wallfahrts-Hypothese und eine wichtige Grundlage für die Datierung des Kunstwerks gefunden zu haben. Zwar ist in der genannten Urkunde weder von der Einrichtung einer Wallfahrtsstätte noch von der Skulptur der Kreuzabnahme die Rede. Doch hielt man die Annahme ohne weiteres für berechtigt, die Abdinghofer Mönche hätten das Felsengelände nur deshalb erworben, weil sie dort eine Wallfahrtsstätte mit einem Heiligen Grab anlegen wollten. Ferner sah man die Vermutung, daß bei der Verwirklichung dieser Absicht auch das Felsenrelief entstanden sei, ebenfalls als gesichert an, obwohl es auch dafür kein schriftliches Zeugnis aus jener Zeit gibt. So wurden aufgrund von unbewiesenen Voraussetzungen einerseits die Abdinghofer Mönche für die Schöpfer des Kunstwerks erklärt[200] und andererseits die Aussage der Kaufurkunde als eine wichtige Hilfe bei der Datierung des Kreuzabnahme-Reliefs in Anspruch genommen. Es sei, so wurde daraufhin behauptet, bald nach dem Erwerb der Stätte, also bald nach dem Beginn des 12. Jahrhunderts, angefertigt worden.

Man wird nicht sagen können, daß diese Schlußfolgerung unbedingt überzeugen muß. Denn sie stützt sich zum großen Teil nur auf Vermutungen, die in den Aussagen der zeitgenössischen Schriftquellen keine Bestätigung finden. Andererseits ist aber festzuhalten, daß der dargelegte Gedankengang trotz dieser Mängel von Anfang an eine erhebliche Wirkung ausübte und die Meinungsbildung auch weiterhin beeinflußte, und zwar so stark, daß seit der Mitte des 19. Jahrhunderts jene Datierung die herrschende wurde, die das Relief dem 12. Jahrhundert zuspricht.[201] Nunmehr hielt man eine solche Lösung weithin für die einzig richtige, während ein karolingisches Alter als unmöglich galt. Wenn diese Auffassung zu begründen war, pflegte man neben anderem immer wieder auf die »Paderborner Kaufurkunde von 1093« zu verweisen.

Nun ist aber schließlich noch zu erwähnen, daß die oft genannte Urkunde mit ihrer Aussage über den Ankauf des Agistersteins das Schicksal hatte, ein Gegenstand der Kritik zu werden, und daß es dabei zu ernsten Bedenken kommen mußte. Denn als die Erforschung der Externsteine so weit gediehen war, daß alle einschlägigen Quellen des Mittelalters zusammengefaßt und dadurch leicht zu überblicken waren,[202] wurde offenkundig, daß sonst an keiner Stelle dieser Überlieferung das besagte Paderborner Kloster als der verfügungsberechtigte Besitzer der Felsenstätte erscheint. Andererseits wird dort wiederholt über Zustände und Vorgänge berichtet, die sich mit einem mittelalterlichen Eigentumsrecht des Klosters Abdinghof nicht vereinbaren lassen.[203] So mußten Zweifel an der Zuverlässigkeit der besagten Urkunde aufkommen. Sie wurden dadurch verstärkt, daß die ursprüngliche Ausfertigung derselben heute nicht mehr vorhanden ist. Unter solchen Umständen darf der Bericht über den angeblichen Erwerb der Abdinghofer Mönche nicht mehr mit der gleichen Unbedenklichkeit entgegengenommen und weiteren Schlußfolgerungen zugrunde gelegt werden, wie es im Verlauf des 19. Jahrhunderts und auch noch im 20. allgemein üblich war. Vielmehr steht das einst so hoch geschätzte Dokument in der Gegenwart als ein umstrittenes Schriftstück da, dessen Aussagewert recht verschieden beurteilt wird. Unter anderem war sogar von einer groben Fälschung die Rede.

Dem Dargelegten ist zu entnehmen, daß bei dem heutigen Forschungsstand nicht mehr von der vielberufenen Wallfahrts-Hypothese oder der zweifelhaft gewordenen Kaufurkunde ausgegangen werden darf, wenn das Alter des Kreuzabnahme-Reliefs bestimmt werden soll. Mit anderen Worten, das erste Argument, das in den Schriften des 19. Jahrhunderts für eine Zuweisung an das 12. Jahrhundert geltend gemacht wurde, ist hinfällig geworden. Das gleiche ist aber auch von dem zweiten Argument zu sagen.

Bekanntlich befindet sich im Innern der Unteren Grotte eine alte Inschrift, in der die Jahreszahl 1115 zu erkennen ist. Lange Zeit wurde sie nicht beachtet. Als sie im 19. Jahrhundert wieder entdeckt wurde, hielt man dies für ein wichtiges Ereignis. Denn man war sofort der Überzeugung, die angegebene Jahreszahl auf das Relief der Kreuzabnahme beziehen zu dürfen.[204] Zwar steht diese Inschrift, deren Text recht unvollständig geblieben ist, nicht an dem Kunstwerk, das durch sie datiert werden soll. Man findet sie auch nicht in seiner nächsten Umgebung, sondern abseits davon in einem besonderen Raum. Ferner wird in der Inschrift auch nicht von der Skulptur gesprochen, so daß weder inhaltlich noch räumlich ein Zusammenhang zwischen den beiden zu erkennen ist.[205] Das konnte aber nicht davon abhalten, daß Maßmann in der ersten Veröffentlichung, die er im Jahre 1846 vorlegte, sofort und ohne es zu begründen, die Auffassung vertrat, die Inschrift müsse zum Relief gehören und mit ihrer Jahreszahl auf dessen Entstehungszeit hinweisen. So wurde sie ohne weiteres als eine Datierungsgrundlage hingestellt, die eine genaue Zeitangabe ermöglichen könne. Diese Schlußfolgerung war zwar recht voreilig. Doch wurde ihre Unzulänglichkeit damals nicht erkannt. Im Gegenteil, auch andere Autoren stimmten ihr zu und übernahmen das Ergebnis,[206] so daß in den meisten Schriften der folgenden Zeit ständig das Jahr 1115 für die Anlage des Kunstwerkes genannt wurde. Das mußte wesentlich dazu beitragen, daß sich in der zweiten Hälfte des 19. Jahrhunderts die Überzeugung immer mehr verfestigte, man habe es mit einem gutbegründeten Forschungsergebnis zu tun, wenn das Relief der Kreuzabnahme als ein Werk bezeichnet wird, das dem Anfang des 12. Jahrhunderts entstammt. Auch als das 20. Jahrhundert begonnen hatte, blieb diese Auffassung die übliche,[207] und es vergingen seitdem noch einige Jahrzehnte, ohne daß die von der Inschrift ausgehende Datierung einer kritischen Erörterung unterzogen wurde.

Schließlich erfolgte aber doch eine Überprüfung. In einer Schrift, die im Jahre 1951 veröffentlicht wurde,[208] behandelt Otto Schmitt die Frage, wie sich die ausgeprägte Eigenart der monumentalen Großplastik zu dem Stil jener Skulpturen des nordwestdeutschen Raumes verhält, die dem Anfang des 12. Jahrhunderts einwandfrei zuzuweisen sind. Die vergleichende Untersuchung führt zu dem Resultat, daß die beiden nicht miteinander vereinbart werden können. Die stilistischen Unterschiede sind so groß, daß eine Entstehung des Felsenreliefs in den ersten Jahrzehnten des 12. Jahrhunderts mit Sicherheit auszuschließen ist. Die Jahreszahl 1115 darf also, so folgert Otto Schmitt, weder auf das Kunstwerk bezogen noch als Grundlage für seine Datierung in Anspruch genommen werden.

Somit müssen die beiden Argumente wieder ausscheiden, die seinerzeit den Ausschlag gegeben hatten, als man sich in der Diskussion des 19. Jahrhunderts für das 12. Jahrhundert entschied. Zwar hatte man, wie schon erwähnt wurde, bisher immer gerade an diese zwei Argumente gedacht, wenn die genannte Datierung für ein gesichertes Forschungsergebnis gehalten wurde. Demgegenüber stellt sich jetzt aber heraus, daß beide Argumente nicht mehr verwendbar sind. Das bedeutet, daß die Zeitangabe, die bisher als die einzig mögliche galt, nunmehr als eine unbegründete Aussage dasteht, deren Richtigkeit erst noch zu beweisen wäre. Dadurch wurde die Forschung in eine neue Lage versetzt, die jener offenen Situation gleicht, von der man einstmals am Anfang, also vor mehr als 150 Jahren, ausgegangen war.

Der kleine Auszug aus der Forschungsgeschichte, der soeben wiedergegeben wurde, konnte nur in einfachen Zügen zur Darstellung gebracht werden. Auf die zahlreichen Einzelheiten der verwickelten Angelegenheit einzugehen, hätte hier zu weit geführt. Doch durfte auf eine ausführliche Erörterung auch ohne Bedenken verzichtet werden, da eine solche bereits an anderer Stelle vorliegt. In einer Schrift des Verfassers, die im Jahre 1975 unter dem Titel »Zur Entstehung des Kreuzabnahme-Reliefs an den Externsteinen« erschienen ist, wurde das Gegeneinander der Meinungen mit all seinem Hin und Her schon eingehender besprochen. So mag es an dieser Stelle genügen, wenn zur Kenntnisnahme der Einzelheiten auf die genannte Schrift verwiesen und im übrigen nur noch die dort ausgesprochene Schlußfolgerung wiederholt wird. Sie lautet:[209] »*So darf künftig nicht mehr ohne weiteres mit der Vorstellung gearbeitet werden, daß für das Relief nur eine Entstehung im 12. Jahrhundert in Frage komme* ... [Vielmehr] *wird man noch einmal ganz von vorn beginnen und sich um eine neue Grundlage der Untersuchung bemühen müssen.*«

Der geschichtliche Hintergrund

In der erwähnten Schrift wurde auch noch ein Gedankengang entwikkelt, der einer weiteren Erörterung des chronologischen Problems als Grundlage wird dienen können. Und zwar wurde von der bekannten und allgemein anerkannten Feststellung ausgegangen, daß es sich bei dem Relief der Externsteine (Abb. 22) um ein erstrangiges Kunstwerk von besonderer Größe und hervorragender Qualität handelt. Anschließend ließ sich sagen, daß dies zu bestimmten Schlußfolgerungen und Fragen Anlaß gibt. Demgemäß heißt es dort:[210] »*Es geht ein so großer Zug durch die ganze Darstellung und die zugrundeliegende religiöse Gesinnung, daß starke und überragende Kräfte angenommen werden müssen, die sich bei der Anlage des monumentalen Gebildes betätigt haben. Es kann keinem Zweifel unterliegen, daß seinerzeit hinter der anspruchsvollen künstlerischen Schöpfung auch Kräfte von außergewöhnlichem Format gestanden haben, die nicht der Enge eines provinziellen Rahmens angehört haben können, sondern auf weiterreichende und überregionale Zusammenhänge schließen lassen. Bei einem derartigen Range der verursachenden und gestaltenden Kräfte liegt es weiterhin nahe, die Frage nach der historischen Situation zu stellen, in deren Bereich jene Kräfte ihre Wirksamkeit entfalten konnten. Von den an sich unbekannten Verhältnissen, die der Entstehung des bedeutenden Werkes zu Grunde gelegen haben, wird man ebenso sagen dürfen, daß sie nicht bloß durch lokal bedingte Gegebenheiten, sondern darüber hinaus durch weitergreifende Zusammenhänge und außergewöhnliche Zustände bedingt und geprägt worden sind.*«

Diese Frage nach der historischen Situation könnte, wie weiter ausgeführt wurde, auch noch anders formuliert werden, und zwar etwa folgendermaßen:[211] »*Wann waren nach Ausweis der mittelalterlichen Überlieferung in der Landschaft des Teutoburger Waldes überhaupt einmal große geschichtliche Kräfte wirksam, die ... sich nach Ursprung und Reichweite auf einer größeren Ebene bewegten? In welchen Perioden des Mittelalters hat der Raum zwischen Paderborn und Detmold gewissermaßen im Brennpunkt eines großen und überregionalen Geschehens gestanden? Für welche Zeiten sind in diesem Gebiet außergewöhnliche Vorgänge nachweisbar, die ein derartiges Format und eine so hervorragende Bedeutung erkennen lassen, daß sie der berühmten Großplastik als gleichrangig an die Seite gestellt werden können?*«

Nach Überprüfung der einschlägigen Umstände konnte abschließend gesagt werden, daß dafür nur die Karolingerzeit in Betracht kommen kann. Im besonderen ist an jene Jahrzehnte zu denken, die kurz vor und kurz nach dem Beginn des 9. Jahrhunderts lagen. Damals spielte das besagte Gebiet im Ablauf entscheidender Vorgänge eine besonders wichtige Rolle. Diese war so hervorragend, daß ihr aus dem späteren Geschehen der betreffenden Landschaft etwas Gleichartiges nicht an die Seite gestellt werden kann. So wird durch die Beantwortung der soeben angeführten Frage die Aufmerksamkeit erneut auf das frühe Mittelalter gelenkt, nachdem auch schon vorher andere Erwägungen dorthin gewiesen hatten. Das heißt, es macht sich immer mehr die Notwendigkeit bemerkbar, mit der Möglichkeit einer karolingischen Entstehung der Skulptur zu rechnen. Diese Möglichkeit tritt bereits so weit in den Vordergrund der Betrachtung, daß es berechtigt sein dürfte, sie in den weiteren Überlegungen wenigstens versuchsweise als eine Arbeitshypothese mitsprechen zu lassen.

Dabei handelt es sich um folgendes: Der Standort des Reliefs ist recht ungewöhnlich. Das bedeutende Denkmal christlicher Frömmigkeit befindet sich nicht, wie sonst üblich, im Innern eines geweihten Raumes, auch nicht an der Außenseite eines sakralen Gebäudes, sondern an der Wand eines schroffen Sandsteinfelsens, der sich in einer unbewohnten Gebirgslandschaft erhebt. Zweifellos hat man sich nach einem vorliegenden Plan gerichtet, als dort das große Kunstwerk in mühseliger Arbeit geschaffen wurde. Sicherlich hatte man dabei auch nicht die Absicht, die Skulptur für sich allein anzufertigen, um sie dann einsam in der Wildnis stehen zu lassen. Sie muß vielmehr einem bestimmten Zusammenhang angehört haben, so daß ihre Herstellung als ein Vorgang aufzufassen ist, der ein besonderer Teil eines größeren Unternehmens war. Dieses umfassende Unternehmen ist zunächst noch unbekannt. Doch wird auf jeden Fall schon gesagt werden dürfen, daß auch dafür all das gelten muß, was bereits für einen seiner Teile, nämlich für die Anfertigung des Kunstwerks, festgestellt werden konnte. Das heißt, es kann sich nicht um ein Geschehen von beschränktem und provinziellem Format gehandelt haben. Vielmehr müssen bei seiner Planung und Ausführung bedeutende und überregionale Kräfte wirksam gewesen sein. Ferner ist als gesichert anzusehen, daß dieses Unternehmen ebenso wie die Anlage des Kreuzabnahme-Reliefs mit der Welt des religiösen Lebens, das heißt mit dem kirchlichen Bereich, verbunden war.

Diese Einsichten sind dem Befund, der an den Externsteinen zu beobachten ist, ohne Schwierigkeiten zu entnehmen. Sie bieten sich zwangsläufig an, sobald man die Eigenart der monumentalen Großplastik sowie das Besondere ihrer Stellung voll auf sich wirken läßt. Andererseits wird man sich bei der Betrachtung des Ganzen aber auch nicht dem Eindruck entziehen können, daß dieses größere Vorhaben, dessen Inangriffnahme durch das Dasein der stattlichen Skulpturen so eindrucksvoll bezeugt wird, nach den ersten Anfängen nicht weiter zum Zuge gekommen zu sein scheint. Wenigstens ist in den mittelalterlichen Quellen keine Angabe zu finden, die dafür sprechen könnte, daß ein solches Unternehmen an dieser Stelle zur vollen Entfaltung und andauernden Wirksamkeit gebracht worden wäre. So kann nach allem, was an den Gegebenheiten der Felsenstätte abzulesen ist, zusammenfassend gesagt werden, daß dort im Mittelalter zunächst ein großzügig geplantes Unternehmen des kirchlichen Bereichs vorgesehen war, und zwar im Verein mit der Anlage des Kreuzabnahme-Reliefs, daß mit der Ausführung dieses Unternehmens auch schon begonnen worden ist, daß es dann aber nicht vollständig verwirklicht, sondern vorzeitig wieder abgebrochen wurde.

Wenn nun gefragt wird, ob die schriftliche Überlieferung des Mittelalters von einem entsprechenden Vorgang an der Felsenstätte Kunde gibt, der einen gleichartigen Verlauf erkennen läßt und andererseits auch mit der Anlage des Reliefs in Verbindung zu bringen wäre, so bietet sich eine naheliegende Antwort an, wenn mit der Möglichkeit, auch das frühe Mittelalter in die Überlegungen einzubeziehen, gerechnet werden darf. Das heißt, wenn es zulässig ist, von der Annahme auszugehen, daß die Skulptur der Kreuzabnahme der Karolingerzeit entstammt. Unter dieser Bedingung würde eine befriedigende Antwort leicht zu geben sein, da nur an all das erinnert zu werden braucht, was auf den vorstehenden Seiten dieses Buches über jene Maßnahmen des Klosters Corbie ausgeführt wurde, deren Ziel es war, an der Stätte der Externsteine das neue sächsische Missionskloster entstehen zu lassen. Dieser unvollendete Gründungsversuch war ja der erste Schritt zur Verwirklichung eines auf weite Sicht hin angelegten Unternehmens des kirchlichen Bereichs, das von bedeutenden Männern des 9. Jahrhunderts vorbereitet und in Gang gesetzt worden war. Der Auswertung der frühmittelalterlichen Berichte war ferner zu entnehmen,[212] wie hervorragend die Rolle war, die dieses Vorhaben in den Plänen der fränkischen Reichsführung spielte, wie die berühmte Benediktinerabtei Corbie seine Verwirklichung auch tatsächlich in die Wege leitete, wie das begonnene Werk dann aber nach Ablauf von sechs Jahren an dieser Stätte nicht mehr weitergeführt, sondern nach Corvey verlegt wurde, um dort zur Vollendung zu kommen.

Bei diesen frühmittelalterlichen Vorgängen ist also ein Verlauf festzustellen, der mit jener Abfolge genau übereinstimmt, die in der soeben aufgeworfenen Frage als ein wesentliches Merkmal des gesuchten Unternehmens bezeichnet wurde. Dazu kommt, daß in der sonstigen mittelalterlichen Überlieferung von keinem weiteren Ereignis die Rede ist, das bei der Beantwortung dieser Frage mit der gleichen Berechtigung genannt werden könnte. Schließlich liegt es, so läßt sich noch sagen, durchaus auch im Bereich des Möglichen und ist auch gut denkbar, daß es gerade im Rahmen einer so wichtigen Maßnahme, die, wie gesagt, ein bedeutendes heidnisches Heiligtum durch eine führende Kulturstätte des Christentums ersetzen sollte, zur Anfertigung eines Kunstwerks von dem Rang des großen Felsenreliefs kommen konnte. Wenn das alles zusammen in Rechnung gestellt wird und außerdem die genannte Datierung als zutreffend betrachtet werden darf, so kann nur die Schlußfolgerung übrig bleiben, die Anlage des Kreuzabnahme-Reliefs mit diesem Gründungsversuch des Klosters Corbie in Verbindung zu bringen und den hervorragenden Künstler, dem die einzigartige Schöpfung zu verdanken ist, in der Schar jener Mönche zu suchen, die sich im Jahre 816 im Gelände der Externsteine niederließen.

Bei der vorausgesetzten Datierung, das heißt wenn von einer karolingerzeitlichen Entstehung der Skulptur ausgegangen wird, handelt es sich zunächst nur um eine Arbeitsannahme. Sie hat zwar eine gewisse Wahrscheinlichkeit für sich, kann aber noch nicht als eine völlig gesicherte Grundlage gelten. Zu einer solchen würde sie erst dann werden, wenn eine vollständige Auswertung aller ikonographischen und stilistischen Elemente des Kunstwerks den endgültigen Beweis dafür erbracht hätte. Doch ist die dafür notwendige Untersuchung, wie schon vermerkt wurde, bisher noch nicht durchgeführt worden, so daß in dieser Hinsicht noch alles offen ist. Bei dem großen Umfang, den eine solche Beweisführung zwangsläufig annehmen müßte, wird sie auch im vorliegenden Zusammenhang nicht nachgeholt werden können. Doch soll stattdessen noch eine kurze Betrachtung angestellt werden, die geeignet sein dürfte, das chronologische Problem von einer besonderen Seite aus zu beleuchten.

Und zwar mögen einmal – sozusagen zur Probe – jene Folgerungen ins Auge gefaßt werden, die sich ergeben würden, wenn die angenommene und als Voraussetzung dienende Datierung tatsächlich die richtige wäre.

Wie gesagt, dann käme es zunächst zu dem Schluß, daß die Skulptur im Zuge der ersten und unvollendeten Klostergründung entstanden sein müßte, was eine wichtige Grundlage für weitere Einsichten sein würde. Und zwar wäre dann als erstes festzustellen, daß die Anlage des Reliefs genau datiert werden könnte. Die schriftliche Überlieferung nennt für den Anfang und das Ende des besagten Gründungsversuchs die Jahre 816 und 822. Es bliebe also für die Anfertigung des Kunstwerks nur noch die dazwischenliegende kurze Zeitspanne von sechs Jahren übrig. Das würde bedeuten, daß es in der Zeit »um 820« geschaffen worden wäre. Weiterhin würde jetzt auch die historische Situation faßbar werden, in der die einzigartige Schöpfung zustande kommen konnte.

Es war ja ein ungewöhnlicher Vorgang, daß eine hervorragende Großplastik, die ein Ereignis der christlichen Heilsgeschichte wiedergibt, innerhalb einer unwirtlichen Berglandschaft an der Wand eines mächtigen Felsens angebracht wurde. Das zunächst rätselhaft erscheinende Vorhaben vermag jedoch verständlich zu werden, wenn es als ein Teil jener Maßnahmen betrachtet werden kann, die nach der Unterwerfung der Sachsen ein bedeutendes heidnisches Felsenheiligtum in eine führende Kulturstätte des christianisierten Sachsenlandes umwandeln sollten. Wenn an die Vorbereitung und Einleitung des bemerkenswerten, aber nicht voll ausgeführten Unternehmens gedacht wird, richtet sich der Blick auf die beiden ersten Jahrzehnte des 9. Jahrhunderts, also auf jenen Abschnitt der Karolingerzeit, der sich unmittelbar an die Beendigung der Sachsenkämpfe anschloß. In dieser Zeit stand die Kirche des fränkischen Reiches noch vor einer wichtigen Aufgabe. Die besiegten Sachsen, die zum großen Teil im Anschluß an kriegerische Ereignisse und mit Gewalt zur Annahme des Christentums gebracht worden waren, mußten auch noch innerlich für den neuen Glauben gewonnen werden. Das konnte nur durch Menschen bewirkt werden, aus denen starke religiöse Kräfte sprachen. Ferner lag es nahe, sich zusätzlich der bildenden Kunst zu bedienen. Gerade an dem Ort des alten Felsenheiligtums, wo schon in heidnischer Zeit große Skulpturen zu sehen waren und nunmehr nach dem Vorschlag des Grafen Wala ein Mittelpunkt des geistigen Lebens entstehen sollte, war es besonders angebracht, von dem großen Mysterium des Christentums auch mit den Mitteln der Bildhauerkunst zu sprechen und das zentrale Ereignis des Erlösungswerks, das Geschehen auf Golgatha, in einer eindrucksvollen Skulptur zu veranschaulichen.

Wenn die Anlage des Reliefs in diesem Zusammenhang gesehen werden darf, so werden weitere Folgerungen möglich, die eine kunstgeschichtliche Einordnung erheblich erleichtern könnten. Dabei ist vorweg zu bemerken, daß es immer mit Schwierigkeiten verbunden sein wird, wenn eine so einmalige Plastik anhand von stilistischen Merkmalen als eine frühmittelalterliche Schöpfung erwiesen werden soll. Einerseits besteht ein Hindernis darin, daß die Kenntnis der karolingischen Großskulpturen, die nach Ausweis der schriftlichen Quellen einst in beträchtlicher Anzahl vorhanden waren,[213] in heutiger Zeit recht mangelhaft ist, da sich nur wenige Reste davon erhalten haben. Andererseits wird ein solcher Bestimmungsversuch aber auch durch den allgemeinen Charakter der karolingischen Kunst erschwert.

Denn wenn ein solches Kunstwerk aufgrund seiner stilistischen Eigenart datiert werden soll, muß zunächst versucht werden, das Kennzeichnende der karolingischen Periode ins Auge zu fassen, um dann die stilistischen Merkmale des betreffenden Gegenstandes dazu in Beziehung zu setzen. Doch ist es bisher noch nicht gelungen, das Eigentümliche dieser Stilperiode in einer kurzgefaßten und allgemein gültigen Definition so festzulegen, daß sich eine vergleichende Untersuchung in jedem Fall mit Sicherheit darauf stützen könnte. Die Ursache ist, daß die Gesamtheit der karolingischen Kunsterzeugnisse das Bild einer verwirrenden Ungleichheit und Vielfältigkeit darbietet, was sich aus der besonderen Situation ergibt, in der damals das künstlerische Schaffen zur Entwicklung kam.

In dem ausgedehnten Karolingerreich waren bekanntlich Teile des römischen Imperiums mit anderen Ländern vereinigt, die dem letzteren niemals angehört hatten. So gab es im Frankenreich einerseits Gebiete, in denen man mit den Errungenschaften der römischen Zivilisation und mit dem Erbe antiken Geisteslebens noch unmittelbar vertraut war, und andererseits auch solche, für die das weniger oder gar nicht zutraf. Dort bestimmte vielmehr der jeweilige Entwicklungsstand der germanischen Völkerschaften das Gesicht der kulturellen Leistung. Als nun seit dem Ausgang des 8. Jahrhunderts versucht wurde, der künstlerischen Entwicklung dadurch eine einheitliche Grundlage zu geben, daß im ganzen Karolingerreich auf antike Überlieferungen und Vorbilder, die dem Mittelmeerraum entstammten, zurückgegriffen wurde, konnte das Ergebnis in den einzelnen Ländern nicht gleichmäßig ausfallen. Ferner machten sich auch noch auswärtige Einflüsse geltend, die von Nordwesten, Süden oder Südosten kamen und in verschiedener Weise auf die örtlichen Kunstzentren einwirkten. Aus alledem ergab sich das bunte und vielgestaltige Bild der karolingischen Kunst, so daß es heute nicht möglich ist, mit einem allgemein gültigen Stilbegriff zu arbeiten, wenn ein Werk dieser Periode datiert werden soll.

Demnach kann nur von dem jeweiligen Stil einer einzelnen Sondergruppe oder von den Merkmalen jener künstlerischen Strömung ausgegangen werden, der das zu bestimmende Objekt gerade angehört. Diese methodische Forderung gilt auch für die Datierung des Kreuzabnahme-Reliefs. Auch in diesem Fall ist zunächst die spezielle Situation zu erfassen, in der das große Werk zustande kam, und sind die Erkenntnismöglichkeiten auszuschöpfen, die sich daraus ergeben. Wenn an diese Notwendigkeit gedacht wird, kann erst im vollen Umfang ermessen werden, von welcher Bedeutung es ist, daß in den vorausgegangenen Ausführungen bereits von der Möglichkeit eines Zusammenhanges der Skulptur mit dem ersten Gründungsversuch der Corbier Mönche gesprochen werden konnte. Der Hinweis auf diesen Zusammenhang dürfte dazu angetan sein, den weiteren Gang der Untersuchung in eine bestimmte Richtung zu lenken und einen Weg zu weisen, der wenigstens versuchsweise begangen werden darf. Und zwar wird nunmehr als erstes nahegelegt, dem westfränkischen Kloster Corbie und den Persönlichkeiten, die dort am Anfang des 9. Jahrhunderts verantwortlich wirkten, die Aufmerksamkeit zuzuwenden, wobei besonders darauf zu achten sein wird, ob dies zu Widersprüchen oder zu einem Einblick in sinnvolle Zusammenhänge wird führen können.

Zunächst ist freilich festzustellen, daß auch in Corbie keine großen Skulpturen anzutreffen sind, die zweifelsfrei der Karolingerzeit entstammen und bei einer Datierung des Kreuzabnahme-Reliefs zum Vergleich herangezogen werden könnten. Die alte Corbier Klosterkirche ist nicht mehr erhalten, und bei ihrem Abbruch wurde auch beseitigt, was im Innern zur Karolingerzeit vorhanden war. So ist nicht ohne weiteres zu sagen, ob in der frühmittelalterlichen Ausstattung des Gotteshauses auch Werke der Großplastik enthalten waren oder nicht. Doch liegt es nahe, anzunehmen, daß es der Fall war. Dafür spricht unter anderem, daß es in der näheren und weiteren Umgebung von Corbie, also im nördlichen Frankreich, nach Ausweis der schriftlichen Nachrichten damals größere Werke der Plastik gegeben hat. So ist, um nur ein bekanntes Beispiel herauszugreifen, der zeitgenössischen Überlieferung zu entnehmen, daß sich im Kloster Centula im Innern der karolingischen Kirche St. Riquier vier stattliche Reliefdarstellungen befanden.[214] Sie waren so angeordnet, daß an der Westwand die Geburt des Heilands, an der Ostwand die Kreuzigung, an der Südwand die Auferstehung und an der Nordwand die Himmelfahrt des Christus ihren Platz hatten. Diese Kirche, die in einer späteren Zeit samt ihrer Einrichtung wieder verschwunden ist, wurde im Jahre 798 geweiht, also kurz bevor Abt Adalhard in dem nahen Corbie die Vorbereitung für die Gründung des sächsischen Missionsklosters in die Wege leitete. Sicherlich waren die vier großen Skulpturen dem Corbier Abt und seinem Bruder gut bekannt. Wenn nun Wala und Adalhard damals die Absicht hatten, im Rahmen der geplanten sächsischen Klostergründung das große Felsenrelief entstehen zu lassen, müssten sie für die entsprechenden Skulpturen des Nachbarklosters ein besonderes Interesse gehabt haben. Ebenso stand ihnen, was nur nebenbei vermerkt werden mag, auch etwas später, als sie nach dem Herbst des Jahres 821 in Corbie die Baupläne für das im Wesertal zu errichtende Kloster ausarbeiteten, in dem Westwerk der Kirche St. Riquier ein Vorbild für den Entwurf des Corveyer Westwerks in nächster Nachbarschaft zur Verfügung.

Jedenfalls müssten, wenn das Relief bei dem ersten Versuch zur Anlage des Sachsenklosters geschaffen wurde, Adalhard und Wala, die sich von Anfang an um diese Gründung bemüht haben, auch als die Urheber der Skulptur gelten. Diese Aussage kann freilich noch keine Auskunft über den Bildhauer selbst geben, von dessen Hand das große Werk stammt. Doch ergibt sich nunmehr die Möglichkeit, einige Vermutungen über seine Herkunft anzustellen. Es kann zum Beispiel gefragt werden, ob der Künstler etwa ein Mönch war, der schon längere Zeit der Corbier Klostergemeinde angehört hatte. Es ist aber auch zu erwägen, ob er von außen gekommen ist und eigens zur Durchführung der ungewöhnlichen Aufgabe vom Corbier Abt herangezogen wurde. Für eine solche Annahme könnte geltend gemacht werden, daß es in jener Zeit im christlichen Abendland nicht üblich war, an einem Naturfelsen große Reliefdarstellungen anzubringen, daß man sich also, wenn ausnahmsweise eine solche gewünscht wurde, um einen Bildhauer bemühen mußte, der sich darauf verstand. Er müßte also aus einem Land gekommen sein, in dem es solche Gebilde gab und man mit ihrer Herstellung vertraut war. Das würde bedeuten, daß der Meister des Externsteine-Reliefs in einem fernen Lande, etwa im Vorderen Orient, seine Heimat gehabt haben könnte. Selbstverständlich muß bei solchen Erwägungen zunächst noch vieles offen bleiben. Doch wird dazu noch mehr gesagt werden können, wenn auf vorangegangene Ausführungen zurückgegriffen wird, in denen bereits von den weitreichenden Beziehungen des Klosters Corbie und seines Abtes Adalhard die Rede war.

Corbies Beziehungen nach Italien

Die große Reichsabtei Corbie, die im 7. Jahrhundert in dem alten Kernland des Merowingerreiches begründet worden war und dadurch einem fränkischen Gebiet angehörte, in dem sich vorher galloromanische Kultur entfaltet hatte, war am Ende des 8. und am Anfang des 9. Jahrhunderts ein hervorragender Brennpunkt des Geisteslebens im Karolingerreich.[215] Es trafen sich dort, aus verschiedenen Richtungen kommend, die Einflüsse und Anregungen des religiösen, künstlerischen und wissenschaftlichen Feldes, um nach der Aufnahme und Verarbeitung in neuer Form nach dieser oder jener Seite wieder auszustrahlen. Von welcher Art und Stärke die von dort ausgehenden Wirkungen waren, läßt die bereits besprochene Entwicklung des neubegründeten Corvey gut erkennen. Andererseits waren aber auch jene kulturellen Einflüsse von wesentlicher Bedeutung, die das westfränkische Kloster selbst von außen empfing. Sie wurden durch Corbies vielfältige Beziehungen bedingt. Man war nicht nur mit den Kulturstätten der näheren Umgebung in ständiger Verbindung. Ebenso gab es die erwähnten engen Kontakte zum kaiserlichen Hof und zu den an der Hofschule wirkenden Gelehrten. Nicht zu unterschätzen sind ferner die Anregungen künstlerischer und theologischer Art, die aus dem Verkehr mit den Angehörigen der irischen und angelsächsischen Kirche erwuchsen. Von ganz besonderer Bedeutung waren für Corbie aber die Beziehungen nach Italien.

Sie ergaben sich schon daraus, daß sich das Stammkloster des Benediktinerordens auf dem Monte Cassino befand. Ferner ist die karolingische Schriftreform zu erwähnen,[216] an deren Zustandekommen die Mönche des Klosters Corbie von Anfang an aktiv beteiligt waren. Bekanntlich ging man bei der Ausarbeitung der neuen Einheitsschrift von Buchstabenformen aus, die ursprünglich in Italien üblich waren. So bemühte man sich in Corbie eifrig darum, aus Oberitalien Manuskripte zu erhalten. Sodann ist daran zu erinnern,[217] daß der Lebensgang des Corbier Abtes Adalhard mit diesem Land in besonderer Weise verbunden war. Es sei noch einmal darauf hingewiesen, daß Adalhard sich vom Jahre 810 bis zum Anfang des Jahres 814 ständig in Italien aufhalten mußte, also gerade in derjenigen Zeit, als die Vorbereitungen für die sächsische Klostergründung schon seit einigen Jahren im Gange waren, ihre Ausführung aber noch auf sich warten ließ, und als man andererseits, wie zu vermuten ist, auch bereits daran dachte, an den Externsteinen das große Felsenrelief entstehen zu lassen. So hatte Adalhard damals ausgiebig Gelegenheit, in den vielen Kirchen, die in jener Zeit im italischen Langobardenland und in der Stadt Rom standen, beim Betrachten der dort befindlichen Mosaikbilder, Wandmalereien und Skulpturen Anregungen für die Ausgestaltung des für das Sachsenland vorgesehenen Kunstwerks zu empfangen. So wird er, um nur ein Beispiel zu nennen, als Statthalter des Kaisers sicherlich auch das Kloster S. Maria in Valle bei Cividale aufgesucht haben,[218] das seinerzeit von dem Langobardenkönig Desiderius errichtet worden und nach dessen Niederlage und Absetzung im Jahr 774 fränkisches Königsgut geworden war. Wenn nun der Corbier Abt sich dort in der kleinen Kirche, in dem sogenannten Tempietto, aufhielt und zu den großen Skulpturen und Wandbildern aufschaute, so dürfte auch das nicht ohne Einfluß auf jenes Vorhaben gewesen sein, das demnächst an dem alten Felsenheiligtum des Teutoburger Waldes verwirklicht werden sollte.

Ferner ist daran zu denken, daß Adalhard in Italien auch seinem Bruder Wala begegnen konnte, den im Jahre 812 ein besonderer Auftrag dorthin geführt hatte. Radbert berichtet, wie eng verbunden die zwei Brüder in ihrem Sinnen und Trachten von jeher waren, daß sie jede Gelegenheit wahrnahmen, um zusammenzukommen, und daß die religiösen Angelegenheiten in ihrem Gedankenaustausch an erster Stelle standen. So darf vermutet werden, daß bei ihrem Zusammensein in Italien auch das geplante Relief der Kreuzabnahme ein Gegenstand der Gespräche war, und daß sie sich vielleicht sogar auch gemeinsam nach einer Möglichkeit zur Verwirklichung des ungewöhnlichen Vorhabens umgetan haben.

Bei den Kunstwerken Italiens, die Adalhard und Wala damals vor Augen haben konnten, darf der byzantinische Einfluß nicht übersehen werden, der bei ihrer Entstehung mitgewirkt hatte. In dem Italien des 8. Jahrhunderts war das griechisch-byzantinische Element noch stark vertreten. Es braucht nur daran erinnert zu werden, daß in der Zeit von 685 bis 752 der päpstliche Stuhl, von einer Ausnahme abgesehen, immer von einem Griechen oder Syrer eingenommen wurde. So konnte es auch nicht ausbleiben, daß die Werke der bildenden Kunst entsprechende Einschläge aufweisen, ganz gleich um welche Kunstgattung es sich handelt. Auch die großen Stuckfiguren von S. Maria in Valle stammen offenbar von der Hand eines byzantinischen Meisters.

In der zweiten Hälfte des 8. und in den ersten Jahrzehnten des 9. Jahrhunderts unterlagen diese östlichen Einflüsse noch besonderen Bedingungen, die durch den Bilderstreit gegeben waren. Als in Byzanz verboten wurde, die göttlichen Wesenheiten und die Gestalten der Heiligen in Bildern darzustellen, mußte es dahin kommen, daß diejenigen Künstler, denen das Schaffen solcher religiösen Darstellungen ein besonderes Anliegen war, in dem Ostreich nicht bleiben mochten, wo man ihre Werke zerstörte und das Entstehen von neuen verhinderte. Sie mußten vielmehr danach streben, in ein anderes Land überzusiedeln, wo sie in der gewünschten Weise tätig sein konnten. Als ein solches Land bot sich vor allem Italien an. Dort fand man die Auftraggeber, für die gearbeitet werden konnte. Außerdem hatte man die Möglichkeit, von dort aus in andere Länder des Frankenreichs weiterzukommen. Ob sich etwa Adalhard und Wala bei ihrem Italien-Aufenthalt im Kreise dieser östlichen Emigranten nach dem gesuchten Bildhauer umgetan haben, der das geplante Felsenrelief anfertigen sollte? Es wäre schon denkbar, ist aber nicht endgültig zu beweisen. Doch läßt sich auf jeden Fall mit Sicherheit sagen, daß die beiden Karolinger in Italien gute Gelegenheit hatten, Künstlern von griechisch-byzantinischer Herkunft zu begegnen und Kunstwerke von entsprechender Art zu sehen.

Das verdient im Rahmen der hier durchzuführenden Betrachtung insofern eine besondere Aufmerksamkeit, als auch das Relief der Externsteine wesentliche byzantinische Züge enthält. Darauf wurde auch schon oft hingewiesen. Doch wurde bisher noch niemals überzeugend dargelegt, wann und wie es dazu gekommen ist, daß diese östlichen Bestandteile in dem Kunstwerk des Teutoburger Waldes erscheinen. Demgegenüber ist dem soeben entwickelten Gedankengang, dem die Annahme einer frühmittelalterlichen Entstehung des Kreuzabnahme-Reliefs zugrunde lag, ohne Schwierigkeit zu entnehmen, daß ein sinnvoller Zusammenhang erkennbar wird, sobald das Kloster Corbie und Italien als wichtige Zwischenglieder in die Betrachtung einbezogen werden.

An diese italischen Beziehungen wird ebenfalls zu denken sein, wenn versucht wird, die Möglichkeit eines karolingischen Alters des Kreuzabnahme-Reliefs in einer stilvergleichenden Betrachtung zu überprüfen. Dabei ist zunächst noch an die bereits erwähnten Schwierigkeiten zu erinnern,[219] mit denen man es bei der Datierung von frühmittelalterlicher Großplastik zu tun hat. Doch darf nicht unerwähnt bleiben, daß schon Untersuchungen vorliegen, die sich um eine Klärung der chronologischen Verhältnisse bemüht haben. So hat etwa Christian Beutler alle Werke der Großplastik besprochen, die er für Erzeugnisse des frühen Mittelalters hält.[220] Er unternimmt es auch, den Stil dieser Skulpturen zusammenfassend zu charakterisieren. Wenn nun aber die Einzelheiten seiner Definition mit den stilistischen Merkmalen des Kreuzabnahme-Reliefs verglichen werden, sind so große Unterschiede festzustellen, daß es unmöglich zu sein scheint, die Skulptur des Teutoburger Waldes in die beschriebene Stilgruppe aufzunehmen.

Denn Beutler charakterisiert die Eigenart der karolingischen Plastik folgendermaßen:[221] »*Antike Körperlichkeit nachahmend und selbst mit einem kräftigen, wenn auch noch plumpen Lebensgefühl begabt, scheuten sich die karolingischen Bildhauer nicht, ihre Gestalten kräftig, in üppiger Leiblichkeit und breit vor Augen zu stellen. Ihre Formen quellen oft über und erscheinen ungebändigt. Der sichtbaren Wahrheit möglichst nahe zu kommen, war das Ziel, und ein oft unklarer, noch ungezügelter Sinn für die Darstellung des Lebendigen tritt in den Werken zutage.*« Es ist unverkennbar, daß diese Aussagen auf das Relief der Externsteine nicht zutreffen (Abb. 23). Denn dort sind weder breite Gestalten zu sehen, noch darf von üppiger Leiblichkeit oder von überquellenden und ungebändigten Formen die Rede sein. Vielmehr fallen die menschlichen Körper, die sich kantig und blockartig vom Untergrund abheben, gerade dadurch auf, daß sie besonders schlank sind und von festen Konturen scharf begrenzt werden. Ebensowenig ist irgend etwas von einem unklaren oder noch ungezügelten Sinn für die Darstellung des Lebendigen zu spüren. Im Gegenteil, es offenbart sich eine ausgesprochene Fähigkeit des Künstlers, die von starkem Leben erfüllten Gestalten in einer meisterhaft durchgeführten und streng geordneten Komposition zu einer vollkommenen Einheit zusammenzufügen. Schon in früheren Veröffentlichungen wurde wiederholt ausgesprochen, daß für dieses Kunstwerk eine strenge archaische Formgebung kennzeichnend sei, und Otto Schmitt forderte mit Recht,[222] daß bei der Datierung nur ein Zeitabschnitt ins Auge gefaßt werden darf, in dem es üblich war, große Skulpturen von monumentalem Stil zu schaffen. Wie gesagt, diese Art der Gestaltung ist mit dem Charakter jener Gruppe von Kunstwerken nicht zu vereinbaren, die Beutler in der besagten Definition umschrieben hat.

Das braucht aber noch nicht zu bedeuten, daß eine Zuweisung des Externsteine-Reliefs an das 9. Jahrhundert hinfällig wird. Denn es ist zu berücksichtigen, daß Beutlers Beschreibung nur auf solche karolingerzeitliche Bildwerke zutrifft, deren Ursprungsgebiet nördlich der Alpen lag, aber nicht für die in Italien entstandenen Werke. Das kann schon ein Blick auf die straffe Formgebung der schlanken Stuckfiguren von S. Maria in Valle lehren.[218] Diese Feststellung wird noch ergänzt, wenn auch die Mosaikbilder und Wandmalereien, die im 8. und 9. Jahrhundert in den Kirchen Italiens zu sehen waren, zum Vergleich herangezogen werden. Bei allen Kunstgattungen ist zu erkennen, daß die Entwicklung des 7., 8. und 9. Jahrhunderts auf italischem Boden in anderen Bahnen verlief als im mittleren und westlichen Europa. In Italien hatte sich die spätrömische Gestaltungsweise noch stärker erhalten, und der griechisch-byzantinische Einschlag kam dort mehr als im Norden zur Geltung.

Die große Bedeutung, die diesen östlichen Einflüssen auch für die Entstehung der westlichen Großplastik zukam, würde wahrscheinlich viel deutlicher in Erscheinung treten, wenn nicht der Bildersturm dafür gesorgt hätte, daß gerade in derjenigen Zeit, auf die es hier vor allem ankommt, das Vergleichsmaterial des byzantinischen Ausgangsgebiets vernichtet wurde. Auf jeden Fall darf folgendes gesagt werden. Wenn die Annahme zu Recht besteht, daß die Skulptur der Kreuzabnahme in der Karolingerzeit geschaffen wurde, so wird ihre stilistische Eigenart nur durch Beziehungen erklärt werden können, die das Kloster Corbie in jener Zeit mit Italien und darüber hinaus mit dem griechischen Osten und mit dem Vorderen Orient verbanden.

Der Corbier Psalter

Daß an der Wende vom 8. zum 9. Jahrhundert einige Elemente der künstlerischen Darstellung, deren Ursprung im Umkreis des östlichen Mittelmeerbeckens zu suchen ist, tatsächlich auf dem Weg über Italien nach Corbie gelangt sind, läßt sich noch deutlicher zeigen, wenn auch die Buchmalerei in die Betrachtung einbezogen wird. Als besonders ergiebig erweist sich dabei die Berücksichtigung des »Corbier Psalters«, der nach der Auffassung der Bearbeiter vom Ende des 8. oder vom Anfang des 9. Jahrhunderts stammt. Erst seit kurzem liegen Veröffentlichungen vor,[223] in denen die Eigenart seiner merkwürdigen Bilder beschrieben und an mehreren Beispielen dargelegt wird, wie es bei ihrer Auswertung zur Erkenntnis von weitreichenden Beziehungen kommen kann.

Der Bilderschmuck dieser Handschrift beschränkt sich ausschließlich auf die Gestaltung der großen Anfangsbuchstaben, der Initiale, und erscheint in einer Ausführung, die es vorher weder in Corbie noch an einer anderen Stelle des nordalpinen Raumes gegeben hatte. Meist wird die menschliche Gestalt zur Wiedergabe des Buchstabens verwandt. Im Gegensatz zu älteren Handschriften fallen diese Darstellungen durch ihre Meisterschaft in der flüssigen und lebendigen Linienführung auf. Oft wird von einer Rundung des Initials nur eine einzelne Gestalt umfangen. Zuweilen sind es auch mehrere Personen. Ferner kommt es vor, daß ein alleinstehender Mensch den ganzen Buchstaben bildet. Besonders eindrucksvoll sind jedoch jene Initiale, deren Form sich aus der Vereinigung von mehreren Figuren ergibt. Wiederholt entsteht so eine kunstvoll komponierte Gruppe, in der außer der Menschengestalt auch noch andere Gebilde erscheinen wie etwa Tiere, phantastische Fabelwesen oder auch einzelne Gegenstände.

Die flüssige Darstellung der Figuren und das Auftreten bestimmter Motive werden nur zu verstehen sein, wenn sie mit entsprechenden Erscheinungen verglichen werden, die es damals in der Kunst des Südens und Südostens gab. Dabei muß vor allem auffallen, daß ein guter Kenner der frühmittelalterlichen Handschriften, Jean Porcher, von Parallelen sprechen konnte,[224] die in Italien, zum Teil sogar im Bereich der iranischen Kunst zu finden sind. Andererseits ist zu beachten, daß die breiten

Streifen, aus denen viele dieser Buchstaben bestehen, von reichem Zierwerk ausgefüllt werden, vor allem von vielfach verschlungenem Bandgeflecht, das an die Ornamentik der irischen und angelsächsischen Handschriften erinnert. So vermischen sich in diesen Bildern, die trotz aller Mannigfaltigkeit offenbar sämtlich von der Hand eines einzigen Künstlers stammen, auswärtige Elemente, die sowohl von den Inseln im Nordwesten Europas als auch aus dem Süden oder einem östlichen Lande gekommen sind. Die Vereinigung vollzog sich stets in origineller Weise. Der Künstler war imstande, immer wieder neue Kompositionen zu erfinden, die durch die Kühnheit der Entwürfe überraschen und ebenso für seinen Einfallsreichtum wie für sein hervorragendes Können Zeugnis ablegen. Einige Merkmale der ungewöhnlichen Gebilde wurden von Wolfgang Braunfels folgendermaßen beschrieben:[225] »*Der Meister besitzt eine unverkennbare Eigenart. Immer sind seine Gestalten schmal und mit eng anliegenden Gewändern bekleidet, doch von plastischem Volumen; fast immer sind Köpfe und Hände zu groß, doch sehr weich. Die Nasen sind gebogen und dick, die Augen stehen auch bei Profilköpfen in ihrer ganzen Ausdehnung im Gesichte. Der Ernst des Ausdrucks und die Bestimmtheit der Form verraten eine lange Erfahrung.*«

Es handelt sich also um einen fähigen Künstler, dem die Buchmalerei des Klosters Corbie wertvolle neue Impulse zu verdanken hatte. Manches spricht dafür, daß er nicht im westfränkischen Gebiet, sondern in einem östlichen Lande beheimatet war. Das läßt schon der orientalische Typus der von ihm dargestellten Personen erkennen. Außerdem gibt es darauf auch noch einen besonderen Hinweis. Demselben Maler wird nämlich auch noch ein weiteres Initial zugeschrieben,[226] das sich in einer anderen Handschrift befindet, die ebenfalls in der Schreibstube des Klosters Corbie entstanden sein soll. Sie enthält die lateinische Übersetzung einer älteren alexandrinischen Weltchronik, die in griechischer Sprache abgefaßt war. Diese Übertragung hat, wie es in einer zeitgenössischen Aufzeichnung heißt, der Bischof Georg von Amiens angefertigt, eine bemerkenswerte Persönlichkeit, die im vorliegenden Zusammenhang ein besonderes Interesse verdient. Denn schon an seinem Namen ist zu ersehen, daß er dem griechischen oder orientalischen Kulturbereich entstammte. So war er auch in der Lage, den griechischen Text der erwähnten Chronik ins Lateinische zu übersetzen. Dieser Georg lebte in der Mitte des 8. Jahrhunderts in Italien, und zwar als Bischof von Ostia, der Hafenstadt von

Rom, wo es damals eine ansehnliche griechische Kolonie gab. Im Jahre 754 befand er sich im Gefolge des Papstes Stephan II., als dieser zur Königskrönung Pippins ins Frankenland reiste. Anschließend blieb Georg der Verbindungsmann zwischen dem Papst und dem Frankenkönig. Er verlegte sogar seinen ständigen Wohnsitz nach dem Norden, was bald nach dem Jahre 760 und im Einverständnis mit dem Papst Paul I. geschah. Im Jahre 769 wurde er Bischof von Amiens und verwaltete dieses Amt bis zum Jahre 798. Demnach wirkte damals in der Nachbarschaft von Corbie drei Jahrzehnte lang ein hoher geistlicher Würdenträger, der von griechischer oder orientalischer Herkunft war. Daß auch der Künstler des Corbier Psalters mit ihm in Verbindung stand, läßt dessen Mitarbeit an der erwähnten Weltchronik erkennen. So liegt die Vermutung nicht fern, daß der Künstler entweder schon mit dem Bischof Georg aus Italien gekommen oder auch etwas später durch dessen Vermittlung in das westfränkische Kloster geholt worden sein könnte. Ob er etwa sogar ein Landsmann des hochstehenden Geistlichen war?

Welche Bedeutung die Tätigkeit der Corbier Mönche ganz allgemein für die Entwicklung der karolingischen Buchmalerei hatte, wie dabei im besonderen die Bilder des Corbier Psalters zu bewerten sind und in welch großem Zusammenhang das alles gesehen werden muß, hat Jean Porcher an mehreren Stellen eindringlich dargelegt.[223] Für die hier durchzuführende Betrachtung wird es eine wertvolle Ergänzung sein, wenn ein Teil davon im Wortlaut wiedergegeben wird.[227] Den besagten Psalter bezeichnet Porcher als eine »*Handschrift von außergewöhnlichem Rang*«, um dann fortzufahren: »*Sie ist das Werk eines hochbegabten Malers, eines Meisters, dessen Stil – vermerken wir es schon jetzt, denn es ist entscheidend – den Stil des ersten für Karl den Großen gemalten Buches fortsetzen und, ihn straffend, weiterentwickeln sollte und der über einen generell insularen Fundus eine überall fühlbare iranische Atmosphäre breitet – ein Eindruck, der durch die Technik und die Fülle an orientalischen Motiven und Figuren bestätigt wird, aus dem die Initiale ... gestaltet sind: der hundsköpfige Vogel zum Beispiel (der Simurg) oder der Krieger mit dem langen, vor Staub schützenden Schleier, den seine Nachfahren in der Wüste noch heute tragen (der ›Chech‹). Die in kräftigen Kurven ausgeführte Zeichnung, die durch gekrümmte Linien und kalligraphische Striche herausgearbeitete Muskulatur erinnern an die Kunst des alten Persien ...*

Wie ist das Eindringen mediterraner und vor allem orientalisch-iranischer Einflüsse nach Corbie zu erklären? Die Quellen sprechen von zahlreichen Griechen und ›Syrern‹ am Hof und in Gallien, doch ist es gut, sie durch Dinge bestätigt zu finden, die uns vor Augen liegen wie dieser Psalter, und noch immer ist es die Lombardei, wo uns die Antwort zuteil wird. Desiderius, der letzte König der Langobarden, war wenige Jahre zuvor in der Abtei gestorben; und nichts steht der Kunst des Psalters so nahe wie die des tempietto von Cividale in Friaul, der für Desiderius erbaut und gleichzeitig mit herrlichen Stuckornamenten ausgestattet worden war, zu denen die karolingischen Malereien gewissermaßen die Umsetzung ins Graphische sind. Wie man sieht, könnte dies zu einer neuen Beurteilung des tempietto selbst führen; das sassanidische Gepräge tritt in Corbie stärker als in Cividale hervor, es ist augenfälliger, doch enthält auch die langobardische Kunst viele vorderasiatische und darüber hinaus iranische Elemente, die an einen Treffpunkt der Nationen, wie Oberitalien einer war, durch Menschen aus diesen Ländern zwangsläufig gelangen mußten.

Aber es kommt vor, daß Ähnlichkeiten auf Zufall und Stilanklänge auf Täuschung beruhen. Halten wir uns an die Tatsachen. Um die Zeit, da der Psalter entstand, saß auf dem Bischofsstuhl von Amiens dreißig Jahre lang ein Mann mit dem griechischen Namen Georg ... [Er] *hatte als Bischof von Ostia im Jahre 754 Stephan II. nach Frankreich begleitet und sich am Hofe Pippins niedergelassen; durch den König und später durch dessen Sohn Karl wiederholt mit Missionen beim päpstlichen Stuhl betraut, hatte er, nunmehr schon Bischof von Amiens, 769 in Rom dem Konzil angehört, das den Ikonoklasmus verdammte; und 798 sollte er an der Einweihung der Klosterkirche von Saint Riquier teilnehmen ... Zur Zeit, da der aus Italien stammende Hellenist Georg in Amiens amtierte, ließen sich die Schreiber des Abtes Maurdramnus von Corbie (772–781) durch die in Oberitalien gebräuchliche Halbunziale zu einer neuen Schriftart anregen, der karolingischen Minuskel, von der unsere modernen Buchstaben abstammen und die die verschiedenen lokalen Schrifttypen, einschließlich jener von Corbie, allmählich ersetzen sollte. Georg war ein hoher kirchlicher Würdenträger; in Corbie selbst aber wirkte zu Lebzeiten des Abtes Maurdramnus und neben ihm Adalhard, ein Vetter Karls des Großen; auch er hatte wiederholt und lange in Italien geweilt und vielfältige Beziehungen zu Griechen und Lateinern, zu den Mönchen von Monte Cassino und zu Langobarden, zuvörderst Desiderius, angeknüpft; auf seine Bitte hin übersandte ihm sein Freund, der langobardische Geschichtsschreiber Paulus Diaconus, eine Abschrift der Briefe Gregors des Großen, geschrieben um 787 in Friaul; als gelegentlicher Hellenist gefällt Adalhard sich darin, am Ende eines Exemplars der Schrift des heiligen Hieronymus gegen Jovianus auf griechisch vermerken zu lassen, daß die Kopie auf sein Geheiß angefertigt worden sei.*

Griechenland, römisches und langobardisches Italien, dazu wie erinnerlich Britannien – alles das fand sich seit fünfzehn Jahren in Corbie zusammen, zumindest in dem zur Heranbildung der karolingischen Malerei notwendigen Ausmaß: dies war durchaus der Platz, wo Karl seinen ersten Künstler finden konnte, und schon besteht nahezu Gewißheit darüber, daß er von hier Schreiber kommen ließ.« Anschließend weist Porcher noch auf eine gleichzeitige Darstellung hin, die sich in einem aus Amiens stammenden Evangeliar befindet. Sie gibt den thronenden Christus und die vier Evangelisten-Symbole wieder und enthält oberhalb des Heilands die Worte »Licht« und »Leben« nebeneinander in griechischer und lateinischer Sprache. Sodann heißt es weiter: »*So hielt denn, wer sich in dieser Gegend Frankreichs mit Schrifttum und Kunst befaßte, den Blick auf das östliche Mittelmeergebiet gerichtet, als wäre man hier um 780 bis 800 vom langobardischen Italien und allem, was es an östlichem Strandgut weiter gab, stärker als die andern Regionen beeinflußt gewesen.*«

Es waren schon besondere und epochemachende Leistungen, die Jean Porcher in dieser Darstellung den Corbier Mönchen zuspricht: die Anfertigung des berühmten Godescalc-Evangelistars,[228] also jener von Karl dem Großen in Auftrag gegebenen Prachthandschrift, mit deren Bildausstattung die Entwicklung der eigentlichen karolingischen Buchmalerei begann, sodann die Mitarbeit an der großen Schriftreform, deren Resultat die Grundlage für die Ausbildung der heute gebräuchlichen Buchstaben abgab, und schließlich die neuartige und fortgeschrittene Malweise des Corbier Psalters. Diese Errungenschaften veranschaulichen den hohen Rang, den das Kloster Corbie in dem kulturellen Geschehen des ausgehenden 8. Jahrhunderts einnahm.[229] Wenn darauf hingeblickt wird, erfährt man etwas von der schöpferischen Tätigkeit dieser tonangebenden Kulturstätte, von der es gut denkbar wäre, daß unter ihrem Einfluß auch ein so ungewöhnliches Werk der Großplastik hat entstehen können. So wäre der Versuch schon zulässig, die Handschrift des Godescalc, die neue Einheitsschrift und die eigenwilligen Bildkompositionen des Corbier Psalters mit dem Relief der Kreuzabnahme in eine Reihe zu stellen und diese vier Schöpfungen trotz aller vorhandenen Unterschiede insofern als zusammengehörig zu betrachten, als jedes von ihnen als ein Werk angesehen wird, das der Corbier Klostergemeinschaft in der einen oder anderen Weise zu verdanken wäre.

Ihre Entstehung könnte nicht gleichzeitig erfolgt sein, sondern müßte auf den Verlauf von vier bis fünf Jahrzehnten verteilt werden, wobei die

Anlage des Felsenreliefs zweifellos an das Ende zu setzen wäre. Gemeinsam wäre ihnen ferner noch, daß jedes der vier Werke unter auswärtigem Einfluß zustande kam und daß dabei eine enge Verbindung mit Italien den Ausschlag gab. Es ist zu beachten, wie nachdrücklich Jean Porcher gerade die große Bedeutung dieser italischen Beziehungen hervorhebt und daß er dabei auch schon Gelegenheit nimmt, Einzelheiten der Buchmalerei mit Gebilden der Großplastik zu vergleichen, indem er ebenfalls S. Maria in Valle ins Auge faßt und auf die Verwandtschaft der schlanken Gestalten des Psalters mit den großen Stuckfiguren aufmerksam macht. Ferner sind seine Hinweise auf die Rolle des Bischofs Georg und auf den jahrelangen Corbier Aufenthalt des Langobardenkönigs Desiderius auch nicht von nebensächlicher Bedeutung. Lassen sie doch erkennen, daß die Beziehungen, die das Kloster Corbie mit Italien verbanden, nicht allein dadurch gegeben waren, daß Abt Adalhard in der bereits beschriebenen Weise immer wieder mit dem Lande des Südens zu tun hatte, sondern daß dieser Zusammenhang von vielfältiger Art war und mannigfache Voraussetzungen hatte. Es darf geradezu von einem breiten Strom persönlicher Beziehungen und kultureller Einflüsse gesprochen werden, die in den letzten Jahrzehnten des 8. Jahrhunderts von Italien in das westfränkische Kloster gelangten.

Ein besonderes Interesse verdienen noch Porchers Hinweise auf die iranischen Einschläge, die in den Bildern des Corbier Psalters zu bemerken sind. Denn sie können auch für eine Beurteilung des Reliefs von Bedeutung werden, und zwar wenn an folgendes gedacht wird. Wie bereits gesagt wurde, war es auf europäischem Boden weder im frühen Mittelalter noch vorher oder nachher üblich, an den Felsen einer Gebirgslandschaft große Skulpturen von religiösem Inhalt anzubringen, die in der Art ihrer Ausführung der monumentalen Plastik der Externsteine auch nur annähernd entsprochen hätten. So standen damals, wenn ein derartiges Felsenrelief angelegt werden sollte, im näheren Umkreis keine Vorbilder zur Verfügung, nach denen man sich hätte richten können. Man mußte vielmehr einen Bildhauer gewinnen, der in einem Lande geweilt hatte, wo es diese Kunstwerke gab und man mit ihrer Herstellung vertraut war. Wenn nun nach einem solchen Land Ausschau gehalten wird, so muß der Blick zunächst auf den Vorderen Orient fallen. Dort befindet sich ein Gebiet, in dem die Sitte, große Skulpturen an den Wänden von Naturfelsen anzubringen, seit langer Zeit gang und gäbe war. Das bezeugen die großen

Felsenbilder Kleinasiens, die schon im zweiten vorchristlichen Jahrtausend von den Hethitern geschaffen wurden.[230] Ebenso ist an die berühmten Monumentalskulpturen Persiens zu denken,[231] von denen einige der Zeit der Achämeniden, also dem 6. bis 4. vorchristlichen Jahrhundert, entstammen, während andere in der Sassanidenzeit, das heißt vom 3. bis 6. nachchristlichen Jahrhundert, angelegt wurden. Man hat es also mit einem ausgedehnten Raum zu tun, der sich vom nordöstlichen Rand des Mittelmeers durch Kleinasien bis nach Persien erstreckt. Dort war die Anlage von großen Felsenreliefs mehr als zwei Jahrtausende lang üblich, so daß von einer durchlaufenden künstlerischen Tradition gesprochen werden kann. Auch bei solchen Völkerschaften dieses Gebiets, die christlich geworden waren, konnte sich die überkommene Sitte halten und in den Dienst der neuen Religion gestellt werden. Noch im frühen Mittelalter war sie lebendig. Das zeigen die großen Skulpturen des 10. Jahrhunderts, die freilich nicht mehr an der Wand eines Naturfelsens erscheinen, sondern an den Außenseiten der eigenartigen armenischen Kirche von Achtamar,[232] bei deren Anlage übrigens ganz besondere iranische Einflüsse mitgewirkt haben.[233] Mit dem umschriebenen großen Raum, in dem es seit jeher monumentale Felsenskulpturen gegeben hat, wird nun auch jener Künstler in Verbindung zu bringen sein, der, wie als Grundlage der Betrachtung vorausgesetzt wurde, um 820 nach Christus im Auftrag der Corbier Klosterleitung am ersten Felsen der Externsteine das große Relief der Kreuzabnahme geschaffen hat.

Diese Ausführungen über die vermutliche Herkunft des an den Externsteinen tätigen Bildhauers lenken den Blick also auf das gleiche Gebiet des Vorderen Orients, das bereits Jean Porcher im Auge hatte, als er beim Studium der Bilder des Corbier Psalters den Ursprung ihrer fremdartigen Bestandteile zu ergründen suchte. Die Übereinstimmung der Ergebnisse ist beachtlich und gibt zu weiterem Nachdenken Anlaß. Sollte hier nur ein Spiel des Zufalls vorliegen? Oder darf Porchers Beobachtung, daß die Psalterbilder gerade für die Zeit um 800 künstlerische Beziehungen des Klosters Corbie zu dem umschriebenen griechisch-kleinasiatisch-iranischen Raum erkennen lassen, nicht eher für die Wahrscheinlichkeit unserer Vermutung sprechen, die den Bildhauer des Kreuzabnahme-Reliefs aus eben diesem Bereich herzuleiten versuchte?

An dieser Stelle mag noch einmal daran erinnert werden, wie es überhaupt dazu gekommen ist, die Bilder des Corbier Psalters in die Betrach-

Abb. 23: Das Kreuzabnahme-Relief.

Abb. 24a: Ausschnitt aus dem Kreuzabnahme-Relief, Joseph von Arimathia mit Rock.

Abb. 24b: Ausschnitt aus dem Kreuzabnahme-Relief, Nikodemus mit kurzem Rock.

Abb. 25: David und Goliath aus dem Psalter von Corbie als P-Initial zu dem apokryphen Psalm 151. Entstanden am Anfang des 9. Jahrhunderts, jetzt in Amiens befindlich. Der kurze Rock des Goliath hat dieselbe Form wie der des Nikodemus (Abb. 24b – vgl. auch Abb. 26).

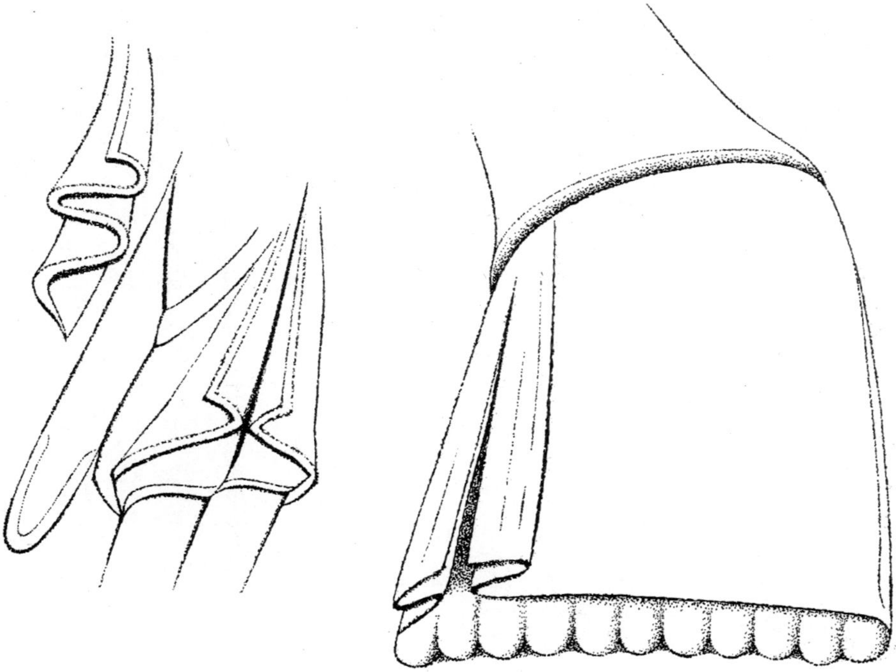

Abb. 26: Vergleich der Röcke des Goliath (links) und des Nikodemus (rechts).

Abb. 27: Ausschnitt aus dem Kreuzabnahme-Relief, die Segensgebärde der oberen Gestalt mit zwei ausgestreckten Fingern und angelegtem Daumen (vgl. Abb. 25).

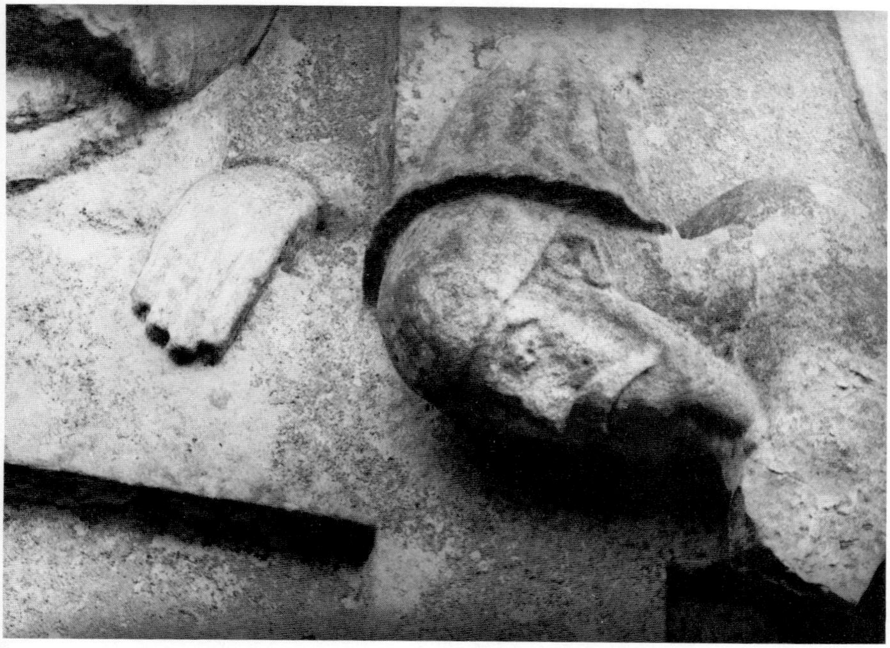

Abb. 28: Ausschnitt aus dem Kreuzabnahme-Relief, Kopf des Nikodemus mit spitzem Helm (vgl. Abb. 25 und 29).

Abb. 29: N-Initial zu Psalm 75 (76) aus dem Corbier Psalter, entstanden am Anfang des 9. Jahrhunderts, jetzt in Amiens befindlich. Der dargestellte Kämpfer trägt einen spitzen Helm und einen kurzen Rock, der vorne offen ist (vgl. Abb. 24b und 28).

tung einzubeziehen und neben das Relief der Kreuzabnahme zu stellen. Am Anfang hatte ja der Nachweis der von Corbie ausgegangenen und im Gelände der Externsteine versuchten Klostergründung gestanden sowie die Erkenntnis der großen Bedeutung, die der Stätte des alten Felsenheiligtums bei der Einführung des Christentums zukam. Diese zwei Resultate hatten im Verein mit weiteren Überlegungen Anlaß gegeben, auch das große Relief, dessen Datierung zunächst noch als ungeklärt zu betrachten war, mit dem erwähnten frühmittelalterlichen Ereignis zu verbinden und die Möglichkeit einer karolingischen Entstehung in Erwägung zu ziehen. Zwar ließ der Mangel an Raum nicht zu, einen Beweis für diesen Datierungsvorschlag in der notwendigen Ausführlichkeit zu liefern. Stattdessen wurde nur eine kürzere Betrachtung angestellt, der die Annahme eines karolingischen Alters als Arbeitshypothese zugrunde lag und in deren Verlauf darauf zu sehen war, wie sich das Kunstwerk in das sich ergebende Bild würde einfügen lassen. Im besonderen wurde die historische Situation ins Auge gefaßt, die bei den angenommenen Voraussetzungen als Grundlage für seine Entstehung in Frage kommen müßte. Das heißt, die Aufmerksamkeit wurde auf das Kloster Corbie gerichtet, auf die Stellung, die es an der Wende vom 8. zum 9. Jahrhundert im fränkischen Kulturleben einnahm, auf die Art und Bedeutung seiner künstlerischen Tätigkeit und auf die auswärtigen Einflüsse, die darauf eingewirkt haben. Als das im einzelnen besprochen wurde, konnte schon auf bemerkenswerte Vergleichsgegenstände und weitreichende Beziehungen hingewiesen werden, deren Berücksichtigung sowohl für das Dasein wie für die Eigenart der großen Skulptur ein gewisses Verständnis ermöglichen könnte. Dazu gehören unter anderem auch die Bilder des Corbier Psalters.

Es sei noch ausdrücklich betont, daß diese Betrachtung nicht etwa als ein Ersatz für die noch ausstehende Beweisführung gelten soll. Es handelt sich vielmehr um etwas anderes. Wenn ein ungeklärtes Problem gelöst werden soll, ist es immer von ausschlaggebender Bedeutung, daß die zu beantwortende Frage richtig gestellt wird. In dieser Hinsicht ließ aber, wie schon gesagt wurde, die bisherige Erörterung der Relief-Datierung noch vieles zu wünschen übrig. Denn schon in einem frühen Stadium des Forschungsganges hatte man sich dazu verleiten lassen, die Blickrichtung in der Weise einzuengen, daß man sich allzu schnell auf ein bestimmtes Zeitalter festlegte. Ohne daß ein zwingender Grund dafür vorlag, wurde die Annahme als gesichert betrachtet, daß die Skulptur dem 12. Jahrhundert entstamme, so daß man sich weiterhin nur noch damit beschäftigte, in welchen Teil dieses Jahrhunderts das Kunstwerk zu stellen sei. Andererseits kann unsere kritische Auseinandersetzung mit der unzulänglichen Datierung auch noch nicht als die endgültige Lösung gelten. Sie konnte nur ein vorbereitender Schritt sein, der notwendig war, um die Erörterung aus der Sackgasse herauszuführen, in die sie durch voreilige Schlußfolgerungen geraten war. Nachdem dieser Schritt erfolgt und der Blick auch für andere Möglichkeiten frei geworden ist, kann erst die eigentliche Aufgabe in Angriff genommen werden. Es geht um das Erfassen der richtigen Ansatzstelle und um die Frage, welches Zeitalter nunmehr für die Einordnung des Kunstwerks am meisten in Betracht kommen dürfte. Bei der Behandlung dieser Frage können nun die Ausführungen der soeben angestellten Betrachtung die Richtung weisen. Ist doch das Ganze schon von der Art, daß seine Aussage den Blick auf die entscheidende Stelle der Problematik lenken kann und zugleich auf einige wichtige Teilfragen aufmerksam macht, die in diesem Zusammenhang noch niemals zur Sprache kamen.

Es wird also jetzt zu fragen sein, ob und wie sich die große Skulptur in der künstlerischen Hinterlassenschaft des beginnenden 9. Jahrhunderts wird unterbringen lassen. Besonders geht es darum, ob sie als eine Schöpfung der Corbier Klosterkunst wird gelten dürfen. Ferner wird das Verhältnis zu jenen Werken zu prüfen sein, die im Verlauf des 8. und in den ersten Jahrzehnten des 9. Jahrhunderts in Italien geschaffen wurden. Ebenso kommt der Frage nach den Beziehungen zu der damaligen byzantinischen Kunst und zu den Ländern Kleinasiens und Persiens eine wesentliche Bedeutung zu. Das Aussprechen dieser Fragen bedeutet, daß einer künftigen chronologischen Untersuchung ganz neue und festumrissene Aufgaben gestellt werden, die bisher weder behandelt noch als Probleme gesehen worden sind. Zum Teil sind es Aufgaben von spezieller Art. Doch werden sie nur dann gelöst werden können. wenn sie auf einer breiten Grundlage und im Rahmen größerer Zusammenhänge zur Besprechung kommen. Wie bereits gesagt wurde, kann mit einer solchen Untersuchung an dieser Stelle noch nicht begonnen werden. Sie muß einer späteren Veröffentlichung vorbehalten bleiben.

Unser Exkurs über das Alter des Kreuzabnahme-Reliefs führt also nicht weiter, als daß es zu einer neuen Fragestellung kommt. Es mag sein, daß ein solches Ergebnis manchem Leser, der schon eine bestimmte Aussage über die Zeitstellung erwartet hatte, nicht ganz genügen wird. Doch ist an die derzeitige Forschungssituation zu denken und besonders daran, daß Vorurteile und unbewiesene Ansichten über das Alter des Kreuzabnahme-Reliefs immer noch weit verbreitet sind. Unter diesen Umständen darf es schon als ein wesentlicher Fortschritt gelten, wenn der eigentliche Kern der Angelegenheit deutlich herausgearbeitet und einer zukünftigen Untersuchung des Reliefs als eine neue Grundlage zur Verfügung gestellt wird. Andererseits hätte es, gerade weil das Problem der Datierung so vielschichtig und verwickelt ist, kaum einer überzeugenden Klärung gedient, wenn nur aufgrund einiger Erwägungen und anhand weniger Merkmale und ohne daß eine breit angelegte und umfassende Überprüfung vorangegangen wäre, schon allzu schnell versucht worden wäre, ein endgültiges Urteil zu fällen. So mag es auch richtig aufgefaßt werden, wenn zum Abschluß dieser chronologischen Erörterung doch noch auf einige Motive der Darstellung eingegangen wird, die für die Datierung des Kunstwerks von Bedeutung sein dürften. Sie sollen hier nur deshalb besprochen werden, um an einem ausgewählten Beispiel zu veranschaulichen, daß sich tatsächlich erfolgversprechende Gedankengänge und neue Erkenntnismöglichkeiten ergeben, wenn die erwähnte Fragestellung ernstgenommen und in die Überlegungen einbezogen wird. Bei dem ausgewählten Beispiel handelt es sich um bestimmte Einzelheiten der Kleidung.

Der Rock des Nikodemus

In den Schriften, die man dem Relief der Externsteine in der Vergangenheit gewidmet hat, war bereits häufig von der Kleidung die Rede, die von den dargestellten Personen getragen wird. Bei der Beschreibung wurde auch schon auf manche Besonderheit aufmerksam gemacht. Doch liegt noch keine vergleichende Untersuchung vor, in der geprüft worden wäre, ob der Beschaffenheit der Kleidung auch Hinweise auf die Zeitstellung der Skulptur entnommen werden könnten. Das gilt auch für jene besondere Tracht, in der Nikodemus und Joseph von Arimathia erscheinen. Sie fallen ja beide dadurch auf, daß sie im Gegensatz zu Maria und Johannes, die mit langen Gewändern bekleidet sind, außer enganliegenden Jacken kurze Röcke tragen, die bis zu den Knien reichen.

Nun ist zu vermerken, daß die zwei Gestalten auch noch in anderen Darstellungen der Kreuzabnahme mit kurzen Röcken versehen sind, und zwar besonders in solchen, die dem 11. und 12. Jahrhundert entstammen. Daraufhin könnte sogar versucht werden zu folgern, daß die Wiedergabe dieser Kleidung für eine hochmittelalterliche Entstehung des Externsteine-Reliefs sprechen müßte, wenn es überhaupt zulässig ist, Merkmale der dargestellten Tracht zur Grundlage einer Zeitbestimmung zu machen. Doch zeigt sich bei einem näheren Zusehen, daß die genannte Schlußfolgerung im vorliegenden Fall nicht angebracht wäre. Denn wenn die einzelnen Darstellungen dieser Röcke genau betrachtet und miteinander verglichen werden, so ergeben sich so große Unterschiede, daß nicht ohne weiteres von Gleichzeitigkeit gesprochen werden darf. Vor allem läßt die Ausführung, die im Relief der Externsteine zu beobachten ist, einen besonderen Charakter erkennen, der sich von der Art jener Wiedergaben deutlich abhebt, die in den Werken des 11. und 12. Jahrhunderts enthalten sind.

Die betreffende Eigenart wird am besten zu erfassen sein, wenn von der Kleidung des Nikodemus ausgegangen wird (Abb. 24b). Dort ist nämlich leicht festzustellen, daß es sich um zwei übereinanderliegende Röcke handelt, die knapp über die Knie reichen. Unter einem glatten und engen Oberrock befindet sich noch ein zweiter Rock, der ein wenig länger ist, so daß man seine schmalen und rundlichen Falten gerade noch unter dem Saum des ersten wahrnehmen kann. Dieser Unterrock scheint geschlossen zu sein. Jedenfalls ist in der gleichmäßig verlaufenden Reihe der dargestellten Falten keine Unterbrechung zu beobachten. Demgegenüber ist es als eine Eigentümlichkeit des oberen Rockes hervorzuheben, daß er an der vorderen Seite offen ist und dort eine besonders sorgfältige Behandlung erfahren hat. Denn der Stoff schließt an der offenen Stelle nicht einfach mit geraden Kanten ab, sondern wurde an jeder Seite nach außen umgeschlagen und sorgsam gefaltet. So liegt hier eine eigenartige Form dieses Kleidungsstückes vor, die bis in die Einzelheiten hinein eine bemerkenswerte Ausprägung zeigt. Von einer ähnlichen, aber nicht ganz gleichen Bildung ist die Kleidung des Joseph von Arimathia (Abb. 24a). Auch dort handelt es sich um zwei übereinanderliegende

Röcke, die aber etwas länger sind als die des Nikodemus und weiter über die Knie herabreichen. Von dem faltenreichen Unterrock ragt wiederum nur ein schmaler Streifen unter dem Saum des anderen Rockes hervor, und auch bei ihm reihen sich die gleichmäßigen Falten ununterbrochen aneinander. Der obere Rock entspricht aber nur zum Teil dem vorher beschriebenen. Seine Außenseite ist nicht so glatt wie bei Nikodemus, da er vorn eine Reihe von Falten enthält. Auch er ist nicht geschlossen, sondern wird an der rechten Seite der Gestalt durch einen schmalen Spalt unterbrochen, der rechts und links von gleichmäßig gelegten Falten begleitet wird. An der Vorderseite zeigt der Rock keine Unterbrechung.

Bei dieser Kombination von Oberrock und Unterkleidung und bei der besonderen Form der offenen Stelle, wobei es vor allem auf den Faltenwurf der Einfassung ankommt, handelt es sich um Bildungen, die in voller Ausprägung im Relief der Externsteine erscheinen, während sie in den sonstigen Kreuzabnahme-Darstellungen des Mittelalters nicht zu finden sind. Man mag daraufhin die Kreuzabnahme an der Bronzetür von San Zeno in Verona[234] (Ende des 11. Jahrhunderts) betrachten oder das entsprechende Marmorrelief im Dom von Parma[235] (1178) oder die Kreuzabnahme im Kreuzgang von Santo Domingo bei Silos in Spanien[236] (Ende des 11. Jahrhunderts) oder die Gestalten einer Kreuzabnahme von Eril la Val in der Provinz Lerida in Spanien[237] (nach 1150, vielleicht 13. Jahrhundert) oder zwei Reliquiare, von denen jedes eine freistehende Kreuzabnahme-Gruppe trägt und das eine im Germanischen Nationalmuseum zu Nürnberg[238] (11. Jahrhundert) und das andere in London im Viktoria and Albert Museum[239] (Ende des 12. Jahrhunderts) aufbewahrt wird: überall tragen dort Nikodemus und Joseph kurze Röcke, doch sind diese von anderer Form als im Relief der Externsteine und weisen nicht die beschriebenen Merkmale auf. Bei einem solchen Befund liegt es nahe zu fragen, ob die besagte Sonderform des kurzen Rocks etwa noch anderswo, und zwar außerhalb von Darstellungen der Kreuzabnahme, nachgewiesen und dort vielleicht sogar zeitlich bestimmt werden kann.

Eine Antwort wird sich finden lassen, wenn an die vorangegangenen Ausführungen angeknüpft wird, denen als Voraussetzung die Annahme zugrunde gelegt worden war, daß die Skulptur der Externsteine im zweiten Jahrzehnt des 9. Jahrhunderts geschaffen wurde, als das große Sachsenkloster im Auftrag der Corbier Klosterleitung an der Felsenstätte entstehen sollte. In diesen Ausführungen wurde bereits auf den Corbier Psalter als eine aufschlußreiche Handschrift des besagten Klosters hingewiesen, die gerade in jener Zeit angefertigt wurde, als man von dort aus die sächsische Klostergründung in die Wege leitete. Bei dieser Gleichzeitigkeit der Ereignisse verdient es ein besonderes Interesse, daß gerade in dieser Handschrift eine Darstellung der gesuchten Rockform vorliegt. Auf dem Blatt 123 (fol. 123^{v}) fällt das Initial P durch seine überragende Größe auf (Abb. 25).[240] Es wurde mit beachtlichem Geschick zu einer Darstellung ausgestaltet, die den Kampf Davids mit dem großen Goliath wiedergibt. Und zwar vertritt die hohe und schlanke Gestalt des Goliath den senkrechten Strich des Buchstabens, während vor dessen oberer Rundung der kleine David steht. In der sorgfältig ausgeführten Zeichnung wird auch die Kleidung der beiden Kämpfer deutlich wiedergegeben. So ist unter anderem auch der kurze Rock gut zu erkennen, der von Goliath getragen wird. Dabei stellt sich heraus, daß er dem soeben beschriebenen Rock des Nikodemus weitgehend entspricht (Abb. 25). Das gilt ganz besonders für den oberen Rock, der auch bei Goliath an der Vorderseite offen und im übrigen so kurz ist, daß er kaum bis zu den Knien reicht. Unter seinem Saum wird wiederum die Unterkleidung sichtbar, die freilich in diesem Fall nicht aus einem zweiten Rock besteht, sondern aus einem Paar kurzer Hosen, die gerade noch die Knie bedekken. Doch läßt, wie gesagt, der obere Rock, und zwar bis in die Einzelheiten hinein, die gleiche Form erkennen, die schon bei dem Nikodemus der Externsteine festgestellt wurde: auch er ist kurz, ist ebenso glatt und eng und weist vor allem neben der Öffnung an der vorderen Seite auch die gleiche Bildung der Falten auf.

So kommt es zu einem merkwürdigen Zusammentreffen der Ergebnisse. Auf der einen Seite findet der eigenartige kurze Rock, den Nikodemus im Relief der Externsteine trägt, ein ausgezeichnetes Gegenstück in der karolingischen Handschrift, die aus Corbie stammt und in den Anfang des 9. Jahrhunderts datiert wird. Und auf der anderen Seite wurde, als es um die Datierung des Reliefs ging, schon ebenfalls, und zwar aus ganz anderen Gründen, vom Kloster Corbie und vom zweiten Jahrzehnt des 9. Jahrhunderts gesprochen. Diese Übereinstimmung, die sich bei der Betrachtung eines einzelnen Motivs ergeben hat, könnte dazu anregen, nunmehr eine umfassende Untersuchung in Angriff zu nehmen, die auf einer breiten Grundlage, das heißt unter Auswertung aller stilistischen und ikonographischen Gegebenheiten, und an Hand zahlreicher

Vergleiche überprüfen würde, ob zwischen den Bildern der Handschrift und dem Relief noch mehr Übereinstimmungen zu ermitteln sind. Doch muß auf ein solches Unternehmen, so wichtig und verlockend es auch sein mag, an dieser Stelle verzichtet werden, da es hier zu weit führen würde. Dafür soll nur noch auf einige andere Einzelheiten des bereits betrachteten großen P-Initials eingegangen werden, die noch ganz kurz mit entsprechenden Erscheinungen des Felsenreliefs verglichen werden können.

Zunächst handelt es sich um zwei weitere Bestandteile der Kleidung. Auf dem Relief trägt sowohl Nikodemus wie Joseph von Arimathia oberhalb des Rocks eine enganliegende Jacke, die mit langen Ärmeln versehen ist (Abb. 24a und 24b). Das gleiche Kleidungsstück kehrt in dem Goliathbild der Corbier Handschrift wieder. Zwar wird es dort von dem vorgehaltenen Rundschild fast ganz verdeckt, doch ist an dem erhobenen rechten Arm gerade noch der Ärmel zu erkennen, der zu der Jacke gehört und bis zum Handgelenk reicht. Sodann ist auf die Kopfbedeckung des Nikodemus zu achten. Sie besteht aus einem kegelförmigen Helm (Abb. 28), der von einem schmalen Rand eingefaßt wird. Eine weitere Eigentümlichkeit ist darin zu erblicken, daß die ganze Außenfläche von aneinandergereihten, kräftigen Furchen bedeckt wird, die vom Rande ausgehen und sich an der Spitze treffen. Von der gleichen Art ist nun auch jener Helm, der das Haupt des Goliath schützt. Von dem erstgenannten unterscheidet er sich zwar dadurch ein wenig, daß er an der Spitze mit einem kleinen rundlichen Aufsatz und an der Rückseite mit einem leicht geschwungenen Nackenschutz versehen ist. Doch läßt er ebenfalls die konische Grundform erkennen, die unten von einem schmalen Rand begrenzt wird; und auch bei ihm gibt es die nebeneinanderstehenden länglichen Eintiefungen, die am oberen Abschluß zusammenlaufen. Dazu ist ergänzend zu sagen, daß der spitze Helm auch noch in weiteren Bildern des Corbier Psalters gezeigt wird,[241] und zwar so, daß in den Einzelheiten leichte Abwandlungen zu beobachten sind. Doch hat man es immer mit der gleichen Grundform zu tun, und überall sind die beschriebenen Furchen vorhanden. Von diesen Helmdarstellungen ähnelt dem Helm des Nikodemus am meisten diejenige (Abb. 29), die sich in der Gruppe eines N-Initials befindet, mit dem der 75. (76.) Psalm beginnt.[242] Dort steht ein Krieger mit erhobenem Schwert. Sein Haupt wird von einem spitzen Helm bedeckt, der weitgehend der beschriebenen

Form entspricht. Außerdem ist bemerkenswert, daß dieser Krieger auch sonst die gleiche Kleidung wie Nikodemus trägt, nämlich außer dem spitzen Helm auch die Jacke mit langen Ärmeln und unterhalb derselben den kurzen, engen Rock, der von einem Gürtel gehalten wird und an der Vorderseite offen ist.

Schließlich ist die Aufmerksamkeit noch auf ein Motiv zu richten, das für die Datierung des Reliefs ebenfalls von Bedeutung ist und der Kampfszene des großen P-Initials angehört (Abb. 25). Dort wird der kleine David von der eisernen Spitze der vom Gegner geschwungenen Lanze gefährlich bedroht. Doch wird der todbringende Stoß durch göttlichen Eingriff abgewehrt. Die von der Gottheit gewährte Hilfe wird durch die Hand Gottes veranschaulicht, die in das Bildfeld von oben hereinragt. Sie erscheint in der Form einer segnenden Hand, bei der die Stellung der Finger besonders zu beachten ist. Die beiden letzten Finger sind gekrümmt, der Zeigefinger und der Mittelfinger sind ausgestreckt, während der Daumen an der inneren Handfläche und am Ansatz des Mittelfingers fest anliegt. Diese Art des Segensgestus gehört einer älteren Phase der abendländischen Entwicklung an. Denn seit dem Ende des 11. Jahrhunderts wurde im römisch-katholischen Ritus der Segen in der Weise erteilt, daß neben den zwei genannten Fingern auch noch der Daumen ausgestreckt wurde, so daß im ganzen drei Finger frei und gerade nebeneinander standen. So treten seit dem Anfang des 12. Jahrhunderts auch die entsprechenden Darstellungen im Bereich der bildenden Kunst in den Vordergrund. Daß nun in dem karolingischen Psalter jene ältere Form der Segenshand zur Darstellung gekommen ist, gehört also in den Rahmen des üblichen und steht mit vielen ähnlichen Wiedergaben, die dem 9. und 10. Jahrhundert entstammen, in gutem Einklang. Doch ist etwas Besonderes und recht Auffälliges darin zu sehen, daß es zu dieser altertümlichen Form des Psalterbildes ein gleichartiges Gegenstück gibt, das sich im Relief der Kreuzabnahme befindet. Dort deutet die Halbfigur, die oberhalb des waagerechten Kreuzbalkens schwebt, mit segnender Gebärde auf das Geschehen hinab, das sich unten am Kreuze vollzieht (Abb. 27). Dabei werden die Finger wiederum in jener Stellung gehalten, die soeben bei der Betrachtung des karolingerzeitlichen P-Initials beschrieben wurde. Es ist schon ein wichtiger Befund, dem man in künftigen chronologischen Untersuchungen eine besondere Beachtung wird schenken müssen, daß die ältere Form der Segenshand nicht nur in der karolingischen Handschrift festzustellen ist, sondern auch in dem Relief der Externsteine erscheint, bei dem gerade die Möglichkeit einer frühmittelalterlichen Entstehung erwogen wird.

So konnte die kleine vergleichende Betrachtung, die sich auf eine eng begrenzte Auswahl beschränken mußte, schon dahin führen, daß beachtliche Übereinstimmungen zwischen Motiven des Kreuzabnahme-Reliefs und Darstellungen des karolingerzeitlichen Psalters sichtbar wurden. Dieses Teilergebnis mag dazu ermuntern, auf dem eingeschlagenen Weg weiterzugehen und die Frage nach einer frühmittelalterlichen Entstehung des schwer bestimmbaren Kunstwerks als ein offenes, aber erfolgversprechendes Problem der Kunstgeschichte sorgfältig im Auge zu behalten.

Schluß

Die vorliegende Schrift hatte die Aufgabe, auf einen bisher unbeachteten Zusammenhang der Corveyer Klostergründung mit dem Gelände der Externsteine hinzuweisen. Die dafür notwendige Untersuchung hat nun damit geendet, daß es zu einer neuen Fragestellung kam. Mit dieser Frage tritt ein nicht unwesentliches Problem der Kunstgeschichte, von dem in der Vergangenheit nur wenig die Rede war, in den Vordergrund und verlangt von der künftigen Forschung die ihm gebührende Beachtung. Es steht also zur Debatte, ob das Kreuzabnahme-Relief der Karolingerzeit entstammen könnte. Trotz aller Bedenken und Einwände, die von vielen Seiten noch kommen mögen, handelt es sich um eine ernstzunehmende Frage, die volle Aufmerksamkeit verdient. Zwar ist von unseren kurzen Hinweisen noch nicht die endgültige Lösung zu erwarten. Doch dürften sie schon gezeigt haben, daß es nicht richtig wäre, weiterhin einfach die herrschende Meinung zu übernehmen und einzuwenden, daß die Zuweisung des Reliefs an das 12. Jahrhundert jeden anderen Bestimmungsversuch von vornherein unnötig mache. Denn nach der Darlegung der Mängel, die in der bisherigen Datierung an entscheidenden Stellen zu finden sind, wird man sich auf ihre Aussage künftig nicht mehr berufen können. Nachdem aber andererseits die hervorragende frühmittelalterliche Bedeutung des Standorts erkannt und im besonderen der wichtige Corbier Einschlag in der Vergangenheit der Externsteine freigelegt wurde, konnten schon so viele Gesichtspunkte und Beobachtungen angeführt werden, die auf ein karolingisches Alter des Reliefs hindeuten, daß geradezu von einer dringenden Notwendigkeit gesprochen werden darf, die bisher unbeachtete Frage endlich aufzugreifen und dem vernachlässigten Thema eine Erörterung auf breiter Grundlage zuteil werden zu lassen.

Freilich ist es nicht möglich, wie schon mehrmals gesagt wurde, die geforderte Untersuchung schon an dieser Stelle durchzuführen. Denn wenn alle einschlägigen Anhaltspunkte berücksichtigt und sämtliche Erkenntnismöglichkeiten ausgeschöpft werden sollen, müßte das Ganze einen solchen Umfang annehmen, daß es den Rahmen der vorliegenden Schrift sprengen würde. So wird die Chronologie des Reliefs in einer besonderen Veröffentlichung zu behandeln sein. Eine solche ist auch in Vorbereitung und wird hoffentlich bald zum Abschluß kommen. Einstweilen mag, ohne daß schon auf die umständliche Beweisführung eingegangen wird, vorweg gesagt werden, daß der Versuch, die karolingische Entstehung des einzigartigen Kunstwerks endgültig unter Beweis zu stellen, bei einer zusammenfassenden Auswertung aller verfügbaren Argumente gute Aussicht auf Erfolg zu haben scheint.

Über die Bedeutung einer solchen Datierung könnte mancherlei gesagt werden. Unter anderem ist das gleiche zu vermerken, was für das Hauptresultat der in diesem Buch vorgelegten Untersuchung gilt. Dieses ergänzt ja das bisher bekannte Bild von der Vergangenheit der Externsteine an einer wichtigen Stelle, und zwar dadurch, daß es bis in viele Einzelheiten hinein die überragende Stellung erkennen läßt, die das Felsengelände in den entscheidenden Vorgängen der Karolingerzeit einnahm. Es sei noch einmal kurz daran erinnert, was den schriftlichen Quellen des frühen Mittelalters in dieser Hinsicht zu entnehmen war, obwohl der Name der Externsteine dort nicht ausdrücklich genannt wird. So war festzustellen, daß die auffallende Felsenstätte mehrere Jahrzehnte lang in den militärischen und kulturpolitischen Erwägungen der Führung des Frankenreichs eine wichtige Rolle spielte, daß im besonderen der einflußreiche Graf Wala den Plan entwickelte und mit allem Nachdruck zu verwirklichen strebte, das beabsichtigte große Missionszentrum des Christentums im Gelände des heidnischen Felsenheiligtums entstehen zu lassen, daß weiterhin die Ausführung dieses Plans auch von einem der großen Klöster jener Zeit in Angriff genommen wurde, daß sich dann aber dem gewagten Unternehmen so starke Hindernisse in den Weg stellten, daß man bald wieder davon Abstand nahm und von den Externsteinen in das Wesertal übersiedelte und daß schließlich nach dem Scheitern dieses ersten Gründungsversuchs eine Nachrichtensperre über die alte Heidenstätte verhängt wurde, die es dahin kommen ließ, daß die Berichterstattung der damaligen Zeit wesentliche Teile des Verlaufs und die Hintergründe des nicht ausgeführten Vorhabens verschwiegen hat.

Wenn dies alles vergegenwärtigt wird, so offenbart sich einerseits deutlich, weshalb die Stätte der Externsteine im 8. und 9. Jahrhundert als ein nicht zu unterschätzender Faktor die Gedanken der fränkischen Eroberer beschäftigen mußte. Andererseits wird aber auch verständlich, wieso diese bemerkenswerte Angelegenheit der Forschung des 19. und 20. Jahrhunderts so lange verborgen bleiben konnte.

Daß nun diese besondere frühmittelalterliche Rolle der Externsteine hier erstmalig dargelegt werden konnte, ist nicht nur für die Erkenntnis der karolingerzeitlichen Verhältnisse von Bedeutung. Auch für die Beurteilung anderer Perioden und für das Verständnis größerer Zusammenhänge gibt es eine wichtige Grundlage ab. Denn es ist folgendes zu berücksichtigen. Bei den allgemein bekannten Vorgängen, die sich im nordwestdeutschen Raum zwischen Ems und Eider an der Wende vom 8. zum 9. Jahrhundert ereigneten, handelt es sich um tiefgreifende Umwälzungen einer besonderen Epoche. Während alte Ordnungen zerbrachen und die heimische Religion dem Untergang verfiel, wurden auf christlicher Grundlage die Keime für eine neue politische und kulturelle Entfaltung gelegt. In dieser Periode des Umbruchs prallten nicht nur das Alte und das Neue hart aufeinander, sie durchdrangen und verbanden sich auch an einem wichtigen Knotenpunkt der Entwicklung. Das bedeutet, daß sich bei der Beschäftigung mit den Vorgängen dieser außergewöhnlichen Übergangszeit eine besonders günstige Gelegenheit anbietet, Rückschlüsse auf den Zustand der vorangegangenen Zeit zu ziehen, was bei dem derzeitigen Stand der Erörterung des Externsteine-Problems von aktueller Bedeutung sein dürfte.

Bekanntlich gibt es sehr verschiedene Ansichten über den Verlauf, den die Entwicklung an der Stätte der Externsteine genommen haben könnte. Vor allem gehen die Urteile weit auseinander, wenn gesagt werden soll, wann das kulturelle Leben des Ortes von größerem Gewicht war und in welchen Perioden die Schwerpunkte des Geschehens lagen. Mit dieser Frage hängt auch die Bewertung der an den Felsen befindlichen Gebilde, zum Beispiel der Unteren Grotte, des Sazellums, des Felsengrabes und des Kreuzabnahme-Reliefs, eng zusammen.

Auf der einen Seite steht die These, man werde nur dann ein rechtes Verständnis für den Verlauf der gesamten Entwicklung sowie für die besondere Problematik der einzelnen Anlagen haben können, wenn von der Annahme ausgegangen wird, daß es an den Externsteinen ein vorchristliches Heiligtum von hohem Rang gegeben hat, dessen einstiger Bestand auch noch später einen gewissen Einfluß auf die Entwicklung ausübte. Diese Auffassung kommt in den Schriften mehrerer Autoren des 19. und 20. Jahrhunderts zum Ausdruck.[243] Doch obwohl dabei allerlei Argumente geltend gemacht wurden, die für eine solche These sprechen dürften, war man bisher immer in der mißlichen Lage, daß man sich nicht auf zeitgenössische Quellenschriften berufen konnte, die über ein derartiges Heiligtum oder wenigstens über entsprechende Ereignisse der frühmittelalterlichen Übergangszeit berichtet hätten. So wurde die Gültigkeit dieser Aussage in den Schriften anderer Verfasser auch hartnäckig bestritten, zum ersten Mal schon vor anderthalb Jahrhunderten, als die wissenschaftliche Erforschung der Externsteine ihren Anfang nahm, und dann immer wieder bis zur Gegenwart.[244]

Dabei wurde der genannten These eine andere gegenübergestellt. Sie besagt, daß von einem vorchristlichen Externsteine-Heiligtum nichts bekannt sei, ja daß es ein solches überhaupt nicht gegeben und der Ort auch im frühen Mittelalter keine religiöse Bedeutung gehabt haben könne. Erst im Hochmittelalter, im 12. Jahrhundert, habe er begonnen, eine bemerkenswerte Rolle zu spielen, und zwar dadurch, daß er von den Mönchen des Paderborner Klosters Abdinghof, die ihn angeblich kurz vorher erworben hätten, zu einer großen Wallfahrtsstätte ausgebaut worden sei. Nach dieser Auffassung wären also das 12. und das 13., vielleicht auch noch das 14. Jahrhundert die Zeiten einer besonderen religiösen Bedeutung der Felsenstätte gewesen. Ebenso dürften, so meinte man weiter, auch die dort befindlichen Anlagen nur als Schöpfungen dieser späteren Phase der mittelalterlichen Entwicklung gelten und weder mit der vorchristlichen Zeit noch mit dem frühen Mittelalter in Verbindung gebracht werden.

Bei der Aufstellung dieser zweiten These ging man von dem Grundsatz aus, daß die Erforschung der Vergangenheit hauptsächlich auf der Auswertung der schriftlichen Überlieferung beruhen müsse. Doch richtete man sich nach dieser selbstverständlichen methodischen Forderung in einer solchen Einseitigkeit, daß dabei andere Gegebenheiten übersehen wurden, die im vorliegenden Zusammenhang auch von Bedeutung sind. Aber selbst mit den Aussagen der schriftlichen Quellen wurde nicht immer einwandfrei umgegangen. Was über die Unzulänglichkeit ihrer Auswertung bereits gesagt werden konnte, braucht an dieser Stelle nicht noch einmal zur Sprache zu kommen. Es genügt, das Ergebnis zu wiederholen, nämlich daß die These von der bedeutenden Wallfahrtsstätte der Abdinghofer Mönche nichts anderes ist als eine vage Vermutung, die noch keine Begründung erfahren hat. Demgegenüber ist den maßgeblichen Schriftquellen des Mittelalters etwas anderes zu entnehmen, was mit der Aussage dieser These nicht vereinbart werden kann.

Wenn nämlich alle gesicherten Nachrichten über jenes Geschehen, das sich vom 12. bis zum 15. Jahrhundert an den Externsteinen vollzogen hat, zur Kenntnis genommen werden,[245] so kann man sich nicht dem Eindruck entziehen, daß die dort mitgeteilten Ereignisse gerade dadurch auffallen, daß sie von einer untergeordneten und recht bescheidenen Bedeutung sind. Man erfährt zum Beispiel einiges über den Klausner, der jeweils an der Stätte gewohnt hat. Ebenso liegen allerlei Hinweise auf ein geistliches Lehen,[246] auf ein sogenanntes Benefizium, vor. Das heißt, daß im 14. und 15. Jahrhundert der dort befindlichen Kapelle einige Ländereien der Horner Gemarkung gehörten, deren Erträge dem Benefiziaten als Lebensunterhalt zukommen sollten, also jenem Geistlichen, der den Gottesdienst in dieser Kapelle zu verrichten hatte. Nun waren die betreffenden Einkünfte aber so gering und kümmerlich, daß es wiederholt erhebliche Schwierigkeiten bereitete, einen geeigneten Bewerber zu finden, wenn das Lehen neu zu vergeben war. Oft hatte der besagte Geistliche seinen ständigen Wohnsitz nicht einmal in der nahen Stadt Horn, wo er eigentlich ansässig sein sollte, sondern an einem fernliegenden Ort, so daß er seinen Dienst entweder gar nicht oder nur unvollkommen versehen konnte. Daraufhin kam es immer wieder zu Unzulänglichkeiten, zuweilen auch zu Streitereien. So geschah es einmal, als der Benefiziat längere Zeit der Kapelle fern geblieben war, daß der ortsansässige Klausner dessen Einkünfte an sich genommen und selber verbraucht hatte, bis der Geschädigte es schließlich bemerkte und den eigenmächtigen Klausner beim geistlichen Vorgesetzten verklagte.[247] Ein anderes Mal wird berichtet, daß ein Klausner dort plötzlich verschwand, so daß die ihm anvertraute Kapelle ohne Aufsicht war, was einen gewaltsamen Einbruch und eine Ausplünderung zur Folge hatte.[248] Von einem solchen Rang sind auch die anderen Ereignisse, von denen in der besagten Überlieferung die Rede ist. Stets handelt es sich um Vorgänge, die den engen Rahmen eines unbedeutenden lokalen Geschehens nicht überschreiten. Nirgends wird über eine großzügige Initiative oder über ein Unternehmen von besonderem religiösem Gehalt berichtet, schon gar nicht über Maßnahmen, die zur Einrichtung einer großen Wallfahrtsstätte hätten führen sollen. Andererseits kann den betreffenden Dokumenten aber auch entnommen werden, daß damals an den Felsen schon gewisse Einrichtungen vorhanden waren, die dem religiösen Leben dienten, und daß man ihre Versorgung auch sicherzustellen suchte, was freilich nicht immer leicht war. Doch wird an keiner Stelle gesagt, daß diese Einrichtungen in dem angegebenen Zeitraum entstanden seien. Vielmehr gewinnt man den Eindruck, daß sie aus einer früheren Periode überkommen sein müssen. Das heißt, daß dort lediglich eine Hinterlassenschaft der Vergangenheit verwaltet wurde, was eben so gut oder auch so schlecht getan wurde, wie es gerade möglich war.

Das ist also das Bild, das von der hoch- und spätmittelalterlichen Bedeutung der Felsenstätte zu gewinnen ist, wenn man unvoreingenommen die Aussagen der zeitgenössischen Quellen auswertet. Wie gesagt, mit der Vorstellung von einem berühmten und stark besuchten Wallfahrtsort, der angeblich dort gewesen sein soll, ist es nicht zu vereinbaren. Doch steht es mit der vorausgegangenen Schilderung der frühmittelalterlichen Verhältnisse in gutem Einklang. Wenn nämlich daran gedacht wird, daß dieses Gelände in der Karolingerzeit als Standort für ein großes sächsisches Missionskloster ausersehen war, dann aber nach dem Scheitern der entsprechenden Gründungsversuche bald wieder verlassen und dem Vergessen anheim gegeben wurde, so wird das Bild von der geringen spätmittelalterlichen Bedeutung der Stätte an einer entscheidenden Stelle ergänzt und in seiner Eigenart verständlich gemacht. Denn einerseits wird nun ersichtlich, daß es die beiden ersten Jahrzehnte des 9. Jahrhunderts waren, in denen der Stätte eine erhöhte Bedeutung zukam. Andererseits ist der Auswertung der Überlieferung aber auch zu entnehmen, weshalb man den Ort im Jahre 822 schon wieder aufgab und seitdem möglichst wenig von ihm verlauten lassen wollte.

Aber nicht allein auf die nachfolgende Entwicklung läßt die Erkenntnis der frühmittelalterlichen Bedeutung der Felsenstätte ein erhellendes Licht fallen. Auch bei einer Rückschau wird es möglich, für die Situation der vorangegangenen Zeit ein neues Verständnis zu finden. Das geplante Kloster sollte ja deshalb zunächst im Gelände der Externsteine errichtet werden, weil sich dort vorher ein heidnisches Heiligtum von besonderer Art befunden hatte. Von welch hohem Rang nun jene Aufgabe war, die man dem im Jahre 816 begründeten Hethis-Kloster von Anfang an zugedacht hatte, ist an der eindrucksvollen Entwicklung abzulesen, die sein Nachfolger, das heißt das am neuen Standort angelegte Kloster Corvey, bald danach sehr schnell genommen hat.

Bei dieser Bedeutung des ersten Gründungsversuchs liegt die Schlußfolgerung nahe, daß auch das heidnische Heiligtum, das sich dort vorher befunden hatte, von hervorragender Bedeutung gewesen sein muß. Daß dessen Wirkungsbereich tatsächlich von erheblichem Umfang war, wird auch von Radbert bezeugt. In seiner Egloga heißt es ja: »*Wo die feindlich gesinnte Macht des Götzen und der Kult des heidnischen Heiligtums das gesamte bebaute Land in Unehre gebracht hatte.*«

Anhang

Zeittafel

662	Gründung des Klosters Corbie an der Somme
742	Geburt Karls des Großen
752	Geburt Adalhards
754	Karls Vater Pippin wird von Papst Stephan II. zum fränkischen König gekrönt
768	Nach Pippins Tod teilen sich Karl und Karlmann in die Regierung des Reiches
771	Karl wird nach Karlmanns Tod Alleinherrscher
772	Erster Sachsenfeldzug Karls Zerstörung des Irminsul-Heiligtums Adalhard tritt ins Kloster Corbie ein
773	Geburt Walas
774	Nach zweijährigen Kämpfen Untergang des Langobardenreiches, dessen König Desiderius wird gefangengenommen, Kloster Corbie wird sein Aufenthaltsort
775	Adalhard wird Abt von Corbie
776	Karl veranlaßt Massen-Taufen am Lippe-Ursprung
777	1. Reichstag in Paderborn
780	Karl hält erneut eine Versammlung am Lippe-Ursprung ab
vor 781	Erstes Auftreten der karolingischen Minuskel in der Bibel des Maurdramnus, Abtes von Corbie
781	Krönung des 4jährigen Karlssohnes Pippin zum König von Italien, Adalhard wird zeitweilig Erzieher Pippins und Statthalter in Italien
782	Karl hält Versammlung an den Lippe-Quellen ab
781/83	Entstehung des Godescalc-Evangelistars

783	Schlachten bei Theotmalli und an der Haase
785	Reichsversammlung in Paderborn
	Widukinds Taufe und Ende der Kämpfe im Umkreis des Teutoburger Waldes
ca. 786	Geburt Radberts in der Gegend von Soissons
794	Synode von Frankfurt nimmt zum Bilderstreit Stellung
798	Weihe der Kirche St. Riquier in Centula
799	Reichstag in Paderborn, Papst Leo bittet Karl um Hilfe gegen die Römer
800	Kaiserkrönung Karls in Rom
801	Geburt Ansgars
804	Beendigung der Sachsenkämpfe auf einer Versammlung »an dem Orte, wo die Lippe entspringt«
806	Ansgar wird als Kind im Kloster Corbie aufgenommen
810	Adalhard geht nach Pippins Tod erneut als Statthalter nach Italien
ca. 810	Entstehung des Corbier Psalters
811	Friedensschluß mit den Dänen
812	Wala in Italien
814	Tod Karls des Großen, Ludwig der Fromme wird Kaiser
	Adalhards Verbannung
	Wala wird Mönch im Kloster Corbie
815	Reichstag in Paderborn
816	Begründung des Hethis-Klosters
821	Begnadigung Adalhards und Rückkehr nach Corbie
	Adalhard reist als Corbier Abt ins Sachsenland
822	Weihe des Klostergeländes an der Weser und Übersiedlung der Hethis-Mönche nach Corvey
823	Ansgar kommt von Corbie nach Corvey und wird Leiter der dortigen Klosterschule
826	Adalhards Tod
	Wala wird Corbier Abt, Corvey erhält mit Warin einen eigenen Abt
	Vermutliche Weihe der ersten Corveyer Abteikirche
	Ansgar erhält auf Veranlassung Walas seinen ersten Missionsauftrag für Dänemark
836	Walas Tod

Überführung der Reliquien des heiligen Vitus von St. Denis nach Corvey

844 Weihe der erweiterten Corveyer Abteikirche

885 Weihe des Corveyer Westwerks

Stammtafel der Karolinger

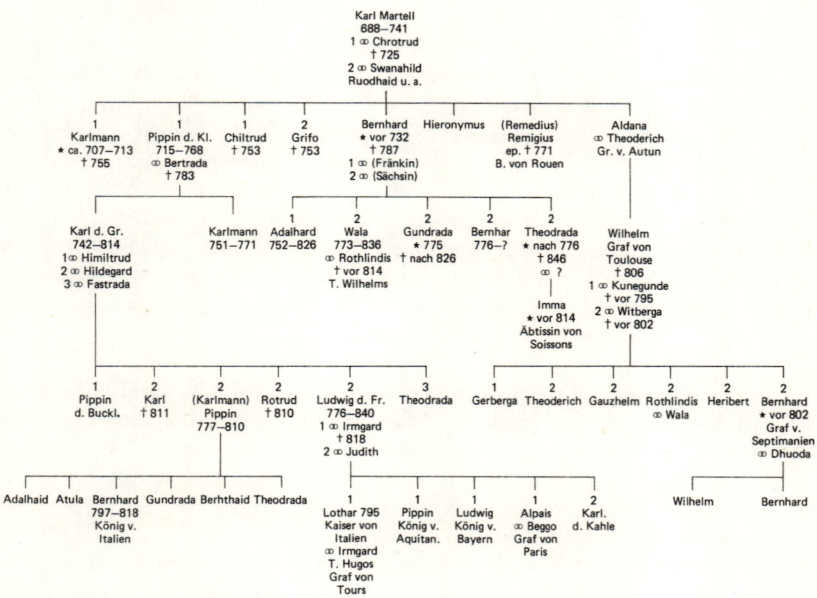

Anmerkungen

1 In der Corbeischen Chronik des Johannes Letzner (Hamburg 1590).

2 Es darf mit großer Wahrscheinlichkeit angenommen werden, daß die im 16. Jahrhundert veröffentlichte Erzählung in irgendeiner Form auch schon im Mittelalter vorhanden war, und daß die Aussage des zweiten Teiles, in dem es um die Überführung der Säule von Corvey nach Hildesheim geht, auf einen Zusammenhang zwischen den zwei mittelalterlichen Orten hinweisen sollte. So kann daran gedacht werden, daß die selbständige Reichsabtei Corvey schon im 9. und 10. Jahrhundert einen Hochstand der Entwicklung erreicht hatte, und daß ihre Vorrangstellung im Geistesleben des Sachsenlandes damals unbestritten war. Demgegenüber machte sich seit dem Ausgang des 10. Jahrhunderts das Gewicht der Hildesheimer Bischöfe immer mehr bemerkbar. Ob etwa die Erzählung von dem eigenartigen Schicksal der Säule ihre Heimat in Hildesheim hatte? Es ist daran zu erinnern, daß dort am Anfang des 11. Jahrhunderts die berühmte Bernward-Säule geschaffen wurde, und daß überhaupt in dieser Stadt eine reichhaltige Überlieferung vorliegt, in der das Säulenmotiv im Mittelpunkt steht. Ob gar die Erzählung von der Wanderung der Säule dadurch veranlaßt wurde, daß man in dem aufstrebenden Bischofsort bemüht war, eine geistige Aufgabe oder Tradition von Corvey an sich zu ziehen, um etwa davon besondere Ansprüche abzuleiten?
Vergleiche dazu: J. M. Kratz, Der Dom zu Hildesheim. – E. Jung, Irminsul und Rolandssäule, S. 9f. – E. Jung, Germanische Götter und Helden, S. 128–130. – K. Algermissen, Bernward und Godehard von Hildesheim. – H. Löwe, Die Irminsul und die Religion der Sachsen, S. 19f. – H. W. Hammerbacher, Irminsul und Lebensbaum, S. 69ff., 198f., 205f., Abb. 51.

3 Dazu weiteres unten S. 238 f.

4 Es soll hier nicht vorausgesetzt werden, daß das Irminsul-Heiligtum und die Stätte der Externsteine in vollem Umfange identisch seien. Über ihren Zusammenhang siehe unten S. 19. – Die Frage nach der Beziehung der Externsteine zu den Vorgängen des Jahres 772 einschließlich der Zerstörung des Irminsul-Heiligtums soll in einer Schrift unter dem Titel »Externsteine und Irminsul« eine ausführliche Besprechung erfahren, auf deren Ergebnisse schon vorweg verwiesen werden kann.

5 Zur Wiedergabe dieser Texte ist noch folgendes zu sagen: Sie liegen in lateinischer Sprache vor. Doch werden in diesem Buch fast nur Übersetzungen vorgelegt. Dafür

war folgende Erwägung entscheidend. Es ist damit zu rechnen, daß nicht alle Leser, soweit sie ihren Standort außerhalb der historischen Fachwissenschaft haben, in der Lage sind, einen längeren lateinischen Text ohne weiteres zu verstehen. Das heißt, daß ihnen die Beweisführung weitgehend unverständlich bleiben muß, wenn die Quellentexte nur in der Originalfassung mitgeteilt werden. Wenn nun aber zur Erläuterung neben jeden lateinischen Text noch die deutsche Übersetzung gestellt würde, müßte das bei der Fülle des einschlägigen Materials die unangenehme Folge haben, daß die ganze Veröffentlichung einen nicht mehr zu rechtfertigenden Umfang erhielte. So werden, um das Ganze nicht zu lang und die notwendige Beweisführung allgemein verständlich werden zu lassen, alle Texte in deutscher Übersetzung wiedergegeben und nur dort, wo es im vorliegenden Zusammenhang als besonders wichtig erscheint, der lateinische Wortlaut hinzugefügt. Freilich werden nun diejenigen Leser, die auch sonst auf den Originaltext zurückgreifen möchten, sich der Mühe unterziehen müssen, ihn in der jeweils angegebenen Veröffentlichung aufzusuchen. Wenn eine Quelle bereits in einer deutschen Übersetzung vorliegt, wird diese – unter Hinweis auf ihre Herkunft – benutzt. In allen anderen Fällen hat der Verfasser die Quellen übersetzt.

6 Eigil, Vita Sturmi, Kap. 22.

7 Annales Petaviani zu 772: Karolus »*conquisivit Erisburgo et pervenit ad locum qui dicitur Ermensul, et succendit ea loca*«. Das heißt: Karl »*eroberte die Eresburg und gelangte an den Ort, der Ermensul heißt, und setzte dieses Gebiet in Brand.*« – W. E. Giefers hat schon 1878 (Eresburg, Irminsäule, Bullerborn, S. 143 f., Anm. 26) dargelegt, daß »*ea loca*« (»*dieses Gebiet*«) nur auf den »*Ort, der Ermensul heißt*«, zu beziehen ist und daß die Eresburg nicht einbezogen werden darf.

8 Auf die vorgeschichtliche Bedeutung dieser Sakrallandschaft hat Rudolf Steiner in einem Vortrage vom 12. Juni 1910 (Die Mission einzelner Volksseelen, GA 121 der Gesamtausgabe der Rudolf Steiner-Nachlaßverwaltung, Dornach, 7. Vortrag) bereits hingewiesen und ihren Umfang folgendermaßen beschrieben: »*Wenn Sie etwa eine Kreislinie zögen, so daß in diese Kreislinie hineinfallen würden die Städte Detmold und Paderborn, so kommen Sie in die Gegend, von der ausströmte die Mission der erhabensten Geister, welche nach Nord- und Westeuropa ihre Mission ausdehnten.*«

9 L. Weinrich, Wala, S. 11 f., 90 f., 107.

10 Translatio Sancti Viti. – Siehe auch unten S. 114.

11 Radbertus, Vita Adalhardi, Kap. 34.

12 Siehe die Stammtafel der Karolinger auf S. 293. – L. Weinrich, Wala, S. 107.

13 Siehe S. 39 und 129.

14 Translatio Sancti Viti. – Siehe auch unten S. 114 f.

15 L. Weinrich, Wala, S. 38 f.

16 L. Weinrich, Wala, S. 12.

17 C. Rodenberg, Die Vita Walae als historische Quelle, S. 75. – L. Weinrich, Wala S. 12 ff.

18 Radbertus, Ex vita Walae abbatis Corbeiensis. Monumenta Germaniae historica SS II, S. 533 ff. – Radbertus, Epitaphium Arsenii, ed. Dümmler. In: Abhandlungen der königl. preußischen Akademie zu Berlin. 1900. – L. Weinrich, Wala, S. 7 ff., 93 ff.

19 Die Quellen für die folgenden Angaben werden auf S. 111 ff. vorgelegt und besprochen.

20 L. Weinrich, Wala, S. 24, Anm. 55.
21 Vgl. unten S. 129f.
22 V. H. Elbern, Das erste Jahrtausend. Tafelband, Taf. 202.
23 Radbertus, Vita Adalhardi, Kap. 32.
24 L. Weinrich, Wala, S. 60ff., 92f.
25 Radbertus, Epitaphium Arsenii II, Kap. 2ff., S. 62ff. – Radbertus, Vita Walae, S. 547ff.
26 S. 64f.
27 Radbertus, Epitaphium Arsenii II, Kap. 23, S. 94. – L. Weinrich, Wala, S. 88.
28 Astronomus, Das Leben Kaiser Ludwigs. In: Quellen zur karolingischen Reichsgeschichte I, S. 363.
29 L. Weinrich, Wala, S. 89.
30 H. Mühlner, Die Sachsenkriege Karls des Großen, S. 12–14. – Unter Alkuins Briefen siehe insbesondere Nr. 110, 111, 113 in Monumenta Germaniae Historica, Epistolae IV, S. 157–164.
31 Rimbert, Vita Anskarii, Kap. 7. – L. Weinrich, Wala, S. 56f.
32 L. Weinrich, Wala, S. 57.
33 W. Eckhardt, Alte Kunst im Weserland, S. 40, S. 121. – E. Mütherich und J. E. Gaehde, Karolingische Buchmalerei, S. 109.
34 W. Eckhardt, a. a. O., S. 118.
35 Siehe im Schriftenverzeichnis die Veröffentlichungen von W. Effmann, Kirche der Abtei Corvey. – A. Fuchs, Entstehung und Zweckbestimmung. – W. Rave, Corvey. – F. J. Esterhues, Zur frühen Baugeschichte. – E. Lehmann, Zum Buche von W. Rave. – F. Kreusch, Beobachtungen an der Westanlage. – A. Gerke, Benediktinerabtei Corvey. – U. Lobbedey, Neue Ausgrabungsergebnisse.
36 Radbertus, Epitaphium Arsenii, Kap. 15. – Siehe auch unten S. 112 f.
37 Siehe auch unten S. 54.
38 Siehe auch unten S. 118.
39 Das Neue Testament, in der Übersetzung von Emil Bock, S. 668–671.
40 W. Effmann, Die Kirche der Abtei Corvey. – A. Gerke, Corvey, S. 31f.
41 A. Fuchs, Entstehung und Zweckbestimmung des Westwerks, S. 227ff.
42 W. Rave, Corvey, S. 39. Abb. 33. – A. Gerke, Corvey, S. 20ff.
43 A. Gerke, Corvey, S. 21.
44 A. Gerke, Corvey, S. 55–61. – Vgl. unten S. 70 f.
45 A. Gerke, Corvey, S. 26f.
46 Siehe auch unten S. 66.
47 A. Gerke, Corvey, S. 84.
48 A. Fuchs, Entstehung und Zweckbestimmung des Westwerks, S. 264f.
49 A. Gerke, Corvey, S. 36–41.
50 Das Neue Testament, in der Übersetzung von Emil Bock, S. 640.
51 K. Hoffmann, Taufsymbolik im mittelalterlichen Herrscherbild, S. 51.
52 Paris, Bibliothèque Nationale, Lat. 8850 fol. 1 v. – E. Mütherich und J. E. Gaehde, Karolingische Buchmalerei, S. 39. – A. Gerke, Corvey, S. 88f.
53 W. Effmann, Die Kirche der Abtei Corvey, S. 58. – A. Gerke, Corvey, S. 57.

54 W. Rave, Corvey, S. 81 f. – A. Gerke, Corvey, S. 43.
55 A. Gerke, Corvey, S. 18 f.
56 Gumbel und Zscharnaek (Hrsg.), Religion in Geschichte und Gegenwart I, Sp. 2014.
57 A. Gerke, Corvey, S. 55.
58 A. Gerke, Corvey, S. 52.
59 A. Gerke, Corvey, S. 61.
60 A. Gerke, Corvey, S. 42.
61 G. Stuhlfauth, Das Dreieck, S. 2–4.
62 Wie eingehend gerade im frühmittelalterlichen Corbie die Beschäftigung mit Fragen der Geometrie im Rahmen der Sieben Freien Künste war, hat B. L. Ullman in dem Aufsatz »Geometry in the mediaeval Quadrivium« dargelegt. Aus der Beobachtung, daß sich in frühmittelalterlichen Handschriften geometrische Abhandlungen oft mit solchen über Landvermessung vereinigt finden, hatte man zunächst geschlossen, daß das frühe Mittelalter der Landmeßkunst große Bedeutung für die Sieben Freien Künste zugebilligt habe. Demgegenüber weist Ullman nun darauf hin, daß in jener Zeit die grundlegenden antiken Schriften über Geometrie nicht mehr zur Verfügung standen: Euklid war nicht mehr bekannt, und auch die Geometrie des Boethius war verlorengegangen. So wurden spätestens seit dem 9. Jahrhundert (S. 266) die Schriften der römischen Landmesser auf ihren rein geometrischen Gehalt hin exzerpiert. Diese in den europäischen Bibliotheken weit verstreuten Exzerpte hat Ullman auf ihren Ursprung hin untersucht und kommt auf S. 273 zu dem Ergebnis: »*... ich glaube, wir können das ursprüngliche Zentrum der Bemühungen um Landmeßkunst und Geometrie aufdecken*«. Weiter heißt es auf S. 275: »*Auf jeden Fall scheint das Sammeln von Werken der Landmeßkunst für die Verwendung im Quadrivium in Corbie begonnen zu haben. Dies wird im 8. Jahrhundert gewesen sein, als sich in Corbie ein besonderes geistiges Leben zu regen begann.*« Zusammenfassend wird auf S. 283 noch einmal gesagt: »*Es scheint daher wahrscheinlich, vielleicht sicher, daß Corbie – was Landvermessung und Geometrie betrifft – die Kapitale der mittelalterlichen Welt war.*« Schließlich heißt es auf S. 285: »*... ich hoffe gezeigt zu haben, daß alle mittelalterlichen Wege, soweit es sich um Geometrie und Landmeßkunst handelt, nach Corbie führen ... Der starke Verdacht, daß Corbie das Zentrum aller Freien Künste überhaupt war, sollte untersucht werden.*« – Die Kenntnis dieser aufschlußreichen Spezialuntersuchung verdanke ich einem Hinweis von Rolf Speckner.
63 A. Gerke, Corvey, S. 72 f.
64 A. Gerke, Corvey, S. 46 ff.
65 Vgl. auch K. Hoffmann, Taufsymbolik, Abb. 4 und 5. – W. Braunfels, Karl der Große, Abb. auf S. 165.
66 K. Hoffmann, Taufsymbolik, Abb. 20.
67 A. Gerke, Corvey, Abb. auf S. 58.
68 A. Gerke, Corvey, Abb. auf S. 66.
69 W. Rave, Corvey, S. 63 f. – A. Gerke, Corvey, S. 63 f. – Beide Verfasser weisen darauf hin, daß die ursprünglichen Maße des Portals aufgrund erfolgter Veränderungen schwer zu bestimmen sind. So wurde am Oberteil der Türsturz erneuert und hat im Laufe der Jahrhunderte eine Erhöhung des Fußbodens stattgefunden. Auch mit Erneuerungen der Türschwelle wird zu rechnen sein. Ferner fällt auf, daß die Seiten-

teile des Werksteinrahmens in sich und untereinander nicht von gleicher Breite sind. Die geschilderten Umstände ließen es wünschenswert erscheinen, das Portal neu zu vermessen, was im Juli 1981 von R. Speckner vorgenommen wurde. Dabei zeigte sich, daß die Breite der linken Seite (vom Betrachter aus gesehen) zwischen 96,5 und 98,5 cm schwankt, die rechte hingegen zwischen 93,5 und 98,5 cm. Es ist anzunehmen, daß diese Abweichungen nicht im ursprünglichen Entwurf vorgesehen waren, sondern erst bei der Ausführung, z. B. durch zu starkes Abschlagen einzelner Stücke, entstanden sind. So werden in der Entwurfs-Skizze die beiden Seitenteile gleich breit gewesen sein; und zwar wird, wie der sorgfältiger bearbeiteten linken Seite zu entnehmen ist, mit etwa 98,5 cm zu rechnen sein, so daß im Entwurf an der rechten Seite streckenweise eine Verbreiterung von bis zu 5 cm vorzunehmen ist. Diese Verbreiterung darf nicht auf Kosten der Türöffnung erfolgen, sondern nur an der Außenseite, wie eine Betrachtung der inneren Gliederung des Werksteinrahmens erkennen läßt. Die Breite der Türöffnung beträgt 216,5 cm, so daß sich im Entwurf eine Gesamtbreite des Portals von 413,5 cm ergibt. Die Höhe der Türöffnung beträgt 280,5 cm, die Gesamthöhe des Portals vom heutigen Erdboden aus 347,5 cm. Dabei ist zu berücksichtigen, daß der untere Teil des Werksteinrahmens infolge der Bodenerhöhung im Erdboden steckt. Wie weit er in die Tiefe reicht, ist unbekannt. Es wurde angenommen, daß es sich um etwa 10,5 cm handelt. Daraus ergibt sich für den Entwurf eine Gesamthöhe von 358 cm.

70 U. Lobbedey, Neue Ausgrabungsergebnisse zur Baugeschichte der Corveyer Abteikirche. – H. Claussen, Karolingische Wandmalereifragmente in Corvey.

71 Es ist nicht notwendig, die in den Corveyer Osterannalen erwähnte Weihe von 844 deshalb mit dem Bau I in Verbindung zu bringen, weil dieser Vermerk das älteste unmittelbare Zeugnis für eine Corveyer Kirchweihe ist. Denn bei der mangelhaften Beschaffenheit der einschlägigen Überlieferung ist die Möglichkeit durchaus in Betracht zu ziehen, daß auch schon vorher eine Weihe erfolgt sein kann, ohne daß die schriftliche Überlieferung davon Kunde gibt. Ferner bereitet ja die Vorstellung erhebliche Schwierigkeiten, daß dieses bedeutende Kloster 22 Jahre lang ohne eine Kirche geblieben sein sollte, während es schon vier Jahre nach der Gründung die Selbständigkeit und einen eigenen Abt erhielt. Gerade bei dieser Gelegenheit mußte auch ein eigenes Kirchengebäude wünschenswert sein. So wird der Bau I in dieser Zeit entweder schon fertig gewesen sein oder wenigstens kurz vor der Vollendung gestanden haben, zumal er bei seinem geringen Umfang und der mäßigen Stärke des Mauerwerks ohne Schwierigkeiten in 4 bis 5 Jahren erstellt werden konnte. Im übrigen spricht auch aus ganz anderen Erwägungen heraus K. H. Krüger in seiner Untersuchung, die sich mit den Corveyer Patronen und ihren Altären beschäftigt, auf S. 311 ebenfalls von der Möglichkeit einer Weihe, die vor dem Jahre 844 vollzogen wurde.

72 A. a. O., S. 291.

73 Siehe oben S. 53 f.

74 Siehe oben S. 97.

75 Siehe oben S. 64 f.

76 Rimbert, Vita Anskarii.

77 Rimbert, a. a. O., S. 22 ff.

78 Übersetzung von W. Trillmich, Rimbert, a. a. O., S. 25.
79 Radbertus, Vita Adalhardi, Kapitel 65. – Siehe auch oben S. 122.
80 So heißt es z. B. in dem Ausstellungskatalog »Kunst und Kultur im Weserraum«, Bd. I, S. 19 in dem Beitrag von H. Busen: »*Der Ort lag auf dem rechten Weserufer auf den Höhen des Solling, wo jetzt das Dorf Neuhaus liegt.*« Demgegenüber schreibt W. Stüwer auf S. 5 desselben Werkes: »*Wo sie* [die erste Gründung] *zu suchen ist, wissen wir nicht genau.*«
81 Z. B. W. Teudt, Germanische Heiligtümer, 2. Auflage, S. 98 ff.
82 P. Wigand, Die Corveyschen Geschichtsquellen, S. 21 ff.
83 Beide Arbeiten in »Abhandlungen über Corveyer Geschichtsschreibung«, hrsg. v. F. Philippi.
84 H. Kiewning, Hethis, S. 49.
85 Translatio Sancti Viti, S. 75–100.
86 H. Kiewning, Hethis, S. 45.
87 Radbertus, Ex vita Adalhardi abbatis Corbeiensis. Monumenta Germaniae historica SS II, S. 524 ff.
88 L. Weinrich, Wala, S. 7.
89 Übersetzung von F. Stentrup. – Siehe oben Anm. 85.
90 Siehe oben S. 39 f.
91 Man könnte die Frage stellen, in welcher Weise Bernhar in der Zusammenarbeit der vier Karolinger gewirkt hat. Über sein Leben ist weniger bekannt als über das seiner Brüder. Doch ist u. a. überliefert worden, daß er als junger Mensch in das südfranzösische Kloster Lérins eintrat. Das hatte zur Folge, daß er etwa ein Jahrzehnt lang unter dem Einfluß der dort gepflegten Geistigkeit stand. – Vgl. Radbert, Vita Adalhardi, Kap. 35 und L. Weinrich, Wala, S. 13 f. – Über die Bedeutung des Klosters Lérins siehe I. Stümcke und G. Klockenbring, Der Impuls von Lérins.
92 Siehe oben S. 53 f.
93 Siehe oben S. 102 ff.
94 Siehe oben S. 131.
95 Vgl. unten S. 228 ff.
96 Vgl. oben S. 42 ff.
97 L. Weinrich, Wala, S. 18 f.
98 A. a. O., S. 15 ff.
99 Radbertus, Epitaphium Arsenii II, Kap. 15. – L. Weinrich, Wala, S. 18, Anm. 1.
100 L. Weinrich, Wala, S. 18 f.
101 Siehe oben S. 166.
102 Astronomus, Vita Hludowici imperatoris. Monumenta Germaniae historica SS II, S. 618. – R. Rau, Quellen zur karolingischen Reichsgeschichte I, S. 290.
103 L. Weinrich, Wala, S. 19.
104 A. a. O., S. 21.
105 Radbertus, Epitaphium Arsenii I, Kap. 11: »*primum arma tulerat contra Abitrices, gentem indomabilem.*«
106 L. Weinrich, Wala, S. 22.
107 Das lassen die slawischen Funde erkennen, die in Hamburg bei der Ausgrabung der

Hammaburg zum Vorschein kamen. Siehe R. Schindler, Ausgrabungen in Althamburg, S. 76–78, Abb. 26.

108 Reichsannalen zum Jahre 811. – R. Rau, Quellen zur karolingischen Reichsgeschichte I, S. 96–99.

109 Reichsannalen zum Jahre 809. – R. Rau, a. a. O., S. 92f.

110 Einhard, Leben Karls des Großen, Kap. 15: »*perdomuit*« und »*cum his ... bello conflixit*«. In: R. Rau, a. a. O., S. 184f.

111 Siehe oben S. 145 f.

112 R. Schindler, Ausgrabungen in Althamburg, schreibt S. 115: »*Nach dem Vorbericht zur Gründungsurkunde des Bistums Hamburg (834) kehrten die vertriebenen Nordalbingier sieben Jahre nach ihrer Verbannung wieder in ihre alte Heimat zurück.*« – Vgl. auch G. Kretschmar in H. Dörries und G. Kretschmar, Ansgar, S. 74–82.

113 Vgl. oben S. 143.

114 L. Weinrich, Wala, S. 26f.

115 Einhard, Das Leben Karls des Großen, Kap. 33. – R. Rau, Quellen zur karolingischen Reichsgeschichte I, S. 210f. – A. Schultze, Das Testament Karls des Großen, S. 46–81. – L. Weinrich, Wala, S. 24f.

116 Monumenta Germaniae historica. Poetae latini aevi Caroli III, S. 45–51.

117 A. a. O., S. 47. – Der lateinische Text lautet:

Oro: senem senior tumulo, Corbeia, condas;
Porro minor ego mox tali viduata patrono
Vocibus alternis gemitum pro carmine pangam.
Quam dudum generans felix felicem mater ab uno
Atque tuo vocitans pridem de nomine favis:
»O formosa ego, tu mihi nunc eris alter in evum.«
Quam fundavit ovans, manibus ter ille beatus
Plura salutiferis tribuens oracula verbis.
Nam quo tunc demon seviebat, iniqua potestas
Et cultus fani totam fedeverat arvam,
Vertit aras, pecudum sacravit ovilia Christi
Funditus inde procul luci radice recisa,
Sancta locavit ibi monachis caenobia plena.

118 Vgl. oben S. 146.

119 Vgl. oben S. 134 f.

120 Siehe oben S. 131.

121 Siehe oben S. 156 f.

122 Siehe oben S. 115 und 117.

123 Siehe oben S. 119f. – Vergleiche außerdem K. Schoppe, Die Irminsul, S. 13.

124 Translatio Sancti Liborii, Kap. 3. – Über die vorchristliche Bedeutung Paderborns geben die Ausführungen B. Ortmanns in den »Vororten Westfalens« Auskunft.

125 Siehe oben S. 115.

126 Siehe oben S. 143 f.

127 Siehe oben S. 144 ff.

128 Siehe unten S. 221 f.

129 Egloga, Vers 54. – Vgl. Anm. 117.

130 Annales Laurissenses minores zum Jahre 772, S. 117.

131 Siehe oben S. 14.

132 Vgl. unten S. 221.

133 Siehe oben S. 17 ff.

134 Siehe oben S. 108 f.

135 Siehe oben S. 118.

136 Siehe oben S. 171.

137 Siehe oben S. 109 f.

138 Auf beiden Seiten der Großen Egge sind noch viele Spuren der alten Paßstraße zu erkennen. Daß diese Straße schon vor dem Mittelalter vorhanden war, bezeugen die vor- und frühgeschichtlichen Funde an den westlichen Zugangsstraßen und ein vorgeschichtlicher Grabhügel, der sich zwischen dem Forsthaus Nassensand und der Großen Egge in dem nördlich angrenzenden Wald neben der Straße befindet. Vgl. F. Copei, Heer- und Handelsstraßen im Sennegebiet, S. 171 f., 200 f.

139 F. Copei, a. a. O., S. 199 f. – W. Lippert, Das Eggegebirge. 2. Auflage, S. 36 f. – J. Koch, Frühe Verkehrsstraßen, S. 44 f., 52 f.

140 J. Koch, Frühe Verkehrsstraßen, S. 27 ff.

141 Vgl. S. 171 f.

142 Wie Friedrich Schäfer mitteilte, wurde das Wasser dieser Quelle aufgefangen und nach Holzhausen geleitet.

143 Siehe oben S. 172 f.

144 Siehe oben S. 174.

145 Siehe oben S. 188.

146 W. G. von Donop, Der Externstein. – W. Dorow, Die Externsteine.

147 J. Andree, Die Grabungen an den Externsteinen. – J. Andree, Die Externsteine. Neuergebnisse der Ausgrabungen. – J. Andree, Die Externsteine. Eine germanische Kultstätte.

148 Z. B. in F. Seitz, »Steinerne Urkunden« an den Externsteinen.

149 Ein solches Gebilde, und zwar ein großer Kopf, der sich am Gipfel des zweiten Felsens befindet, wurde bereits im Jahre 1823 von W. Dorow, Die Externsteine, S. 73/74, Tafel XXIII, erwähnt und abgebildet. Er hielt den Kopf freilich für ein Naturspiel. Die gleiche Auffassung wurde im Jahre 1922 von K. Wehrhan, Die Externsteine im Teutoburger Wald, S. 29, vertreten. In neuerer Zeit wurde solchen Gebilden mehrfach Aufmerksamkeit geschenkt, wobei sie wiederholt als Menschenwerk angesprochen wurden.

150 Die Kenntnis dieser Darstellungen und ihrer Technik verdanke ich Friedrich Schäfer, der mich in den Jahren 1951 und 1952 auf ihr Vorhandensein aufmerksam machte und auch sonst, wenn er kleine Gruppen an den Externsteinen führte, darauf hinzuweisen pflegte. Vergleiche auch das Gutachten des Bildhauers R. Paffrath, abgedruckt in E. Neumann-Gundrum, Europas Kultur der Groß-Skulpturen, S. 465–467.

151 Siehe z. B. H. Gsänger, Mysterienstätten der Menschheit. – R. Meyer, Nordische Apokalypse. – H. Krause-Zimmer, Kreuz und Auferstehung. – E. Neumann-Gundrum, Europas Kultur der Groß-Skulpturen.

152 Siehe z. B. E. Neumann-Gundrum, a. a. O.

153 Siehe E. Neumann-Gundrum, a. a. O. – E. Nay-Scheibler, Gesichter der Steinzeit.

154 Siehe z. B. H. Größler, Altheilige Steine in der Provinz Sachsen. – D. Schünemann / H. Oldenburg, Eine früheisenzeitliche Kultstätte im Dalsch. – L. Schmidt, Felszeichen, Felsbilder und sonstige Felsbearbeitungen in der Pfalz.

155 Sogenannte Bernhard-Urkunde. – F. Flaskamp, Externsteiner Urkundenbuch, S. 30f.

156 O. Preuß und A. Falkmann, Lippische Regesten I, S. 184. – C. W. Isermann, Nachrichten aus Horn, S. 1.

157 Mitteilung von Friedrich Schäfer.

158 C. W. Isermann, a. a. O., S. 140f. – Topographische Karte 1:25000. Blatt 4119. Horn-Bad Meinberg.

159 W. Müller, Die heilige Stadt, S. 59ff., S. 74 und Abb. 14 auf S. 72.

160 Schierenberg berichtet über diese Funde im Jahre 1888 in seinem Buche »Die Kriege der Römer«, S. 180a–182a und 125a. Dabei gibt er an, daß der größte Teil der Fundmasse, die um etwa 1868 in seiner Abwesenheit zum Vorschein kam, von den Arbeitern »*im Schiebkarren zum Trödler*« gebracht worden ist, während er selbst nur noch bei einer Nachlese Gelegenheit hatte, einige Fundstücke aufzulesen. Weitere Hufeisen kamen nach seinen Angaben bei Erdarbeiten der Jahre 1883 und 1888 zum Vorschein. Über Funde, die im Jahre 1871 ein Oberst Scheppe beobachtet hat, berichtet im Jahre 1963 Wilhelm Müller, wobei er Mitteilungen von Scheppe ausführlich zitiert.

Auch in neuerer Zeit, in den Jahren 1956/57, sind bei Erdarbeiten in den Straßen der Stadt Horn wiederum Hufeisen ans Tageslicht gekommen. Es ist Friedrich Schäfer zu verdanken, daß diese neuen Funde erhalten und beschrieben worden sind. In einem Brief an den Verfasser gibt Schäfer am 2. April 1956 folgenden Zwischenbericht:

»*Die Hufeisenausbeute wird bald zum Abschluß kommen, es ist sehr schönes Material. Die Funde erstrecken sich ganz gleichmäßig auf die ganze Stadt. Jedoch von hier oben, d.h. der Bleiche* [also dem Westende der Stadt], *bis an die Höhe des Rathauses sind es weniger, in der unteren Stadt kommen sie dagegen sehr gleichmäßig vor. Überall treten sie auf und liegen auch tiefenmäßig schichtfolgend gleich. Auf tiefster Lage sind es die kleinen, sehr zierlichen Eisen und die mittleren mit ausgezogenen Stollen, die kleinen zumeist mit sechs, die größeren mit acht Nagellöchern. Die großen folgen darüber und sind meist sehr verrostet, d. h. die dicke Rostschicht war durchgehend Sauerstoffeinflüssen sehr stark ausgesetzt. Die kleinen und mittleren sind sehr wenig von Rost erosiert, tragen immer eine dunkle, schwarze Schlammrostschicht, die das ganze Material besser erhalten hat. Ich habe bis jetzt 12 Stück, d.h. ganze und halbe ... Man kann G.A.B. Schierenberg nicht abtun in diesem Punkte. Jene vier Eisen im Museum sind sein Dokument, und ich habe durch den Umstand der Kanalneulegung nur Material beibringen können, das sich mit denen deckt, die Schierenberg vor fast hundert Jahren schon erkannte. Dazu hatte ich nun die Gelegenheit, daß ich mit der Kamera auch noch die vielen einzelnen Punkte der Schichtungen festhalten konnte, ebenso erfolgte die genaue Vermessung der Fundtiefe. Das Schichtenprofil durch die ganze Mittelstraße ist auch fertig.*«

Auf diese Beobachtungen von Friedrich Schäfer hat Wilhelm Müller in zwei Aufsätzen des Jahres 1962 kurz hingewiesen, wobei er angibt, daß bei Abschluß der Erdarbeiten 22 Hufeisen vorlagen. Bei der Bewertung dieser Zahl ist zu berücksichtigen, daß man bei dem heutigen maschinellen Ausschachtungsverfahren den größten Teil der Altertumsfunde nicht bemerken kann. Nur dort, wo mit der Handschaufel gearbeitet wird (z. B. bei den Hausanschlüssen), können sie beobachtet werden.

161 Die Steinaltertümer des Leistruper Waldes sind noch nicht zusammenfassend bearbeitet und veröffentlicht worden. Auf ihr Vorhandensein hat bereits W. Teudt, Germanische Heiligtümer, S. 160 ff., aufmerksam gemacht. Inzwischen sind die umgestürzten Steinreihen vermessen und in einen Plan eingezeichnet worden, der im Lippischen Landesmuseum Detmold aufbewahrt wird.

162 Siehe oben S. 172.

163 So ist im »Etymologischen Wörterbuch der deutschen Sprache« von Kluge und Götze, 16. Auflage 1953, S. 308, folgende Reihe von zugehörigen Wortbildungen zu finden: *»Heide (fem.). (Mittelhochdeutsch und niederländisch) heide, (altsächsisch) hētha, (mittelniederdeutsch) hēde (fem.), (angelsächsisch) hæth (masc. und neutr.), (englisch) heath = ›unbebautes, unbewohntes Land‹, (altnordisch) heiđr (fem.) = ›wüste Hochfläche‹, (schwedisch) hed, (dänisch) hede, (gotisch) haipi (fem.) = ›Feld, Acker‹ führen auf (vorgermanisch) *koitia- = ›unbewohntes Land, Wildnis‹. Außerdem vergleichen sich (urkeltisch) *kaito- in (gallisch) caeto- (im Ortsnamen Kaitobrix), cēto- (in Ortsnamen wie Cētobriga, Etocētum), (altkymrisch) coid, (kymrisch) coed, (bretonisch) koad, coet = ›Wald‹.«*

164 Ch. G. Clostermeier, Der Eggesterstein, S. 8.

165 C. W. Isermann, Nachrichten aus Horn, S. 143. – J. Andree, Die Externsteine. Eine germanische Kultstätte, 2. Aufl., S. 58 ff. Abb. 43.

166 J. Andree, a. a. O., S. 61 f.

167 Kap. 65. – Siehe oben S. 121.

168 Siehe oben S. 141.

169 Siehe oben S. 217–219.

170 W. Lippert, Das Eggegebirge. 2. Aufl., S. 36 f. – J. Koch, Frühe Verkehrsstraßen, S. 52 f.

171 J. Koch, a. a. O., S. 27 ff.

172 K. Schoppe, Die Irminsul, S. 32–34.

173 Siehe oben S. 173.

174 Topographische Karte 1:25000. Blatt 4119. Horn-Bad Meinberg.

175 J. Koch, a. a. O., S. 44 ff.

176 J. Koch, a. a. O., S. 50; Abb. 7 auf S. 32 und 33.

177 F. Copei, Heer- und Handelsstraßen im Sennegebiet, S. 180 f.

178 H. Hamelmann, Delineatio urbium et oppidorum Westfaliae.

179 Der lateinische Text lautet: *»legi aliquando, quod ex rupe illa picarum, idolo gentilio, fecerit Carolus Magnus altare Deo sacratum et ornatum effigiebus apostolorum.«*

180 Ch. G. Clostermeier, Der Eggesterstein. 2. Aufl., S. 16. – K. Th. Menke, Lage, Ursprung der Externsteine, S. 82 ff.

181 Ch. G. Clostermeier, a. a. O., S. 16, Anm. 26. – K. Th. Menke, a. a. O., S. 83.

182 Siehe oben S. 193 f. und Anm. 147.

183 W. G. von Donop, Der Externstein. – W. Dorow, Die Externsteine. – Ch. G. Clostermeier, Der Eggesterstein. 2. Aufl., S. 107 ff. – K. Wehrhan, Die Externsteine, S. 23 ff. – P. Zaunert, Westfälische Sagen, S. 90 f. – U. von Motz, Die Sagen der Externsteine. – F. H. Hamkens, Der Externstein, S. 30 ff.

184 F. Copei, Heer- und Handelsstraßen im Sennegebiet, S. 179f., 200f. – Vgl. oben Anm. 139.

185 Z. B.: J. W. von Goethe, Die Externsteine. – H. F. Maßmann, Der Egsterstein. – J. Andree, Die Externsteine. – F. H. Hamkens, Der Externstein.

186 Z. B.: Ch. G. Clostermeier, Der Eggesterstein. – K. Th. Menke, Lage, Ursprung der Externsteine. – C. Dewitz, Die Externsteine. – A. Fuchs, Im Streit um die Externsteine. – F. Focke, Beiträge. – F. Flaskamp, Die Externsteine.

187 Siehe oben S. 225.

188 Siehe oben S. 167 f.

189 Siehe oben S. 238 f.

190 Z. B.: C. Dewitz, Die Externsteine, S. 75.

191 J. Mundhenk, Forschungen zur Geschichte der Externsteine. Band I, S. 102 und 106.

192 Siehe die verschiedenen Datierungen von O. Schmitt, Zur Datierung, und O. Gaul, Neue Forschungen. Der erste nennt die Zeit um 1150, der zweite die Zeit um 1130.

193 W. Matthes, Zur Entstehung des Kreuzabnahme-Reliefs, S. 173f.

194 O. Schmitt, Zur Datierung des Externsteine-Reliefs. – O. Gaul, Neue Forschungen zum Problem der Externsteine.

195 J. W. von Goethe, Die Externsteine. – W. Dorow, Die Externsteine in Westfalen.

196 Ch. G. Clostermeier, Der Eggesterstein. – K. Th. Menke, Die Externsteine.

197 Z. B.: H. F. Maßmann, Der Egsterstein, S. 19ff. – C. Dewitz, Die Externsteine, S. 68ff., 77ff. – E. Rampendahl, Die Ikonographie der Kreuzabnahme, S. 34.

198 K. Th. Menke, a. a. O., S. 110ff.

199 F. Flaskamp, Externsteiner Urkundenbuch, S. 18–20.

200 Ch. G. Clostermeier, Der Eggesterstein, S. 54ff.

201 Z. B.: H. F. Maßmann, Der Egsterstein, S. 19ff. – E. Helwing in Clostermeier, a. a. O., 2. Aufl., S. 102–107. – W. E. Giefers, Die Externsteine. – C. Dewitz, Die Externsteine, S. 81. – E. Rampendahl, a. a. O., S. 34, 134.

202 F. Flaskamp, Externsteiner Urkundenbuch.

203 O. Preuß, Das Lehen am Externsteine. – F. Flaskamp, a. a. O., S. 10ff., 43–90.

204 H. F. Maßmann, Der Egsterstein, S. 21.

205 F. H. Hamkens, Die Schriftzeichen in der Höhle des Externsteins.

206 Z. B.: Helwing in der 2. Auflage von Clostermeier, Der Eggesterstein, S. 104–107. – C. Dewitz, Die Externsteine, S. 81.

207 Z. B.: E. Rampendahl, a. a. O., S. 34. – J. Reil, Die Externsteine als Denkmal mittelalterlicher Frömmigkeit. – F. Focke, Beiträge zur Geschichte der Externsteine, S. 149.

208 O. Schmitt, Zur Datierung des Externsteine-Reliefs.

209 W. Matthes, Zur Entstehung des Kreuzabnahme-Reliefs, S. 174f.

210 W. Matthes, a. a. O., S. 176.

211 W. Matthes, a. a. O., S. 176f.

212 Vgl. oben S. 120 f.

213 Ch. Beutler, Bildwerke zwischen Antike und Mittelalter, S. 33.

214 Ch. Beutler, a. a. O., S. 30f.

215 Corbie. Abbaye Royale (Festschrift).

216 G. Ooghe, L'écriture de Corbie. In: Corbie. Abbaye Royale, S. 270–280.

217 Siehe oben S. 28.

218 C. Cecchelli, I Monumenti de Friule dal secolo IV al XI. Tome I. – E. Dyggve, Il tempietto di Cividale, S. 75–79. – Ch. Beutler, Bildwerke, S. 45 ff. – W. F. Volbach, Skulptur und Kunstgewerbe, S. 247, 251, 253. – W. Braunfels, Die Welt der Karolinger, S. 114, 374.

219 Siehe oben S. 258.

220 Ch. Beutler, Bildwerke zwischen Antike und Mittelalter.

221 A. a. O., S. 174.

222 O. Schmitt, Zur Datierung des Externsteine-Reliefs.

223 J. Porcher, La peinture provinciale, S. 59–61, 69–71. – J. Porcher, Die Bilderhandschriften, S. 190–204. – W. Braunfels, Die Welt der Karolinger, S. 156–164.

224 J. Porcher, Die Bilderhandschriften, S. 190–201. – Vgl. unten S. 268–270.

225 W. Braunfels, a. a. O., S. 157.

226 J. Porcher, Die Bilderhandschriften, S. 202.

227 J. Porcher, Die Bilderhandschriften, S. 190, 201 f., 204.

228 W. Koehler, Die karolingischen Miniaturen II. – F. Mütherich, Die Buchmalerei am Hofe Karls des Großen, S. 9 ff. – F. Mütherich und J. E. Gaehde, Karolingische Buchmalerei, S. 32–37.

229 Bei der Würdigung der kulturellen Leistung des frühmittelalterlichen Corbie sind auch noch die Ergebnisse der Handschriften-Untersuchung von B. L. Ullman zu berücksichtigen, von denen in der Anmerkung 62 die Rede war.

230 E. Akurgal und M. Hirmer, Die Kunst der Hethiter, Taf. 75–87, 98, 102 und Farbtaf. XIX–XXII. – H. Moore und L. Laroche, Mesopotamien, S. 53, 50–59, 60, 64.

231 R. Frye, Persien, Abbildungen auf S. 317 f., 327–330. – E. Porada, Alt-Iran, S. 205–213. – J. A. de Gobineau, Die Welt der Perser, S. 102–105. – H. Moore und L. Laroche, Mesopotamien, S. 112–116, 161–174.

232 M. S. Ipşiroğlu, Die Kirche von Achtamar.

233 A. a. O., S. 98 ff.

234 A. Boeckler, Die Bronzetür von Verona.

235 K. W. Forster, Benedetto Antelami, Abb. 2. – W. von den Steinen, Homo caelestis II, Tafel 233.

236 P. de Palol und M. Hirmer, Spanien, Tafel 88. – W. von den Steinen, a. a. O., Tafel 232.

237 P. de Palol und M. Hirmer, Spanien, Tafel 162.

238 A. Fuchs, Im Streit um die Externsteine, Tafel 14.

239 A. Fuchs, a. a. O., Tafel 15.

240 W. Braunfels, Die Welt der Karolinger, Abb. 68. – J. Porcher, Die Bilderhandschriften, Abb. 206.

241 W. Braunfels, a. a. O., Abb. XXIII b, Abb. 69, Abb. 75, Abb. 81. – J. Porcher, a. a. O., Abb. 205, Abb. 207.

242 W. Braunfels, a. a. O., S. 163, Abb. 75.

243 Z. B.: W. Dorow, Die Externsteine in Westfalen. – J. W. von Goethe, Die Externsteine. – H. F. Maßmann, Der Egsterstein in Westfalen. – J. W. J. Braun, Die Externsteine. – G. A. B. Schierenberg, Der Externstein zur Zeit des Heidenthums. – A. Kisa,

Die Externsteine. – W. Teudt, Altgermanischer Gestirndienst. – W. Teudt, Germanische Heiligtümer. – J. Andree, Die Externsteine. – U. von Motz, Die Externsteine. – F. Seitz, Rätsel um die Externsteine. – F. Seitz, »Steinerne Urkunden« an den Externsteinen. – H. Gsänger, Die Externsteine. – F. H. Hamkens, Der Externstein.

244 Z. B.: Ch. G. Clostermeier, Der Eggesterstein. – W. E. Giefers, Die Externsteine. – C. Dewitz, Die Externsteine. – J. Reil, Die Externsteine. – F. Focke, Beiträge. – F. Flaskamp, Die Externsteine. – E. Kittel, Die Externsteine.

245 F. Flaskamp, Externsteiner Urkundenbuch.

246 O. Preuß, Das Lehen am Externsteine. – F. Flaskamp, a. a. O.

247 F. Flaskamp, a. a. O., S. 54ff.

248 F. Flaskamp, a. a. O., S. 63f.

Schriften-Verzeichnis

Quellen

Annales Laurissenses minores. Hrsg. von G. H. Pertz. In: Monumenta Germaniae historica. SS I., Hannover 1826, S. 112–123.

Annales Petaviani. Hrsg. von G. H. Pertz. In: Monumenta Germaniae historica. SS I., Hannover 1826, S. 7–18.

Astronomus, Das Leben Kaiser Ludwigs. In: Quellen zur karolingischen Reichsgeschichte I, S. 258–381.

Eigil, Eigilis vita S. Sturmi abbatis Fuldensis. Hrsg. von G. H. Pertz. In: Monumenta Germaniae historica. SS II., Hannover 1829, S. 365–377.

Poeta Saxo, Poetae Saxonis Annalium de gestis Caroli Magni Imperatoris libri quinque. Hrsg. von C. Strecker. In: Monumenta Germaniae historica. Poetae latini aevi carolini IV., 1., Hannover 1978, S. 7–71.

Radbertus, Egloga duarum sanctimonialium uno favoris planctu conplosa. Hrsg. von C. Strecker. In: Monumenta Germaniae historica. Poetae Latini aevi Caroli III., Hannover 1978, S. 45–51.

Ders., Epitaphium Arsenii seu vita venerabilis Walae abbatis Corbeiensis in Gallia. Hrsg. von J. P. Migne. In: Patrologia latina, Bd. 120, o. O. und o. J., S. 1557–1650.

Ders., Ex vita Walae abbatis Corbeiensis. In: Monumenta Germaniae historica. SS II., 533 ff.

Ders., Vita Adalhardi abbatis Corbeiensis. Hrsg. von J. P. Migne. In: Patrologia latina, Bd. 120, o. O. und o. J., S. 1507–1556.

Rimbert, Vita Anskarii. Neu übertragen von W. Trillmich. In: Quellen des 9. und 11. Jahrh. zur Geschichte der Hamburgischen Kirche und des Reiches. Darmstadt 1968, S. 3–133.

Rudolf von Fulda, Translatio S. Alexandri auctoribus Ruodolfo et Meginharto. Hrsg. von G. H. Pertz. In: Monumenta Germaniae historica. SS II., Hannover 1829, S. 673–681.

Das Neue Testament, Übersetzt von Emil Bock, Stuttgart 1980.

Translatio Sancti Liborii anno 836. Hrsg. von G. H. Pertz. In: Monumenta Germaniae historica. SS IV., Hannover 1841, S. 149–157.

Translatio Sancti Viti. Bearbeitet und hrsg. von F. Stentrup. In: Philippi, Abhandlungen zur Corveyer Geschichtsschreibung. Münster 1906, S. 51–100.

Sammelwerke

Corbie. Abbaye Royale. Volume du XIIIe Centenaire. Hrsg. Facultés catholiques de Lille. Lille 1963.

Abhandlungen über Corveyer Geschichtsschreibung. Von J. Backhaus, D. F. Stentrup und G. Bartels. Hrsg. von F. Philippi. In: Veröffentlichungen der historischen Kommission in Westfalen. Münster 1906.

Frühzeit des Mittelalters. Von der Völkerwanderung bis an die Schwelle der Karolingerzeit. Von J. Hubert, J. Porcher, W. F. Volbach. In: Universum der Kunst. Hrsg. von A. Malraux und A. Parrot. München 1968.

Karolingische Kunst. Hrsg. von W. Braunfels und H. Schnitzler. In: Karl der Große. Lebenswerk und Nachleben. Band III. Hrsg. von W. Braunfels. Düsseldorf 1965.

Kunst und Kultur im Weserraum 800–1600. Ausstellung des Landes Nordrhein-Westfalen in Corvey 1966. 1. Beiträge zu Geschichte und Kunst, Münster 1966. 2. Katalog, Münster 1966.

Lippische Bibliographie. Hrsg. vom Landesverband Lippe. Bearbeitet von W. Hansen. Detmold 1957.

Quellen zur karolingischen Reichsgeschichte. 1. Teil, neubearbeitet von Reinhold Rau. Darmstadt 1968.

Abhandlungen

E. Akurgal und M. Hirmer, Die Kunst der Hethiter. München 1976.

J. Andree, Die Grabungen an den Externsteinen 1934. In: Nachrichtenblatt für Deutsche Vorzeit 11 (1935), S. 13–19.

Ders., Die Externsteine. Neuergebnisse der Ausgrabungen 1934/35. In: Germanenerbe 1 (1936), S. 75–80.

Ders., Die Externsteine. Eine germanische Kultstätte. Münster 1936, 3. ergänzte und vermehrte Auflage 1939.

G. Bartels, Die Geschichtsschreibung des Klosters Corvey. In: F. Philippi, Abhandlungen über Corveyer Geschichtsschreibung. Münster 1906, S. 101–172.

E. F. Beck, Der Odin der Externsteine. In: Ur- und Frühzeit. Beiträge zur Ur- und Frühgeschichtsforschung, Heft 3 (1979), S. 17–26.

E. Benz, Die Vision. Erfahrungsformen und Bilderwelt. Stuttgart 1969.

H. Beumann, Die Stellung des Weserraumes im geistigen Leben des Früh- und Hochmittelalters. In: Kunst und Kultur im Weserraum 1 (1966), S. 144–160.

Ch. Beutler, Bildwerke zwischen Antike und Mittelalter. Unbekannte Skulpturen aus der Zeit Karls des Großen. Düsseldorf 1964.

A. Boeckler, Die Bronzetür von Verona.

K. Brandi, Karls des Großen Sachsenkriege. In: Niedersächsisches Jahrbuch für Landesgeschichte 10 (1933), S. 29–52.

J. W. J. Braun, Die Externsteine. Fest-Programm zu Winckelmann's Geburtstage am 9. December 1858. Herausgegeben vom Vorstand des Vereins von Alterthumsfreunden in den Rheinlanden. Bonn 1858.

W. Braunfels, Die Welt der Karolinger und ihre Kunst. München 1968.

Ders., Karl der Große in Selbstzeugnissen und Bilddokumenten. Reinbek 1972.

H. Busen, Kloster und Klosterkirche zu Corvey. In: Kunst und Kultur im Weserraum 1 (1966), S. 19–42.

C. Cecchelli, I Monumenti de Friule dal secolo IV al XI.

H. Claussen, Karolingische Wandmalereifragmente in Corvey. In: Westfalen 55 (1977), S. 298–306.

Ch. G. Clostermeier, Der Eggesterstein im Fürstenthum Lippe. Lemgo 1824.

Ders., Der Eggesterstein im Fürstenthum Lippe. Eine naturhistorische und geschichtliche Monographie. Zweite, mit Verbesserungen, Nachträgen und Urkunden vermehrte Auflage von Ernst Helwing. Lemgo und Detmold 1848.

F. Copei, Heer- und Handelsstraßen im Sennegebiet. Mitteilungen aus der Lippischen Geschichte und Landeskunde 16 (1938), S. 163–207.

C. Dewitz, Die Externsteine im Teutoburger Walde. Eine archäologisch-kritische Untersuchung. Breslau 1886.

H. Dörries und G. Kretschmar, Ansgar. Seine Bedeutung für die Mission. Hamburg 1965.

W. G. von Donop, Der Externstein. In: Eos, Zeitschrift für Gebildete 1 (1810), Nr. 57, 59, 62. Wieder abgedruckt in: Lippisches Intelligenzblatt (1810), Nr. 38, 39, S. 304–308, 311–313.

W. Dorow, Die Externsteine (eostrae rupes) in Westfalen. In: Dorow, Die Denkmale germanischer und römischer Zeit in den Rheinisch-Westfälischen Provinzen. Band 1, Stuttgart und Tübingen 1823, S. 71–81.

E. Dyggve, Il tempietto di Cividale. In: Atti del 2° Congresso internazionale di studi sull' alto medioevo, 1953, S. 75–79.

W. Eckhardt, Alte Kunst im Weserland, aus der Landesausstellung »Kunst und Kultur im Weserraum – Corvey 1966«. Herausgegeben vom Kultusministerium des Landes Nordrhein-Westfalen. Bearbeitet von W. Eckhardt. Köln 1967.

W. Effmann, Die Kirche der Abtei Corvey. Hrsg. von Alois Fuchs. Paderborn 1929.

V. H. Elbern, Das erste Jahrtausend: Kultur und Kunst im werdenden Abendland an Rhein und Ruhr. Tafelband Düsseldorf 1962.

F. J. Esterhues, Zur frühen Baugeschichte der Corveyer Abteikirche. In: Westfalen 31 (1953), S. 320–335.

Ders., Zur Rekonstruktion der ersten Corveyer Klosterkirche. In: Westfälische Zeitschrift 108 (1958), S. 387–394.

F. Flaskamp, Die Externsteine. Wissenschaftliche Führung durch ein christliches Heiligtum aus dem deutschen Mittelalter. Rietberg 1954.

Ders., Externsteiner Urkundenbuch. In: Quellen und Forschungen zur Westfälischen Geschichte 94. Gütersloh 1966.

F. Focke, Beiträge zur Geschichte der Externsteine. Stuttgart 1943.

K. W. Forster, Benedetto Antelami. Der große romanische Bildhauer Italiens. München 1961.

R. Frye, Persien. In: Kindlers Kulturgeschichte. Zürich 1962.

A. Fuchs, Im Streit um die Externsteine. Ihre Bedeutung als christliche Kultstätte. Paderborn 1934.

Ders., Entstehung und Zweckbestimmung der Westwerke. In: Westfälische Zeitschrift 100 (1950), S. 227ff.

T. Fuchs, Arminius und die Externsteine. Der Kampf um die Geistesfreiheit Europas. Stuttgart 1981.

O. Gaul, Neue Forschungen zum Problem der Externsteine. In: Westfalen 32 (1955), S. 141–164.

A. Gerke, OSB, Die Benediktinerabtei Corvey. Das Heiligtum Westfalens. Die wiederentdeckte karolingische Gesamtbaukonzeption. O. O. 1973.

W. E. Giefers, Die Externsteine im Fürstenthum Lippe-Detmold. Eine historisch-archäologische Monographie. Paderborn 1851.

Ders., Die Externsteine im Fürstenthum Lippe. Paderborn 1867.

Ders., Das Relief an den Externsteinen. In: Organ für christliche Kunst 4 (1854).

Ders., Eresburg, Irmensäule, Bullerborn. In: Zeitschrift für vaterländische Geschichte 36 (1878), Abth. 2, S. 134–163.

J.-A. de Gobineau, Die Welt der Perser. München und Berlin 1971.

J. W. von Goethe, Die Externsteine. In: »Kunst und Altertum« 5 (1824), S. 130–139. Goethes Werke (Sophien-Ausgabe), Abt. 1, Bd. 49 (2), S. 46–52.

H. Größler, Altheilige Steine in der Provinz Sachsen. In: Neujahrsblätter. Hrsg. von der Histor. Kommission der Provinz Sachsen. Nr. 20 (1896).

H. Gsänger, Mysterienstätten der Menschheit. Die Externsteine. Freiburg/Br. 1964.

H. Hamelmann, Delineatio urbium et oppidorum Westfaliae. 1564.

F. H. Hamkens, Der Externstein. Seine Geschichte und seine Bedeutung. Tübingen 1971.

Ders., Das Eigentum am Externsteine. In: Heimatland Lippe 64 (1971), S. 94–100.

Ders., Die Schriftzeichen in der Höhle des Externsteins. In: Heimatland Lippe 68 (1975), S. 7–15.

Ders., Die Richtlage des Externsteines und das Ganggrab von New Grange. In: Deutschland in Geschichte und Gegenwart. Zeitschrift für historische Wahrheitsforschung 26 (1978), Heft 2, S. 16–19.

H. W. Hammerbacher, Irminsul und Lebensbaum. Heusenstamm 1973.

A. Hauttecoeur, Les enluminures des manuscrits de Corbie (VIIIe–XIe siècle). In: Corbie. Volume du XIIIe centenaire. 1963, S. 249–262.

F. Heine (Hrsg.), Die Externsteine (mit Beiträgen von O. Suffert, L. Nebelsiek, G. Peters, U. von Motz). Lage 1949.

K. Hoffmann, Taufsymbolik im mittelalterlichen Herrscherbild. In: Bonner Beiträge zur Kunstwissenschaft, Band 9, Düsseldorf 1968.

F. Hohenschwert, Die lippische Senne. Landschaft, Ur- und frühgeschichtliche Besiedlung. Detmold 1969.

K. Honselmann, Unbekannte Urkunden über das Beneficium an den Externsteinen. In: Westfälische Zeitschrift 96 (1940), Abt. 2, S. 85–92.

Ders., Die sog. Abdinghofer Fälschungen. Echte Traditionsnotizen in der Aufmachung von Siegelurkunden. In: Westfälische Zeitschrift 100 (1950), Abt. 2, S. 292–356.

Ders., Der Externsteinbesitz Abdinghofs. In: Mitteilungen aus der Lippischen Geschichte und Landeskunde 24 (1955), S. 212–226.

J. Hubert, Architektur und plastischer Dekor. In: Frühzeit des Mittelalters. München 1968. S. 1–102.

M. S. Ipşiroğlu, Die Kirche von Achtamar. Bauplastik im Leben des Lichtes. Mainz 1963.

C. W. Isermann, Nachrichten und Notizen von der Stadt Horn und dem Amte Horn von der ältesten Zeit bis zur Gegenwart. O. O. 1889.

E. Jung, Irmensul und Rolandsäule. Ein Beitrag zur Rechtsarchäologie. In: Mannus 17 (1925), S. 1–34.

Ders., Germanische Götter und Helden in christlicher Zeit. Urkunden und Betrachtungen zur deutschen Glaubensgeschichte, Rechtsgeschichte, Kunstgeschichte und allgemeinen Geistesgeschichte. München und Berlin, 2. Auflage 1939.

H. Kiewning, Hethis. In: Vaterländische Blätter. Lippisches Magazin (1930) Nr. 12, S. 45–52.

A. Kisa, Die Externsteine. In: Bonner Jahrbücher 94 (1893), S. 73–142.

E. Kittel, Die Externsteine als Tummelplatz der Schwarmgeister. In: Lippische Mitteilungen aus Geschichte und Landeskunde 33 (1964), S. 5–68.

Ders., Die Externsteine – Ein kritischer Bericht zu ihrer Erforschung und Deutung. 1969, 3., überarbeitete Auflage der zuerst unter dem Titel »Die Externsteine als Tummelplatz der Schwarmgeister« erschienenen Veröffentlichung.

Ders., Die Externsteine. 5. Auflage. 1973.

J. Koch, Frühe Verkehrsstraßen in der östlichen Westfälischen Bucht. Straßengeschichtliche Untersuchung zur Verkehrslage der Stadt Paderborn. In: Schriftenreihe des Heimatvereins Neuenbeken e. V., Nr. 3, Paderborn 1977.

W. Koehler, Die Karolingischen Miniaturen II. Die Hofschule Karls des Großen. München 1958.

M. M. Kratz, Der Dom zu Hildesheim

H. Krause-Zimmer, Kreuz und Auferstehung – Mysterienspuren in Passions- und Osterbildnissen. Stuttgart 1981.

F. Kreusch, Beobachtungen an der Westanlage der Klosterkirche zu Corvey. 1963.

H. Krüger, Die vorgeschichtlichen Straßen in den Sachsenkriegen Karls des Großen. In: Korrespondenzblatt des Gesamtvereins deutscher Geschichtsvereine 80 (1932).

K. H. Krüger, Die Corveyer Patrone und ihre Altäre nach den Schriftzeugnissen. In: Westfalen 55 (1977), S. 309–345.

E. Lehmann, Zum Buche von W. Rave über Corvey. In: Westfalen 38 (1960), S. 12–35.

J. Letzner, Corbeische Chronik. Hamburg 1590.

W. Lippert, Das Eggegebirge und sein Vorland. Wanderführer. 1. Auflage Paderborn 1966, 2. Auflage o. J.

U. Lobbedey, Neue Ausgrabungsergebnisse zur Baugeschichte der Corveyer Abteikirche. In: Westfalen 55 (1977), S. 285–297.

H. Löwe, Die Irminsul und die Religion der Sachsen. In: Deutsches Archiv für Geschichte des Mittelalters V (1941), S. 1–22.

H. F. Maßmann, Der Egsterstein in Westfalen. Nochmals besprochen. Weimar 1846.

W. Matthes, Zur Entstehung des Kreuzabnahme-Reliefs an den Externsteinen. Das Problem der Datierung und ein Ansatz für die Lösung. In: Die Grenze der machbaren Welt. Festschrift der Klopstock-Stiftung. Hrsg. von E. Benz. Leiden 1975. S. 133–190.

K. Th. Menke, Lage, Ursprung, Namen, Beschreibung, Alterthum, Mythus und Geschichte der Externsteine. Münster 1823.

W. Metz, Mainzer, Fuldaer und Würzburger Einflüsse an der oberen Weser. In: Kunst und Kultur im Weserraum. Band 1 (1966), S. 122–126.

R. Meyer, Nordische Apokalypse. Stuttgart 1967.

H. Moore und L. Laroche, Mesopotamien. In: Monumente großer Kulturen. Wiesbaden 1975.

U. von Motz, Die Sagen der Externsteine. In: F. Heine (Hrg.), Die Externsteine. Lage 1949, S. 17–19.

Ders., Die Externsteine – ein Volksheiligtum. Untersuchungen über ihre vorchristlich-germanische Bedeutung. Pähl 1954.

H. Mühlner, Die Sachsenkriege Karls des Großen in der Geschichtsschreibung der Karolinger- und Ottonenzeit. In: Historische Studien. Heft 308 (1937).

R. Müller, Himmelskundliche Ortung auf nordisch-germanischem Boden. 1936.

Ders., Der Himmel über dem Menschen der Steinzeit. Berlin und New York 1970.

Werner Müller, Die heilige Stadt. Roma quadrata, himmlisches Jerusalem und die Mythe vom Weltnabel. Stuttgart 1961.

Wilhelm Müller, Römische Hufeisen und die Varusschlacht. In: Forschungen und Fortschritte 36 (1962), S. 375–378.

Ders., Römische Hufeisen als Spuren der Varusschlacht? Der Fund von Horn im Licht neuer Forschung. In: Unsere Lippische Heimat. Heimatbeilage der Lippischen Rundschau, August 1962.

Ders., Zu den Hufeisenfunden von Horn. Was Oberst Scheppe zu berichten weiß. In: Unsere Lippische Heimat, Februar 1963.

F. Mütherich, Die Buchmalerei am Hofe Karls des Großen. In: Karolingische Kunst. Hrsg. von W. Braunfels und H. Schnitzler. Düsseldorf 1965, S. 9–53.

F. Mütherich und J. E. Gaehde, Karolingische Buchmalerei. München 1976.

J. Mundhenk, Externsteine. In: Lippische Sehenswürdigkeiten, Heft 2. 1974.

Ders., Die Externsteine – ein Aufbewahrungsort für Missetäter? In: Heimatland Lippe 68 (1975), S. 160–168.

Ders., Forschungen zur Geschichte der Externsteine in vier Bänden.
Band 1. Architektonisch-archäologische Bestandsaufnahme. Lemgo 1980.
Band 2. Untersuchungen zur jüngeren Geschichte der Externsteine. Lemgo 1980.
In: Lippische Studien, Band 5 und 6, Forschungsreihe des Landesverbandes Lippe.

E. Nay-Scheibler, Gesichter der Steinzeit. Ahnenfiguren und Tiergestalten. Stuttgart und Zürich 1981.

L. Nebelsiek, Zur Geschichte der Externsteine. In: F. Heine (Hrg.), Die Externsteine. Lage 1949, S. 8–12.

E. Neumann-Gundrum, Europas Kultur der Gross-Skulpturen – Urbilder / Urwissen einer europäischen Geistesstruktur. Giessen 1981.

G. Ooghe, L'écriture de Corbie. In: Corbie. Volume du XIIIe centenaire. Lille 1963, S. 263–282.

B. Ortmann, Vororte Westfalens in germanischer Zeit. 1949.

P. de Palol und M. Hirmer, Spanien. Kunst des frühen Mittelalters vom Westgotenreich bis zum Ende der Romanik. München 1965.

H. Peltier, Saint Adelhard, Abbé de Corbie. Son rôle politique et administratif: Service du roi – Pax carolina – De ordine Palatii. In: Corbie, Volume du XIIIe centenaire. Lille 1963, S. 61–94.

Ders., Wala, disciple d'Adalhard. In: Corbie. Volume du XIIIe centenaire. Lille 1963, S. 95–104.

E. Porada, Alt-Iran. Die Kunst in vorislamischer Zeit. In: Kunst der Welt. Baden-Baden 1977.

J. Porcher, L'evangeliaire de Charlemagne et le psautiere d'Amiens. In: La revue des Arts, VII. (1957), S. 50–58.

Ders., La peinture provinciale. In: Karolingische Kunst. Hrsg. von W. Braunfels und H. Schnitzler. Düsseldorf 1965, S. 54–73.

Ders., Die Bilderhandschriften. In: Frühzeit des Mittelalters. Düsseldorf 1968, S. 103–208.

O. Preuß, Das Lehen am Externsteine. In: Zeitschrift für vaterländische Geschichte und Altertumskunde Westfalens 30 (1872), S. 141–154.

Ders. und A. Falkmann, Lippische Regesten

J. Prinz, Die geschichtliche Entwicklung des oberen Weserraumes im Mittelalter. In: Kunst und Kultur im Weserraum. Band 1. 1966, S. 82–96.

E. Rampendahl, Die Ikonographie der Kreuzabnahme vom 9.–16. Jahrhundert. Inaugural-Dissertation. Berlin 1916.

W. Rave, Corvey. Münster 1958.

O. Rehme, Auf den Spuren alter Wege im Raum Horn-Altenbeken. In: Heimatland Lippe 58 (1963) Nr. 2.

J. Reil, Die Externsteine als Denkmal mittelalterlicher Frömmigkeit. In: Theologische Studien und Kritiken 108, N. F. III, 5 (1937/38).

C. Rodenberg, Die Vita Walae als historische Quelle. Philosophische Dissertation. Göttingen 1877.

G. A. B. Schierenberg, Der Externstein zur Zeit des Heidenthums in Westfalen. Dargestellt von einem Dilettanten. Detmold 1879.

Ders., Die Kriege der Römer zwischen Rhein, Weser und Elbe unter Augustus und Tiberius. Frankfurt/M. 1888.

R. Schindler, Ausgrabungen in Althamburg. Neue Ergebnisse zur Frühgeschichte der Hansestadt. Hamburg 1957.

L. Schmidt, Felszeichen, Felsbilder und sonstige Felsbearbeitungen in der Pfalz. Kaiserslautern 1976.

O. Schmitt, Zur Datierung des Externsteine-Reliefs. In: Beiträge für Georg Swarzenski. 1951, S. 26–35.

K. Schoppe, Die Irminsul. Forschungen über ihren Standort. Paderborn 1947.

D. Schünemann und H. Oldenburg, Eine früheisenzeitliche Kultstätte im Dalsch bei Hohenaverbergen, Kr. Verden. In: Die Kunde. N. F. 19 (1968), S. 56–84.

F. Seitz, Rätsel um die Externsteine. Horn 1951.

Ders., Rätsel um die Externsteine. Neufassung. 3. erw. Auflage. Pähl 1958.

Ders., »Steinerne Urkunden« an den Externsteinen. Neue entscheidende Feststellungen zur Klärung des Externsteinproblems. Pähl 1959.

W. von den Steinen, Homo Caelestis. Das Wort der Kunst im Mittelalter. Band I und II. Bern 1965.

R. Steiner, Die Mission einzelner Volksseelen im Zusammenhange mit der germanisch-nordischen Mythologie. Vortragszyklus, gehalten in Oslo vom 7. bis 17. Juni 1910. In: Rudolf-Steiner-Gesamtausgabe, GA 121, Dornach 1962.

W. Stüwer, Die Geschichte der Abtei Corvey. In: Kunst und Kultur im Weserraum. Band 1. 1966, S. 5–18.

G. Stuhlfauth, Das Dreieck. Die Geschichte eines religiösen Symbols. 1937.

W. Teudt, Germanische Heiligtümer. Beiträge zur Aufdeckung der Vorgeschichte, ausgehend von den Externsteinen, den Lippequellen und der Teutoburg. 1. Aufl. Jena 1929, 4. Aufl. 1936.

Ders., Altgermanischer Gestirndienst. I. Das Zerstörungswerk an den Externsteinen. In: Mannus 18 (1926), S. 349–357.

J. Trier, Irminsul. In: Westfälische Forschungen. Mitteilungen des Provinzialinstituts für westfälische Landes- und Volkskunde 4 (1941), S. 99–133.

B. L. Ullman, Geometry in the mediaeval Quadrivium. In: Studi di Bibliografia e di Storia in Onore di Tammaro de Marinis. Vol. IV. Bologna 1964.

K. Urban, Neue Messungen an den Externsteinen, ein Beitrag zur Diskussion der Ortungen. In: Mannus 41 (1975), S. 291–302.

F. Vater, Die Zerstörung der Irminsul. Eine Studie zum Feldzug des Jahres 772. Pähl 1954.

W. F. Volbach, Skulptur und Kunstgewerbe. In: Frühzeit des Mittelalters. 1968, S. 209–288.

H. Weczerka, Verkehrsgeschichtliche Grundlagen des Weserraums. In: Kunst und Kultur des Weserraums. Band 1. 1966, S. 192–202.

K. Wehrhan, Die Externsteine im Teutoburger Walde in Natur, Kunst, Dichtung, Geschichte und Volkssage. Detmold 1922.

L. Weinrich, Wala. Graf, Mönch und Rebell. Die Biographie eines Karolingers. In: Historische Studien, Heft 386. Lübeck und Hamburg 1963.

H. Wiesemeyer, Die Gründung der Abtei Corvey im Lichte der Translatio Sancti Viti. In: Westfälische Zeitschrift 112 (1962), s. 245–274.

P. Wigand, Die Corveyschen Geschichtsquellen. Ein Nachtrag zur kritischen Prüfung des Chronicon Corbeiense. Leipzig 1841.

W. Winkelmann, Die Frühgeschichte im Paderborner Land. In: Führer zu vor- und frühgeschichtlichen Denkmälern, Band 20, Wiesbaden 1971, S. 87–121.

P. Zaunert, Westfälische Sagen. Jena 1927.

Verzeichnis der Abbildungen

Verzeichnis der Zeichnungen

Die Zeichnungen nach Vorlagen des Verfassers und jeweils benannter Autoren fertigte Walter Kraft, Stuttgart.

Nachweis der Abbildungen

Die Vorlagen zu den Abbildungen verdankt der Verfasser
dem Verlag DuMont Köln für Abb. 2 aus dem Buch von Wolfgang Eckhardt »Alte Kunst im Weserland«;
dem National Museum of Finland, Helsinki (Foto Timo Syrvänen) für Abb. 3;
der Domschatzkammer des Aachener Domes (Foto Ann Münchow) für die Abb. 4 und den Schutzumschlag;
dem Westfälischen Amt für Denkmalpflege, Münster für die Abb. 5 und 6;
Herrn Dr. Harald Busch, Frankfurt-Griesheim für Abb. 7;
dem Verlag Swann Düsseldorf für Abb. 8 aus dem Werk von Wolfgang Braunfels (Hrsg.) »Karl der Große«;
der Bibliothèque Nationale, Paris für Abb. 9;
der Bayerischen Staatsbibliothek, München für Abb. 10 und 11;
Bruder Adelhard Gerke O.S.B., Meschede für Abb. 12;
Frau Dr. Elisabeth Neumann-Gundrum für Abb. 20 aus ihrem Buch »Europas Kultur der Groß-Skulpturen«;
Frau Marianne Ewald, Frankfurt/M. für die Abb. 21;
dem Stadtarchiv Aachen für die Abb. 25 und 29;
Herrn Ulrich Niedhorn, Isernhagen für Abb. 27;
dem Bildarchiv Foto Marburg für Abb. 28.

Die übrigen Vorlagen stammen aus dem Archiv des Verfassers.

Register

Personenregister

Orts- und Sachregister